普通高等教育师范类地理系列教材

区域可持续发展导论

任建兰　编著

科学出版社

北京

内 容 简 介

本书内容除绪论以外，共分 7 章：区域可持续发展系统概述、区域可持续发展系统的结构、区域可持续发展子系统的相互关系、区域可持续发展系统的空间结构、区域可持续发展系统发展状态评估、区域可持续发展战略制定、中国可持续发展实践。

本书具有以下特点：① 从系统论的角度建立了学习和研究区域可持续发展系统的基本体系框架；② 突出了地理学科研究区域可持续发展区域性和综合性的特点以及人地关系地域系统协调发展理论的指导作用；③ 紧密联系我国发展实际，重点解析我国经济-生态环境、经济-社会、社会-生态环境三个子系统间不协调、不持续和不平衡的发展问题，提出解决瓶颈的对策；④ 体现以学生为本，以专栏的形式增加了扩展阅读的内容，在每章的后面设计思考题，并附有重点参考文献。

本书可作为大专院校、科研机构相关专业本科生和研究生的教材，也可作为各级发展和改革委员会、环保部门、规划部门工作人员的参考用书等。

图书在版编目(CIP)数据

区域可持续发展导论 / 任建兰编著. —北京：科学出版社，2014.6
普通高等教育师范类地理系列教材
ISBN 978-7-03-040950-8

Ⅰ.①区⋯ Ⅱ.①任⋯ Ⅲ.①区域经济发展-经济可持续发展-高等学校-教材 Ⅳ.①F114.46

中国版本图书馆 CIP 数据核字(2014)第 121994 号

责任编辑：许　健　白　丹
责任印制：刘　学 / 封面设计：殷　靓

科学出版社 出版
北京东黄城根北街 16 号
邮政编码：100717
http://www.sciencep.com

南京展望文化发展有限公司排版
广东虎彩云印刷有限公司印刷
科学出版社发行　各地新华书店经销

*

2014 年 6 月第 一 版　开本：889×1194　1/16
2023 年 12 月第九次印刷　印张：12 3/4
字数：406 000
定价：38.00 元

《全国普通高等教育师范类地理系列教材》专家委员会

主　任　曾从盛(福建师范大学)

副主任　明庆忠(云南师范大学)
　　　　　任建兰(山东师范大学)
　　　　　周国华(湖南师范大学)

委　员　（按姓氏笔画排序）

万鲁河(哈尔滨师范大学)	毛德华(湖南师范大学)
石培基(西北师范大学)	仝　川(福建师范大学)
毕　华(海南师范大学)	李小娟(首都师范大学)
李玉江(山东师范大学)	李永化(辽宁师范大学)
杨　新(湖南师范大学)	杨玉盛(福建师范大学)
沙晋明(福建师范大学)	张　戈(辽宁师范大学)
张　果(四川师范大学)	张永清(山西师范大学)
张军海(河北师范大学)	张述林(重庆师范大学)
张祖陆(山东师范大学)	张雪萍(哈尔滨师范大学)
陆　林(安徽师范大学)	陈晓玲(江西师范大学)
陈健飞(广州大学)	金海龙(新疆师范大学)
姜世中(四川师范大学)	宫辉力(首都师范大学)
骆高远(浙江师范大学)	秦树辉(内蒙古师范大学)
袁书琪(福建师范大学)	高　峻(上海师范大学)
高传喜(天津师范大学)	海春兴(内蒙古师范大学)
康建成(上海师范大学)	梁雨华(吉林师范大学)
葛京凤(河北师范大学)	程道平(山东师范大学)
舒晓波(江西师范大学)	温家洪(上海师范大学)
管　华(徐州师范大学)	翟有龙(西华师范大学)

前 言

1992年联合国在巴西里约热内卢召开环境与发展大会,可持续发展这一新的发展理念或发展观(战略)在全球达成共识。环发大会之后,世界各国开始制定可持续发展行动纲领,或曰《21世纪议程》。我国政府也在1994年3月编制了《中国21世纪议程——中国21世纪人口、环境与发展白皮书》,首次把可持续发展战略纳入我国经济和社会发展的长远规划,这是世界上第一部国家级21世纪议程。一向以服务于社会实践需求为宗旨,面向问题探究的学术界也投入到了可持续发展理论与实践的探索中。地理学根据自身学科的特色和优势,提出了"立足全球,从区域入手"的区域可持续发展研究方向。正是在这种实践需求和学术导向下,笔者也开始在人文地理学术背景基础上关注区域可持续发展,从不同视角广泛涉猎和吸收除地理学之外的哲学、经济学、生态学和环境科学等诸多学科研究可持续发展的成果,进一步梳理和丰富以人地关系为理论主线的地理学研究区域可持续发展的框架内容。1995年开始为研究生开设区域可持续发展理论与方法学位课,在授课过程中不断积累资料,梳理区域可持续发展的框架体系,并在此基础上于1998年出版了自己的第一部关于可持续发展的专著(教材)《区域可持续发展理论与方法》。自此以后,区域可持续发展成为了自己的主要学术研究方向,"区域可持续发展导论"成为地理学、环境科学本科生的通识课;人文地理学硕士点的研究方向是:区域可持续发展;博士点是:人地关系地域系统与区域可持续发展;人口、资源与环境经济学博士点是:区域生态环境与经济协调发展研究。同时,也承担和参与了很多可持续发展理念下的可持续发展实验区、生态示范区、生态省建设规划编制;主体功能区、循环经济、低碳经济、绿色经济、人地关系地域系统类型可持续性评估等应用性研究,进一步丰富了自己关于区域可持续发展研究的学术视野以及实践经验。在这一长期的授课和科研实践过程中,也在不断地调整和完善作为一门课程的区域可持续发展的结构体系。恰逢科学出版社组织编写高师统编教材,《区域可持续发展导论》教材的编写被提上日程。

基于上述自己对区域可持续发展教学科研的长期关注和积累,本教材力求突出以下特点:① 建立一个学习和研究区域可持续发展的基本体系框架。这是基于以下几点考虑:区域问题和发展问题的研究边界相对宽泛,缺乏一定约束边界的路径容易失去科学性;可持续发展一旦成为各学科关注的热点,必然会出现学科交叉的"盲点"混淆视听,地理学科背景下的区域可持续发展体系框架应该有别于其他学科;规范法和实证法的统一是地理学研究区域可持续发展的有效方法,前者给出一个理论体系框架,指导后者的实际研究,后者则验证理论指导的结果正确与否。据此,区域可持续发展体系框架由以下几个环节组成,区域可持续发展系统(可持续发展的区域载体)—区域可持续发展系统的结构(经济、社会和生态环境三个子系统)—区域可持续发展子系统的相互关系(矛盾冲突集中的三组关系:经济-生态环境、经济-社会、社会-生态环境)—区域可持续发展系统的空间结构(空间结构类型、区域功能定位和区际关系)—区域可持续发展系统发展状态评估(影响因素分析、可持发展问题辨识、区域可持续发展水平综合评价)—区域可持续发展战略制定(战略目标、战略重点、战略措施、能力建设)—中国可持续发展实践(案例分析)。② 突出地理学科的特色。区域性、综合性是地理学科区别于其他学科的鲜明特色,人地关系论是地理学的基础理论。本教材的区域性主要体现在:不是研究某一要素的可持续发展问题,而是研究整个区域的可持续发展;不仅关注区域内部的可持续发展,而且关注研究区域在更大尺度区域空间中承担的分工,即区域功能定位和区际关系;将最能诠释区域整体性的系统论思想贯穿区域可持续发展研究,提出区域可持续发展系统的构成由经济、社会和生态环境三个子系统组成,通过系统和子系统的脉络,解析整体和部分的关系,使研究路径更规范;不仅分析区域可持续发展综合水平演化轨迹,探讨区域可持续发展动态规律,而且也探究区域可持续发展空间结构,通过不同结构类型的调控实现可持续发展的代内公平。综合性主要体现在:在整个分析过程中充分运用时间数列分析法、因素分析法、相关分析法、综合指标分析法和统计指数法等综合分析法,让学生全面掌握由诸多综合因素构成的区域整体的分析框架和主导因素的作用机理以及由此及彼、由表及里的事物关联性。以人地关系地域系统协调发展理论作为区域可持续发展的基本理论,而把其他相近学科的三种生产理论、外部性理论以及资源永续利用理论作为解析人-地关系互为作用的机理,充分体现了协调好人与人、人与自然的关系是可持续发展的本质要义。③ 紧密联系我国发展实际。毋庸置疑,中国是世界上最大的发展中国家,也是实践可持续发展最典型的国家尺度上的案例。本教材从面向问题的研究视角出发,重点解析我国经济-生态环境、经济-社会、社会-生态环境三组关系中不协调、不持续和不平衡的发展问题,力求诊断我国可持续发展的瓶颈,提出解决瓶颈的对策。④ 教材尽量体现以学生为本。考

前言

虑到教材体例的规范性和分析篇幅的约束性,在有关章节中以专栏的形式增加了扩展阅读的内容;在每章的后面设计了思考题,并附有重点参考文献,以帮助学生在现有教材框架体系下展开阅读,巩固知识,提高分析问题解决问题的能力。

本书除绪论外共分7章。孟华、于会录、赵明华、王成新、邵景安、李春平、杜霞、王铁、张英、吴军参加了第一稿的撰写。后来由于种种原因,成稿的时间拖拉得太久,在这个过程中,整个初写提纲一直在不断完善,也作了较大调整,由于疏于联系,后期修改主要由我来完成。我的学生程钰、于雯静、王越、张本丽、王满、王茜、公平、唐桂敏、刘雷、徐成龙等参与了其中资料的收集整理和部分章节的补充完善工作。

十分感谢科学出版社的支持与帮助,使本教材得以顺利完成。本书还得到山东师范大学出版基金的资助。对文中引用的诸多学者专家的文献资料在此也一并表示感谢。由于水平有限,不当和疏漏之处在所难免,请各位读者批评指正。

任建兰

2013年5月22日于泉城

目录

前言

绪 论

一、可持续发展思想的产生与发展 /1
二、国内外区域可持续发展研究 /2
三、学科研究视角与研究内容 /7
四、学习目的和学习重点 /8

第一章 区域可持续发展系统概述

第一节 区域可持续发展系统的内涵及特点 /11
一、区域可持续发展系统内涵 /11
二、区域可持续发展系统特点 /11

第二节 相关学科与区域可持续发展系统基础理论 /13
一、相关学科与区域可持续发展系统研究 /13
二、人地关系地域系统协调发展理论 /16

第三节 区域可持续发展系统的研究方法 /28
一、社会学方法 /28
二、经济学方法 /29
三、生态学方法 /29
四、综合集成方法 /29

第二章 区域可持续发展系统的结构

第一节 可持续发展系统总体框架 /31
一、可持续发展系统的层次框架 /31
二、子系统在区域可持续发展系统结构中的地位与作用 /33

第二节 经济子系统 /35
一、经济实力与经济可持续发展 /35
二、产业结构与经济可持续发展阶段 /37
三、经济发展战略与经济可持续发展 /38
四、经济布局与区域协调 /40

第三节 生态环境子系统 /43
一、全球气候变化与区域响应 /43
二、区域资源环境承载力与发展空间 /45
三、资源供求与永续利用 /47
四、生态保护和环境质量 /52

第四节 社会子系统 /56
一、人口与区域可持续发展 /56
二、消除贫困与社会进步 /57
三、社会保障体系与社会和谐 /59
四、区域文化建设与学习型社会 /61

第三章 区域可持续发展子系统的相互关系

第一节 经济-生态环境子系统的相互关系 /65
　　一、经济-生态环境子系统的理论关系 /65
　　二、经济-生态环境子系统的实践冲突 /66
　　三、经济-生态环境子系统相互关系案例解剖 /69
　　四、协调经济-生态环境子系统的途径 /75
第二节 经济-社会子系统的相互关系 /76
　　一、经济-社会子系统的理论关系 /76
　　二、经济-社会子系统的实践冲突 /78
　　三、经济-社会子系统的案例解剖 /80
　　四、协调经济-社会子系统的途径 /82
第三节 社会-生态环境子系统的相互关系 /83
　　一、社会-生态环境子系统的理论关系 /83
　　二、社会-生态环境子系统的实践冲突 /86
　　三、社会-生态环境子系统的案例解剖 /88
　　四、协调社会-生态环境子系统的途径 /89

第四章 区域可持续发展系统的空间结构

第一节 区域经济空间结构与区域可持续发展系统空间结构 /92
　　一、区域经济空间结构 /92
　　二、区域可持续发展系统空间结构 /96
第二节 区域可持续发展系统空间结构类型 /101
　　一、划分原则与方法 /101
　　二、区域可持续发展系统综合平衡类型划分及特点 /104
第三节 区域可持续发展系统功能定位与区际关系 /106
　　一、区域可持续发展系统功能定位 /106
　　二、区域可持续发展观视角下的区际关系 /109
第四节 区域(空间)管制 /114
　　一、区域(空间)管制目标和对象 /114
　　二、区域(空间)管制的任务和作用 /114
　　三、区域(空间)管制机制和途径 /117

第五章 区域可持续发展系统发展状态评估

第一节 区域可持续发展影响因素分析 /121
　　一、外部因素 /121
　　二、内部因素 /126
　　三、内外部因素综合的SWOT分析 /130

第二节　不同发展阶段的区域可持续发展问题辨识 /131
　　一、传统发展观下的不同发展阶段可持续发展问题辨识 /131
　　二、可持续发展观下的"三维"发展时序形成的发展阶段 /133
第三节　区域可持续发展水平综合评价 /134
　　一、评价目的 /134
　　二、评价范围和内容 /134
　　三、评价方法 /136
　　四、评价结果的表现形式 /138

第六章　区域可持续发展战略制定

——— 139 ———

第一节　战略、区域发展战略和区域可持续发展战略 /139
　　一、战略、区域发展战略 /139
　　二、区域可持续发展战略 /139
第二节　制定区域可持续发展战略的前提和原则 /142
　　一、区域可持续发展战略制定的前提 /142
　　二、区域可持续发展战略制定坚持的原则 /142
第三节　区域可持续发展战略目标 /143
　　一、区域可持续发展战略目标类型 /143
　　二、区域可持续发展战略目标设计 /144
　　三、区域可持续发展战略目标实现的约束机制 /145
第四节　区域可持续发展战略重点（任务）/146
　　一、经济可持续发展战略重点（任务）/146
　　二、社会可持续发展战略重点（任务）/148
　　三、生态环境可持续发展战略重点（任务）/151
第五节　区域可持续发展能力建设 /154
　　一、区域可持续发展能力建设的内涵 /154
　　二、区域可持续发展能力建设内容 /154

第七章　中国可持续发展实践

——— 157 ———

第一节　中国可持续发展现状 /157
　　一、中国发展之路 /157
　　二、中国可持续发展系统现状分析 /162
第二节　中国可持续发展系统空间格局 /176
　　一、各省可持续发展水平定量提取 /176
　　二、中国可持续发展系统空间格局 /178
第三节　中国可持续发展系统问题诊断及展望 /184
　　一、中国可持续发展系统问题诊断 /184
　　二、中国未来可持续发展展望 /187

参考文献

——— 190 ———

绪 论

一、可持续发展思想的产生与发展

"发展"是人类有意识追求的目标,人类对其自身未来发展的关心,是一个永恒的话题,也是各国政府决策者首要重视的问题。可持续发展思想的萌芽和真正成为一种新的发展观,是在面对发展带来的地球危机,对传统发展观反思的基础上被接受和传播开来的。

(一)传统发展观的反思

1. 传统发展观的实施背景

第二次世界大战后,世界经济进入繁荣发展的黄金时期,以追求经济增长为目标的传统发展观长期占据统治地位,掌控现代人类经济运行和社会发展的各个领域。产业革命以后,近代工业的生产方式使得人类获得以往连想都不敢想的巨大的物质财富。英法这些"先发式"国家在产业革命后不久就遇到了国内资源短缺,发展受到限制的困难。同时,发展中国家的独立和觉醒,走上了大规模经济建设之路,资源与经济增长的矛盾也开始显现,人类在积累了丰富的物质财富的同时,也为此付出了巨大的代价。资源浪费、环境污染和生态破坏的现象屡见不鲜,人们的生活水平和质量不能随经济增长而相应提高,甚至出现严重的两极分化和社会动荡。

2. 传统发展观的内容

传统发展观的理论前提有两个:一是资源供给是无限的,即资源是取之不尽用之不竭的;二是环境具有无限的自净能力,能净化大量生产、消费后的废弃物。其主要内容是经济增长和工业化,一方面传统发展观具有非全面性,把经济增长等同于经济发展,并把经济增长率作为衡量经济发展的唯一指标,认为只有提高经济增长率,社会财富才会自然增长,将发展问题看成是经济问题,资源、环境问题看成是经济发展的外生变量和外部环境。另一方面,传统发展观具有非协调性,传统发展观以功利主义和实用主义为出发点,重点考虑可以直接预见的经济后果,不涉及或者忽视未来经济后果,重视人的价值,忽视人与自然的伦理关系,以人类自身的需要视为经济活动的价值判断,并以这种价值判断作为标准引导人类生产活动。其核心特征主要有:追求高速度,试图用高速度化解发展中的问题和矛盾;推崇非均衡发展,以全局的失衡换取局部的发展;注重眼前利益,试图通过高投入求得高产出,发展成本巨大;物本高于人本,不以人的利益为出发点和落脚点,陷入为发展而发展的怪圈之中。

3. 传统发展观取得的成效和存在的问题

第二次世界大战后经过十几年经济的快速增长,自 20 世纪 60 年代起传统发展模式的弊端逐渐显露出来。人们发现,这种发展观虽然促进了经济增长,却带来了许多"有增长无发展"的资源环境和社会问题。传统的发展模式给人类造成了各种困境和危机,已开始危及人类的生存。人类物质需求不断增大,人们生产和消费的规模也都超过了任何时代,区域性的资源和环境问题已蔓延至全球。全球约有 2/3 的地区存在着淡水紧缺的问题,一些国家尤其是非洲和中东沙漠地区等国家水荒尤为严重;世界耕地资源不断减少,一方面是人均耕地面积越来越少,据联合国教科文组织(UNESCO)和粮农组织(FAO)不完全统计,全世界土地面积为 18.29 亿 hm^2 左右,人均耕地面积 0.37 hm^2;我国现有耕地总面积为 1.21 亿 hm^2,人均耕地面积 0.08 hm^2,只占世界人均耕地的 1/4,另一方面由于水土流失和土壤沙化,造成耕地质量日渐下降,耕地数量和质量的下降与人口的剧增构成了突出的人地矛盾;还有普遍存在的环境污染、全球气候变暖、臭氧层耗损、森林破坏、生物多样性锐减等环境问题。这些世界性的问题已经超越了国与国之间的地理界限,也大大超过了地方主义和狭隘的民族利益,这是对全人类生存的严峻挑战,关系到地球存亡和人类生存前途。正是在这种背景下,人类选择了可持续发展的道路。

（二）可持续发展思想的提出

自20世纪50年代以来，伴随着全球经济的高速增长和全球问题的出现，人类在不同发展阶段展开了关于世界未来的全球性讨论。这些讨论均从不同方面提出了人类对自己生存危机的担忧，探讨了人类对其与自然界关系的认识和协调模式，为可持续发展思想的提出作了铺垫和积累。

从20世纪70年代初环境问题引发世人关注到今天，环境问题已经从单纯的治理污染的技术问题、经济问题，发展成为一个社会问题、发展问题。"可持续发展"（sustainable development）的概念最先在1972年在瑞典斯德哥尔摩举行的联合国人类环境大会上正式提出。1980年国际自然保护同盟的《世界自然资源保护大纲》提出"必须研究自然的、社会的、生态的、经济的以及利用自然资源过程中的基本关系，以确保全球的可持续发展"。1981年11月，联合国成立了世界环境与发展委员会（WECD）。前挪威首相布伦特兰夫人（G. H. Brundland）任主席。联合国要求该组织以"持续发展"为基本纲领制订"全球的变革过程"。1987年，该委员会通过4年研究和充分论证，向联合国提交了《我们共同的未来》（Our Common Future）的报告。该报告将可持续发展定义为："可持续发展是既能满足当代人的需要，又不对后代人满足其需要的能力构成危害的发展。"1992年6月，联合国在巴西里约热内卢召开世界环境与发展大会，通过了以可持续发展为核心的《里约环境与发展宣言》《21世纪议程》等文件。世界环境与发展大会后，可持续发展作为一种新的发展观被绝大多数国家所接受，走可持续发展之路在世界各国达成共识。

我国在1983年国务院召开的全国第二次环境保护会议中明确提出将环境保护作为一项基本国策，提出经济发展和环境保护必须同步发展，把自然资源的合理开发和充分利用作为环境保护的基本政策。1994年3月我国政府编制了《中国21世纪议程——中国21世纪人口、环境与发展白皮书》，首次把可持续发展战略纳入我国经济和社会发展的长远规划中，这是世界上第一部国家级21世纪议程。1996年3月，我国八届人大四次会议通过的《中华人民共和国国民经济和社会发展"九五"计划和2010年远景目标纲要》，明确把"实施可持续发展，推进社会主义事业全面发展"作为我国的战略目标。1997年的中共十五大把可持续发展战略确定为我国"现代化建设中必须实施"的战略。十六大报告把"可持续发展能力不断增强，生态环境得到改善，资源利用效率显著提高，促进人与自然的和谐，推动整个社会走上生产发展、生活富裕、生态良好的文明发展道路"作为"全面建设小康社会的目标"之一。十七大报告强调"更好实施科教兴国战略、人才强国战略、可持续发展战略"实现又好又快发展。十八大提出"推进绿色发展、低碳发展、循环发展"，建设生态文明，进一步提出了可持续发展战略的实施路径。

二、国内外区域可持续发展研究

（一）国外区域可持续发展研究

1. 国外区域可持续发展研究现状

1992年联合国环境与发展大会通过了《里约热内卢环境与发展宣言》《21世纪议程》和《关于森林问题的原则声明》等重要文件，可持续发展得到了各国政府的认可；一系列有关环境资源保护的国际公约，如《气候变化框架公约》《生物多样性公约》《荒漠化公约》《湿地公约》等相继被签署。国际科联环境问题科学委员会建立了环境问题委员会（SCOPE），开展了《全球变化的人类因素计划（IHDP）》《全球生物多样性研究计划（DIVERSITAS）》《国际减灾十年计划（IDNDR）》《全球环境战略发展计划（IGES）》等一系列重大国际研究计划。SCOPE正在进行和即将进行的科学计划包括三个大领域：人文和自然作用管理、生态系统过程和生物多样性、健康与环境。IHDP组织了以下四大科学领域的研究：土地利用与土地覆盖变化、全球环境变化和人类安全、全球环境变化的体制因素、产业转型。IDNDR针对主要的突发性自然灾害，揭示区域灾情的形成机制，充分认识自然致灾因子在特定的环境系统中对区域经济、社会可持续发展造成的影响，寻求区域性的综合减灾途径。IGES选择了城市与环境、森林资源保护、能源利用与气候变化、环境行政与政策、环境国际合作与教育等科学领域开展工作。DIVERSITAS针对全球生物多样性的破坏状况，揭示人类活动对生物多样性的影响过程，从保护物种种质资源入手，寻求保护生物多样性（生物资源）的有效途径。联合国环境规划署(UNEP)等国际组织发起了"千年生态系统评估计划",旨在从战略角度考虑气候变化和人类活动等多重压力下生态区域评价对区域可持续发展的重要作用。所有这些国际研究计划,都针对世界所面临的一系列环境与发展问题,深入开展人类活动与自然环境系统相互作用机制的研究,为全球范围内寻求可持续发展模式提供科学依据。

联合国环境与发展大会十年后,2002年联合国在南非约翰内斯堡召开了可持续发展世界首脑会议(WSSD)。会议通过了《可持续发展世界首脑会议执行计划》(JPOI)和《约翰内斯堡可持续发展承诺》两个重要文件,达成了一系列关于可持续发展行动的《伙伴关系项目倡议》。这些文件明确了全球未来10～20年人类拯救地球、保护环境、消除贫困、促进繁荣的世界可持续发展的行动蓝图。同时改组联合国可持续发展委员会,加强对世界可持续发展的观察和监控。

2012年联合国可持续发展大会(即"里约+20"峰会)在巴西里约热内卢举行。大会把"可持续发展和消除贫困背景下的绿色经济"、"促进可持续发展的机制框架"作为两大主题,并将"评估可持续发展取得的进展、存在的差距"、"积极应对新问题、新挑战"、"做出新的政治承诺"作为此次大会的三大目标,峰会最终达成了题为《我们憧憬的未来》的成果文件。文件重申了《里约宣言》和《21世纪议程》,以及《约翰内斯堡可持续发展承诺》等重要文件的原则和意义,巩固了可持续发展全球治理框架。同时,联合国开发计划署(UNDP)提出了"可持续发展指数"的概念,要求以一种更为全面的方式衡量社会发展。世界银行通过了"财富核算和生态系统服务估值"(WAVES)的全球伙伴关系。这一伙伴关系旨在将包括空气、清洁水资源、森林和其他生态系统在内的自然资本价值纳入商业决策和国家的国民核算体系。巴西政府宣布,将与多家联合国机构共同创建"世界可持续发展中心",以促进有关可持续发展的研究、知识交流和国际辩论。

世界各国也为推动可持续发展积极行动。欧盟历来是可持续发展的积极推动者和实践者。欧盟先后提出和制定了各种可持续发展战略和规划,如2003年欧洲委员会提出的"可持续自然资源使用主题战略",城市环境研究院(EAUE)提出的欧盟12个候选国的"可持续城市发展综合报告"。德国柏林"中小企业的环境改善计划",该计划主要解决围绕绿色企业战略所产生的一些问题,如清洁生产技术的使用以及可持续的、与自然和谐的生产与经营方式。此项计划的目标是促进信息的应用,增加清洁生产技术的使用并减少废物总量;葡萄牙里斯本修建奠杉托生态公园,主要是为了解决公众环境教育问题。生态公园为广大公众提供了一个接受免费环境教育的场所,在那里,人们可以学到有关的环境知识并能认识到人在各种生态系统之中的作用,以及和环境保持一种和谐共存关系的重要性。目前生态公园的建设已被市政当局作为环境政策的一部分。通过对公众进行环境教育,使广大公众形成一种新的更健康、更有责任感的环境态度,并使里斯本市的生态环境质量和市容得到改善;丹麦哥本哈根的"垃圾管理计划",调整城市垃圾系统。20世纪80年代,哥本哈根处理垃圾主要通过填埋和焚烧两种方式,政府制定了一项新的法律要求所有的垃圾生产者要为垃圾的焚烧和填埋付税后,这种情况才发生了根本的改变。为了减少付税,垃圾生产者开始重复使用和循环利用原材料。新的法律直接改变了企业、垃圾运输者以及各管理公司处理垃圾的方式,有效地将城市垃圾的管理权转移到市政当局手中;芬兰波瑞市推行可持续消费:改变消费模式、计划地方政府的采购倾向常常对市场有着很大的影响。选择产品时,环境影响应是一个至关重要的因素,环境影响包括产品的耐用性及所使用的包装等。波瑞市可持续消费计划的目标是通过避免不必要的消费和将废物最小量化来改变市政管理部门的消费模式。市政府采购计划实施时应更倾向于生态产品,目前,大多数这类产品通常由小型企业或个体企业来提供。美国在可持续发展方面的行动主要表现在对新能源开发、国际合作以及政府绿色采购等方面。2003年由美国商业部和能源部联合组织,首届对地观测领域部长级高峰会议在美国首都华盛顿召开,来自34个国家的代表和相关的国际组织参加了此次会议。会议在2002年约翰内斯堡召开的全球可持续发展大会及2003年在法国召开的8国集团峰会上提出了在"加强全球领域对地观测合作与研究"倡议的基础上建立一个有关国家、地区及全球的综合协调对地观测系统。该系统的建立将进一步促进全球对地观测领域的研究与发展,并提倡通过合作与协调的方式,实现全人类利益共享的目标。日本政府公布的"全面开发生物能源"计划,意即通过回收食物垃圾、家畜粪便等来生产燃料,从而减少和逐步替代现有的机动车燃料。日本政府希望这项工程,能有助于减少汽油的耗费和遏制全球气候变暖。

2. 国外区域可持续发展研究趋势

区域的、整体的、系统的研究思路受到重视。人类活动对自然生态系统的影响机制,是当前国际上针对可持续发展问题研究的核心科学前沿。在这一发展趋势下,世界各国高度重视选择典型区域进行深入的连续观测体系,以揭示人类活动对地球表层自然生态系统的影响机理和过程关系,并在依据基本观测数据和事实基础上,重视引入"复杂性科学方法论"建立区域空间格局和时间过程动态变化模拟系统,实验和分析自然变化和人类活动影响各种行为对地球表层各种资源利用过程的影响方式、程度,识别各种资源、环境与灾害问题中人与自然作用的份额,以及人与自然共同作用的份额,为可持续性的资源开发、环境改善、减灾过程提供可靠依据,特别是技术参数。

重视长期连续观测资料的积累与社会经济统计数据的分析。重大研究计划往往有大型观测计划相配合。全球和国家尺度有关地球环境资源变化的长期观测、监测与信息网络正在形成,包括地球观测系统(EOS)、全球气候观测系统(GCOS)、全球海洋观测系统(GOOS)、全球陆地观测系统(GTOS)、全球数字地震台网等一系列全球性巨型观测系统;还有众多地区性和国家性大型观测系统;并且集地球空间信息存储、处理、传输和分析为一体的"数字地球"即将出现。近年来,随着社会经济统计数据的丰富和规范,也为开展区域可持续发展研究提供了重要支撑。

重视区域可持续发展综合集成研究。区域可持续发展涉及区域的地理分布特征、自然系统的资源与环境、社会经济系统及其人类活动影响诸多方面。在单项机制的基础上如何综合集成将成为研究的关键。针对单一或综合资源、环境或灾害问题,联合自然科学家、社会科学家、经济学家、工程学家和政策制定者的跨学科、多部门研究方式替代了以往对单一资源、环境或灾害问题的单一机构、单一学科研究方式;并且无论在国际科学界还是在各国国家研究组织中,对重大资源、环境与灾害问题的基础研究往往是通过设立专门的研究计划来完成的。

模拟与虚拟研究已成为选择解决资源、环境与灾害问题途径的重要手段。利用室内与室外实验室,模拟重大资源、环境与灾害问题的形成机理、变化过程,进而建立情景模拟,已经成为可持续发展研究工作者寻求解决一系列重大资源、环境与灾害问题的重要手段,如美国国家土壤侵蚀实验室的建立,对美国土地保护,以及制定防治水土流失的标准、法规等起了重要的作用,也为土壤侵蚀科学研究提供了大量可靠的实验数据。在计算机支持下的"虚拟研究",对揭示不同时间和空间尺度的资源、环境与灾害相互作用过程的机制,以及不同尺度过程之间的转换等有着十分重要的科学价值。

总体来看,区域可持续发展研究在21世纪的发展趋势表现为:以揭示人类对自然资源获取与利用的高效方式,人类活动对自然生态系统的影响机制与动力学为主线;以区域的观念去认识人类所面临的一系列资源、环境与灾害问题产生的根源与发展规律,跨学科组织专项研究计划与广泛应用现代高新技术,突出长期观察与实验模拟为特征;以解决当前或未来面临的重大资源、环境与灾害问题为重点,准确地理解资源开发与环境问题之间相互作用的机理、过程,构建区域可持续发展理论与评估体系为方向;在加深理解资源、环境与灾害问题产生的基本过程基础上,为解决资源短缺、生态环境退化和减灾提供科学依据,为一系列资源开发、生态环境整治与减灾工程提供技术参数;以选择代表性区域,开展区域综合、区域间对比的系统集成分析,以期建立不同类型的典型区域可持续发展范式,进而为区域可持续发展提供可选择的代表性模式。

(二) 国内区域可持续发展研究

1. 国内区域可持续发展研究现状

(1) 区域可持续发展理论研究

区域可持续发展是一项涉及经济、社会、生态环境三个子系统组成的动态、开放复杂系统,其研究内容涉及地理学、生态学、环境科学、人口学、经济学、社会学等许多相关领域。区域可持续发展的理论与方法还处于不断成长阶段。从多学科出发,我国研究者对此做出了很多有益的尝试和探讨。

人地关系地域系统理论。以已故杰出的地理学家吴传钧院士、陆大道院士等为代表的地理学家主张人地关系地域系统协调发展理论是区域可持续发展的理论基础。吴传钧先生创造性地提出"人地关系地域系统"这一科学术语并认为人地关系是地理学的研究核心始终贯彻地理学的各个阶段。吴传钧地理学思想的精髓集中在人地关系地域系统的产生背景、理论内涵以及与可持续发展的相互关系上,认为对不同尺度的各种类型区,人地关系地域系统协调发展的优化调控就是区域可持续发展的演化过程。要使人口、资源、环境与社会经济协调发展,人类就必须自觉地调控自身及系统各要素的发展,使系统总体发展轨迹与资源环境容量的限制作用相适应,最终实现持续发展的目标。

区域PRED系统理论。毛汉英、申玉铭等学者提出了区域可持续发展系统是由人口、资源、环境、经济组成的复合系统(Population Resource Environment Development, PRED)。人口(P)是可持续发展系统的主体和核心；资源(R)是指一定技术条件下能为人类利用的物质、能量和信息，是可持续发展的基础；环境(E)是指人类周围一切物质、能源和信息要素的总和，是可持续发展的必备条件；发展(D)主要指经济发展，则是可持续发展系统的动力。若四者之间相互促进、协调，其失调和障碍因素被控制在最小限度和范围内，系统将呈现良好的循环和可持续性发展，反之则导致恶性循环和不可持续发展。因此，PRED四个子系统间协同合作，相互适应，以一种合理的比例关系发展，区域可持续发展系统才能够保持总体可持续性。

区域可持续发展"三维"系统理论。该理论认为区域可持续发展的基本特征是其"三维"性和系统性。所谓"三维"，指区域可持续发展的构成要素、时间关系和空间关系。所谓系统性，即区域是由人地组成的系统。区域可持续发展遵从系统增长、演化的规律。该理论认为对区域可持续发展不能只研究其构成要素的协调发展，还要研究其时空关系(包括区际关系和代际关系)的协调发展，同时还要研究三者之间的耦合关系。

区域发展生态学理论。闵庆文主张利用生态学思想和有关的生态学理论与方法，研究社会—经济—自然复合生态系统的发展规律与趋势。认为生态危机是可持续发展产生的基本背景；生态学中许多基本理论，如协调、适应、稳定、有序、循环再生及生态系统理论等，是区域可持续发展不断完善的理论基础；包括生态规划、生态技术与生态管理在内的广义生态工程，是实现可持续发展的有效途径。

可持续发展环境管理的理论——循环经济理论。人类社会的未来应该建立一种以物质闭环流动为特征的经济，即循环经济，从而实现可持续发展所要求的环境与经济双赢，即在资源环境不退化甚至得到改善的情况下促进经济增长的战略目标实现。廖红提出了循环经济理论为可持续发展的区域环境管理理论，探索了循环经济的表现形式、技术支撑等，包括生态经济效率的理念与实践、工业生态学的理论与实践，以及废物资源化的理念和实践。在以上理论探索的基础上，对区域可持续发展的环境管理方法进行了系统研究，提出了区域发展的环境管理方法体系，包括区域战略环境评价中区域环境承载力的概念、指标体系和土地与生态适宜度分析方法，以及区域战略的对策分析等。

(2) 区域可持续发展信息分类与指标体系

区域可持续发展信息分类是从信息的本体和学科本身特点出发，对可持续发展有关信息进行认识和分类的基本考量。可持续发展有关信息分类与指标体系的构建相辅相成。区域可持续发展指标体系的设计与评价是衡量可持续发展水平高低的主要依据。

国内可持续发展指标体系。在国家层次上建立的可持续发展指标体系有2种：一是国家科技部组织国内有关单位在国家统计资料的基础上，根据《中国21世纪议程》构建的中国可持续发展指标体系。该指标体系分为目标层、基准层1、基准层2和指标层。在指标层上分别设置了描述性指标体系和评价性指标体系。描述性指标共计196个，评价性指标100个。这一指标体系突出了可持续整体化的发展思想和指标之间存在着的相互影响、互为条件和互通因果的关系。二是中国科学院可持续发展研究组依据中国可持续发展战略的理论、结构和统计内涵，建立了由五大体系组成的指标体系，分为总体层、系统层、状态层、变量层和要素层5个等级，由208个指标组成。该指标体系可以在统一的基础上进行国际对比；层次分明具有严密的等级系统，并在不同层次上进行时间和空间排序。

地区性/区域性可持续发展指标体系。此类指标体系主要针对区域性特点设计，而区域的划分多数依据行政单位进行，如毛汉英针对山东省省情以及山东省实施跨世纪可持续发展战略的基本思想，提出了山东省可持续发展指标体系框架；乔家君根据区域可持续发展指标体系建立原则及河南省实况，从系统功能的角度出发，构建了河南省可持续发展指标体系；杨多贵等人从可持续发展系统学研究方向出发，构建了云南省可持续发展指标体系等。同时也有学者以自然区划单元为研究对象建立的指标体系，如黄土高原、青藏高原可持续发展指标体系，以及淮河流域可持续发展指标体系等。由于受到研究数据来源的限制，实际上这些以自然区划单元为研究对象构建的指标体系在本质上也是以行政区划为单元而组合形成的。

部门可持续发展指标体系。可持续发展不仅在空间上具有不同层次，在内容上也包括了资源、环境、经济和社会等不同的专业/部门领域，因此隶属于不同专业和部门的一些研究机构和学者从各自的角度出发，根据可持续发展的思想，构建了部门的可持续发展指标体系。如国家环保局环境与经济政策研究中心、清华大学、北京大学联合开展了中国环境指标体系研究。此外，研究还有农业、旅游业、工业可持续发展指标体系等。

（3）可持续发展的评价模型与方法

对可持续发展的度量至今仍没有公认的衡量方法和体系。换言之，目前可持续发展评价研究总体上仍处于起步阶段。构造可持续发展评价模型就是要为人们获取环境和资源变化状况，以及获取自然与社会、经济系统之间相互作用方面的信息提供一个有效的工具。国内外相继提出的综合评价模型大体上可以归纳为两类：一类为概念模型，一类为线性组合模型。概念模型主要从不同角度对可持续发展进行理解，如从资源存量、资本存量、可持续收入、国家财富水平、真实储蓄、资源对人口消费的承载力、环境承载力的变化等角度，构建评价指标，进而综合判断区域发展的可持续性。线性组合模型是从影响区域可持续发展的主要因素出发，对各种影响因素进行线性组合。目前多在压力—状态—响应体系基础上选择一些指标进行组合。罗守贵等将现有的模型总结为三类。第一类是单纯确定可持续发展指标权重的模型，目前用得较多的是利用层次分析法（AHP）将专家和决策者的分散意见整理成判断矩阵，再利用判断矩阵的特征向量确定下层指标对上层准指标的贡献程度，从而得到基层指标对总体目标或综合评价目标重要性的排列结果。这种指标权重确定的实践意义在于给决策者和一般民众一种新的发展衡量尺度；同时它也是第二类和第三类模型应用的基础。第二类是用于对可持续发展系统的某一子系统状况或趋势的评估模型。如程道平构建的人口压力评估模型，朱庚申的环境资源的量化模型，舒基元的代际财富均衡模型，联合国的人文发展指数等都属于这一类。第三类是对可持续发展水平的综合评估模型。这类模型的评估结果一般以"可持续度"、"协调度"等百分值表达。我国的牛文元、美国的约纳森和阿伯杜拉共同提出了"可持续发展度"模型（DSD）。它扩展了重要的附加因素和计算程序，并特别考虑了发展中国家的特点，影响较大。世界银行提出的以"国家财富"或"国家人力资本"为依据度量各国发展可持续性的方法也属这一类。

（4）区域可持续发展的体制、机制与能力建设研究

可持续发展虽已成为一种最优发展道路和发展模式，但要使这种发展观成为一种发展现实，就必须改变传统的条块分割、信息闭塞、随意决策的管理体制与机制，建立能够综合调控社会生产和生活活动以及生态和环境结构与功能，信息反馈灵敏、决策水平高的管理体制与机制，即建立可持续发展的综合决策体制和协调管理机制，这是实现可持续发展的关键和保证。因此，可持续发展的体制与机制研究，也是可持续发展研究的重要组成部分。郑重、于光（2009）从区域可持续发展机制响应，探讨和认识资源环境一体化条件下京津冀产业转移的实现途径。李文震（2003）指出制度建设在区域可持续发展能力建设中具有核心意义。对基于可持续发展战略的中西部欠发达地区开发中的制度建设做出了初步构想。冯年华，王飞（2004）提出制度创新是区域可持续发展的重要机制，实现区域可持续发展，不能沿袭传统的制度机制和管理方式，必须建立完整的与区域可持续发展要求相适应的制度体系和管理模式，构筑有利于区域可持续发展的制度创新框架。

区域可持续发展能力研究是近几年的研究热点，对区域可持续发展能力研究主要包括区域可持续能力评价方法研究和对具体区域可持续发展能力实证分析。周洲，朱俊等（2007）借用生态足迹理论中生态足迹供给的模型，结合区域环境影响评价的具体实践，分析了其用于区域可持续能力评价的可行性，提出生态足迹供给模型是对区域开发的可持续能力进行评价的一个有效工具。邱俊娟等（2007）应用层次分析法构建可持续发展综合评价指标体系，求算出区域可持续发展能力指数。邵建平和何晓琦（2008）分析了成本-收益解析可持续发展能力的方法，在此基础上提出了三阶段增长模型解析可持续发展能力价值的方法。李志刚（2008）提出基于DEA的区域可持续发展能力评价方法。有更多的研究是进行实证分析。朱玉林等（2010）对湖南省可持续发展能力进行了实证分析，姚晓东等（2008）对江苏省可持续发展能力进行实证分析；梅林（2007）、齐邦峰（2006）和覃成林和刘迎霞（2005）分别对湖北省、山东省和河南省可持续发展能力进行了实证分析。

2. 国内区域可持续发展研究的趋向

（1）"三维"目标中的均衡发展要求调整区域可持续发展的理念和目标

经过改革开放后30多年的发展，中国的资源环境付出了巨大代价，面临着巨大压力，客观上要求把资源环境的保护纳入到区域可持续发展的目标体系中。同时，我国的人口增长、教育、医疗卫生和民众健康、人口流动、老龄化与城镇化、收入分配公平化等，日益成为各地区可持续发展的主要目标。这些都要求对我国区域可持续发展的理念和目标进行必要的调整。今后需要回答的科学问题包括："三维"目标中经济增长、社会保障、生态环境之间的相互作用关系；"三维"目标中经济发展曲线轨迹的特征及其形成因素；"三维"目标中

区域可持续发展的进程、结构、效益及其国家的区域管制等。

(2) 空间结构有序化是实现区域可持续发展的内在要求

促进空间结构有序化,既要满足人类正常的生产生活功能及不断变化着的需求功能的空间需求,同时,还不能因破坏自然本底功能而使自然生态系统受损、无法恢复而难以持续发展。在此背景下,需要系统阐释地球表层或是以功能板块表达的地域空间(如生产空间、生态空间、生活空间),或是以人为界限给定的地域空间(如行政区)等的数量比例关系和空间格局。按照主体功能区规划,优化国土空间布局,对不同类型的区域采取"空间鼓励"、"空间准入"、"空间限制"等措施,实现对不同利益群体在地域空间资源开发利用方面需求矛盾的协调以及不同地域功能和空间结构的合理组织。突出城市化和工业化模式的区域差异性。根据自然生态系统和人类生产生活系统空间耦合规律,合理选择不同区域城市化和工业化的目标、路径和措施。突出提升沿海竞争力和加快内陆发展双向并重的规划指引。一方面要加快东部沿海都市地域的功能提升和新集聚区域的形成,增强参与全球竞争的能力;另一方面要着力培育中西部地区不同层级的新增长点,增强中西部地区的经济实力。突出食品安全、能源安全和生态安全的空间管制。建立国家农产品供给安全区,确保耕地草场的数量和质量;建立战略能源储备基地和生产基地,确保能源供给安全;建立全国性、区域性、地方性的生态安全屏障,维系重要生态系统,增强国家和地方的可持续发展能力。突出基本公共服务均等化的规划安排。按照不同发展阶段和不同基本公共服务等级标准,确定基本公共服务网络架构,实现均等化的基本公共服务供给目标。

(3) 编制地域空间规划和完善区域政策是实现区域可持续发展的重要手段

未来中国地域空间规划和区域政策的主要任务是:立足国土安全,提升地区竞争力。即面对不断增长的发展需求和国际经济波动的影响,进一步突出能源矿产及水土资源等国土资源安全、竞争力保障体系与经济安全体系建设、富有竞争力的城镇体系培育等。着眼于国土可持续性,重塑优越的人居环境。即面对气候变化的全球责任和贯彻落实科学发展观的要求,进一步突出生态整治、环境治理的国土生态安全屏障体系建设与不同空间尺度的宜居环境营造。以普惠健康和基本公共服务均等化促进社会和谐。即面对工业化和城市化快速推进中食物数量和质量的胁迫与影响以及普惠健康和基本公共服务均衡的要求,进一步突出食物安全、国民健康的基本保障体系建设与基本公共服务体系建设。软硬环境并重,优化国土品质。即面对不断增长和丰富多样的消费需求以及社会文化的转型要求,进一步突出提升地域空间质量的现代基础设施体系建设与提升软实力的非物质规划。

三、学科研究视角与研究内容

(一) 学科研究视角

每个不同的学科都有自己独特的研究对象和研究领域,不同的研究对象和研究领域反映了该学科区别于其他学科的鲜明特征。可持续发展思想一经问世,就受到了不同学科的关注,其关注的研究视角都出自本学科特有的研究对象和研究领域。例如,经济学关注的是经济可持续发展,探讨在资源环境承载力基础上的经济效率和质量的提高;生态学关注的是生态的可持续利用,探讨经济社会发展进程中生态系统的稳定和支撑作用;社会学更关注社会进步和公民生活品质的提高,探讨如何持续提高社会福利水平;随着人类改造利用自然的能力不断提高,生存空间和发展空间的不断拓展,人地矛盾的加剧和时空演化格局的日趋复杂,给以人地关系研究为主线,重视区域空间分异规律探讨的地理科学、区域科学提供了更为广阔的研究空间和用武之地。因此,地理科学、区域科学研究可持续发展,更强调区域可持续发展。

区域可持续发展的研究对象是区域可持续发展系统。区域可持续发展系统是一个由经济、社会和生态环境三个子系统组成的在特定区域范围内有序组合而形成的复合系统。要把区域可持续发展系统作为一个整体,探讨三个子系统的结构功能、相互作用的机理,寻求推进区域可持续发展的路径,谋求不同尺度区域在一定时期内,各子系统(要素)保持和谐、高效、有序发展,构建不同类型区域可持续发展的优化模型,预测其发展趋势,拟定调控与管理对策,最终实现经济、社会和生态环境综合效益最大化。确保其在经济获得稳定增长和社会持续发展的同时,实现人口增长得到有效控制,自然资源得到合理开发利用,生态环境保持良性循环的目标。

（二）研究内容

区域可持续发展研究的载体是区域可持续发展系统。区域可持续发展系统研究的框架体系包括区域可持续发展系统概述、区域可持续发展系统的结构、区域可持续发展系统各子系统相互关系、区域可持续发展系统的空间结构、区域可持续发展系统的发展状态评估、区域可持续发展战略制定、中国可持续发展实践分析七大模块(图0-1)。

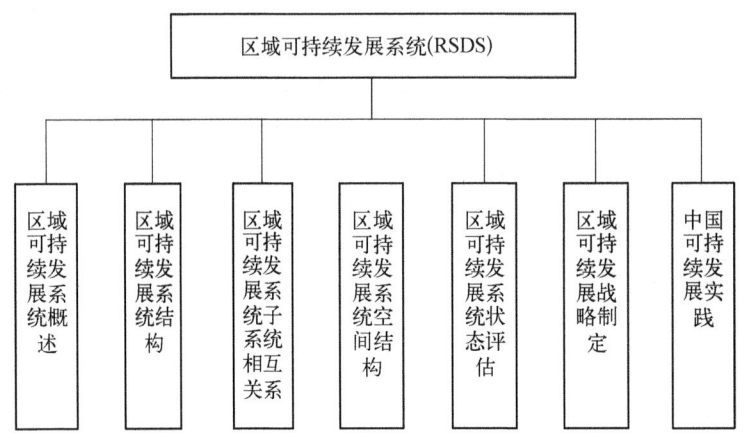

图0-1 区域可持续发展系统研究框架图

区域可持续发展系统概述。该部分内容主要讲述区域可持续发展系统的内涵及特点，分析区域可持续发展系统理论与相关学科的共轭关系，明确区域可持续发展的研究方法。

区域可持续发展系统结构分析。该部分内容首先分析区域可持续发展系统总体框架，对区域可持续发展系统内部结构进行分析，研究经济子系统、社会子系统、生态环境子系统的构成、功能和地位。

区域可持续发展系统子系统的相互关系。主要从理论关系、实践冲突、案例剖析等方面分析经济-生态环境子系统的相互关系，经济-社会子系统的相互关系，社会-生态环境子系统的相互关系。

区域可持续发展系统空间结构分析。区别区域经济空间结构和区域可持续发展系统空间结构异同，明确区域可持续发展系统空间结构的含义及作用，然后论述区域可持续发展系统空间结构类型划分并分析各种类型的特点，剖析区域可持续发展系统功能定位与区际关系。分析区域(空间)管制目标和对象、区域(空间)管制的任务和作用、区域(空间)管制机制和途径。

区域可持续发展系统发展状态评估。该部分内容先对影响区域可持续发展系统的外部、内部因素进行提炼，介绍了SWOT分析方法。辨识不同区域可持续发展阶段特点及主要可持续发展问题，重点介绍区域可持续发展系统状态评估，探讨区域可持续发展指标体系的构建和区域可持续发展水平的定量分析方法。

区域可持续发展战略制定。辨识战略、区域发展战略和区域可持续发展战略等概念的异同，分析制定区域可持续发展战略的前提和原则，制定区域可持续发展的战略目标以及战略重点(任务)和战略措施等内容。

中国可持续发展实践。分析中国可持续发展阶段，研究中国可持续发展经济子系统、社会子系统、生态环境子系统现状，剖析中国可持续发展空间格局，诊断及展望中国可持续发展问题及前景。

四、学习目的和学习重点

（一）学习目的

学生通过学习《区域可持续发展导论》这门课程，能够达到以下目的：深刻了解可持续发展观和传统发展观的不同，进一步深化对我国科学发展观实践的理解；掌握区域可持续发展系统的结构和功能，能辨析我国在发展过程中经济发展与生态环境、经济发展与社会进步等诸多不协调、不持续、不平衡的矛盾症结及解决路径,更深入地掌握地理学人地关系地域系统协调发展理论和空间地域分异规律对区域可持续发展系统的研究以及对其他专业课程学习的主线引领作用,提高学科素养;掌握和学会分析不同尺度区域可持续发展的方法和实证案例,以指导我国可持续发展实践,学以致用。

(二) 学习重点

本课程的学习重点有:① 可持续发展思想提出的时代和发展背景。加深理解可持续发展作为一种划时代的新的发展观包含的内涵特征,反思人类自主改造世界,发展经济,满足需求的主观能动性和客观自觉性,领悟新发展观的哲学基础——自然观、价值观和伦理观对人与自然的关系、人与人的关系的指导作用。② 区域可持续发展系统的结构与功能。理解区域是可持续发展研究的最终归宿和载体,掌握区域可持续发展系统的内涵特征。区域可持续发展不仅仅是经济的持续发展,同时还包括社会不断进步,生态环境保护等的协同发展,经济发展是在资源环境承载基础上的量和质的不断提升,同时,经济发展的终极目标是社会的不断进步,公众综合财富的不断提升。③ 一般理论意义上经济、社会和生态环境三个子系统之间的协同关系和我国发展进程中的矛盾表征。掌握系统、整体、多元分析问题的视角,从三个子系统协同综合关系分析区域问题,结合中国实际,尤其关注经济高速增长过程中产生的资源环境问题和社会问题,同时明确经济发展本身存在问题的路径分析以及空间类型。④ 区域可持续发展战略。掌握区域可持续发展战略制定的基本框架,为优化不同类型区域可持续发展模式服务。

(三) 学习方法

1. 多学科相互借鉴

区域可持续发展具有多学科交叉特点,与地理科学、环境科学、生态学、经济学、社会学等学科有交叉共轭关系。多学科相互借鉴就是在不同的学科之间,通过"比较"、"类比"和"移植"的研究方法,借鉴有用研究成果为我所用,指导研究区域可持续发展中诸多综合问题。

2. 综合集成法

区域可持续发展系统是由经济、社会、生态环境等诸多因素组成的复合系统,其形成、发展机理涉及诸多相互联系、相互制约的因素,因此,对于这一复杂区域系统的学习,必须通过综合集成法。综合集成法是从整体上考虑并解决问题的方法论。坚持定性研究与定量研究有机结合;科学理论与经验知识结合;应用系统思想把多种学科结合起来进行综合研究;根据复杂巨系统的层次结构,把宏观研究与微观研究统一起来;集管理信息系统、决策支持系统、综合集成等功能。分析地球表层各个因素之间的相互作用以及各个子系统的结构功能和时空演化规律,综合集成研究国内外重大的、不同尺度的区域可持续发展问题。

3. 理论联系实际

理论联系实际是重要的学习方法。理论来源于实践,实践是检验理论的途径。对该课程的学习,要紧密结合我国发展的实践进行。中国是世界上最大的发展中国家,在发展进程中遇到了很多不可持续发展的问题。实施科学发展观就是我国结合中国国情,落实可持续发展观的必然选择。对我国可持续发展问题的探讨将有助于丰富区域可持续发展的理论与方法。

4. 典型案例解剖法

典型案例解剖法是一种行之有效的学习方法,可在掌握理论研究的基础上,通过典型案例解剖,将理论和实证有机结合,可以加深对基础理论的理解和理论指导实践的探索。同时,地理学的空间尺度性决定了不同区域可持续发展有其不同的特征和规律,通过对某一尺度典型区域可持续发展问题的辨析,能进一步总结个案经验,提升认识区域的一般规律,能够学以致用。

扩展阅读:
1) 我国传统发展观的实施历程。
2) 国内外区域可持续发展研究现状跟踪分析。

思考题：

1）1992 年以来国内外可持续发展大事记。

2）本课程学习内容的基本框架。

第一章 区域可持续发展系统概述

"着眼于全球,从区域入手"是可持续发展的基本原则,从宏观上指明了可持续发展目标实现的可操作途径。本章通过分析区域可持续发展系统的内涵与特点,进一步阐明可持续发展落实到区域上是可持续发展研究的最终归宿,也是可持续发展研究的生命力之所在。区域可持续发展的理论构建需要其他相关学科的理论支撑,本章在归纳总结区域可持续发展与相关学科共轭关系的基础上,指出人地关系地域系统协调发展理论是地理学的基本理论,也是区域可持续发展的核心理论基础。区域可持续发展研究方法主要包括社会学方法、经济学方法、生态学方法和综合集成方法等。

第一节 区域可持续发展系统的内涵及特点

一、区域可持续发展系统内涵

区域可持续发展是指一个区域的全面协调发展、长期持续发展和区域间(区际)平衡协调发展。全面协调发展是指区域内部经济、社会、生态环境三个子系统的发展时序相互协调、全面发展;长期持续发展是指发展的连续性、持久性,既能满足当代人的需求而又不对满足后代人需求能力构成危害的发展,在发展进程中要充分考虑自然资源的长期供给能力和生态环境的长期承受能力,兼顾眼前利益和长远利益;区域间(区际)平衡协调发展是指具有不同区域环境和不同尺度层次的区域,在竞争与合作的前提下,适时调控发展差距,在发展过程中兼顾局部利益和全局利益。

区域可持续发展系统(RSDS)是指一个由经济、社会、生态环境三个子系统组成,以人的活动为主体的复合系统。区域可持续发展系统的构成十分复杂,它包括人类社会本身以及与人类社会有关的各种基本要素、关系和行为。在人地相互作用的过程中,经济子系统、社会子系统、生态环境子系统三个子系统之间不断进行着物质、能量、信息等的流动转换;区域可持续发展系统的发展是一个人地协调、资源优化配置、由低级到高级、由简单到复杂的演变过程;经济、社会和生态环境三个子系统根据区域人地系统的不同地域背景,进行着发展时序的演化与空间配置,最终实现经济效益、社会效益和生态环境效益三个效益的最大化;不同区域的层次尺度镶嵌性要求,不仅区域内部优化而且区际间也要协同,为更大尺度更高层次区域发展做出贡献。

二、区域可持续发展系统特点

区域可持续发展系统作为一个由经济、社会、生态环境三个子系统构成的复杂巨系统,其研究的落脚点是区域。区域作为一个科学概念渊源于以人地关系的区域差异为研究对象的地理科学,区域是客观存在的,它不论以何种形式出现,都具有地域性、综合性、层次性、动态性等突出特点,不同地域单元的经济、社会、生态环境各自都有不同的特点,每个区域均有其鲜明的地域性。区域可持续发展系统以区域为研究对象,因此具有区域的基本特征。基于系统论的视角,区域可持续发展系统又具备整体性、多样性等系统特征。

(一)地域性

地球表面存在着明显的地域差异。不同地域单元的自然条件、人文景观、发展基础各不相同,每个区域均有鲜明的地域性。地域差异使得区域可持续发展的基础和目标不同,因此区域可持续发展的调控手段也具有区域性差异。在制定区域可持续发展战略时,要充分考虑发展目标的时序性和阶段特点,扬长避短,突出特色,发挥优势,以实现区际之间相互联系、相互协作以及各区域发展要素的优化配置。同时,不同区域可持续发展系统类型的比较研究也为区域可持续发展的地带性规律探讨和相互借鉴提供了可能。

（二）综合性

区域可持续发展系统的综合性体现在五个方面：第一，发展目标的综合性。由于区域可持续发展系统是一个包含经济、社会、生态环境在内的"三维"空间地域系统，因此区域可持续发展表现为经济、社会和生态环境的综合发展，即经济适度增长、社会不断进步、生态环境良好的总体目标的全面发展；第二，作用机理与时空规律的综合性。影响区域可持续发展系统格局的形成因素，以及揭示空间格局的时空规律都是多种因素的相互制约、相互联系，通过综合分析找出主导因素与其他因素的相互关系是诠释作用机理的主要路径；第三，相关学科的综合性。揭示人地关系地域系统运行、耦合和调控的复杂机理越来越需要自然科学和社会科学的统一，只有吸收自然科学和社会科学的综合成果，才能全面把握区域可持续发展系统的特点；第四，科学发展实践需求的综合性。随着科学发展观的实施，对人类经济活动与资源环境关系的研究备受关注，而这最能凸显区域的综合性；第五，研究方法的综合集成。从系统论的视角研究区域可持续发展系统，涉及自然科学、社会科学的综合成果和技术手段。

（三）层次性

区域可持续发展系统的层次性表现在两个方面：一是系统内部本身发展目标的层次性，按照区域可持续发展系统发展目标的分解有：总体发展目标，经济、社会、生态环境各子系统发展目标，每个子系统内部的发展目标。按照发展目标实现的时间要求有：近期目标、中期目标和远期目标；二是不同尺度区域间可持续发展的层次性。尺度因其范围或者大小、功能（经济功能、生态环境功能和社会功能或者三者的综合功能）不同形成了彼此镶嵌或具有层次性的一个整体，在这个整体中它们以自身特点和层次地位分别承担着不同的发展任务，通过各自任务的完成实现宏观尺度共同的可持续发展总体目标。所以，所在区域的可持续发展战略规划要和上一级高层次的区域可持续发展战略规划协调一致，所在区域次一级区域的可持续发展目标要为本区域总体目标服务，这样便于促进不同尺度区域的可持续发展，实现更大范围区域的可持续发展。

（四）动态性

区域可持续发展系统是一个动态系统，也是一个开放系统。系统内部各子系统及各组成要素不是静止的、固定的，而是处于永恒不断地变化过程之中。同时，系统自身与区域外部环境之间、系统内部各子系统之间、子系统内部各要素之间不断进行着能量流动、物质循环和信息传递，从而使系统的结构与功能得到不断的改善和优化。区域可持续发展系统的动态性要求我们必须用全面的、发展的眼光研究区域可持续发展问题，不仅要研究区域发展变化的方向、趋势、活动的速度和方式，更重要的是要探索区域发展变化的动力、原因及其规律，从而主动地去驾驭系统，更好地为人类谋福利。

（五）整体性

整体性是区域可持续发展系统的一个根本特性。整体性特征表现在以下三个方面：在空间上表现为具有区别于其他系统的形态、特征和边界，如中国可持续发展就是指中国疆域范围内整体的可持续发展；在时间上具有其特定的整体连续和演化过程，组成可持续发展系统各个要素之间的关联性；在物质内容上区域可持续发展系统是一个由经济、社会、生态环境三个子系统组成的相互联系、相互依存的有机整体，三个子系统之间具有密不可分的联系。同时，经济、社会和生态环境三个子系统内部也各自是一个整体，其组成部分之间也是相互联系、相互依存的有机整体。如经济子系统中的生产、分配、交换、消费等环节都是环环相扣、密切相关的。因此，区域可持续发展系统的发展不仅仅是一个子系统的发展，而是三个子系统整体协调发展的过程；各个子系统的发展不仅仅是系统内某几个要素的发展，而是系统内部各要素整体发展的过程。整体最优是整体性的最佳体现。

（六）多样性

区域可持续发展的区域差异进一步造成了区域可持续发展系统的多样性。由于区域发展基础条件的差异和区位的唯一性,区域可持续发展系统的多样性按照不同的划分标准可以分为多种"多样性"类型:按照综合发展水平划分,发达国家和发展中国家的可持续发展系统存在着巨大差异,形成特点迥异的区域可持续发展系统类型,它们的悬殊差异往往表现在可持续发展目标和可持续发展能力上;按照国土的开发强度、生态环境的综合承载力和人类经济活动的布局,将区域可持续发展的载体——国土空间划分为优化开发、重点开发、限制开发和禁止开发四大主体功能区,也体现了区域可持续发展系统的多样性;按照不同区域的地理条件,区域可持续发展系统的类型更是复杂多样,如小流域区域、山地丘陵区域以及平原湖泊区域的发展各有千秋;按照区域可持续发展系统内部三个子系统的组合关系,我国生态经济学家,已故的马传统教授将区域划分为生态-经济-社会协调平衡类型;生态-经济协调平衡,社会滞后类型;经济-社会协调平衡,生态破坏类型;生态-社会协调平衡,经济滞后类型;生态平衡,经济-社会滞后类型以及生态、经济、社会三者同时处于不平衡状态的六种不同类型。最后一种划分是我们进行区域可持续发展系统类型研究给予更多关注的。

第二节 相关学科与区域可持续发展系统基础理论

一、相关学科与区域可持续发展系统研究

支持区域可持续发展系统的研究是多学科的综合交叉,主要有生态学、生态经济学、人口经济学、地理学以及近年来随着资源环境问题的恶化,一些资源、环境学科和经济学交叉形成的资源经济学和环境经济学,还有面对日益复杂的区域可持续发展问题凸显,研究思路和方法也由单要素走向综合集成,系统学也应运而生。

（一）生态学

生态学(ecology)最初的研究对象是研究生物与环境之间相互关系及其作用机理的学科。其主要观点为:任何生物的生存都不是孤立的,同种个体之间有互助有竞争;植物、动物、微生物之间也存在复杂的相生相克关系;人类为满足自身的需要,不断改造环境,环境反过来又影响人类。随着人类活动范围的扩大与多样化,人类与环境的矛盾越来越突出。近代生态学研究的范围逐渐扩大,除生物个体、种群和生物群落外,已扩大到包括人类社会在内的多种类型生态系统的复合系统。人类地域系统面对的与生态环境的诸多矛盾也都是现代生态学的研究内容。

以人为主体的生命系统与环境系统在特定空间的组合,我们称之为人类生态系统,或称人地系统。在人类生态系统中,生物与非生物环境相互联系、相互作用,彼此间进行着连续的物质能量交换,形成一个不断向稳定、平衡阶段发展的自然整体。对区域可持续发展系统来说,只要区域与环境之间、系统内各子系统之间以复杂的非线性机制,保持能量、物质和信息的交换,就有可能通过对现有状态不同程度的偏离,产生时间和空间上都相对有序的结构,即"耗散结构"。人类生态系统的稳定和有序需要其内部子系统间相互协同,在系统内部反馈机制的作用下,系统可以保持一种动态的平衡。但是这种平衡是有条件的,只存在于一定的范围之内。当平衡受到外部剧烈的干扰而超过它自身的调节能力时,平衡就会打破,系统失衡,其表现为生物与环境间的不协调。这种不协调会因系统自身固有的调节能力而长期不被发现,如果对此不加以警惕,最终崩溃将不可避免。

根据现代生态系统观点,人类是复杂的"生物地球化学循环"中不可分割的一部分,人类作为生态系统的一个构成要素,其生命活动的每一部分都自然地融入自然环境之中。另外,由于人作为主体的积极性和能动性,也在影响、改变、维持着自然生态系统,人类对自然生态系统的不合理开发活动,给生态系统带来威胁将直接影响到人类自身的可持续性。所以,既要满足人们要求与愿望又不破坏自然,使其能持续地供给人类需求,就要求正确地处理人与自然的关系,解决好发展与限制的矛盾,此即可持续发展之内涵。

生态学相关理论指导区域可持续发展系统研究,应该坚持以下观点:① 树立生态伦理观,实现人地和谐。生态伦理是人类在进行与自然生态有关的活动中所形成的伦理关系及其调节原则。只有当人类依靠生态智慧,超越人类自身的局限,能够自觉控制自己的生态道德行为,理智而友善地对待自然界时,人类与自然的关系才会走向和谐。② 掌握生态学规律,保持人类地域系统良性运转,包括相互制约与相互依赖的规律、物质循环转化与再生的规律、物质输入输出的动态平衡规律、相互适应与补偿的协同进化规律、环境资源的有效极限规律。③ 保护生态系统服务功能,维护可持续发展的基础,主要包括产品、调节、文化和支持四大功能,它是人类文明和可持续发展的基础。

(二) 生态经济学

20世纪60年代后期,美国经济学家肯尼迪·鲍尔丁首先提出了生态经济学的概念。他在《一门科学——生态经济学》中,针对世界发展所面临的主要问题,提出"宇宙飞船经济理论",主张对自然资源循环利用,节约资源,提高效率,减轻对生态环境的污染。

生态经济学是研究由生态系统和经济系统耦合而成的生态经济系统,即生态经济系统的人类经济活动的需求与生态环境系统的供给之间的内在矛盾运动及发展规律的学科。一方面,它试图将生态学的观点引入人类社会的经济活动系统,使之与生态系统结合起来,从整体上分析当前人类面临的发展问题以及将来可能遇到的发展瓶颈的原因,以引起人们的注意。另一方面,它又试图将经济学的一些观点、方法引入生态系统,并从整个生态经济系统的角度探索解决当前及将来人类面临问题的方法。因此生态与经济的矛盾构成了生态经济学研究对象的特定领域,研究它们的目的在于协调人类经济活动和生态环境之间的相互关系,寻求生态系统与经济系统相互适应与协调发展的途径。

生态经济学是可持续发展的理论基础之一,对它的研究使得可持续发展具有更强的可操作性。把生态系统和经济系统作为统一的生态经济有机整体来研究,将为区域可持续发展研究探讨人地关系运行规律和机理拓宽了研究范围;生态经济学探讨的生态系统和经济系统的协调发展也是区域可持续发展三个子系统协调发展的目标之一;生态经济学研究的综合性、层次性、地域性和战略性等特点也体现了区域可持续发展系统研究倡导的特点与方法。总之,吸收生态经济学的研究理论与方法,将有助于可持续发展理论研究目标和研究对象的深化。

(三) 人口经济学

人口经济学是以人口学和经济学作为理论基础,研究人口与经济之间的相互关系,分析人口与经济的互相影响而产生的一门新兴的交叉学科边缘学科。人口经济学的任务是研究人口及其发展在社会生产和再生产过程中的地位和作用,探讨在人口因素参与下形成的一些经济活动规律,即人口经济规律。

人口经济学与可持续发展的契合源于可持续发展的本质。可持续发展理论是以人为本的发展理论,人口渗透到可持续发展体系的各组成部分,在可持续发展中占据了极为重要的地位,并发挥着重要的作用。尽管人口因素不是可持续发展的中心,但恰当地确定人口在可持续发展中的地位,是深入研究人口与可持续发展的前提,对充分、有效地发挥人口在可持续发展中的作用,也具有重要的指导意义。适度的人口规模和人口增长率是可持续发展的前提;日益提高的人口素质是可持续发展的关键;合理的人口结构及分布格局是可持续发展的有利条件;转变观念与公众参与是可持续发展的必然要求。可以说没有人类参与的自然资源的物质变换,是自然进化;只有人类参与并且按照人的目的进行的物质变换,才是可持续发展。从某种意义上说,人口是实现总体可持续发展的关键。可持续发展的最终目标是为了人类更好地生活,它的动力同样来源于人。加之中国作为全球人口最多的国家,人口问题一直备受关注,决定了在中国的可持续发展研究中,人口可持续必将是浓墨重彩的一笔。因此,人口经济学必然成为区域可持续发展系统理论的重要支撑。

(四) 地理学

地理学是研究地球表层自然要素与人文要素相互作用及其形成演化的特征、结构、格局、过程、地域分异与人地关系等的复杂学科。作为一门既古老又年轻的学科,地理学在长期的发展过程中,不断适应社会发展的实践需求,推陈出新,丰富研究领域和研究内容,革新研究方法和手段,尤其是20世纪90年代以来,可持续发展成为全人类的发展共识,既对地理学研究可持续发展提出了挑战,又提供了前所未有的发展机遇。地理学家责无旁贷、义不容辞地投入到了可持续发展的相关研究中去,在地理学的各种学术会议上,"可持续发展"成为了备受关注的热点。

地理学研究可持续发展的契合,与地理学科自身的特色和优势是密不可分的。首先,从地理学的研究对象看,地理学着重研究地球表层人与自然的相互影响与反馈作用,因此对人地关系的认识,素来是地理学的研究核心,也是地理理论研究的一项长期任务,始终贯彻在地理学的各个发展阶段。人类在长期的对人地关系的认知,形成了诸多人地关系的理论学说,如地理环境决定论、或然论、生态论(或称适应论)、协调论等。人地关系在地域上的体现构成了地理学研究的核心:人地关系地域系统研究的中心目标是协调人地关系,可持续发展观的实质就是要协调人与人、人与自然的关系,地理学和可持续发展观关注的研究对象不谋而合。其次,地理学在长期的研究过程中形成的综合性和区域性学科特点为区域可持续发展系统的内部构成、类型和系统运行机理的研究奠定了基础和载体。地理学不局限于研究地球表面的各个要素,更重要的是把它作为统一的整体进行综合研究,这有助于对区域可持续发展系统三个子系统进行深入分析。同时,地球表面自然现象和人文现象地域分布不均匀的特点,决定了地理学研究又有区域性的特点。区域内部结构、区际关系以及区域研究的尺度范围等也都是区域可持续发展研究的基本思路。"着眼于全球,从区域入手"是区域可持续发展研究的可操作途径,因此,区域是可持续发展研究的最后归宿和载体;区域间人地系统要素空间流的性质和方向形成的区际关系是区域可持续发展系统不同类型的基础。我国现阶段发展面临的人口、资源与环境经济等可持续发展问题无疑给地理学的研究领域拓展了空间,运用现代技术手段,对这些重大战略问题的深入研究不但能进一步丰富和完善地理学科的发展,同时,也给地理学科服务于社会实践提供了前所未有的用武之地。

综上所述,地理学的研究对象和特点与可持续发展理论一脉相承,是区域可持续发展系统研究的重要基础理论。

(五) 环境经济学

环境经济学是研究如何运用经济科学和环境科学的原理和方法,分析经济发展和环境保护的矛盾,以及经济再生产、人口再生产和自然再生产三者之间的关系,选择经济、合理的物质变换方式,以便用最小的劳动消耗为人类创造清洁、舒适、优美的生活和工作环境的新兴学科。环境经济学的研究任务主要包括:全面认识环境与经济相互之间的对立统一关系,研究实现经济发展与保护和改善环境互相促进、共同发展的途径;全面认识经济活动对环境的积极影响和消极影响,研究使经济活动符合自然规律(主要是生态规律)的要求,以最小的环境代价实现经济迅速增长的途径;全面认识环境建设对经济建设的促进和制约作用,研究使环境建设符合经济规律要求,以最小的劳动消耗取得最佳环境效益与经济效益的途径。

环境经济学的研究内容非常丰富,随着学科的发展不断充实和完善,一些新的研究内容与可持续发展关注的问题越来越密切。例如,对经济发展与环境保护关系的研究可以帮助我们辨析区域可持续发展系统中经济子系统和生态环境子系统的关系;外部性理论可以提供环境污染的经济根源;环境资源价值理论从资源价值构成角度重新确定资源的成本构成,从而为资源的可持续利用提供约束机制;环境质量的公共物品属性、环境公平与效率问题等的研究都将为政府、企业和公众明确行使环境的权利和义务。这些研究的契合点不但会进一步推动环境经济学科的发展,同时,也会为区域可持续发展理论奠定基础。

(六) 资源经济学

资源经济学是研究资源开发、利用、保护和管理中的经济因素和经济问题,以及资源与经济发展关系的学科,包括资源稀缺及其测度、资源市场、资源价格及其评估、资源配置与规划、资源产权、资源核算、资源贸易、资源产业化管理等。资源经济学的研究目的是解决经济发展过程中的资源问题,促进人类社会可持续发展,本质上是解决资源配置问题。

面对人类强大的需求,资源稀缺和资源的可持续利用将是一个永恒的主题和悖论。资源经济学对稀缺资源状况及其测度方法和指标,最大限度地缓解资源稀缺的有效途径等,将为缓解资源供需矛盾提供借鉴。同时,资源可持续利用与资源配置及其机制密切相关,资源经济学通过计划和市场资源配置的两大机制或手段,制定合理而有效的资源利用规划和计划,以及建立健全资源市场,有助于认识和解决资源代际分配问题。资源的代际分配,不仅是一个经济问题,更是一个可持续发展问题。是否注重资源的代际分配,是资源可持续利用与传统资源利用方式的分水岭。资源的代际公平分配必须建立在一定的约束和激励机制之上。实现资源的代际公平分配,依靠经济手段(如价格、利率、成本核算等)、法律手段(资源法规的制定和实施)和行政手段(如制定资源利用定额、颁发资源利用许可证等),不但是资源经济学研究的热点,也是可持续发展关注的核心内容之一。因此资源经济学也是可持续发展的共轭学科之一。

(七) 系统学

区域可持续发展系统的系统学基础是以综合协同的观点,探索可持续发展的本源和演化规律,探寻人类活动的时空耦合规则,人类活动的自控、自律和自觉程度,人类活动的效益准则和道德规范,通过利己利他的平衡、自助互助的协同、自律互律的调适,最终达到人与自然的高度统一,同时达到人与人之间的高度和谐。

可持续发展作为一种新的发展观,是建立在新的思维方法基础上的,这种新的思维方法是具有整体性和综合性的。其中系统学体现了这种思维的特性。系统有许多特性,整体性和层次性是其最基本的两个特性。整体性是系统思想的核心和灵魂,是系统学最基本的原理,系统各组成要素的组合形成系统的整体性,系统的性质功能只有从整体上方能显现出来,系统的整体呈现了各组成要素所没有的新特点。根据系统学的思想,人类社会及其生活的自然环境所构成的人地系统也是由相互作用和相互依赖的众多因素组成的有机整体,具有一定的结构和功能。人类作为人地系统中的一个要素,不断地与系统中的其他要素发生作用,如人类对自然界资源的开发利用和向环境排放废弃物。由于过去人们在机械论思维的指导下,没有整体的、联系的观念,因而人类也就不能把自己看做自然的一部分,不能把自己的活动放入整个人地系统中考虑,从而导致了许多严重问题的出现,引起人地关系的不协调,要解决这个问题,就必须深入研究系统中各要素之间的相互作用机制,以便控制人地系统,使之向有利于人类发展的方向发展。系统的层次性指的是由于组成系统的种种差异,使系统组织在地位、作用、结构和功能上表现出等级秩序性,形成具有质的差异的系统等级。而这种思维可以帮助我们认识人地系统中不同尺度、不同时空格局下形成的诸多子系统。

随着系统科学的进一步发展,系统自组织理论的出现,也为探讨系统内部要素之间的相互作用机制开辟了新的道路。系统自组织理论包括:耗散结构理论、协同论和突变论。耗散结构理论使得可持续发展的研究必须注重对人地系统负熵流的引入和耗散机制以及系统内部涨落机制的研究;协同学理论进一步揭示了系统自组织演变的产生和过程,人们已经认识到在各不同学科领域中存在的系统都有自组织的趋势,要维持人地系统的稳定和有序,使之有利于人类社会可持续发展,就不能破坏人地系统各子系统之间的协同;突变论使我们对突变进行预测和控制成为可能,在人地系统的可持续发展研究中,由于某些要素的变化而引起的涨落被不断放大,而将要达到临界点时,我们可以对人地关系进行调控,使之绕过突变的临界点,避免不利的突变现象发生,从而实现人地系统持续发展。

二、人地关系地域系统协调发展理论

以上诸学科理论对区域可持续发展系统的研究都有指导意义,但最能揭示区域可持续发展系统的实质,反映区域可持续发展系统的内部运行机制并指导其实践,还是人地关系地域系统协调发展理论。这是贯穿区域可持续发展系统的一条主线。在这一主线下,分属于其他学科的三种生产理论、物质平衡原理(循环经济)、资源永续利用理论、外部性理论等解析了人与地协调的机理,是对人地关系相互作用机理的具体分析。因此,人地关系地域系统协调发展理论不但是地理学的重要理论基础,它研究人类活动与地理环境之间的相互关系,寻求人地之间的和谐,也是区域可持续发展思想的重要理论基础。

(一) 人类对人地关系的认识

自从有了人类,人地关系就出现了。在漫长的人类社会发展史中,人类为了生存、发展,就在不断地探索、求证人地关系,以保障人类最大福祉。

1. "人"与"地"的客观关系

"人"与"地"的客观关系是一种非对称、非线性的关系。首先,人地关系中"人"与"地"不是对称、互为映射的关系,而是互为依存的关系。从人地关系的起源上看,先有"地",后有"人",人类是自然演化的产物。"地"可以不因人的存在而存在,"人"却不能没有"地"而生存,人地关系实际上是"人"对"地"的依赖关系;人地关系中,"地"没有自身的利益,"人"却要从"地"中谋求利益,人类对自然有生存、生活、发展、享受、占有、投入与产出等不同的利益驱动。人地关系的紧张,实际上是"人"对"地"利益驱动的结果;自然演化过程一般来说是缓慢的,而人类社会、经济的发展是快速的,人类活动对自然的冲击是激烈的,所引起的自然变化(演化或退化)往往超过自身演化的承受力,从而导致自然的迅速蜕变。上述人地关系的不对称性表明,人类在人地关系中扮演双重角色,既是"地"的产儿,又是"地"的主宰者,也是人地矛盾的始作俑者。其次,人地关系是非线性关系。人地关系之间的作用与反作用既不是对应对称的,也不是线性的,它们表现为错综复杂的非线性过程。这其中有混沌、协同,有渐变、突变,有单因子变化与综合变化,有反馈与制约,有阶段性变化与连锁反应等。人地关系的这种复杂过程,使得我们在评价人类活动(对"地"作用)所产生的经济效益与环境效益、当前效益与长远效益、局部效益与全局效益等时,难以正确把握、定量计算,而对人地关系的未来演化及其影响更难以预测。最后,人地关系存在协同机制。人地关系是一个开放的复合大系统,在一定条件下,它的各子系统之间通过非线性的相互作用,可形成一定功能的自组织结构,表现出新的有序状态。我们追求人地关系协调发展,就是要寻找人地关系协调的机制、过程、条件,探索一条人类社会发展与环境协调的途径,使人类的开发活动、价值取向既符合社会经济发展规律,又符合自然演替的规律,使两者达到相对协调与优化的状态。

2. 人类对人地关系的认识

(1) 中国传统文化中的人地关系

在中国的传统文化中,早已有过人地关系的"辩证思想",人与自然环境的关系被称为"天人关系",中国古代的思想家提出了一系列有关尊重生命和保护环境的思想,其中道、儒、佛三家是主要代表。

道家人地统一思想。老子哲学把思考的范围扩展到了整个宇宙。老子的宇宙论首先看到:天地万物是一个整体,人是天地万物的一部分。认为"人"与"地"的关系是统一的,和西方的人地关系思想不一样,有主次之分,主体客体之别。我国古人一般认为,"人"是指人类,"地"是指自然界。人与地的统一性,即指人是自然界的一部分,人类与自然界是不可分割的统一体。在许多古代文献中,有许多观点表达了人地统一、天地人合一的观点,如《书经》说,"有天地,万物父母也"。天地既生万物,也包括生人,人是自然之子。所以,人的行动,应当效法天地,遵从自然法则,才不会犯错误。北宋思想家张载说:"乾称父,坤称母;予兹藐焉,乃混然中处,故天地之塞,吾其体;天地之帅,吾其性。"即认为人以天地之性为人之性,以天地之气为人之体,"天人一物"。明代王阳明提出"风雨露雷,日月星辰,禽兽草木山川土石,与人原是一体"。老子提出:"人法地,地法天,天法道,道法自然。"他认为,在人与地的关系中,归根结底是人必须遵守自然法则。

儒家兼爱万物,物尽其用。儒家是中国传统文化中的主流,儒家文化在对待自然的态度上,从根本上讲与道家是一致的。它也认为人是自然界的一部分,人与自然万物同类,因此人与自然应采取顺从、友善的态度,以求人与自然的和谐为最终目标。但儒家也与道家有所不同,儒家主要关心的是人,主张尽人事以与天地参。儒家认为"仁者以天地万物为一体",一荣俱荣,一损俱损,因此尊重自然就是尊重自己。荀子认为"万物各得其和而生,各得其养而成",主张对自然万物施以"仁"。汉朝儒学代表董仲舒认为,"天,地,人,万物之本也,天生之,地养之……"。董仲舒则更明确地主张把儒家的"仁"从"爱人"向爱物扩展。"质于爱民,以下至鸟兽昆虫莫不爱。不爱,奚足以谓仁?"并且儒家注重经世治国,倡导取用有节,物尽其用。要求统治者要节制自己的行为,克制自己贪得无厌的欲望,提出"政在节财"的主张。因为节财就包括要节制利用自然资源,节制利用自然资源就会避免对自然的掠夺和浪费。

佛家万物平等的生命意识。在佛学中,人与自然是没有明确界限的,生命与环境是不可分割的整体。所谓"依正不二","依"是指"依报"(环境),"正"是指"正报"(生命主体),在佛的面前,人与其他所有生物都是平等的,"一切众生悉有佛性,如来常住无有变易"。佛教中的众生一是指人,二是指生物。佛教从万物平等的立场出发,主张善待万物和尊重生命。佛教对生命的关怀,最为集中地体现在普度众生的慈悲情怀上。在佛法上,"与乐"叫做慈,"拔苦"叫做悲。佛教教导人们要对所有生命大慈大悲。"大慈与一切众生乐,大悲拔一切众生苦"。

总之,不管是道家、儒家还是佛家,虽然观点各异,但有一点是相同的,就在人地关系上,他们都持有"人地统一"的观点。

(2) 近现代西方人地关系的演化

西方近代地理学从一开始就从不同角度探索地理环境的演变、分布规律和人地关系的内在机理。出现了许多不同的"人地观",主要包括地理环境决定论、可能论与或然论、适应论、协调论等,随着人口、资源、环境问题的日益突出,和谐协调的人地关系日益受到关注。

地理环境决定论认为人类的身心特征、民族特征、社会组织、文化发展等人文现象受自然环境,特别是气候条件的支配,它强调自然环境对社会发展起决定性作用。其主要代表人物有拉采尔、希波克拉底、柏拉图、亚里士多德、孟德斯鸠等。

20世纪初期,法国地理学家维达尔·白兰士(1845~1918)提出一种与"地理环境决定论"截然相反的人地观,即"可能论"(亦称"或然论")。该理论不是强调环境在人地关系中的决定性作用,而是更加注重人对环境的适应与利用方面的选择能力,强调了人的主观能动性。他认为地理环境对社会发展等方面的影响只是提供了各种可能性,而人类在创造他们居住地的时候,则是按照他们的需要、愿望和能力来利用这种可能性。可能论与或然论观点与地理环境决定论观点相比较,强调人的作用有其进步意义。这种对地理环境决定论的怀疑与否定,为地理学奠定了基础。

在法国"人地学派"思想影响下,美国学者巴罗斯(1877~1960)于1923年提出人类生态学概念,他在美国地理学者协会会刊上发表了《人类生态学》一文中提出了适应论的观点,他主张地理学应当致力于研究人类对自然环境的反应,分析人类的活动和分布与自然环境之间的关系,从另一个角度提出了适应论的观点,适应论的观点是对地理环境决定论的直接批判,论述人与自然和生态环境的相互影响,为辩证唯物论的人地观奠定了基础。值得一提的是,适应论在地理学中的作用和影响都不及其前代的"决定论"和"可能论"。

协调论的代表人物主要为英国学者罗士培(1880~1947),协调论认为自然环境对人类活动具有一定的限制作用,同时又具有被人认识和利用的可能性。人地关系应该包括两方面的含义:一方面,人对地的依赖性,"地"是人赖以生存的唯一物质基础和空间场所,地理环境经常影响人类活动的地域特征,制约着人类活动的深度、广度、速度;另一方面,在人地关系中人居于主动地位,地理环境是可以被人类认识、利用、改变和保护的对象。在这两层含义的基础上,提出人地关系相协调的观点,即人类需要主动地、不断地适应环境对人类的限制,而这种"适应",实际上是一种不断的调整,是人类有意识地对人类环境的协调。

和谐论主张分析人与环境的关系,以谋求自然环境与人类生活以和谐为主要目的。随着人口、资源、环境等问题的日益突出,和谐论的观点被广泛接受。

综上所述,古今中外许多专家、学者都对人地关系问题做过深入的探讨研究,人地关系的研究是一项长期的任务。对于人地关系规律的探讨、揭示,不仅具有深刻的理论意义,而且具有重大的现实意义。在人地关系这个命题中,地理环境决定论把一切都归于环境的客观作用,忽视人的主体作用,因而是片面的。反过来,一切只看到人的作用,忽视环境条件对人的活动在特定情况下的重要作用,也是不够全面与辩证的。

3. 人类发展观的价值取向导致人地矛盾的不断激化

如上所述,人类不能离开"地"而存在,人类有独立于自然的自身利益和价值取向,而这种利益和价值的实现,必须通过对"地"的开发、利用才能达到。人类出于对生存与发展的需要,在不同的发展阶段,对"地"进行不同程度的占有和开发,其作用强度、方式等也都是以人的价值取向为依据的,而不是以是否符合自然演化规律来衡量的。人对环境的这种相对独立性,带来正反两方面的结果:一方面,突出人类发展的权利,不拘泥于原生环境的桎梏;另一方面,也为人类破坏环境埋下危机。

(1) 人地矛盾日渐激化

人的价值取向,反映在不同的人类发展阶段就是发展观的实践(表1-1)。在早期的原始社会采猎文明阶段,人类对自然环境的认知比较模糊,改造自然、利用自然的能力有限,只是择其适合人类生存的优越的自然环境而居,如暖热的气候、肥沃的土壤和可浇灌的河流,那个时候的人类对自然存有敬畏之心,破坏甚少,图腾文化是那个时候的文化形态。封建社会的农业文明阶段,逐渐扩大了对基本生活资料尤其是粮食的需求,农业对土地资源、水资源和森林资源的大规模开发,导致水土流失和农业生态环境的恶化,早期的四大文明古国的消失就是例证。资本主义社会工业文明的到来,伴随着大机器生产体系的确立,人类生产力水平空前提高,工业化、城市化和全球化风靡整个地球,人地矛盾越发尖锐。人类为了争夺发展空间、占有更多资源、享受更舒适的生活水平,展开了对"地"肆无忌惮的劫掠和开发。环境污染、生态破坏、人居环境恶化司空见惯。等到环境成为人类发展和生活瓶颈的时候,人类才不得不反思人地矛盾激化的原因。20世纪70年代的世界环境大会,90年代的世界环境与发展大会,21世纪初的世界可持续发展首脑会议等提出的可持续发展战略以及我国提出的科学发展观、构建资源节约型社会和环境友好型社会也都源于此。

表1-1 不同文明阶段的人地关系

阶级特征	采集文明	农业文明	工业文明	后工业文明
利用的主要资源	暖热的气候、河流、森林	农业自然资源	工业自然资源	环境资源
能源动力类型	人力、火	人力、畜力	电力	电力、原子能、新能源
对自然态度	依赖自然	征服自然	善待自然	和谐相处
生产力水平及特征	低水平、采集渔猎融于天然食物链中	初级水平、自给自足、简单再生产	中级水平、商品经济、复杂再生产	高级水平、商品经济、专业化、协作化
主导部门	无	第一产业	第二产业	第三产业
重点工业部门	无	农业产品加工、冶炼等手工业	重工业	知识技术密集型产业
地域联系	部落内部	区域内部	国际	全球
人地关系	依赖自然	靠天吃饭	改天换地	人地协调
环境问题	人为的环境问题还未出现	森林砍伐、海洋污染、水土流失等	从地区灾害到全球性灾害	全球性三大危机
人类对策	听天由命	牧童经济	环境保护	可持续发展

(2) 人类价值取向的自身误区

人类在漫长的历史长河中,一直不断地完善和发展人类自身。发展的驱动力是人类的自身利益。这是人类自身坚持发展的价值取向,区别于自然主义的宗旨。自然主义提倡保持"原始"自然,否定人类发展的价值需求。往往不承认"人不可能脱离自身的利益和目的而存在,人类也不可能离开人的利益和价值而存在"。这显然不符合历史的事实和人类的愿望。这里的关键不在于人类是否该有自身的利益需求,而在于人类在获得人类自身利益的时候,对自然的开发、利用和占有是否符合自然规律的演化,是否和环境相互协调。大自然的规律是不管人类的意愿如何,大自然在遭到破坏后必然按照自然规律来惩罚和报复人类。

在长期的人地关系相互作用的过程中,人类也在通过提高科技水平和文化积累,掌握征服、改造和利用自然的能力,一次次的科技革命的丰硕成果,使人类似乎在自然面前越来越强大,越来越肆无忌惮。但是,由于人类自身价值取向的误区或者集体的非理性,导致人面对大自然的报复和逆向演化时,又显得无能为力。这主要是因为:虽然随着科技的发达和进步,人类掌握了前所未有的认知自然的知识和技术,但是相对于无利益诉求的大自然的深邃奥秘,人类对自然规律的掌握,或者说社会规律和自然规律的有机耦合,还处在不断探索中。在很多时候人类是按照自己的意愿,在对自然规律缺乏深入了解甚至认识肤浅的情况下,盲目对自然进行建设和开发。这些建设和开发铸就了对自然的"破坏"。有着时代演替的人类在实践自身的价值取向的过程中,往往拘泥于当前、短期的利益,而忽略长远、未来的利益,资源环境的可持续利用与人类时代交替利益的代际公平成为悖论。相对于大自然,人类是一个庞大的价值取向群体,形成了具有各自利益的部门、区域、地区和国家。这些不同利益群体,在人类共同价值取向的前提下,又通过各种途径和手段,维护着自身利益,甚至为了自身利益,相互争夺,发生冲突。在损害别的部门、区域、地区和国家利益的同时,也损害了大局和环境利益。看似人类都在保护环境,实际在人的局部利益面前,环境是最大的受损者。

(二) 人地关系地域系统协调发展理论与区域可持续发展

1. 我国人地关系地域系统协调发展理论的提出

20世纪80年代，我国地理学界关于人地关系研究极为活跃。1979年底，吴传钧先生在第四次地理学会代表大会上所作的"地理学的昨天、今天与明天"的学术报告中，对人地关系的内涵进行了深入阐述。提出地理学研究的特殊领域是"研究人地关系的地域系统"。吴先生认为，"'人'和'地'这两方面的要素按照一定的规律相互交织在一起，交错构成复杂的、开放的巨系统的内部具有一定的结构和功能机制，在空间上具有一定的地域范围，便构成了一个人地关系地域系统"。之后，吴传钧先生明确提出了"人地关系地域系统"的概念(1981)，并将它作为"地理学的研究核心"(1991)，1998年和2002年陆大道院士先后两次撰文明确指出，地球表层系统研究的核心是"人地关系地域系统"，无论古代、近代和现代地理学研究对象实际上都存在于地球表层系统之中。毛汉英研究员在庆祝中国科学院地理研究所成立50周年时(1990)撰文指出，人地关系地域系统作为地理学的研究核心，是区域可持续发展的理论基础，是区域可持续发展由基础研究走向实践应用的理论基石。胡兆量教授认为人地关系是既涉及自然过程又涉及社会过程的综合概念，是人文地理学研究的永恒主题(1996)。人地关系地域系统理论提出以后，地理学者围绕人地关系地域系统的两大子系统——人类活动和地理环境做了大量研究，特别是20世纪90年代可持续发展研究在中国的兴起，再一次把人地关系研究推向高潮。陈传康和牛文元(1998)提出了"人地关系优化"概念(1988)。1991年在中国地理学会上王铮和丁金宏发表了《论地理科学》，使用了新词PRED(人口、资源、环境与发展)，希望发展可操作性的理论。王铮(1995)提出现代人地关系的中心是PRED。认为可持续发展为人地关系注入了新的内容。协调人地关系，本质上就是协调PRED问题。对PRED具体模式，胡焕庸、严正元做了开拓性的研究。提出从环境人口容量、人口与淡水、人口与粮食和耕地、人口与能源、人口增长与资源耗减角度解析人口与环境、人口与资源关系，并讨论开展了城镇人口与生存环境、乡村人口与生存环境问题研究，进而从人口限度、生态平衡等角度讨论协调人地关系的可能性。人地关系问题的研究转向更有意义的PRED系统的协调模式的探讨。吴传钧先生在2008年对人地关系地域系统理论做了重新阐释并指出对其进行优化调控的紧迫性和必要性。在方法论方面，吴传钧先生非常赞同钱学森提出的要以"从定性到定量的综合集成方法"研究人地关系的巨系统及其结构与功能，并强调这是地学重要的基础研究的观点。他认为，国家和区域的可持续发展指标体系的研究和制定具有特别的重要意义。分析人地关系地域系统，单纯的定性研究是远远不够的，还要与定量分析相结合。人地关系地域系统内部是否协调，人类对其施行调控的可能幅度等，都应该使其数量化。此外，人地关系地域系统实证研究成果也颇丰，如20世纪80年代的国土整治与规划，90年代的可持续发展研究，都是立足于人地关系协调的研究。2007年的《全国主体功能区规划》，樊杰(2008)将人地关系地域系统理论应用到其中，更是对该理论应用方面的又一次升华。

人地关系系统中的"人"是指由人口和经济活动以及社会环境组成的经济社会系统，"地"是指由自然环境和生态系统组成的自然生态系统。双方以及各自内部存在着多种直接反馈作用，并密切交织在一起；"人"必须依赖所处的"地"为生存活动的基础，更主动地认识、并自觉地按照地的规律去利用和改变"地"，以达到使"地"更好为人类服务的目的，这就是"人"和"地"的客观关系。就经济社会系统中的"人"而言，既是生产者又是消费者。作为生产者，人们通过个体和社会化的劳动向自然索取，将自然界的物质转化成自己需要的产品；作为消费者，人们消耗自己生产的产品，并将废物返还给自然环境。这样人类为了维持自己的生存和发展，总要与自然界发生各种各样的联系和相互作用。自然生态系统中的自然环境，是指由地球的岩石圈、水圈、生物圈、大气圈四大圈层的自然物质与来自地球内部的热能相互作用所共同形成的复杂的自然地理系统，即存在于人类社会周围的自然界，是人类活动和持续发展的基础。经济社会系统中的社会环境实际上就是一个复杂的社会文化系统，社会环境的存在起着不断修正人类与自然环境关系的作用(图1-1)。

2. 人地关系地域系统与区域可持续发展

人地关系地域系统理论强化了人地关系问题研究的科学理性，成为构筑人地关系科学范式体系的重要基础。可持续发展作为人地关系协调论的具体化，进一步完善了人地关系的范式体系，其作用主要表现在：① 可持续发展观的哲学基础是自然观、价值观和伦理观，而这正是人地关系的理论命题；② 可持续发展对人类行为可持续性、公平性、协调性、高效性等的具体规范，正是人地关系长期互为作用未破解的"难题"；③ 区

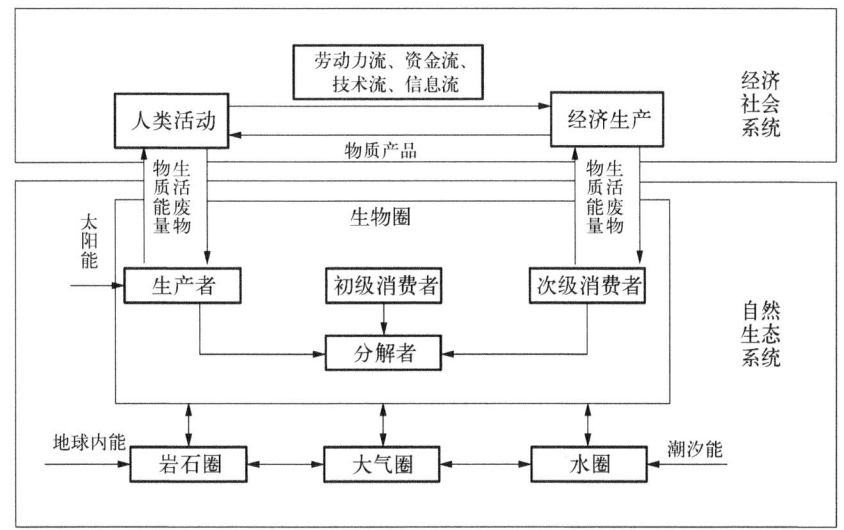

图 1-1 人地关系地域系统构成示意图

域可持续发展的实践研究构成了不同人地关系类型的"题解"和"范式",是人地关系实证研究的具体体现。

人地关系地域系统是区域可持续发展研究的区域载体。人地关系地域系统的形成过程、结构特点和发展趋向的理论研究;人地系统中各子系统相互作用的强度分析、潜力估算、后效评价和风险分析;一定地域人地关系的动态仿真模型;人地关系的地域分异规律和地域类型分析等都是人地关系地域系统协调发展关注的问题。区域可持续发展的实质就是协调人与人、人与自然的关系,这两组关系的协调,也就意味着人地关系的协调。因此,区域可持续发展就是研究人地系统的总体特征、空间分布类型;在不同阶段矛盾冲突的表征;两者动态演化规律;特别是相互作用机理分析。通过这些研究不断为人类的可持续发展提供理论基础和支撑规律,使人地协调、和谐、共生、共荣。协调人地关系,其目的就是要达到可持续发展的目标;人地关系地域系统协调发展理论就是区域可持续发展的理论基础。

(三) 人地关系地域系统的特点和类型

1. 人地关系地域系统的特点

人地关系地域系统结构是由若干相互联系、相互作用的要素组成的,其内部结构复杂、具有一定功能的有机整体,主要表现出以下特征:

(1) *整体性*

整体性是人地关系地域系统结构的首要特征和基本属性。这个整体是由自然、经济和社会等要素组成的统一体。但整体并不是各个要素的简单相加,而是在性质上与各要素完全不同。一旦这些要素通过复杂的非线性相互作用构成一个整体,这个整就凸显出一种原来各要素所不具有的新属性,即整体属性。

(2) *动态性*

从一个长期的时间尺度看,人地关系地域系统是一个动态系统,始终处于不断地运动变化之中,变化是绝对的。在一定的时段,它又处于稳定的静态之中,静态是相对的。人地关系地域系统结构中既有相对稳定的静态,又有变化剧烈的动态。系统在相对稳定的状态下,不断演化发展,在不断的变化中,推动系统提升结构层次。这种运动变化既是有序的,也是无序的,系统本身在变化所能承受的阈值范围之内,具有自我调节能力。对人地关系地域系统动态特征的跟踪、辨识和调控,有助于人类掌握人地关系地域系统形成、演化和发展的规律,为人类更有效地协调人地关系提供重要依据。

(3) *复杂性*

人地关系地域系统的复杂性主要体现在其结构要素的复杂性,构成人地关系地域系统结构的子系统数量庞大,并且这些子系统也是由不同层次的子系统组成的,相互之间联系紧密,其中每一个子系统的变化都会受到其他子系统的影响,并同时引起其他子系统的变化。系统的复杂性还表现为无序性,这是系统本身具有的、不依赖于认识主体而存在的属性,对构成每一个系统的要素的行为,无法进行准确的预见。尽管随着科学技术的发展,人类对人地关系的认识会越来越深入,但是,由于人类开发模式的多样化,人地关系将更加复杂化。系统的复杂性也导致人类认知人地关系地域系统有很多不可预见的不确定性,正是这种不确定性导致人类分析、预见、调控人地关系地域系统的过程是永无止境的。

(4) 协调性

所谓协调,就是使与满足人类全面需求有关的各种人类活动,与自然环境相协调。人类活动主要包括人口生产、物质生产、生态生产和社会文化生产,通过协调使其形成正向相互作用。人口生产的正向作用主要是控制人口总量、提高人口素质;物质生产的正向作用主要是采取符合可持续发展要求的经济发展方式,即以高效低耗、少污染的集约型经济发展方式取代传统的粗放型发展方式;社会文化生产的正向作用主要是通过价值观念、制度安排、组织管理方式和科技创新以及教育发展提高人力资本的产出能力,建立适度消费和符合现代文明要求的生产、生活方式。生态活动的正向作用是促进资源与环境的再生,有效控制环境污染和生态破坏,拓展资源与环境的承载能力。此外,由于人地关系地域系统是一个不断发展着的多层次空间系统,系统的发展还受空间相互作用影响,所以协调也包括区际关系的协调。不论是系统内各子系统,还是各要素之间的协调表现为何种形式,最终都要尽可能地使人类的开发活动、价值取向既符合社会经济发展规律,又符合自然演替的规律,使两者达到相对协调与优化的状态。

2. 人地关系地域系统的分类

对人地关系地域系统的分类,依据不同的标准有不同的分法,主要有以下几种:根据系统所属不同的尺度层次,可分为微观结构和宏观结构;根据系统内部与外部环境之间的关系,分为内部结构和外部结构;根据系统内部要素的分布方式和时间关系,分为空间结构与时间结构。另外,根据系统构成的圈层结构,可分为地理圈层、社会圈层;根据空间网络特点,可分为线性网络结构、拓扑网络结构和神经网络结构;根据区域特征,可分为自然区域、经济区域和行政区域等。

不论是依据哪一种标准划分人地关系地域系统类型,都不足以刻画在不同地域背景基础上形成的千姿百态、复杂多样的人地关系地域系统。世界上只有相似的地域系统,没有完全一样的。这取决于该系统所处的"地"的原生基础和人的文化背景与不同发展阶段的价值取向。后者直接决定了对"地"的开发过程和开发强度。发达国家和发展中国家由于发展阶段和文化历史的不同,城市和农村由于人口和经济结构的不同,滨海和内陆、高山和平原由于地形结构的不同,最终形成的人地关系地域系统整体结构和主导功能都不同。在实际区域研究中,人地关系地域系统更多地表现为区域综合状态,人们往往根据人地关系地域系统"人"和"地"的主导作用所表现出的"共同属性"进行类型案例研究。如根据"地"的主导作用功能属性有:人海地域系统类型、人河地域系统类型、人山地域系统类型、人矿地域系统类型等;根据"人"的主导作用功能属性有:城市地域系统类型、农村地域系统类型、贫困地区地域系统类型等;根据"人"、"地"互为作用表现出的综合功能属性有:生态脆弱带地域系统类型、海陆交替带地域系统类型、城乡结合部地域系统类型等。通过这些类型案例研究可以进一步揭示"人""地"互为作用机理,提高调控的科学性和自觉性。

(四) 其他相关理论协调人地关系的机理和途径

人地关系的矛盾,实质是人类价值和利益分配的矛盾。问题出在环境上,根源却是在人类内部的利益得失上。因此,协调人地关系的机制主要是对人的约束以及在人的能动作用下对资源的优化配置。

关于人地关系协调机理和途径,不同的学科都从不同的角度进行探究,如"三种生产"理论通过揭示"三种生产"的内在联系机理,提出了通过"三种生产"的均衡运行模式,协调人地关系的思路;环境经济学中的物质平衡理论对人在调控由经济系统和自然环境系统构成的现代经济系统中的技术水平和管理理念提出了更科学的要求;资源经济学中资源永续利用理论对资源在开发过程中的最低安全标准和代际公平提出了警示;外部性理论一方面揭示了市场经济活动中一些资源配置低效率的根源,另一方面又为如何解决环境外部不经济性问题提供了可供选择的思路。对这些理论的兼收并蓄和综合利用,都有利于我们更好地寻找和探索人地关系协调机理和途径。

1. "三种生产"理论抽象地概括了人地结构以及在生产过程中的关系

"三种生产"是指人口生产、物质生产和环境生产。面对日趋恶化的人与环境之间的关系,人类将追求

"三种生产"之间的和谐作为区域可持续发展的目的。同时要求对现有人口生产与物质生产的运行模式与发展方向进行调整,并重新审视环境生产的地位与作用。

运用"三种生产"理论来解释人地关系地域系统,"人"的一方代表的是人口生产;"地"的一方则代表环境生产,他们共同的产出即为物质生产。人口生产的过程中,消耗物质生产和环境生产所提供的生活资料,产生人力资源,人力资源既可为物质生产和环境生产提供支持,又将自身所产生的废弃物返还于环境,也将部分可利用的废弃物返还于物质生产环节。首先,人口数量是影响人口生产与其他两种生产之间关系最重要因素,其次是消费方式所带来的影响,这二者决定了社会的总消费,维持一个相对恒定的人口数量和良好的消费方式对于和谐"三种生产"关系(人地协调)至关重要。

环境生产是指自然生态系统中有机体与非有机体进行的物质循环和能量转化的过程。环境生产的产出既包括通常意义上的自然资源(生活资源和生产资源),也包括对人类废弃物(加工废弃物和消费废弃物)的消纳能力。环境生产主要是依靠自然力进行的,但在人力作用下,可在一定程度上提高或降低其产出。只有实现对自然资源的输入与输出的"等价值"的动态平衡,才有可能维持环境的可持续性,为人类的可持续发展奠定坚实基础。

物质生产是指人类从环境中索取生产资料,并接受人的生产环节所产生的部分消费再生物,将其转化为生活资料的总过程。该过程产生的生活资料支持人的生产,同时将所产生的废弃物返还于环境。随着社会生产力的发展,人类物质生产的广度和深度不断延伸;同时科学技术也在不断地发展,人类对物质的开发利用效率也在不断提高。因此在当前自然环境对物质生产产生一定约束力的条件下,提高资源利用率、降低废物排放对于维持三者的平衡非常重要。

区域可持续发展理念是在环境生产难以承受来自物质生产和人的生产这双重压力的背景下产生的,因此,区域可持续发展追求通过人类自身的组织、调控作用,理性地重建生产与消费模式,实现"人与环境"和"人与人"之间关系的和谐。

"三种生产"之间的关系呈环状结构(图1-2),它们相互制约、相互支持,任何一种生产的畸形(无限制地扩张或萎缩),任何两种生产之间制约关系的失衡,都会危害人类社会的和谐性和持续性。显然,协调"三种生产"之间的关系,既是"三种生产"理论的目标,也是可持续发展战略的目标。所以,"三种生产"理论也是解析人地关系,实现区域可持续发展的基本理论。总之,要使"三种生产"的运行关系保持和谐,关键在于"调和",要调和"三种生产"之间的联系方式和内容,调和各个生产环节内部运行的目标和机制。"三种生产"的协同发展是保障区域可持续发展的根本所在。

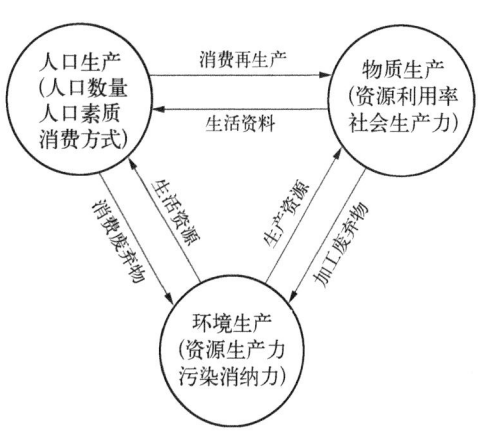

图1-2 三种生产关系的环状结构

专栏1-1 "三种生产"理论

"三种生产"理论认为,人和环境组成的整个世界生产系统,在基本层次上,可以概括为"三种生产",即物质生产、人口生产和环境生产之间的联系。

物质生产环节,其基本参量是社会生产力和资源利用率。社会生产力对应于生产生活资料的总能力,而资源利用率表示从环境中索取的资源和从人的生产环节取得的消费再生物转化为生活资料的比例。

人口生产环节,其基本参量是人口数量、人口素质和消费方式。人口数量和消费方式决定了社会总消费,这是三个生产环状运行的基本动力,而社会总消费的无限增长(表现在人口数量和消费水准的增长上),则是世界系统失控的根本原因。

环境生产环节,其基本参量是污染消纳力和资源生产力,这是环境承载力的两个基本分量。环境

> 接受从物质生产返回的加工废弃物和从人的生产返回的消费废弃物,其消解这些废弃物的能力有一个极限,称为污染消纳力;环境产生或再生生活资源和生产资源的速度也有极限,称为资源生产力。当物质生产过程从环境中索取资源的速度超过了环境的资源生产力时,就会导致能作为资源的环境要素的存量降低。如果所对应的要素为可再生的,则由于其与其他要素的相互关联性,可能导致环境状态失衡。

2. 物质平衡理论中的人地协调机理

物质平衡理论把现代经济系统看成是一个由物质加工、能量转换、残余物处理和最终消费等四个部门组成的开放系统,这四个部门之间的物质流动关系实际就是经济系统和自然环境之间物质和能量的相互转化。如果这个经济系统是封闭的,没有物质净积累,那么在一个时间段内,经济系统排入自然环境中的残余物大于从自然环境进入经济系统的物质量;现代经济系统中使用污染控制技术,只是改变了特定污染物的存在形式,并没有消除也不可能消除污染物的物质实体,各种残余物之间可以相互转化;为了减少经济系统对自然环境的污染,最根本的办法是提高物质和能量的利用效率和循环使用效率,借此减少自然资源的开采量和使用量,降低污染物的排放量。这就对人地系统中"人"一方的技术水平和管理理念提出了更高的要求,这是在相对微观层面上的人地关系协调。

人类包括技术水平、管理理念、制度因素等因素的认知水平,将在人地系统相互作用中效果迥异(图1-3)。例如,人类科技水平的提高可以大大提升资源利用效率,节省要素投入,增加产出数量,减弱对自然资源的依赖,同时还可以减少与控制环境污染,提高人类赖以生存的生态环境的质量,循环经济就是人类在探索人地关系协调途径中所提出的一种科学的经济发展模式。

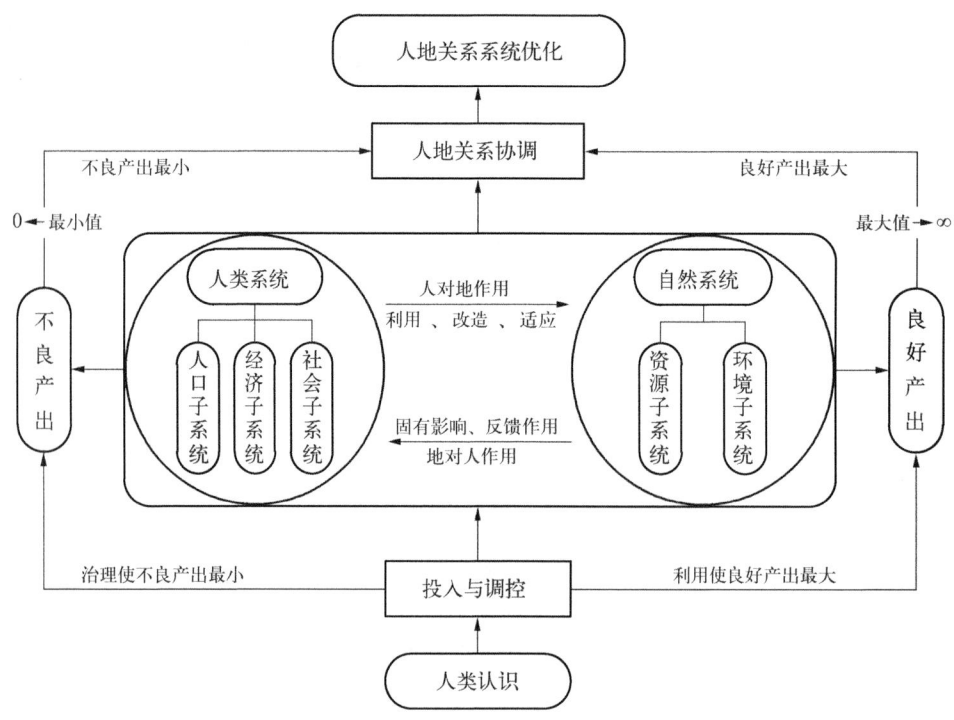

图1-3 物质平衡理论中人地关系协调机理图

环境污染从根本上来说是由于人类向自然索取资源的速度超过了资源本身及其替代品的再生速度和向环境排放废弃物的数量超过了大自然的自净能力造成的。其中有管理上的原因,也有技术上的根源。因此,协调人地关系的关键必须还原到"人"这个关键因素上。依靠人类技术进步和管理水平的提高,努力实现资源的循环利用和节约,最大限度地提高资源的使用效率,以节约资源能源,提高其使用效率,从而减少环境污染,达到实现物质资源的有效利用与经济和生态的可持续发展。

专栏1-2 物质平衡理论

1. "物质平衡理论"基本思想

20世纪70年代初期,尼斯、艾瑞斯和德阿芝根据热力学第一定律的物质平衡关系,对传统的经济系统做了重新划分,提出了著名的物质平衡模型,分析了包括环境要素在内的投入产出关系(图1-4)。

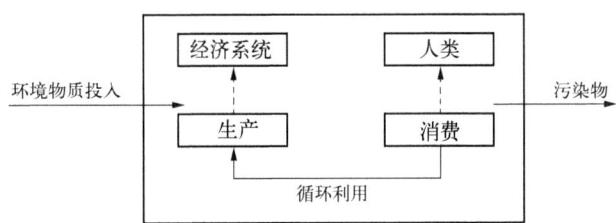

图1-4 循环利用后环境与经济系统的物质流动关系

该理论的主要思想:① 一个现代经济系统由物质加工、能量转换、残余物处理和最终消费等四个部门组成,这四个部门之间以及由这四个部门组成的经济系统和自然环境之间,存在物质流动关系;② 如果这个经济系统是封闭的,没有物质净积累,那么在一个时间段内,经济系统排入自然环境中的残余物大于从自然环境进入经济系统的物质量;③ 上述思想依然适应于开放的、有物质积累的现代经济系统,现代经济系统中使用污染控制技术,只是改变了特定污染物的存在形式,并没有消除也不可能消除污染物的物质实体,表明各种残余物之间可以相互转化;④ 为了保证经济的不断发展,减少经济系统对自然环境的污染,最根本的办法是提高物质和能量的利用效率和循环使用效率,借此减少自然资源的开采量和使用量,降低污染物的排放量。

2. "物质平衡理论"的典型应用——循环经济

循环经济一词最初由美国经济学家鲍尔丁提出。20世纪70~80年代,循环经济的研究仍然停留在一种超前性的理论层面上,20世纪后期,发达国家为了提高综合经济效益、避免环境污染、提高资源利用效率,以生态理念为基础,提出了循环经济的发展思路。德国1996年颁布了《循环经济和废弃物管理法》,从制度上保障循环经济的发展。日本2000年提出了建立循环经济社会的理念。我国自20世纪90年代末引入循环经济的概念以来,不断深入地进行理论和实践研究。

国内学者对循环经济的认识有着不同的定义,归纳对循环经济认识的共同点在于减少废弃物的排放量,提高资源的利用效率,即循环经济是一种以资源利用为特征的经济形态,具有"低投入,低消耗,低排放,高产出"的特点。本书对循环经济的定义为以资源的高效利用和循环利用为目标,以"3R"原则[资源减量化(reduce)、产品再利用(reuse)、废物再循环(recycle)]为中心,以物质闭路循环和能量梯次使用为特征,按照自然生态系统的物质循环和能量流动方式运行的超越于传统经济发展模式的经济模式。

循环经济本质上是一种生态经济,它要求经济活动按照自然生态系统的模式,组成一个"资源—产品—再生资源"的物质反复循环流动的过程。

循环经济具有以下特点:物质流动多重循环性,循环经济的开放性,循环经济系统的稳定性,清洁生产模式,科学技术先导性,生态、经济和社会利益的统一性,公众参与性等。

3. 资源永续利用理论中的人地协调机理

(1) 资源与可持续发展的关系

自然资源的合理开发和利用是实现可持续发展的物质基础,首先,自然资源为生产活动提供物质保障。古典经济学家认为正是由于劳动、资本等其他生产要素作用于自然资源,才使生产成为可能,因此自然资源是支撑生产活动的基础;其次,资源的合理利用是解决环境问题的重要途径。几乎所有的环境问题源于对自然资源的不合理利用。因此,要保护环境就必须要把经济发展同自然资源的合理利用结合起来;最后,自然资源是社会进步的物质基础。正是由于自然资源与其他生产要素一起创造了物质产品,才使社会不断进步,文化事业、医疗卫生事业、社会公共安全等社会事业得以繁荣和发展。

为了更有效地开发、利用资源和保护环境,满足人们的心理、生理、文化和社会发展的需求,合理利用自然资源和维护环境质量就变得十分必要和不可缺少。在人口、经济的发展对资源的压力接近或者超过资源的承载能力时,在既定的人口、经济背景下,制定合理的资源开发利用和策略,对于尽可能保证资源的可持续利用,具有决定性的意义。

(2) 资源永续利用的途径

资源永续利用理论协调人地关系的机理就是面对资源的日益短缺与耗竭,不断探索资源永续利用的途径。主要包括以下几个方面:① 积极推进技术进步,发现替代品和新的资源储量;② 发展循环经济,提高资源综合利用率;③ 协调资源区域开发规划与资源集聚地的优化配置,实现资源利用的空间规模经济;④ 建立自然资源市场化机制,进一步完善资源的价值和价格体系,通过市场反映自然资源的稀缺程度,理顺市场供求关系;⑤ 进行有效的制度安排,逐步建立资源有偿使用制度和生态补偿制度。

专栏1-3 资源永续利用理论

1. 资源(自然资源)的定义及分类

自然资源指在一定的技术经济条件下,自然界中对人类有用的一切物质和能量,如土地、水、气候、生物与矿产资源等。1972年联合国环境规划署提出,所谓资源是指"在一定时空条件下,能够产生经济价值,以提高人类当前和未来福利的自然环境因素的总称"。我国学者中较为流行的资源定义是:自然资源是指人类可以利用的、天然形成的物质和能量,它是人类生存的物质基础、生产资料和劳动对象。在这里有三点值得注意:其一是天然物质;其二是可以利用;其三是能够产生生态价值和经济效益。

从可持续发展研究的角度对资源进行分类,大多关注以下两种分类方法:① 地理学的分类。根据自然资源的形成条件、组合状况、分布规律及其与地理环境各圈层的关系,可分为五大类,即土地资源、水资源、气候资源、生物资源和矿产资源,这五类在自然界中都相对独立并自成系统,有各自的特点。② 经济学意义上的分类。根据使用过程中自然资源质和量的不同改变程度,可以将上述地理学意义上的自然资源类型重新归类,分为耗竭性和非耗竭性资源。耗竭性资源再分为可更新资源和不可更新资源。上述分类基本上反映了自然资源的特性,但过于繁琐,在实际分析中的意义不大。因此,经济学对自然资源最基本的划分,是将其划分为两大类;即可再生资源和不可再生资源。前者在合理使用的前提下,可以自己生产自己,循环往复,无穷无尽。后者不具备自我繁殖能力,在自然界中地壳内的储存如果连续使用,会逐步减少。不可再生资源又可分为可回收的和不可回收的两种。

2. 资源永续利用理论基本思想

人类社会能否可持续发展决定于人类社会赖以生存发展的自然资源是否可以被永远地使用下去。基于这一认识,最低安全标准和代际公平是理解资源可持续利用的两个基本概念。著名生态经济学家赫尔曼·戴利提出了社会使用资源最低安全标准的三个原则:社会使用可再生资源的速度,不得超过可再生资源的更新速度;社会使用不可再生资源的速度,不得超过作为其替代品的开发速度;社会排放污染物的速度,不得超过环境对污染物的吸收能力。

代际公平的概念最初由塔尔博特·R·佩基在其论文《代际公平和社会现贴率》中提出,他认为,必须对传给下一代人的资源基础予以保护,尚未出身的子孙后代没有发言权,保持资源基础的完整无缺是我们这代人的伦理标准。这就要求我们摒弃传统的高消耗、高增长、高污染的粗放型生产方式和高消费、高浪费的生活方式,要求人类在生产过程中要尽可能地少投入多产出,在消费时要尽可能地多利用少浪费,其实质是保持资源的永续利用。可以说资源的永续利用是传统发展与可持续发展的分水岭。资源永续利用的途径包括技术上的集约、市场上的供需价格调节、空间上的优化配置等。

4. 外部性理论中的人地协调机理

外部性理论源自经济学,后来成为环境经济学的基础理论,外部性的特征有两个方面:一方面,外部性是经济活动中的一种溢出效应,在受影响者看来,这种溢出效应不是自愿接受的,而是由对方强加的,例如,某工厂造成的空气污染,使附近居民因呼吸有害的空气而损害身体;另一方面,经济活动对他人的影响并不反映在市场机制的运行过程中,而是在市场运行机制之外。外部性理论一方面揭示了市场经济活动中一些资源配置低效率的根源,另一方面又为如何解决环境外部不经济性问题提供了可供选择的思路。人地关系地域系统对外部性理论和市场失灵问题的分析,不仅有利于在市场经济体制改革中更多地采用环境经济手段调控人地关系地域系统,尤其是保护环境,而且有利于政府在行使宏观调控职能时更有效地配置资源,改善和提高环境质量。

有外部性的存在,就必须要有与之相对应的公共物品的生产与消费。所谓公共物品,是指只具有外部效应的物品。与私人物品相比较,公共物品具有两个明显特征:一是非排他性,即不能把任何一个人排除在消费公共物品之外;二是不可分性,即不能把它分割成若干部分而分别供应给不同的公共物品消费者。"许多环境资源具有公共物品的属性。但即使公共物品能够产生正的净效益,现存市场提供或保全公共物品的可能性也是极低的,结果是从社会效率的角度看完全的市场经济所提供的公共物品的数量是非常低的。另外,即使是在一个充分发展的私人市场中,公共物品的市场供给仍然可能是无效率的;而且这种假设本身的可能性也非常小。结论就是必须有政府的干预才可能提高效率"(罗杰·波曼,2002)。

环境质量是一种公共物品,且随着环境污染、生态破坏的加剧日渐成为一种稀缺资源。但环境质量的供需不同于一般商品的供需关系,在需求方面的表现是无效的,在供给方面却是完全有效的,即能通过其他市场物品的数量和价格来表现。环境质量的供给曲线,可以直接或间接地根据市场信息来确定。由于环境质量的需求曲线不能真实地反映市场交易情况,所以,就不可能通过供给、需求曲线来分析环境质量供给的最优配置。解决这个问题的办法是政府干预,但政府作用也不是万能的。因此,在人地关系地域系统调控环境质量公共物品的供给上,既不能完全依靠市场机制,又不能完全依靠政府,应当采用政府与市场相结合的做法。根据可持续发展的要求,保护环境质量必须与改变经济发展模式和人们的消费模式结合进行,要在经济发展和消费过程之中解决生态环境问题,而不能边污染、边治理,否则政府为公众提供环境质量产品的工作会变得非常被动和困难。

外部性理论为政府调控人地关系地域系统人地相互作用过程中出现的环境问题、外部不经济性以及环境质量公共物品供需提供了机理分析思路。

专栏1-4 外 部 性 理 论

1. 外部性理论含义

马歇尔是外部性概念的创始人,他在《经济学原理》(1890)中提出了外部经济和内部经济的概念。庇古在其名著《福利经济学》中进一步从社会资源最优配置的角度,在分析边际私人纯产值与边际社会纯产值相背离时提出了外部性概念。

外部性可分为两个类别、四种具体形式,即生产的外部经济性和生产的外部不经济性,消费的外部经济性和消费的外部不经济性。这四种外部性都属于技术外部性,是不能反映在价格变化或通过市场体系变化表现的外部现象。技术外部性除了上述四种代内外部性外,还存在代际外部性。由于自然资源与环境密切相关,对自然资源的使用常会产生环境外部性。从资源配置的角度看,外部性,无论是外部经济性还是外部不经济性,都体现了成本的转嫁。从成本转嫁的过程来看,如果外部性的成本转嫁时间较短或几乎没有时间的滞留,即可将这类外部性视为发生在一代人之内的,称为代内外部性。如果外部性的成本转嫁涉及到了多代,则可称这种外部性为代际外部性。

代际外部性也可以分为代际外部经济性和代际外部不经济性两种。"前人栽树,后人乘凉"式的开发活动属于外部经济性,而"竭泽而渔"式的急功近利的开发活动则属于外部不经济性。代际外部性在经济上的表现就是当代人进行生产和消费的成本(或效益)转嫁给了后代人。在对自然资源的开发利用中,代际外部经济性体现为长期行为,即当代人的活动不仅不会破坏后代人的发展,还会使后代人所拥有的自然资源财富量有所增加。代际外部不经济性则体现为短期行为,即当代人的活动破坏了后代人的资源基础,使他们的发展受到影响。

2. 外部性的根源和外部性的内部化

市场失灵是资源环境外部性产生的内在原因。市场失灵是指市场不能正确估价和分配环境资源,不能将环境成本内化于商品和劳务的价格中,从而导致商品和劳务的价格不能反映它们的环境成本。

所谓外部性内部化,就是使生产者或消费者产生的外部费用,进入他们的生产或消费决策,由他们自己承担或"内部消化",从而弥补私人成本与社会成本的差额,以解决外部性问题。对于环境外部性,从经济学上看,就是社会净产值与私人净产值的不一致,或社会边际成本与私人边际成本的不一致。在解决环境污染外部性的途径上,存在着两条截然不同的途径。

一是来自庇古的思路,认为环境污染的外部性问题不能通过市场来解决,而必须依靠政府干预。政府征收一个附加税或者发放补贴,对私人决策产生附加的影响,从而使私人决策的均衡点向社会决策的均衡点靠近。二是遵循科斯的思路,认为市场失灵源于市场本身的不完善,市场失灵只有通过市场的发展深化才能解决。在科斯看来,重要的是明晰产权,而不管权利是属于谁。只要产权关系明确地予以界定,私人成本和社会成本就不会发生背离,而一定会相等。虽然权利界定影响到财富的分配,但如果交易费用足够小,就可以通过市场的交易活动和权利的买卖来实现资源的优化配置。这种外部性内部化在实际中有两种形式:一是联合,将几个交易主体合并成一个主体,从而消灭了交易的必要,也就消灭了扭曲资源配置的可能;二是买卖损害权,也就是谁都有损害或保护自己不受损害的权利,没有权利的一方可以通过市场向有权利的一方购买。其实质是引入市场,使环境外部性在产权明晰界定的基础上,进入市场交换。

事实上,当环境污染受损人数众多时,科斯方法解决不了问题,政府干预是必不可少的。当环境污染的外部性涉及的人数众多时,他们自愿组织起来使外部性内在化,其成本是巨大的。建立一系列财产权反而容易导致低效率,因为权利的实现需要成本。

第三节 区域可持续发展系统的研究方法

区域可持续发展的实现涉及社会、经济、资源、环境等各方面,发展过程中的问题相当复杂,因此,开展区域可持续发展的研究,必然要求助于社会学、经济学和生态学等相关学科以及综合集成的方法。需要社会科学工作者、自然科学工作者以及工程科学工作者的不断努力。不同学科交叉、渗透和融合,有助于区域可持续发展复杂问题的解决。

一、社会学方法

社会学家以人口增长与控制、消除贫困、分配公正、利益均衡等社会问题作为基本研究对象和内容,其焦点是力图把"经济效率与社会公正取得合理的平衡"作为可持续发展的重要判据和基本手段,这也是可持续发展所追求的社会目标和伦理规则。运用社会学方法衡量可持续发展的指标以联合国的"人文发展指数(HDI)"、Cobb的"真实进步指标(GPI)"、Allen的"可持续性晴雨表"等为代表。其中,最具代表性的人文发展指数是衡量可持续发展三个方面平均成就的综合性指标:健康长寿的生命,用出生时期望寿命来表示;知识,用成人识字率及大中小学综合入学率来表示;体面的生活水平,用按购买力平价法计算的人均国内生产总值来表示。在此基础上用加权平均法分别计算出这三个方面的指数,然后将这三方面的指数进行简单平均,即为人文发展指数。这个指数在0~1,指数越接近1,说明这个国家经济和社会发展程度越高。

二、经济学方法

经济的可持续发展是实现人类社会可持续发展的基础与核心。它以区域开发、生产力布局、经济结构优化、物资供需平衡等区域可持续发展中的经济学问题作为基本研究内容,其焦点是力图把"科技进步贡献率抵消或克服投资的边际效益递减率"作为衡量可持续发展的重要指标和基本手段,充分肯定科学技术对实现可持续发展的决定性作用。该方向的研究以世界银行的《世界发展报告》、莱斯特·布朗、Macneill 和 Pearce 等的"绿色经济"有关研究为代表,其最具有代表性的指标体系是世界银行的"国民财富"评价指标体系。该指标体系改变了传统的以"收入"为中心的做法,而以"财富"作为出发点,从考察实际财富以及可持续能力随时间的动态变化这一宗旨出发,将可持续发展指标分为四个要素,即自然资本、生产资本、人力资本和社会资本,首次将无形资本纳入可持续发展评价要素之内。该体系的优点是赋予可持续发展科学的内涵,并利用"储蓄率"的概念对可持续发展能力进行动态的表达。该体系的缺陷是试图以单一的货币尺度度量国家财富,这在现阶段存在较大的困难,而且该体系忽视了可持续发展的空间差异性。资源经济学、环境经济学、生态经济学均是运用经济学的方法研究资源和环境问题。

三、生态学方法

生态、环境和资源的可持续性是人类社会实现可持续发展的基础。该方向以生态平衡、自然保护、环境污染防治、资源合理开发与永续利用等作为其最基本的研究对象和内容,其焦点是力图把"环境保护与经济发展之间取得合理的平衡"作为衡量可持续发展的重要指标和基本手段。该方向的研究以挪威原首相布伦特兰夫人和巴信尔等人的研究报告和演讲为代表,其最具有代表性的指标体系是 Constanza 和 lubchenco 等人提出的生态服务(Eco-service)指标体系。近年来,生态学家基于生态足迹、压力-状态-相应模型等视角做了大量的理论和实证研究,对于可持续发展研究方法做了许多有益的探索。

系统可持续发展的能值评价指标(ESI/SDI)由美国著名生态学家 H. T. Odum 于 20 世纪 80 年代末在能量生态学、系统生态学、生态工程学及经济生态学的基础上提出的。该理论分别用能值产出率(EYR)、环境负载率(ELR)、能值交换率(EER)来衡量系统产出效率、系统过程的环境影响、系统的交换效益。能值分析将能量分析方法推进到了一个新的阶段,丰富发展了可持续发展的评价方法,并在全球范围内得到日益广泛的应用。1997 年美国生态学家 Brown M. T. 和意大利生态学家 Ulgiati S. 首次提出了能值可持续指标 ESI,初步填补了能值理论中系统可持续发展的能值综合评价指标的空缺,在系统可持续发展的能值评价方面迈进了一大步。中国学者陆宏芳、蓝盛芳等人针对 ESI 中存在的不足之处,对能流、物流和货币流进行耦合分析,将系统社会经济效益作为分子、环境压力作为分母,拓展构建了与系统可持续发展性能成正比的新的综合指标(SDI)评价系统。SDI 值越高,意味着单位环境压力下的社会经济效益越高,系统的可持续发展性能越好。

四、综合集成方法

地球表层或者人地关系地域系统是复杂的巨系统,系统规模庞大、结构复杂,系统内部各要素相互作用、相互影响、相互渗透,使系统与环境的边界更加模糊,传统的分析方法显得无能为力。钱学森先生在总结了大量研究工作的基础上,提出了将定性与定量相结合的综合集成法作为可持续发展工作的基本方法。这种方法是针对复杂的系统,根据各方面专家的理论认识和实践经验,先提出经验性假设,对系统做出定性的判定,然后结合大量的资料数据和相关模型对确定性进行检测,经过定量计算,通过反复对比,最后形成结论。这种方法将各学科的科学理论、人的经验知识及现代信息与计算机技术联系起来,是定性与定量的有机结合,符合人类认识的一般规律,是现阶段人类认识客观事物的最佳方法,因此这种方法一经提出,就得到了各方的一致赞同,被公认为研究区域可持续发展的最基本方法。综合集成研究方法的基本研究步骤由以下四部分组成:定性判断和经验假设、系统建模、模型检验和系统仿真、系统优化等(图1-5)。

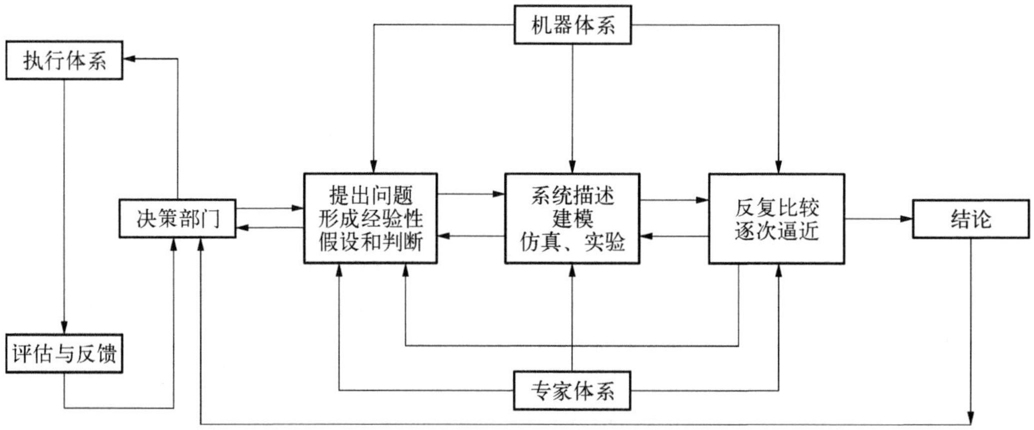

图 1-5 综合集成研究框架示意图

用综合集成方法研究可持续发展就是一个定性与定量相结合,反复比对的过程。定量以初步的定性为基础,以高级的定性为结果。其实初步的定性也是以一定的定量为基础的。区域可持续发展系统是一个具有高度复杂性、不确定性、非线性、非结构性,问题众多、时空尺度广阔的开放巨系统。用系统论的语言来说,区域可持续发展所研究的系统大部分属于灰色系统,所以在定量分析时,对这种特殊的系统要用数学模型、逻辑模型等来解析其中复杂的变量关系,同时也要对系统的实际状态进行检验,在此基础上提出科学合理的结论。

扩展阅读：
1) 人地关系论、"三种生产"理论、物质平衡理论、外部性理论和资源永续利用理论。
2) 区域经济发展基本理论。

思考题：
1) 区域可持续发展系统概念及特点。
2) 人地关系地域系统协调发展理论。
3) "人"与"地"的客观关系。
4) 我国发展过程中表现出的人地矛盾案例分析。

第二章 区域可持续发展系统的结构

区域可持续发展系统是一个由经济、社会、生态环境三个子系统相互联系、相互作用而形成的一个多层次的复杂巨系统。结构决定功能,以系统论的观点,分析其结构层次,才能更好地了解区域可持续发展系统的功能。

第一节 可持续发展系统总体框架

一、可持续发展系统的层次框架

可持续发展系统可以分为宏观、中观和微观三个层次。宏观层面的可持续发展系统是包括宇宙各星体在内的巨系统,反映着以人为中心的地球与宇宙的关系,可称之为天人系统;中观层面则是人类与地球之间的密切关系,可称之为人地系统;而微观层面是区域可持续发展系统中经济、社会和生态环境各子系统之间相互关联的系统,即区域可持续发展系统,这也是本书学习的主体内容。

(一)宏观层次:天人系统

从宏观层次上看,可持续发展系统应是包括地球在内的宇宙大系统,是人类和整个宇宙的相互关系。宇宙中的各类天体绚丽多彩,处在层次框架的最高端。在这一宏观层次中,行星是最基本的天体系统。太阳系中共有八大行星,一些行星都有卫星绕其运转。而行星、小行星、彗星和流星体都围绕中心天体太阳运转,构成太阳系。有证据表明,太阳系外也存在其他行星系统。2 500亿颗类似太阳的恒星和星际物质构成更巨大的天体系统——银河系。银河系外还有许多类似的天体系统,称为河外星系,常简称星系。现已观测到的星系大约有10亿个。星系聚集形成大大小小的集团,叫星系团。平均而言,每个星系团约有百余个星系,直径达上千万光年,现已发现上万个星系团。包括银河系在内约40个星系构成的一个小星系团叫本星系群。本星系群和其附近的约50个星系团构成的超星系团叫做本超星系团。目前天文观测范围已经扩展到200亿光年的广阔空间,它称为总星系。

众所周知,宇宙宏观系统各星体之间相互吸引、相互联系。地球作为宇宙的一份子,周围星体时刻对地球产生着吸引力和排斥力。太阳的吸引力使地球围绕它旋转,太阳光能是地球万物生存发展的基本能源,而太阳黑子规模的大爆发却给地球生命带来了严重的影响。月球的吸引力则影响着地球上的潮汐、人类的情绪。日食、月食及彗星等特殊的星体现象,不仅对地球的磁场、气温、地震、旱涝灾害等产生特殊的作用力,还对人类的生理、心理、思维、情绪以及疾病等产生影响,甚至由此引起社会动荡及变迁。由此可知,人与地球都能感应宇宙星体的变化。

在可持续发展系统框架的宏观层次中,人既是渺小的,又是具有无限潜能的。在地球上仅仅存在了几万年的人类可以通过自己的智慧,不断认识和利用天体运行之间的规律和机制,从农作物耕种等原始的生存能力发展到探月追星、星外联系等本领,人类不断丰富和提高自身的可持续发展能力,拓展着生存和发展空间。我国从1970年第一颗人造地球卫星开始,迈入了探索太空的新时代,此后的40年里对太空的探索从未间断,2003年"神舟五号"载人航天飞行成功返航后,标志着我国航天史上的又一个里程碑,2007年我国首颗探月卫星"嫦娥一号"成功发射,为探月时代开启新的篇章。未来人类的可持续发展将不仅仅着眼于开发利用地球资源和能源,而是逐步开发宇宙中的巨大资源和能源,寻求地球外的人类第二住所,这将为人类可持续发展提供一个后备载体。同时,人类的智慧也在探索如何在天体的运行中,规避星体撞地球之类的突发灾难,防止"恐龙"悲剧的再现。随着人类开发利用宇宙能力的增强,可持续发展的外延和内涵都将实现一个历史性跨越。

(二) 中观层次：人地系统

中观层次是人类与地球之间的密切关系。地球作为太阳系中的八大行星之一，已经存在了46亿年。地球圈层可分为地球外圈和地球内圈两大圈层。地球外圈进一步划分为大气圈、水圈、生物圈和岩石圈四个基本圈层。在地球表面附近，各圈层则是相互渗透甚至相互重叠的，其中生物圈、水圈表现最为显著。正是地球的这种特殊结构才孕育了生命。人类的生存和活动都要受到地理环境的深刻影响。从人类诞生的那一刻起，人类和地球之间的关系就不断进行着"互动"。一是人地系统原始和谐阶段。在早期的渔猎文明时期，人类社会主要以地球表面的植物和动物为取食对象，群体采集和狩猎尽管给生物资源造成破坏，但是由于生产力低下且发展缓慢，环境恢复能力强劲。相比而言，环境对人类的制约较强，人类改造环境的作用较弱。人作为地球的组成部分，并没有破坏地球自然运行规律。二是人地系统初步紊乱时期。从原始文明步入农业文明，人口开始迅速增长，人类开始大规模改造自然，开发利用土地、水、气候等资源，人对自然的依附性大大减弱，对抗性增强，地理环境趋于恶化。三是人地系统紊乱时期。自18世纪工业革命以来，科技进步迅速提升了人类改造自然的能力，社会生产力水平以惊人的速度发展。在这个阶段，人类试图成为自然界的主宰，以牺牲地球自然规律为代价，在积累巨大物质财富的同时，人地关系呈现不协调的状态，人地矛盾迅速激化。在局部地区，环境污染演变成社会公害。在全球范围，温室效应和臭氧层破坏等则危及人类的生存。四是谋求人地系统协调阶段。20世纪60年代以来，随着人口激增、资源短缺、环境污染、生态破坏等问题日益突出，人类被迫重新审视自己的经济行为，环境和发展问题开始得到国际社会的普遍关注。从20世纪70年代开始，以联合国召开的一系列环境会议为契机，可持续发展的思想逐步形成并得到公认。人们在实践中认识到，人类只有一个地球，不能再走传统的以高消耗、片面追求经济数量增长和先污染、后治理为特征的发展道路，必须寻求一条社会、环境和经济相互协调的道路。

在可持续发展系统框架的中观层次中，人地关系在不断演变，人类自身的膨胀和生产力的发展已经给地球环境的正常演化带来了深刻的影响，并导致地理环境的演变，势必对全人类的可持续发展产生深刻影响。当前，人类面临着一系列重大的全球性环境问题，其中最主要的是"温室气体"排放引起的全球变暖问题、平流层臭氧层问题、森林锐减与生物物种灭绝问题、土地荒漠化问题、淡水资源短缺及海洋污染问题等。

(三) 微观层次：经济、生态环境、社会系统

可持续发展系统的微观层次表现为经济、社会与生态环境系统之间的相互关系，即"三种关系"落地形成的区域可持续发展系统。区域可持续发展系统实际上是关系到人们生产生活的具体微观系统，也是本书学习和研究的重点。根据区域范围的大小，区域可持续发展系统可以划分为全球可持续系统、洲际可持续发展系统、国家可持续发展系统、地方和流域可持续发展系统等不同空间尺度的类型；根据其内部结构，由经济、社会与生态环境三个子系统组成。微观系统中的经济、社会与生态环境三个子系统之间在物质、信息和能量流动的过程中，通过相互作用、相互影响、相互依赖和相互制约形成具有一定结构和功能特点的复合系统。区域可持续发展是追求经济、社会与生态环境可持续性的协调与和谐。

经济子系统是在社会再生产过程与生态系统进行物质循环、能量转换、信息传递的整个循环运动中，由经济发展要素、产业部门结构及各个环节的时空组合形成的国民经济有机整体。经济发展是区域可持续发展的核心内容。可持续发展鼓励经济发展，因为经济发展是国家实力和社会财富的体现。只有经济发展了，人类生活质量才能提高，生态环境保护的资金和技术基础才能强化。

生态环境子系统包括区域生态状况和区域环境状况，是生命系统和环境系统在特定空间的组合，具有一定的生物与非生物的空间结构，是由物质流、能量流和信息流传递，具有新陈代谢和自我调节机制的复合系统。

社会子系统以人口为中心，包括区域内人口数量、质量及结构特征与行政组织结构，社会保障体系的建设，以及整个社会文明的进步。社会子系统的功能在于创造居民居住、交通、文化娱乐、医疗、教育等生活环境条件，保持社会秩序有序、稳定、正常运行。

二、子系统在区域可持续发展系统结构中的地位与作用

区域可持续发展系统中经济、社会与生态环境三大子系统是相互联系、不可或缺的统一整体,这一有机整体是以生态环境可持续性为基础、经济可持续性为主导、社会可持续性为根本目的的可持续发展,也可以说是三种可持续性的高度统一的发展。不同子系统其内部构成、在区域可持续发展中的地位及其功能各不相同。

(一) 经济子系统

1. 经济子系统的构成

按照人类物质生产循环的全过程,经济子系统的构成包括生产、分配、交换、消费等四个环节。但是一般而言,囊括上述四个环节,最能反映经济子系统构成的是三次产业结构。现行的三次产业划分范围,第一产业是指农、林、牧、渔业,这也是人类作为地球生命一部分得以生存的基础要素。第二产业是指采矿业、制造业、电力、煤气及水的生产和供应业以及建筑业等。第二产业提供人类生产生活的原材料和基础设施,是人类发展的决定性因素。第三产业是指除第一、二产业以外的金融、邮电、交通、信息、物流及旅游等服务行业,第三产业是服务于人类,提高人类生活水平的重要因素。三次产业的运行有机地联结了生产、分配、交换和消费四个环节,其运行状态通过经济总量、经济结构、经济质量和经济效益反映出来。

2. 经济子系统的地位

经济子系统是区域可持续发展系统的核心内容,是区域可持续发展的条件和必要手段。区域可持续发展首先是经济发展。经济发展是建设各类社会基础设施、有效提高人类生活质量、强化环境保护的资金保障。缺少经济资源的支持,可持续发展会很难得到保障。经济水平的提高,国家财政实力也不断增强,为社会福利体系的发展和生态环境建设提供了坚实的供给基础和财力保障,人们的生活水平和人居环境水平会大幅提高。而且,经济发展水平的差异不仅会导致区域可持续发展水平的差异,往往也是导致区际资源流动的最主要因素,会对区域特别是区际资源配置产生重要的影响,从而影响区域可持续发展。经济空间格局的优化对于区内、区际资源要素的合理配置起到重要作用,通过对经济空间格局的规划和约束,以实现全面、协调和可持续发展的目标。

3. 经济子系统的功能

生产、分配、交换、消费等四个过程是人类物质生产循环过程的重要环节,因此经济子系统具有生产、分配、交换、消费等功能。

① 生产功能。无论是第一产业还是其他产业,都是重要的生产部门。其主要职能都是利用环境系统提供的各类资源,加上人类的智慧,满足人类经济和社会发展的需要。其中一、二产业主要是物质文明生产,而第三产业则侧重于精神文明生产。二者相互协调,共同满足人类社会发展的需要。② 分配功能。生产出来的财富,要在不同的生产要素所有者之间进行分配,创造的财富通过分配体系满足人们的消费需求。在分配的过程中,会因为劳动、资本、技术和管理等生产要素按贡献参与程度的不同形成社会阶层和空间上的贫富差异。③ 交换功能是以社会分工基础、人类活动或者产品的相互交换,是对剩余产品的差别化销售。交换和生产一样同是重要的职能,在交换产品的过程中实现了市场的扩大、产品竞争力的提高以及产品品牌的培育等。④ 消费功能是指人类为满足自己的需求而利用自己生产出来的产品,消费取决于社会生产的状态。消费是生产的目的和前提,生产决定消费,联系两者的媒介是分配和交换。然而,在经济功能实现的过程中,一方面利用自然环境中的自然资源以作为生产要素,另一方面向环境释放有害物质,因此合理开发利用自然资源并保护生态环境是实现经济功能的基本前提。

(二) 生态环境子系统

1. 生态环境子系统的构成

生态环境子系统是人类赖以生存的地球物理环境和生物环境,由地理条件、狭义的生态环境、环境资源等构成。地理条件一般包括地形地貌、土壤类型、水文、气候等因素;狭义的生态环境是指由地区的植物、动

物区系、生态系统及景观生态等生物系统形成的生态环境承载能力,以及环境污染、生态演化等;环境资源是指在地球上一切可以被人类利用的自然资源,其规模以及在全球的区域配置直接影响着人类社会的产生和持续发展。整个生态环境子系统呈现出以下基本特征:

1) 生态环境子系统是一个有机网络相互关联的系统。它是以各种生命为中心,并与外界不断进行物质交换和能量传递的特定空间,具有一系列生物学特征,如繁殖发育、新陈代谢、生长衰老等。它具有内在的、动态变化的能力,即永远处在不断发展、进化、演变之中。

2) 生态环境子系统是一个开放的系统。自然环境中的物质和能量除在其系统内部流动外,还不断与外部进行交换。例如,自然环境系统不断从太阳光中吸收能量,通过物理、化学、生物学的作用产生有机物和改变着无机物的形态;人类社会也从自然环境系统中不断提取各种各样的有机物和无机物,通过加工成为供人类消费的物质,同时又不断把在开发、加工、消费过程中所产生的废弃物返还自然环境。

3) 生态环境子系统是一个具有自我调节功能的系统。第一生产者利用太阳光能合成有机物,供消费者取食,同时,动植物残体及代谢排泄物则通过分解者还原到环境中,这个过程往复循环,不断地进行着能量和物质的交换和转移,保证了系统的功能并输出系统内生物过程所制造的产品或剩余的物质和能量。

2. 生态环境子系统的地位

在人类诞生初期的远古文明时代,人类与自然浑然一体,是自然的一部分,人类的一切活动都与自然环境密不可分。经过几十万年的演进,人类经由农业文明进入工业文明,而后进入知识经济时代,但人类的生存空间依然没有发生变化。现代经济社会系统是建立在自然环境系统基础之上的巨大开放系统,以人类经济活动为中心的社会经济运行都是在大自然的生物圈中进行的。任何经济社会活动,都要有作为主体的人和作为客体的环境,这两者都是以生态环境子系统运行与发展作为基础和前提条件的。同时任何社会生产,不论物质生产还是精神生产,所需要的物质和能量无一不是直接或间接来源于生态环境系统。所以,生态环境系统是经济社会活动的基础。现在,越来越多的人认识到,现代经济社会的健康发展,必须考虑到生态环境改变对社会的决定作用,必须以良性循环的生态环境系统及其环境资源持久、稳定的供给能力为基础,并确保这种基础受到绝对保护和健全发展,使其能够长期地、稳定地支撑现代经济社会的健康发展。可见,生态环境可持续性不仅是经济可持续性和社会可持续性的基础,而且是人类社会总体可持续发展的基础,这是现代发展不以人们意志为转移的客观规律。生态环境子系统是区域可持续发展各子系统众多矛盾的汇集点,最初的可持续发展理念的提出也是由于生态环境问题而提出来的。能否正确处理好区域生态环境子系统与其他子系统之间的关系对于区域可持续发展战略的实施具有很大的影响。

3. 生态环境子系统的功能

生态环境子系统是区域可持续发展的物质基础,是人类不可缺少的生命支持系统,为发展提供生活和生产资源,提供废弃物的消耗场所,提供美学、科研和精神上的享受。

1) 基础承载功能。人类赖以生存和发展的环境是一个具有强大维持其稳态效应的巨系统,它既为人类活动提供空间和载体,又为人类活动提供资源并容纳废弃物。对于人类活动来说,生态环境子系统的价值体现在能对人类社会生存发展活动所需的空间提供支持。

2) 基础生产功能。从地球诞生的那一刻起,得益于源源不断的太阳光能,地球生物在不断地自我繁衍,同时也形成了今天人类各种矿产能源的基础。即使在现代社会,第一产业的发展和人类温饱问题的解决还是依靠环境第一生产者的强大功能;第二产业的发展仍然以历史积累的自然资源为基础。

3) 反馈功能。随着人类社会经济活动广度和深度的扩张,其对自然的干预和影响越来越大。自然本身的演化是缓慢的,而人类的超常规发展加速了自然的演化;人类对自然的干扰超出了自然的承受能力,自然也会以它特有的规律报复人类,只是这种报复会延迟于人类的感知。目前,人类活动引起的资源短缺、环境破坏等问题已经成为区域可持续发展的瓶颈。

(三) 社会子系统

1. 社会子系统的构成

社会子系统以人口为中心,主要包括人口发展、社会保障体系、管理体制、制度建设、文化教育、科技进步。其中,人口是社会子系统的核心,主要表现在人口数量、质量和结构上。适度规模的人口是可持续发的必要条件,高素质的人口不仅是经济质量和社会质量提高的基础,同时也是消除贫困、保护生态环境、实现资源永续利用的重要保障。人口结构包括人口年龄结构、性别结构、种族结构和地域结构,其中人口年龄结构、地域结构与生产活动、经济效益和技术创新等都有着密切的关系。

2. 社会子系统的地位

尽管经济发展是条件,生态发展是基础,但它们本身都不是目的,任何社会都不存在为经济而经济、为环境而环境的发展运动。发展的根本目标是要建立高度物质文明、精神文明、生态文明的社会,实现人的全面发展,因此社会可持续发展才是最终的发展目的。同时社会的稳定与和谐、区域文化传承、社会公平、公民文明素养、制度建设中的民主法制等都对经济发展、环境保护起着重要作用。

3. 社会子系统的功能

1) 系统间的融合功能。在人类发展的很多历史阶段,经济子系统和环境子系统都是一对不可调和的矛盾。经济发展势必对生态环境造成破坏,而保护环境又将影响到经济发展。如何促进经济发展和环境保护的和谐,社会子系统起着关键的作用。例如,通过人口的控制,可以减少对自然环境的压力;通过技术的革新,可以减少废物的排放;通过环境保护制度、循环经济等的制度创新,能够协调区域和城乡经济发展的矛盾,更有利于三大子系统之间的和谐发展。

2) 经济发展的保障功能。众所周知,劳动力是生产的第一要素,没有合适的劳动力,经济发展就是一句空话。社会子系统尤其是人口的再生产,是人类生存发展的首要条件,也是经济发展的必要保障。一定数量和质量的人口既提供了区域经济的劳动力,同时也是经济发展的消费主体。

3) 人口生活环境条件改善的基础功能。社会子系统的另一功能在于创造居民居住、交通、文化娱乐、医疗、教育等生活环境条件。社会子系统是区域可持续发展的最终目的,是以人为本的目标所在,社会子系统中社会效益具有最容易被忽略的福利特性。

4) 效率与公平兼顾功能。二者之间的最终要求是高度一致的,即通过公平实现效率,借助效率促进公平。但是在一个具体的一定时期的制度设计中,二者往往并不能实现高度的一致,有时公平的偏重会影响效率的提高,如在社会保障制度设计中,较高的保障水平有可能促进人们之间的公平分享性,在需求不足的情况下还可以通过保障水平的提高减少人们的风险意识,从而起到刺激消费、拉动经济增长的目的。但是,较高的社会保障水平意味着对劳动者和其他资源拥有者的高额税(费)率,这必然造成劳动供给的减少从而导致效率的降低。可持续发展的公平性原则主要体现在社会系统,如代内公平和代际公平。代内公平,是指在资源利用和保护环境方面的权利和义务,寻求同一群体间效率和公平的统一;而代际公平是可持续发展的核心内涵和基本要求,它最能体现人类整体利益和长远利益。

第二节 经济子系统

经济子系统包含的因素很多,本节重点阐释经济实力、产业结构、经济发展战略、区域经济布局与协调等在经济子系统中的地位与作用。通过对经济实力、产业结构、经济发展战略、区域经济布局与协调的分析可以掌握经济子系统通过哪些主导因子实现经济发展,进而推动区域可持续发展。

一、经济实力与经济可持续发展

一个区域(国家或地区)经济实力是反映该区域经济发展水平和竞争力的重要标志。区域经济实力的强与弱,直接关系该区域可持续发展的潜力,这是公民幸福安康的最基本保障。经济实力的积聚和提高是经过一定发展阶段逐步形成的,一个区域的经济发展基础和经济发展水平对经济实力的积聚起着重要的作用。

(一) 经济发展基础与经济实力

任何区域发展都依赖原有的发展基础,这些经济发展基础可以概括为三类:一是自然条件和自然资源,二是社会经济条件,三是技术条件。对于区域经济发展基础的分析与评价,一般首先从自然资源、自然条件等单要素着手。随着产业结构的升级,自然条件与自然资源对经济发展的制约作用日渐减弱,而社会经济条件、科学技术条件的作用越来越大。即使是自然条件与自然资源内部,各具体条件在经济发展过程中的作用也在发生变化。在经济发展的初期阶段,农业的经济主体地位决定了气候、水、土地、生物等自然条件的主导作用。随着工业化进程的推进,矿物资源在工业经济发展过程中发挥着主导作用。当经济发展到工业化后期阶段,技术知识密集型工业和以商业、服务业为主体的第三产业成为主导产业,自然资源对产业结构的作用更趋于间接方式,矿产资源对经济发展的制约作用减弱,而水、土地、气候等自然条件的重要性再次凸显,但此时其功能却发生了转变,从为人类直接利用的自然资源,转变成为高科技开发区、出口加工区、中心城市等形成与发展的重要载体和依托。依靠先天条件和后天开发形成的优势,在长期的发展过程中,积累了较扎实的经济发展基础。这些经济发展基础往往成为经济起步或起飞的依托,以"路径依赖效应"形成发展可借鉴的"经验曲线效应",也往往成为一个区域的发展优势。当然,间或也有一些原有基础的不良桎梏,随着经济发展进程的推进也会被不断扬弃、升华,融入新的发展环境。

随着现代社会的发展,不仅要进行经济发展基础的单项要素分析,更应在此基础上从区域可持续系统发展的整体利益出发,对区域经济发展基础进行系统性综合分析,从而确定区域的整体条件优势。不仅要注重数量、质量方面,更应考虑区域各条件的匹配和制约关系,从区域可持续发展的角度出发,评价经济发展基础的适应性及由此可能产生的经济、社会和生态效益,从而为经济可持续发展提供有价值的借鉴。对于原有发展条件的分析,应根据经济发展阶段,适时抓住主导条件的转换点,促进其优化配置和综合开发,为制定可持续发展阶段目标提供发展决策依据。

(二)经济发展水平与经济发展实力

一定的经济发展水平代表一定的经济发展实力,经济发展水平高的地区,其经济发展实力往往也高。不同的经济发展阶段具有不同的经济发展水平,较高的发展阶段往往具有较高的经济发展水平;不同经济发展水平下有不同的经济发展类型,如世界银行按照人均国民生产总值的高低把发展中国家分为四类:高收入国家和地区、中上等收入的新兴工业国家和地区、中下等收入的国家和地区、最不发达国家。

1. 经济发展阶段

区域由于经济发展基础、发展条件以及开发程度不同,导致经济发展阶段存在较大差异,不同经济发展阶段呈现出不同的产业结构和空间结构特征。因此,通过分析区域产业结构和空间结构演化轨迹,可以判断不同经济发展阶段经济发展特点及水平,作为可持续发展能力的评价基础。

经济发展阶段理论的先驱是德国历史学派的代表李斯特,他以历史的眼光观察分析经济现象,在亚当·斯密的狩猎社会、畜牧社会、农业社会的基础上,加上农工业社会和农工商业社会形成五个发展阶段。经济学家 H·钱纳里等人对人均 GDP 水平与经济发展阶段的关系进行了深入探讨,认为现代经济发展划分为三个阶段,即准工业化阶段、工业化实现阶段(包括工业化初期、中期、后期阶段)、后工业化阶段。美国经济学家罗斯托以生产的动态理论为基础,把经济发展划分为六个阶段,传统社会阶段、为起飞创造前提阶段、起飞阶段、成熟阶段、高消费阶段、追求生活质量阶段。不同经济发展阶段的根本区别在于增长要素。工业化所需的三种主要的增长要素(生产要素)即资源(人力和自然的)、资本和技术禀赋的程度变化是确定经济发展程度的关键。在波特的竞争发展阶段论中,通过对以上三种增长要素在经济发展不同时期中所起的作用,提出了一种新的发展阶段划分方式,即资源要素驱动阶段、投资驱动阶段、创新驱动阶段、财富驱动阶段。由此可见,不同发展阶段驱动要素的不同导致经济可持续发展能力的差异。

此外,国内学者也对区域经济增长过程提出了自己的观点,陈栋生等认为区域经济的增长是一个渐进的过程,可分为待开发、成长、成熟、衰退 4 个阶段;赵旻等从经济体制的转轨入手总结出了中国经济转轨发展的 4 个阶段:改革探索和扩张供给阶段、社会主义市场经济体制框架建设和经济高速成长阶段、改革巩固攻坚和经济结构全面调整阶段、社会主义市场经济体制的成熟完善和社会经济协调发展阶段等。周学从单位货币的宏观边际效用方面将到目前为止的人类经济发展史分为 5 个阶段:以农业为主导产业的低收入阶段,以轻纺工业为主导产业的温饱阶段,以公共交通、廉价住房及邮电通信为主导产业的小康阶段,以小汽车、较高级住宅为主导产业的富裕阶段,以第三产业为主导产业、供求消费品的高级化、丰富化的高富裕阶段等。这些不同阶段的划分视角都可以帮助我们正确识别不同区域经济发展阶段,从而为不同阶段可持续发展水平的评价奠定基础。

2. 经济发展水平

经济发展水平评价是一个综合的可量化的概念。可以是相对单一指标的评价,如联合国和世界银行对世界各国人均收入的评价。使用人均收入作为衡量经济发展水平的标准,其中选择按照人口平均的 5 个经济总量中的一个,即国民生产总值(GNP)、国内生产总值(GDP)、国内生产净值(NNP)、国民收入(NI)、个人收入(PI)。使用人均收入衡量经济发展水平在于人均水平,世界银行曾按照人均国民生产总值(GNP)把全世界的国家分为 4 类,低收入国家、中等收入国家、市场工业国、资本剩余的石油输出国;但对空间尺度相对较小的区域对经济发展水平的评价更多的是采取综合评价。它一般通过对能反映区域经济发展现状水平的经济总量指标(如人均国民生产总值、人均国民收入、人均财政收入)、经济结构指标(如三次产业产值构成、三次产业内部产值构成及产品构成、产业技术结构等)以及经济效益指标(劳动生产率、每万元 GDP 能源、原材料、水的消耗、每万元 GDP 排污量等)的分析,并结合对劳动力就业状况、城市化水平、城镇体系特征及产业空间结构聚集形态等方面内容的分析和研究,科学判定本区域目前的经济发展水平,为区域可持续发展战略的制定和实施提供可靠的现实依据。例如,联合国发展研究所(UNR.SID)于 1970 年提出了包括六项经济指标在内的经济发展指标体系,分别为:人均电力消费、人均钢材消费、人均能源消费、制造业在国内总产量中的百分比、人均外贸额、工薪收入者在经济活动总人口中的比例。对这些量化指标的综合分析,可以定位在某一个特定阶段该区域的经济发展实力,并以此作为未来发展战略的依据。

二、产业结构与经济可持续发展阶段

(一)产业结构与经济发展阶段

在优势条件、市场需求、政策行为等因素构成的区域成长动力机制作用下,区域在不同的经济发展阶段,呈现出了不同的产业结构特征。因此,通过分析区域产业结构的演化轨迹,可以判断不同经济发展阶段经济发展特点及水平,了解不同阶段经济发展水平可以作为可持续发展能力的评价基础。纵观人类由最初的农业社会至目前世界上最发达的后工业化社会发展历史,虽然在发展阶段上可能存在着相互交织的过渡时期,在同一时期不同区域之间也体现着较大的发展差异,但总的来说,三次产业结构演化规律与区域经济发展的工业化过程的演化规律基本一致,即以农业为主的"一、二、三"阶段;以工业为主的"二、一、三"阶段,当农业转向工业为主导,即工业化过程,在这个过程中,又可细分为"重工业化"、"高加工度化"、"技术集约化"三个阶段;以第三产业为主的"三、二、一"阶段,今后的趋势将是信息化过程取代工业化过程。

(二)主导产业的选择与产业结构的优化

区域主导产业是决定区域在全国区域分工中的地位与作用、对区域的发展具有决定意义的产业。区域主导产业的选择是区域产业结构调整的关键。最明显对主导产业功能进行明确系统分析的学者是罗斯托,罗斯托指出在任何特定时期,国民经济不同部门的增长率存在着很大差异,这时整个经济的增长率在一定意义上是某些关键部门的迅速增长所产生的直接或间接的效果。他把这些关键部门称为驱动部门或主导部门,它具有高创新率、高速增长、带动力强等特点。主导产业的性质和发展水平,决定着整个产业结构的性质和发展水平,从而对区域可持续发展水平具有强大的影响。

1. 主导产业的选择

对于主导产业的选择,过去往往仅从增长速度、发展规模等经济角度考虑,却忽略了其对资源环境的影响,而可持续发展作为今后人类发展的必然选择,要求主导产业的选择不仅应注重经济的可持续性,同时也应该注重生态、社会的可持续性。因此,其选择基准应包含以下几点:

1) 主导与协调基准。应结合区域的发展条件、发展水平、发展阶段,选择那些能最大限度地发挥区域整体优势和各方面因素的相互协调作用紧密、产业链长、带动效应大的产业作为主导产业和产业部门增长极,以带动整个产业系统的持续发展。

2) 收入弹性基准。随着人均国民收入的增长,收入弹性高的产品在产业结构中的比重逐渐提高。选择这些产业作为主导产业,有利于提高人们的生活水平。

3) 生产率上升率基准。就是选择技术进步快、技术要素密集的产业,以保证产业结构不断保持技术领先和在区际分工中不断占据比较利益最大的领域,对于能够采用先进的生态技术和清洁生产技术的产业更应作为首选对象。

4) 需求弹性基准。按照产业结构演进的规律,选择在人均收入水平增长过程中,未来的需求增长较快的产业作为主导产业,以提高经济的持续发展能力。

5) 发展潜力基准。应特别注意那些当前尚比较幼小、但对未来可持续发展却有重大作用、具有较大潜力的产业加以扶持和培养,如资源产业、环保产业应作为未来的主导产业予以重点扶植和优先发展。

6) 生态优先基准。对于能更多利用可再生资源、废料资源或资源的利用率高、原材料和能源消耗低、对生态环境负面作用小的产业应优先加以考虑,扶持发展为主导产业。

2. 产业结构的优化

产业结构优化是指通过产业调整,使产业协调发展,并满足社会不断增长需求的过程。产业结构优化是一个相对概念,它是产业结构在需求拉动、科技推动、竞争促发等动因作用下,将产业系统作为一个资源转换器,在现有资源和技术条件下,通过自身不断高度化的构造,充分发挥其转换效力,使资源得到最有效的利用,从而达到满足人类需求的最高潜能的一个永不停息的过程。显然,产业结构优化的实质就是随着科技发展和分工深化,产业结构不断向深加工度化、高附加值化发展,从而更充分有效地利用资源,更好地满足社会发展需求的一种趋势。世界产业发展趋势可总结归纳为图2-1。可持续发展思想指导下的产业结构优化也就是产业结构由左下角模式向右上角模式转变的过程,即最终建立起以第三产业为主体、以高技术和智密型产业为导向的资源节约型产业体系。

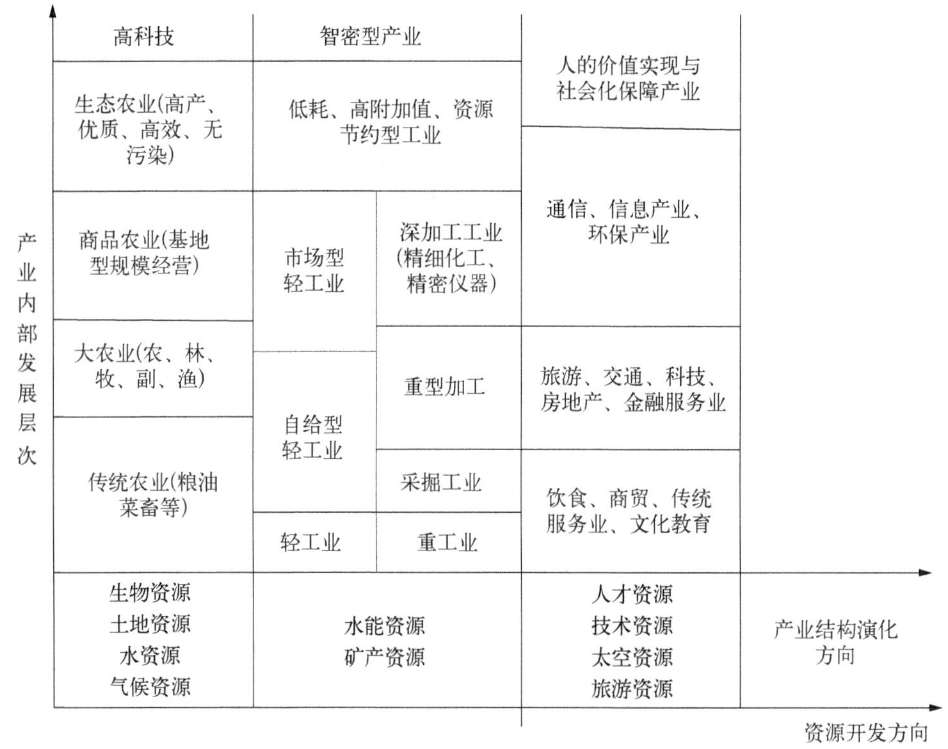

产业内部发展层次	高科技	智密型产业		
	生态农业(高产、优质、高效、无污染)	低耗、高附加值、资源节约型工业		人的价值实现与社会化保障产业
	商品农业(基地型规模经营)	市场型轻工业	深加工工业(精细化工、精密仪器)	通信、信息产业、环保产业
	大农业(农、林、牧、副、渔)	自给型轻工业	重型加工	旅游、交通、科技、房地产、金融服务业
	传统农业(粮油菜畜等)		采掘工业	饮食、商贸、传统服务业、文化教育
		轻工业	重工业	
	生物资源 土地资源 水资源 气候资源	水能资源 矿产资源	人才资源 技术资源 太空资源 旅游资源	产业结构演化方向

资源开发方向

图2-1 产业结构演进趋势

三、经济发展战略与经济可持续发展

(一)经济发展战略目标与区域可持续发展目标

经济发展战略目标,即经济社会在一个较长时期内关于全局发展的规划目标,即预期达到的未来经济发展的总要求和总水平。一般主要有三个方面的内容:一是经济发展速度和水平,是衡量一个地区经济发展的重要标志；二是经济结构和产业布局；三是人民生活水平提高的目标。经济发展战略目标是区域可持续发展战略的重要组成部分。在可持续发展战略的引领下,经济发展战略目标已经突破传统的经济发展观中"唯财富第一"和"GDP至上"的思想。可持续发展战略旨在促进人类之间以及人类与自然之间的和谐"。可持续发展满足当代人基本生存、公平性追求和与自然和谐相处的目标充分体现在经济发展战略目标中。经济发展战略目标主要体现在以下几个方面：第一,满足公民基本生存需求和日益增长的发展需求。生存是人类作为一个物种的本性,是最基本和最根本的需要。人类需求和欲望的满足是发展的主要目标。可持续发展要求满足全体人民的基本需要和给全体人民机会以满足他们要求较好生活的愿望。第二,在确保生态基础稳定,环境质量不被破坏,资源承载丰富的基础上实现经济总量扩张和质量提高。突破传统的经济发展模式中的经济增长与资源环境压力的同步增长,实现经济增长中的资源环境压力脱钩发展。第三,兼顾效率和公平,确保收入分配合理和社会公平等。在保持经济快速增长的同时,努力做到效率与公平的有机结合,完善分配机制,实现效率与公平的统一。

（二）经济发展模式与经济可持续发展

区域经济发展模式是在区域这一空间尺度上以一定的价值理念为指导,为实现一定的发展目标,适应区域发展的基础条件,主要依靠特定生产要素,并在相关保障措施支持下,谋求区域经济发展的路径和方式。经济发展模式是经济发展战略的重要组成部分。在经济高速增长阶段,经济增长模式被认为是推动经济增长的方式和途径选择,是对一个国家国民收入增长过程的高度抽象,包括投入的要素、要素投入量以及要素之间的相互关系、技术进步等。以投入的要素对经济增长的作用或要素的密集度为标准,经济增长模式可划分为"劳动密集型"的经济增长、"资本密集型"的经济增长、"技术密集型"的经济增长；以对投入要素的节约度为标准,经济增长模式可划分为粗放型经济增长和集约型经济增长。当经济发展进入平稳增速,调整结构阶段,经济发展模式成为推动经济发展的更为综合的方式和途径选择。如果说增长模式更重视量的增长,那么发展模式更关注质的提高,推动经济发展的方式和途径也更加综合复杂,不仅仅是要素投入的增加,还包括从低级经济结构到高级、优化的经济结构,从单纯的经济增长到全面协调可持续经济发展的转变。近半个世纪以来,人类经济发展经历了三种模式。

1. 粗放型增长模式

第二次世界大战结束后,无论是发达国家还是发展中国家,都把追求经济增长、消除物质匮乏或贫困状态作为自己最迫切的愿望。国民生产总值（GNP）被看成是一个国家和地区经济增长的主要指标,发展被归结为单纯的经济增长问题。于是,以大量资本与资源投入为主要手段的"高投入、高产出、高污染"粗放型经济增长模式来促使经济起飞,许多国家不停地追加投资,大规模地开发和利用资源。粗放的经济增长模式将人类欲望的满足建立在凌驾于大自然之上,征服大自然且向大自然无节制地索取上,也使人类面临着人口、资源和环境的多层压力和危机,特别是工业化社会的发展模式造成了严重的环境后果及两极分化、分配不公等社会经济问题。尤其在一些发展中国家不仅出现了"没有发展的增长",而且自然资源短缺,环境污染和生态失衡等环境问题日益严重,暴露了传统发展观的局限。著名美国经济学家米香1967年在《经济增长的代价》一书中警告世人："西方的继续经济增长将使我们进一步失去美好的生活。"

2. 集约型增长模式

"高投入=高增长"是以资源环境可以无限制供应这一假设为基础的,这必然导致资源的大量消耗和浪费以及环境的恶化。《增长的极限》说明,这种经济方式将难以为继,同时也使人们不得不对传统的发展模式进行反思。更多的人认识到,把GNP作为衡量一国经济发展的唯一指标,不仅不能反映该国社会经济结构的性质和它在国际经济关系中的地位,也不能说明产出的产品和劳务的种类,以及社会福利大小和社会收入分配状况。在此后出现了"发展目标的社会化"概念,这种发展观将"增长"和"发展"区别开来,"增长"主要是指经济增长,而"发展"包括以物质增长为基础的整个社会政治、文化诸因素的进步,具有复杂性、多元化、综合性等特点。这种发展的社会观更多地强调了人们对发展成果的分享和社会公平。美国著名政治学家塞缪尔·亨廷顿认为,发展包括五大目标：增长、公平、民主、稳定、自主。经济发展是经济增长的目的,如果增长离开了发展,或者增长不以发展为目的,那么整个增长活动即使有再大的结果也毫无意义。但经济增长又是经济发展的手段和前提。要实现发展,首先必须满足增长这一条件。可以说,正是由于资源问题的出现促使粗放型增长模式向集约型增长模式的转变,使人类经济发展理念发生了从量到质的转变。集约式增长以技术进步作为增长的核心动力,主要依靠劳动生产率的提高实现经济增长。通常以低投入、低消耗、低污染、高产出、高效益、高附加值和经济结构不断优化为特征。树立和落实科学发展观,必须由粗放式增长向集约式增长转变。

3. 可持续发展模式

集约型经济发展注重发展质量的变化,但这种质的变化主要局限在与直接生产有关的方面,没有反映与经济体制、制度、文化、消费行为和方式等内容,也没有反映人与环境的长久关系,正是由于经济发展内涵过于狭隘,才会产生它指导下的实践部分背离人的全面发展的目标,最终被经济可持续发展取代。可持续发展是一种以作为社会主体的"人"为中心的发展观,是面向人类追求真善美统一境界的发展观。这种发展观通常包括3个层次:① 人的基本需求的满足;② 人的素质的提高;③ 人的潜力的发挥和价值的实现。可持续发展包括了经济发展的一些主要内容,同时又将自然资源、生态环境、社会经济制度及其变革等许多内容融入了经济发展过程中。它强调了经济发展的结果,强调了经济发展的过程和延续,因此它拓展和丰富了经济发展的内容。

可持续发展模式就是在发展过程中充分考虑和兼顾发展的目的性——社会进步、发展的基础保证——生态环境的稳定以及发展的条件——经济持续协调,实现三者的高度和谐统一。可持续发展实践模式之一是循环经济。循环经济的本质是生态经济,根本目标是在经济增长过程中系统地避免或减少废物,从根本上解决长期以来环境与发展之间的冲突。传统经济与循环经济体现了两种显著不同的思维模式和活动方式。传统经济是一种由"资源—产品—消费—污染排放"单向的开环式线性经济,特征是高投入、低利用、高排放。循环经济将经济活动组织成为"资源—产品—消费—再生资源"的物质反复循环的闭环式流程,其特征是低投入、高利用、低排放。显然,只有当人们的行为从高排放的线性经济转变为低排放的循环经济的时候,一个可持续发展的社会才会真正到来。

循环经济与可持续发展同出一辙,二者并无本质区别。首先,循环经济是可持续发展理论的思想渊源,循环经济是建立在物质不断循环利用基础之上的,目的是以环境友好的方式利用资源,提高资源利用率,促进经济社会的可持续发展,这与可持续发展观倡导的经济、社会和生态环境效益的统一是完全一致的。其次,循环经济为可持续发展提供了可操作性的具体路径。环境保护和资源节约是循环经济的核心问题,也是可持续发展寻求解决资源节约的途径。二者都强调,无论人们采取何种活动方式,其终极目标都是在获取物质产品的同时,资源得到最大限度的利用,环境得到充分有效的保护。发展循环经济就是在具体实践和落实可持续发展战略。最后,循环经济立足于可持续发展,又推动了可持续发展。要实现可持续发展目标,就要依据循环经济原则优化产业结构,大力发展清洁生产,把生产活动纳入到自然循环过程中,使经济活动对自然环境的影响控制在尽可能小的范围,实现人与自然的协调发展,只有走以最有效利用资源和保护环境为基础的循环经济之路,可持续发展才能得以实现。

四、经济布局与区域协调

(一) 经济布局模式与经济可持续发展

经济布局是区域社会经济现象在宏观上的地域体现,传统的区域经济地理学对经济布局的要求,往往从经济技术的合理性、内部生产要素的优化配置某一方面布局,按照可持续发展战略目标的要求,主要从综合性上分析经济布局空间结构的合理性,同时,在空间结构中,要强调能带动区域经济持续发展的各级别增长极的建设与发展,以及经济布局与生态环境、资源供需条件的协调与平衡。一般来说,区域发展并非在所有地点上同时发生,总是从一两个开发条件较好的节点上开始。随着区域经济的进一步发展,点与点之间的经济联系构成轴线,轴线经纬交织而形成网络。因此,区域经济空间发展战略主要有节点(增长极)、轴线、网络(域面)等模式。

1. 增长极模式

这是区域经济发展初期阶段所采用的一种非均衡的空间组织模式,又称为点域发展战略模式,其理论基础为增长极核理论。增长极的概念是20世纪50年代初法国经济学家佩鲁(F. Perroux)提出的。区域发展中的增长极是一个同时包括战略重点产业和战略重点区域在内的复合型增长极。这种复合型增长极一般都是发展条件比较好、产业综合优势比较突出、区位条件好、投资环境较为优越、发展潜力巨大，并有望在短期内迅速崛起的点状区域，如城市、资源富集区、工业区、经济特区等，因而是决策者集中投资的重点受资产业与重点受资区域。通过复合型增长极的先期兴旺繁荣带动周围地区经济的全面发展。

2. 点轴发展战略模式

点轴发展战略模式是在增长极发展战略模式的基础上发展起来的空间组织模式，是区域发展空间组合战略模式的中间存在形式，亦非最终存在形式。该模式最初由波兰规划学家萨伦巴和马利士提出，我国著名的地理学家陆大道院士在1984年也曾提出过"点轴系统"模式，在1987年出版的专著《区位论及区域分析方法》中，对点轴系统形成的内部作用机制作了详细的阐述，至今为国内众多人文地理学家所认可和借鉴，并促进了这一理论逐步完善和成熟。点轴开发理论的中心内容是，在一定区域范围内，规定一些交通干线经过区域，作为发展轴予以重点开发，在各个发展轴上确定重点发展的中心城市，形成不同等级和不同开发次序的点轴系统(陆大道和郭来喜，1988)。

3. 网络发展战略模式

网络发展战略模式是由节点和相互交叉的轴线共同构成的点、线、面统一体，是点轴发展战略模式的横向延伸，是区域经济发展进入高级阶段所采用的一种模式，是区域发展战略模式的最终存在形式。当特定区域通过点轴发展战略模式促使其经济发展进入新的发展阶段以后，不同区域的增长极之间、轴线之间就会产生一系列经济技术合作，生产要素和资源配置开始跨区流动、扩散和重新配置，这将在客观上要求对原有的增长极和发展轴线进行调整——要么与相邻区域的发展轴线相接成网，要么被新的增长极和发展轴线替代。这种新旧点轴的连接和不断的渐进扩散，促使区域与区域之间、城市与城市之间形成更广泛的专业化分工与协作关系，逐渐在空间上形成以线状基础设施为主骨架的地域经济网络体系。在区域经济发展实践中，很少有某种类型的网(自然网络、人工网络)单独存在，而是常常表现为各种网络的相互叠加，形成混合网。混合网是网络发展战略模式中最常见的一种网络类型。

（二）区域经济的统筹协调发展

区域经济差异是区域经济发展过程中的一种普遍现象。"二元经济"或者"多元经济"的存在和变化对区域经济和社会发展等诸多方面都产生着众多影响，成为经济发展过程中空间布局显示出的特点。中国的不均衡发展战略也带来了相当多弊端，产生了各种各样的矛盾和问题，区域经济差距的扩大就是一个突出的问题。尽管目前对区域差距的变化方向、程度和效应还存在不同的观点，但事实已经证明，区域经济差异扩大已经成为一个摆在我们面前的突出问题，对国民经济和社会发展产生了不容忽视的影响，正在引起人们的广泛关注。

1. 区域差距的形成机制

研究区域经济差异必然要探讨区域差距形成的机制，很多学者利用历史数据进行实证研究的结果表明，中国区域差距扩大的事实，是由历史、自然以及经济和社会等多方面原因共同引起的，大致有以下几种论点：地理区位论、体制原因论、发展战略论、经济全球论。

地理区位论主要是指自然资源和地理区位影响区域经济差异，认为自然条件和地理方位是导致工业发展区域差异的基本原因。自然资源的先天性禀赋具有区域差异性和不可移动性特征，这也就决定了在自然演进工业化时期，为什么工业大多是从自然资源丰富的地区开始的。体制原因论则认为地区间差距拉大的原因是外部宏观经济体制和经济政策环境的作用导致地区间收入差距拉大。林毅夫(1998)认为，传统体制下以扭曲要素和产品价格为特征的宏观经济政策，是导致中国地区间收入差距拉大的主要原因。发展战略是根据一个区域的要素禀赋作出的长远发展谋划。发展战略要与区域内的生产要素禀赋相一致，否则就会导致生产要素的报酬偏离正常平均报酬，偏离生产要素禀赋条件建立起来的企业是缺乏自生能力的，如果没有政府的补贴，在完全竞争市场条件下是没有生存空间的，如果政府实行赶超战略，必然使用资本密集型产业组织生产，采用国有企业的制度结构，如果这种产业偏离了一个地区的要素禀赋，这样的国有企业只有依靠政府的补助生存，企业的利润率偏低，资本积累缓慢，必然导致一个地区的生产要素积累缓慢，影响一个区域的长期发展潜力的培育，长此以往，区域的经济发展水平必然低下。20世纪90年代出现的经济全球化的浪潮,也是造成地区经济差距急剧扩大的一个不可忽视的原因。东部地区出口产业比重较高,贸易自由化对东部地区更有利,世界经济一体化的投资浪潮也主要集中于东部地区。而中西部地区能源密集型产业较多,受经济一体化的影响较小。经济自由化和全球化,特别是对外贸易的不断增长和外资的吸收利用,推动了地区经济的大幅增长。这些因素通过乘数效应、溢出效应、技术转移和竞争机制,对经济增长产生了重大的影响。

2. 区域统筹协调的途径

统筹区域发展,就是要发挥各个地区的优势和积极性,逐步扭转地区差距扩大的趋势,实现共同发展。

我国是一个幅员辽阔、人口众多、资源多样、市场广阔,但区域资源禀赋和区域社会经济基础差异较大的发展中大国。随着社会主义市场经济体制的逐步完善,各个区域都有自身相对独立的经济利益,这就激发了区域经济发展的动力。区域经济发展的垂直依赖明显弱化,区际联系迅速扩展,各区域纷纷把发挥区域优势、促进产业结构与布局合理化、全面提高资源配置效率等作为区域经济发展的目标,区域经济的发展进程明显加快。但是,由于地方政府都拥有强烈的赶超意识、挑战心理以及对优势的过分自信,忽视区域经济发展的客观规律,期望区域都能够"超常规、跳跃式"发展,结果造成了区际经济摩擦不断,出现了按行政管理有城乡之间的统筹;按收入差距有贫富之间、阶层之间的统筹;按生产力布局有空间上的统筹等。过分强调区内经济发展,或过分强调区际经济协调,均有悖统筹区域经济发展的本质。区内经济发展既要着眼于区内经济协调,也要加强区际经济协调。区内经济发展与区际经济协调之间的关系,应该是互为条件、互为因果、互为一体的关系。统筹区域经济发展的本质内涵在于,既要促进区内资源的优化配置与组合,也要促进区际资源的优化配置与组合。

促进区域经济协调发展的途径有以下几个方面。

(1) 明确不同区域的功能定位

根据资源环境的承载力、现有的开发密度和发展潜力,以及统筹考虑我国未来的人口分布、经济布局、土地利用与城市化的情况划分主体功能区,而不仅仅局限于东、中、西部等地理空间的划分。根据不同区域的功能定位,实施不同的产业政策、投资政策、财政政策、土地政策等区域管理政策。各功能区立足自身的资源优势,明确功能定位,通过优势互补不仅可以减少区域之间的矛盾,而且在区域生态防护上更具约束力,在官员绩效评价和政绩考评上针对性更强,这样可以有效地促进区域协调的环境目标和均衡目标的实现。

(2) 加快共同市场建设

共同市场的建设既包括商品市场的建设,也包括要素市场的建设。通过改革现行户籍管理制度、建立统一的劳动社会保障制度,实现劳动力自由流动;推进区域金融服务一体化,弱化地方政府对企业的干预,制定统一的吸引外资政策,以建立统一资本市场,推进企业跨地区投资;借助区域共同市场,促进生产要素跨区自由流动,促成资源的优化配置,提升市场经济运行的总体效率和效益,实现经济发展的空间共荣。

(3) 加强基础设施统一规划

区域发展需要建设共同或相互间有影响的基础设施体系,如港口、机场、各种管网及区域间的交通基础设施等。高效、完善、统一的区域基础设施体系是实现区域内各种生产要素在空间流动的必要保障,也是企业降低生产成本和交易成本的重要条件。对高等级公路、港口、铁路、航空运输以及电力、防洪工程设施建设中的重大项目,国家要给予一定的资金扶持,并围绕区域经济一体化的目标,规划、实施国家层面或大区域层面的基础设施网络。

(4) 加强地方政府间的协调

区域整体竞争力归根到底在于产业的竞争力,而产业竞争力的关键在于产业区域特色优势的形成。因此,区域必须从自身的比较优势和竞争力出发,统一制定适合本地特点的区域产业政策。地方政府要充分尊重企业的意愿,努力为企业的跨地区扩张和竞争创造更为宽松的条件和环境,在竞争中进行产业整合,形成合理的产业分工和区域优势。

(5) 完善公共管理制度

区域经济一体化进程中,会涉及需要跨区管理的一系列问题,如空气污染、河流及湖泊的水源利用与污染防治、跨区域犯罪问题等。在现有的区域行政管理体制条件下,各城市政府以自身利益最大化而不是整个区域利益最大化为出发点来进行决策并采取行动,区域内没有统一协调的公共管理组织,造成整个区域内公共管理失调。因此,应借鉴国外已有的成功经验,建立具有法律地位、规范有效的跨区协作组织来管理跨区域的事务,从而推动整个区域经济一体化进程。

第三节 生态环境子系统

生态环境子系统作为区域可持续发展系统的基础子系统,是社会子系统和经济子系统存在和发展的前提基础。在不同的历史时期,生态环境子系统的内容和重点既有共同点,又存在一定时空差异。近200年来,全球社会经济和科学技术的迅速发展,人类社会以空前的广度和深度对地球环境产生了深刻的影响。全球气候变化与区域响应、区域环境承载力与发展空间、资源供求与永续利用、环境质量与污染防治是当前生态环境子系统与区域可持续发展密切相关的热点问题。

一、全球气候变化与区域响应

所谓全球变化(global change),是指对人类现在和未来生存与发展有重要的直接或潜在影响、由自然因素或人类因素驱动在全球范围内所发生的地球环境的变化,或与全球环境有重要关联的区域环境的变化。20世纪70年代末至80年代初,一些国际组织和机构积极发起和推动以"全球变化"为主题的研究计划和研究活动,关注自然和人为因素引起的并作用于自然生态系统和人类社会的地球环境的变化。全球变化与区域响应也成为地理学研究的前沿。

(一) 全球气候变化态势

气候是长时间内气象要素和天气现象的平均或统计状态,以冷、暖、干、湿等特征来衡量,通常由某一时期的平均值和离差值表征。气候变化是指气候平均值和离差值随时间出现了统计意义上的显著变化。平均值的升降,表明气候平均状态的变化;离差值增大,表明气候状态不稳定性增加,气候异常愈明显。

人类在地球上生活,得益于适合生存的气候环境。千万年来,人类和其他生物一起繁衍发展。但近年来由于自然、人文等多方面的原因,地球正在经历一场以变暖为主要特征的气候变化。世界气象组织和联合国环境规划署联合组建的政府间气候变化专门委员会(IPCC)分别于2007年的2月、4月和5月正式发布了第四次评估报告,认为人类活动对气候的影响总体上是增暖的。由于人类活动的影响,自1750年工业革命以来,全球大气中二氧化碳、甲烷和氧化亚氮等温室气体的浓度显著增加,引发气候变暖。最新的观测事实也表明气候系统的变暖是不容置疑的。根据气候代用资料和仪器观测的近2 000年来的全球地表平均温度的变化,显示从20世纪开始温度急剧上升,近百年来全球平均地表温度上升了0.74℃,其中尤以1910~1945年和1979~2005年的升温最为明显。20世纪后半叶北半球平均温度很可能比近500年中任何一个50年时段的平均温度都高,并且可能至少在最近1 300年中是最高的。从全球分布来看,全球所有地区都变暖,而且北半球中高纬度地区变暖更明显。

中国气象局国家气候中心开发和研制出气候系统模式,预估了全球和中国未来的气候变化情况。到21世纪末中国气候将继续明显变暖,尤以冬半年、北方最为明显。与1961~1990年的30年平均气温相比,到2020年中国年平均气温将可能变暖1.3~2.1℃,2030年可能变暖1.5~2.8℃,2050年变暖2.3~3.3℃,2100年变暖3.9~6.0℃。最大增温区域在华北、西北和东北的北部。年降水量到2020年可能增加2%~3%,2050年增加5%~7%,2100年增加11%~17%。预计在2100年北方降水日数会增多,南方大雨日数会增加,极端天气气候事件发生频率将可能发生变化,海平面继续上升,冰川融水继续增加,草原全面退化。

(二) 气候变化对区域可持续发展的影响

由于人类活动所引起的气候变化对区域可持续发展的影响是跨尺度、全方位、多层次的,正面和负面影响并存。但水资源短缺、生态系统退化、土壤侵蚀、生物多样性锐减、海水入侵等负面影响大于正面影响,已经对中国乃至世界经济社会的可持续发展构成现实性的威胁。

1. 海平面上升

21世纪末全球平均升温幅度大致为1.1～6.4℃，与此同时，全球海平面可能上升0.18～0.59 m。随着全球变暖，未来50～100年，海平面将继续上升，导致沿海地区人类历史积累的精华面临被淹没的危险。据专家预测，中国未来海平面还将继续上升，到2030年中国沿海海平面上升幅度为1～16 cm，到2050年上升幅度为6～26 cm，预计到21世纪末将达到30～70 cm。而且，未来随着热带海平面温度的升高，热带气旋（包括台风和飓风）可能会变得更强，这会导致风速更大、降水更强。

2. 极端天气气候频率的增加

气候变化对人类与自然系统有重要影响，过于强烈的气候变化将使人类难以适应，极端天气事件发生频率的增加将会增大天气灾害的风险。据统计，1950～2000年，特别是1990年以来气象灾害造成的我国经济损失急剧增加。一方面由于极端天气事件的增多，另一方面由于我国总体经济规模增加，使经济损失绝对值大幅升高。

3. 对农业以及基础设施的负面影响

气候变化对中国农业的影响是负面的。在全球变化的影响下，中国干旱区范围将扩大。若二氧化碳浓度加倍，温度上升1.5℃时，中国干旱区面积将扩大18.8万 km^2，湿润区将缩小15.7万 km^2。气候变化对水资源的影响也很大，全球变暖使水循环的过程速度加快，降水的空间分布不均匀性增加，农作物的正常生长受到严重影响。气候变化对重大工程也有影响，如长江上游降水量的增加，导致地质灾害的频率会增加，影响三峡水库的安全运营。气候变化也会影响青藏铁路和公路，大大增加铁路和公路运行维护的投资。

（三）气候变化与区域响应

全球气候变化不仅仅是一个环境问题，它和经济社会的可持续发展密切相关，已经引起了各国政府、科学界、社会公众的强烈关注。

1. 国际社会的联合行动

科学界虽然早已认识到人类活动对气候变化的影响，但国际上采取实质性的应对行动是近30多年的事。几项具有重大战略意义的重大行动：一是1979年召开的第一次世界气候大会在其发表的宣言中提出，如果大气中的二氧化碳保持现在的增长速度，则气温的上升到20世纪末将达到可测的程度，到21世纪中叶将会出现显著的增暖现象。二是1985年10月，国际科学联合会、联合国环境规划署、世界气象组织共同召开奥地利菲拉赫会议，提出如果大气中二氧化碳等其他温室气体浓度以现在的趋势继续增加的话，到21世纪30年代大气中的二氧化碳含量可能是工业化前的2倍，全球平均温度可能提高1.5～4.5℃，同时导致海平面上升0.2～1.4 m。三是1988年12月联合国第43届大会通过了《为人类当代和后代保护全球气候》43/53号决议，决定在全球范围内对气候变化问题采取必要和及时的行动，并要求当时成立不久的IPCC就全球气候变化现状进行综合评估，并对未来的国际气候公约提出建议。四是1992年6月在联合国环境与发展大会期间，153个国家正式签署了《联合国气候变化框架公约》。该公约于1994年3月21日正式生效。而且，1997年在日本京都召开的第三次缔约国大会上制定具体政策和措施，形成了《京都议定书》。经过长达8年的艰苦谈判，京都议定书终于在2005年2月16日生效。在全人类的共同努力下，人地关系进入了一个全新的时代（韦林娜，2008）。五是2009年12月在丹麦哥本哈根召开的联合国气候变化大会，商讨《京都议定书》一期承诺到期后的后续方案，探讨工业化国家的温室气体减排额度、中国和印度等主要发展中国家如何控制温室气体排放、发展中国家如何适应气候变化带来的影响等问题，就未来应对气候变化的全球行动签署新的协议，是继《京都议定书》后又一具有划时代意义的全球气候协议，对地球今后的气候变化走向产生决定性的影响。

2. 区域发展的气候变化适应

要适应环境或气候的变化是人类经过无数教训后的新理念。气候变化适应的含义包括两个方面：一是适应性，它是指自然生态（也包括社会经济）系统的功能、过程和结构对实际发生的气候变化调整的可能程度。二是适应能力，指一个系统、地区或社会适应气候变化影响的潜力或能力。例如，农业及生态系统是适应气候变化的重点或优先领域。提高农业对气候变化的应变能力和抗灾减灾水平，选育抗逆品种，采用稳产增产技术;发展包括生物技术在内的新技术;科学地调整种植制度,适应气候变暖。水资源的适应问题也是优先考虑的一个领域,它包括在经济发展中考虑水资源的承载能力;促进全社会节水,充分利用大气降水;发展人工增雨技术,合理开发利用空中水资源;建设淡水调蓄工程,提高水资源供给的应变能力;加强水资源变化的监测和水资源变化规律的研究等。

3. 区域合作的加强

减缓气候变化重点是减少温室气体排放,使其和气候变化、人类自然系统、经济社会发展达到一种良性循环的状况,实现经济社会可持续发展以及《联合国气候变化框架公约》的最终目标,即"将大气中温室气体的浓度稳定在防止气候系统受到危险的人为干扰的水平上"。但是由于不同的国家处于不同的发展阶段,联合国对碳减排的时间表提出了"共同的但有区别"的原则。世界各国要通力合作,碳排放交易市场也应运而生。国际碳排放交易市场在2005年2月《京都议定书》生效后进入快速发展阶段,参与主体的范围不断扩大,成交量也成倍上升。2009年,全球碳市场交易量为87亿吨二氧化碳当量,比2004年增长67.9倍,年均增长1.3倍;交易额为1 437.35亿美元,比2004年增长162.5倍,年均增长1.8倍,世界碳排放权市场化的步伐不断加快。

随着国际社会控制温室气体排放呼声的日益高涨,一些主要国家在日趋复杂的世界能源安全形势下,也将减缓温室气体排放作为其能源战略调整的重要内容。欧盟在2006年3月发布的《欧洲能源战略绿皮书》中,应对气候变化不仅成为欧盟政策制定的一个基本出发点,并将其纳入六大优先领域。在2007年1月发表的欧盟新能源战略中,还提出到2020年欧盟的温室气体排放量要比1990年的水平低20%。英国在其2006年的《能源白皮书》中,提出创造低碳经济,力争到2050年使二氧化碳排放量比1990年降低60%的目标。美国在其2006年《能源部战略计划》中,也将减少温室气体排放和改善环境质量作为国家能源安全战略目标,并积极推动电力部门发展碳的零排放技术。各国的能源战略调整主要表现在大力发展可再生能源、提高能源效率、加强能源技术研发和制度创新。在大力发展可再生能源方面,如欧盟提出到2020年使可再生能源在欧盟27个成员国的能源消费结构中占到20%,并满足至少10%的交通燃料需求;加拿大2007年宣布了"生态能源可再生发展计划",提出在未来4年,政府计划投资14.8亿加元,发展为期10年的促进风能、生物质能等激励计划;美国力促风能、生物能、太阳能、水能的开发利用,优先发展生物质燃料和氢燃料电池等。在提高能源效率方面,欧盟计划到2020年使其总能耗比2004年降低20%,德国计划到2020年将能源生产率较1990年水平提高1倍。在加强能源技术研发和制度创新方面,美国提出在电力储备、超导输电、二氧化碳捕获技术等方面实现重大科学突破,加快研究先进电池、纤维素乙醇和氢燃料等车用燃料生产技术和清洁煤、核能、太阳能和风能等先进发电技术。日本提出引导未来能源技术战略,着重研究超燃烧技术、超时空能源利用技术、先进节能技术。欧盟提出要开发世界领先的能源技术,强调加快核聚变ITER、燃料电池、碳捕集和储存、可再生能源、气体水合物等能源新技术开发。

我国政府高度重视应对气候变化工作,近年来不仅陆续制定了相关政策,还实施了具体可行的减排措施。2007年,国家发展和改革委员会发布了《可再生能源中长期发展规划》,提出力争到2020年使可再生能源消费量达到能源消费总量的15%左右。2009年8月,十一届全国人大常委会通过了《全国人民代表大会常务委员会关于积极应对气候变化的决议》,决议提出了中国应对气候变化的积极措施。同年,在联合国气候变化峰会上中国提出了计划到2020年实现单位GDP的CO_2排放比2005年下降40%~45%,并将其作为约束性指标纳入国民经济和社会发展中长期规划,制定相应的国内统计、监测、考核办法;同时,还提出大力增加森林碳汇,争取到2020年森林面积比2005年增加4 000万hm^2,森林蓄积量比2005年增加13亿m^3。2010年7月,国家发展和改革委员会下发了《关于开展低碳省区和低碳城市试点工作的通知》,提出试点城市的具体任务:编制低碳发展规划、制定支持低碳绿色发展的配套政策、加快建立以低碳排放为特征的产业体系、建立温室气体排放数据统计和管理体系、积极倡导低碳绿色生活方式和消费模式。

二、区域资源环境承载力与发展空间

资源环境承载力(resource environmental bering capacity)是指在一定的时期和一定的区域范围内,维持区域资源结构符合持续发展需要,承受人类各种社会经济活动的能力。资源环境承载力指的是适度承载力,而不是最大承载力。人类的存在和发展必须依赖于各种自然资源,资源承载力是资源环境承载力的基础;环境承载力是资源环境承载力的约束条件;人是资源环境承载力的核心,人可以对资源环境承载力进行调控,调控得当与否直接关系到可持续发展能否实现。

自1972年罗马俱乐部发表《增长的极限》以后,人们对地球的资源环境承载能力问题进行了大量研究。资源环境承载力问题,深刻地反映了可持续发展问题的本质。可以说,对于地球承载力的认识是可持续发展思想提出的基础,正是因为有了地球承载力的极限问题,才会有可持续发展问题的提出。因此,资源环境承载力理论是可持续发展理论的重要组成部分,它从人类社会赖以生存的物质基础有限性的视角,揭示了可持续发展的重要内涵,为可持续发展的研究提供了重要理论基础。

(一)区域资源环境承载力

区域资源环境承载力的早期研究可追溯到20世纪60年代末到70年代初,罗马俱乐部利用系统动力学模型对世界范围内的资源(包括土地、水、粮食、矿产等)环境与人进行评价,构建了著名的"世界模型",深入分析人口增长、经济发展(工业化)同资源过度消耗、环境恶化和粮食生产的关系,提出了经济"零增长"的发展模式。20世纪90年代以来,我国才开始涉足以区域资源环境诸要素综合体为对象的区域承载力研究。目前对于区域资源环境承载力较为公认的概念是:在一定时期和一定区域范围内,在确保资源合理开发利用和生态环境良性循环的条件下,区域资源环境能够承载的人口数量及其相应的经济和社会总量的能力。研究趋势主要体现在以下几个方面:

第一,面向区域的可持续发展,着眼于缓和人口与单一要素间矛盾问题的单一要素承载力研究已经不能满足现实需要,资源环境综合性的承载力研究正在广泛兴起;第二,由单一指标走向综合指标体系研究。例如,单纯以粮食为标志的土地承载力研究已不能客观地反映不同国家或地区的人口承载状况。人们开始寻求更加综合的指标体系来反映土地的承载状况,如提出了土地就业人口承载力、土地经济承载力等评价指标。而综合承载力的研究则不仅仅局限于研究区域可承载多少人口数量,而是已经拓展到资源环境对经济、社会总量承载能力的研究;第三,计算方法逐步由静态分析走向动态预测。系统动力学方法的广泛应用,促使资源承载力走向动态预测研究。同时,在计算机支持下,各类数学模型的广泛应用也极大地提高了资源承载力研究的定量化水平和精确程度,促使承载力研究更加综合和深入;第四,现代技术如遥感(RS)、地理信息系统(GIS)等逐步应用到承载力的研究领域中。

由于资源环境系统的组成物质在数量、比例关系、空间上具有一定的分布规律,所以它对人类活动的支持能力有一定的限度。人们用资源环境承载力作为衡量人类社会经济与资源环境协调程度的标尺。从宏观上看,环境承载力的大小和区域产业结构、技术结构、空间结构以及经济发展模式密切相关;调整产业结构、技术结构和布局结构,发展循环经济、知识经济将大大提升区域资源环境承载力。资源环境承载力又可以用各种要素的供给能力计算的区域极限人口来表征。用以下公式来表示:

$$P_{max} = \min\{P_{1max} P_{2max} \cdots P_{imax}\}$$

式中,P_{max}为区域资源环境承载力;P_{imax}为某项资源环境资源的供给能力的最大值。

根据木桶效应,决定环境承载力的是最为紧缺的环境资源。目前,水资源、土地资源、矿产资源、大气环境、水环境等都能成为决定环境承载力的关键,但是不同区域的关键影响要素是不同的。

(二)生态环境容量预测

生态环境容量是指在不损害生态系统的生产力和功能完整的前提下,可无限持续的最大资源利用和废物产生率。通过生态足迹法,可计算和衡量人类对自然资源利用程度以及自然界为人类提供服务功能的大小。生态足迹法是计算和衡量人类对自然资源利用程度以及自然界为人类提供服务功能大小的一种新方法。它是"一只负载着人类与人类所创造的城市、工厂……的巨脚踏在地球上留下的脚印"。生态足迹是维持一个地区、国家内人类生存所需的资源和吸纳人类排放废弃物所需的具有生物生产性的土地面积。该方法用人类需求的生态足迹与可供给的生态承载力进行比较,衡量研究区域的可持续发展状况和生态安全。目前生态足迹的相关研究主要从全球尺度、国家尺度、区域和城市尺度三大尺度来计算衡量。

生态足迹(ecological footprint，EF)，最早由加拿大生态经济学家里斯(Rees)于1992年提出，再由其博士生瓦克纳格尔(Wackernagel)进一步完善的一种理论和方法。它是测量人类社会可持续发展的一种重要方法，是人类社会在反思自身单纯追求经济增长带来的资源与环境问题中，所形成的一种衡量人类对自然资源利用程度以及自然界为人类所能提供服务的方法。生态足迹除了在不同尺度上有大量的研究外，生态足迹在不同行业、不同生态组分、不同应用层面均有研究；生态足迹还与相关交叉学科相结合，产生了新的理论和内容，如生态足迹与社会福利研究、生态足迹与工业工程研究、生态足迹与企业管理研究等相结合；生态足迹在其本身的分析和计算方法上，也在不断地突破和发展，如与能值分析相结合，形成能值-生态足迹分析和计算方法，还有单一物质流的生态足迹分析与计算方法，有考虑时间序列的生态足迹动态分析和计算方法，有生态足迹的生命周期分析方法等。生态足迹分析方法与其他评价方法相比具有以下主要优点：第一，评价结果为一个全球、国家或区域尺度的生态占用评价综合指标，具有全球可比性，并且通过引入均衡因子和产量因子使得生物资源的消耗与自然生态的承载能力具有可比性；第二，能够在一定时期的特定经济背景下，定量预测人类社会发展的物质需求与自然生物承载力之间的总体盈亏状况；第三，生态足迹与生物承载力的测算所采用的模型简便易懂，并采用人们熟知的生物生产性土地面积为计算单位，结果的可辩护性强，而研究所需要资料的相对易获取也使得生态足迹分析工作的具体实施障碍较少。

(三) 区域发展战略规划与资源环境承载力

区域发展战略规划是指对未来一定时空范围内经济和社会发展以及它们之间的协调发展所做的总体安排和战略部署，反映了人们在推动区域经济社会发展以及协调人口、资源、环境与经济社会发展关系等方面的智慧和能力。区域资源环境承载力具有明显的空间分异特征，区域规划是提高资源环境承载能力的重要保障，同时区域资源环境承载力可以为区域发展战略规划提供借鉴和依据。整体的发展离不开具体的区域，只有确切地知道一个国家各区域发展潜力的高低与资源环境承载能力的大小之间的空间分布特征，在时间和空间尺度上实现资源的合理分配，保证区域内与区域间当代人和代际间的公平性，才能最终实现区域的可持续发展。因此，要提高资源环境承载力，首先应高瞻远瞩地做好各类规划。通过规划，对区域的经济活动、社会活动和各种资源进行优化配置，根据资源禀赋、环境容量、生态状况、人口数量以及区域发展规划和产业政策，明确不同区域的功能定位和发展方向，在不同功能区采取不同的经济发展政策和资源环境保护措施。要严格建设项目核准和备案制度，对不符合能源规划、土地规划、流域综合规划、水资源规划、防洪规划、环保规划等约束条件要求的项目，发改委、规划建设、国土、环保、水利等部门不予办理相关审核、许可手续，金融机构不予贷款等。

三、资源供求与永续利用

资源是人类社会发展的基础，也是自然界和人类社会的构成要素。人类开发自然的历史也是一部人类不懈寻求新资源，探索现有资源更新、更广和更深利用方式并满足自身和社会可持续发展需要的历史。在这个过程中，人类在陶醉于自身的发现和创新的同时，也因对资源的片面理解和利用失当而备尝痛楚。人类不得不重新认识和规范自己的行为以求得资源的永续利用。

(一) 资源系统的特征

以可持续发展理念审视资源系统，它具有层次多元性、整体性、区域性和"流量"有限性、替代性等特征。

1. 层次多元性

表现在资源系统可细分为更低层次的子系统。例如，自然资源子系统可以分为耗竭性自然资源和非耗竭性自然资源，耗竭性自然资源可以分为可更新资源和非可更新资源，非耗竭性自然资源分为恒定资源和非恒定资源。而可更新资源又可分为土地资源、森林资源、草地资源等，非可更新资源又可分为矿物资源和化石资源等，恒定资源分为太阳能和风能等，非恒定资源分为水、空气等(图2-2)。

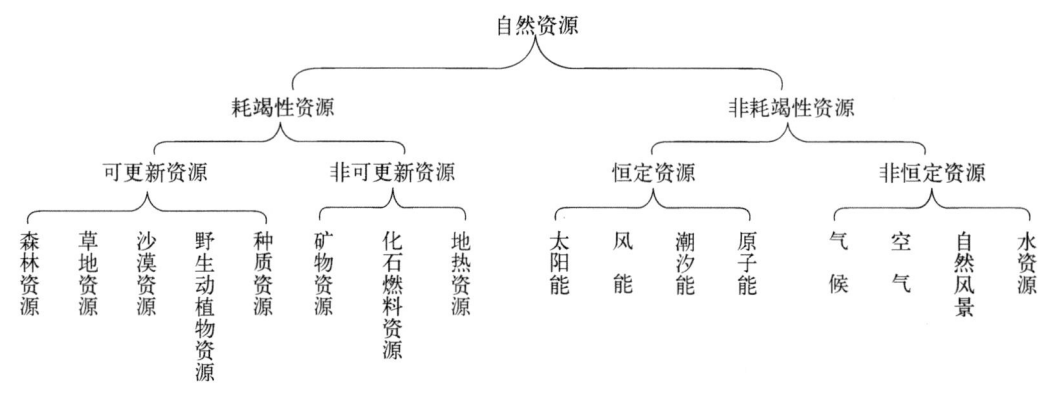

图 2-2 自然资源分类

2. 整体性

整体性是指各类资源之间不是孤立存在的,而是相互联系、相互制约,共同构成一个完整复杂的资源系统。对任何一种资源的开发利用,可能引起其他资源的连锁反应,从而影响到整个自然资源系统的变化。大部分自然资源的功能是多重的,并且这种功能往往整体存在而不可分割。整个自然资源系统,若能科学有效地开发和利用,各种资源就会相互协调,实现良性循环。例如,人类对森林资源的过度砍伐,不仅带来了森林资源数量的短缺,同时破坏了与此相关的生态系统,导致水土流失加剧,生物多样性锐减。在半干旱和半湿润地区还可导致土地荒漠化。从全球系统来说,对大面积热带森林资源的砍伐,还会破坏全球碳循环系统,使大气中二氧化碳浓度升高。

3. 区域性

区域性是指资源分布的不平衡,存在数量或质量上的显著地域差异,并有其特殊分布规律。自然资源的区域性特点是形成各地比较优势的客观基础,也是区域经济形成与发展的基本原因。自然资源的地域分布受太阳辐射、大气环流、地质构造和地表形态结构等因素的影响。因此其种类特性、数量多寡、质量优劣等都具有明显的区域差异,分布也不均匀,又由于影响自然资源地域分布的因素基本上是恒定的,在特定条件下必定会形成和分布着相应的自然资源区域,所以自然资源的区域分布也有一定的规律性。例如,太阳辐射热量随纬度带呈递变规律;水力资源多与崇山峻岭地貌相联系;有色金属矿藏主要分布在地质构造活动活跃的褶皱带中等。

4. "流量"有限性

有限性是指人类认识、利用和改造的自然资源都是有限的。主要表现在:① 在一定的时间和空间内,自然资源的数量是有限的。例如,我国耕地资源只有 18 亿亩①,后备耕地资源也只有 5 亿亩;② 某些自然资源就其总量来说虽然相当巨大,但人类可以利用的部分却是相当有限的,如太阳能、风能等;③ 在一定的社会、经济和科技水平下,人类利用自然资源的能力和范围是有限的,如我国目前还难以利用埋藏得太深的部分资源。自然资源的这一特点要求人类自觉地珍惜和爱护自然资源,并利用各种手段和措施确保其连续性。自然资源尽管有限,但其潜力是无限的。

5. 替代性

替代性是指不同自然资源对人类用途的代替性。自然资源具有多种不同用途,而许多不同的自然资源又会有相同的功能作用。人们可以选用更适合自己的那一种自然资源为自己服务。但是,随着人们环保观念的不断增强,在生产生活中,人们会选用一些新型资源来代替常规资源,因为常规资源开发利用历史悠久,且多为不可再生资源。一方面,要节约对它们的利用,避免过早枯竭;另一方面,常规资源容易造成环境污染,而采用新能源,如原子能、地热能、潮汐能,既能反复被人类利用,又能做到清洁生产,一举两得,所以人类现在正在加紧开发利用新能源,以便更好地为人类服务。

(二) 资源基础评价

自然资源评价是按照一定的评价原则或依据,对一个国家或区域的自然资源的数量、质量、空间分布、地

---

① 1 亩 ≈ 666.7 m²。

域组合、开发利用、治理保护等多方面进行定量与定性的评定和估价。它以自然资源的考察研究工作为基础，是自然资源合理利用的前提和依据所在。其目的是从整体上提出自然资源的优势与劣势，开发利用潜力的大小、限制性及其限制强度，并提出开发利用和治理保护的途径或对策，为充分发挥自然资源的多种功能和综合效益提供科学依据。根据评价对象，自然资源评价可以区分为单项自然资源评价和自然资源综合评价。

1. 单项资源因子评价

相对而言，单项自然资源评价是指对土地资源、水资源、气候资源、森林资源、草地资源、海洋资源、矿产资源、能源资源、旅游资源等以单项自然资源为主的分等定级工作。主要包括：① 土地资源评价。实质上就是土地资源分等的研究，它主要从人类利用的角度对土地质量进行鉴定和分等；② 水资源评价。是对一个指定范围（区域、流域、国家以至全球）内的水资源总体及分区做出资源评价与宏观问题分析；③ 气候资源评价。是根据气候资源科学的原理和方法，分析和评定地区、国家和全球的气候资源状况及其对人类生产（主要是农业生产）、生活的影响程度；④ 森林资源评价。对森林资源的数量、质量、结构、生长、消耗、地理分布和主要功能及特点等进行评估；⑤ 矿产资源评价。可分为两种：一种是单项评价，如对某一种矿产的储量及品位、总价值、潜力矿床的数量等的评价；另一种是区域矿产资源的综合评价，是把所评价的区域当成一个整体，从各个方面论证和评定区域内矿产资源的价值；⑥ 旅游资源评价。是从发展旅游业的角度出发，对一定地域内旅游资源的特征、开发利用价值和开发可行性进行科学评判。目前的自然资源评价主要是单项的评价，这种评价的针对性和适用性强，具有广泛的应用价值。通过大量的工作实践，单项自然资源评价已形成各自的指标体系（表2-1）。

表2-1 单项自然资源评价指标

资 源		评 价 指 标
土地资源		与种植业或与植物生产有关的评价指标：适宜种植的农作物或其他植物的种类以及它们的产量、土壤水分有效性或土壤持水量、土壤养分含量及其有效性、土壤质地与砾质化程度、土壤含盐量或土壤盐渍化及其改良条件、土壤适耕性、土壤有效厚度及障碍层的深度、土壤抗侵蚀性或土壤侵蚀程度、土壤受污染情况、地形坡度或坡向、基岩裸露面积的比率、灌溉水源、水质及其保证率、洪涝危害及排水条件、温度情况、灾害性天气、年降水量或干燥度、病虫害
		与牧业生产有关的评价指标：牧场的鲜草产量、牧草或饲草的品质、毒草的数量及毒性、抗拒草原退化的能力、在放牧条件下草场的抗侵蚀能力、畜牧饮用水的水质及其供应量、地方性病虫害与传染性疾病
		与林业生产有关的评价指标：适生树种或经济林与果树的种类、木材质量及其年生长量、经济林与果树的年收获量、水灾危害、林木天然更新或人工更新的立地条件
		与经营管理及投入有关的评价指标：影响机械化或交通运输的地形条件、地理位置和运输手段、投入的资金与土地产出之间经济效益的比较、改良技术或工程措施的规模及其实施难易程度、土地利用状况
水资源	地表水资源	水量：径流模数、径流变革、径流深度、径流系数
		水质：感官性评价、氧平衡评价、毒物指标评价、水化学类型与矿化度、含沙量等
	地下水资源	水量：静储量、调节储量、动储量、可以开发利用的水量
		水质：地下水的物理性质、地下水的化学性质
		地下水的开采条件
气候资源	光能资源	太阳辐射的性质和数量、光合作用和光能利用率
	热能资源	基点温度、农业指标温度、基温、变率
	降水资源	降水量的丰富程度、降水量的季节分配、降水量的年际变化、降水量的保证率和干燥度
森林资源		林地面积、森林结构、森林产品的数量和质量、森林资源的分布和开发利用条件
草地资源		生境条件：气候、地貌、水源、土壤基质
		植物条件：植被覆盖度、饲用植物构成、草群品质和产量
		生产潜力：载畜量与载畜能力、畜产品的年产量和单位面积产量
矿产资源		地质条件：矿产资源的类型、矿产资源的储量、矿产资源的质量、开发利用条件
		经济评价：年生产力、投资、成本、价值、利润

续表

资 源		评 价 指 标
能源资源	矿质能源资源	矿质能源的储量规模、矿质能源的品质和质量、矿质能源的矿床开采条件、矿区的自然经济条件
	水能资源	水能蕴藏量、水能开发条件
	生物能源资源	生物能源的资源量、生物能源的资源结构、生物能源的消费结构、生物能源的开源节流

资料来源：蔡运龙.2011.自然资源学原理(第二版).北京：科学出版社.
高地.2009.自然资源总论.北京：高等教育出版社.
谢云.2009.自然资源评价教程.北京：北京师范大学出版社.

2. 资源基础的综合评价分析

自然资源在地域上呈不均衡分布，其结构与优势也不一样，但它们往往是相互紧密结合，呈整体出现的，开发利用某种自然资源必定会牵动全局，这就要求对自然资源进行综合评价，亦即应该以单项自然资源评价为基础，从利用的角度对资源进行综合鉴定和分等定级。它可以科学地揭示某区域自然资源的优势与劣势、开发利用潜力的大小、限制性因素及其强度，并指出优化的途径，从而为自然资源的综合开发利用服务。区域资源综合评价的内容主要包括：

(1) 调查和评价资源的种类、数量、质量以及资源潜力和保证程度

区域作为地球表面的一部分，也是各种资源的承载体，每类资源具有不同的数量和质量特征，并在区域内形成一定结构，由于区域资源的种类、数量、质量、结构和空间组合态势等直接影响着区域经济发展的规模、速度、方向以及区域经济结构的调整与优化，所以在开发利用区域资源之前需要调查和评价资源的种类、数量、质量以及资源潜力和保证程度。

(2) 资源区位与开发条件评价

资源区位与开发条件应考虑以下几个因素：资源是一个区域得以发展的物质基础，资源优势又是区域优势的重要组成部分，因此，在开发利用资源前，必须通过区位评价得出应该优先开发利用哪几种资源。区位条件是一个随时间波动的要素，在评价过程中应注意同一区位因素在不同时间作用大小可能不同。

(3) 选取评价指标

通过指标评价确定资源最优利用方向，分析预测区域资源开发效益及产业化前景。指标选取主要包括资源指标和经济社会指标，资源指标是指土地资源、水资源、气候资源、生物资源、矿产资源、旅游资源、能源等。经济社会指标代表区域开发资源的一种能力和基础，可通过统计资料的分析，计算得出定量的预测结果，根据预测结果可评价目前这种区域资源开发模式在近期和未来所产生的经济效益(表2-2)。

表2-2 区域资源评价指标

因 子	指标分类	指 标 属 性
自然资源评价	土地资源	人均耕地、土地面积、城镇用地面积
	水资源	人均水资源量、水资源保证率
	气候资源	年内变化、年际变化
	生物资源	人均林地面积、植被覆盖率、物种受威胁程度
	矿产资源	金属矿、能源、非金属矿产人均占有量
经济社会评价	劳动力资源	数量、占总人口比重、增长率
	智力资源	大专以上文化程度占总人口比重、文盲与半文盲率、九年制义务教育普及率
	资金资源	人均财政收入、经济密度、固定资产投资率、农田基本建设、基础设施投资占基建总投资比重

(三) 资源配置与可持续发展

1. 资源的演进规律

资源内涵是随着时间发展而相应变化的递增函数。资源的内涵随着科技、社会的发展和人类利用、改造

自然能力的增强而不断拓展和演进。农业文明时期,人类对资源的认识局限在土地、森林、草地等方面;在工业文明时期,人类对资源的关注转移到常规矿产领域,如煤、石油;现代文明后期,科技的迅猛发展使人类对世界的认识深入到原子核层面,伴随着工业化的畸形膨胀和对传统资源的耗竭式开发,土地退化、人口爆炸、环境污染和不可再生性资源短缺等一系列问题接踵而至,过去看似无足轻重的环境因素如空气、水、陆地、能量和生命系统等,以环境资源的身份进入人类的视野以来,科技进步已使人类对世界的认识进入电子层面,人工智能、知识经济成为社会的主流,信息资源的拥有量和使用程度成为衡量财富的标准。至此,资源的内涵已由传统的自然资源范畴,演进到囊括自然、经济和社会三大系统内能够为人类利用的所有物质、能量和信息。资源内涵的演进状况见表2-3。

表2-3 不同时代资源内涵演进关系

时　代	资　源　内　涵			
农业文明	物质资源	—	—	—
工业文明初期	物质资源	能量资源	—	—
工业文明后期	物质资源	能量资源	环境资源	—
知识经济时代	物质资源	能量资源	环境资源	信息资源

2. 资源的合理配置

自然资源作为天赋的自然资源,是当代人与后代人生存与发展的共同财产。作为暂时所有者的当代人具有资源的消费权益,拥有开发利用矿产资源而生存与发展的权利。自然资源特别是矿产能源资源的开发利用会造成生态破坏和环境污染,即在消耗资源的同时也消耗生态环境资源。生态环境资源作为排他性较弱的公共物品,生态破坏与环境污染会损害当代人与后代人的利益,它是资源开发利用中的外部社会成本。由此可见,资源系统成为联系人类社会、自然环境系统的纽带,人类社会的可持续发展与资源系统密切相关。因此,要真正实现人类社会的可持续发展,必须树立全新的资源观,包括资源的系统观、辩证观、价值观和法制观。

自然资源配置是指自然资源之间,以及自然资源与其他经济要素之间的组合关系在时间结构、空间结构和产业结构等方面的具体体现及演变过程。配置的总目标是实现自然资源的最优化和可持续利用,其遵循的原则是要统筹好经济效益、生态效益和社会效益三者之间的关系。现实中,由于竞争不足、信息扭曲、外部效应、产权不明晰、交易费用过高等原因导致资源难以得到最优配置。需要从以下几个方面实现资源的优化配置。

1) 发挥市场对自然资源配置的基础性作用。市场经济体制对资源配置的基础性作用,就是使经济活动遵循价值规律的要求,适应供求关系的变化,通过价格杠杆和竞争机制的功能,把资源配置到效益较好的环节中去,并给企业以压力和动力,实现优胜劣汰。各类企业成为自主经营、自负盈亏、自我发展、自我约束和相对独立的市场主体后,必然会千方百计地降低生产成本,包括节约各种自然资源,加之由于平均利润率规律的作用,有利于形成大规模的环保产业。

2) 政府加强宏观调控。市场具有自发性、盲目性和滞后性,在一定条件下,会导致生产的无政府状态产生,造成对自然资源的浪费,因此需要政府来承担资源配置调控职能。在市场经济体制条件下也要强调宏观调控的作用,这一点对于可持续发展来说尤为重要,市场的有效性对于可持续发展只起基础性作用,而对于非市场交易资源的保护等有长远效益而无近期效益、有生态效益和社会效益而无经济效益的目标,更多地要靠政府宏观调控来实现。

3) 调整产业结构。在国民经济运行与发展中,各地政府应依据本地资源的比较优势来选择不同特色的产业发展模式,要通过扬长避短逐步实现从以行政区划布局产业向以经济区域布局产业转变,以市场为纽带,促进资源、资金、技术、产业的自由流动和有效配置。

此外,还需构建完备的信息系统深度发展信息服务产业,能够使各类市场充分利用现代信息和信息服务,提高自然资源配置的合理性和有效性;规范市场中介以便利交易活动,缩短交易时间,降低交易费用,间接优化自然资源配置。

(四)资源供求关系与永续利用

自然资源的供给与需求、生产和消费与一般工业品有所不同,它不能像控制管理工业生产过程和生产规模那样,来控制调节其数量对比关系。这是因为,一方面,生物资源、森林资源的生长量和增长速度,不仅受到地域地理位置的制约,而且会受到不断变化的气候的影响。另一方面,自然资源的需求与消费,不像某些工业品那样,消费以后就没有了,可能会转化成为另一种产品。自然资源不同,许多自然资源的消费过程,同时是另一种自然资源的生产过程,它的消费会产生连续反应,处理得好,会促进资源发展和生态平衡;处理不好,则可能污染环境,破坏生态平衡。就可再生资源而言,以生物资源、生物种群为例,为了满足一定时期社会对生物资源的需要,并使之能不断发展,永续利用,必须使生物种群的生长发展保持一定的速度。资源的增长量,就是可分配量。社会在一定时期内只能在这个数量范围内分配和使用;就不可再生资源而言,以矿产资源为例,它的基本特点是总供给量是既定的。总供给量由潜在总供给量和现实总供给量组成。潜在总供给量是已探明储量和未探明可用储量的总和。现实总供给量是已探明储量中已投产部分的产量。不可再生资源总需求与总供给也是建立在各个地区、企业的需求和供给基础上的。各个局部按比例进行生产和消费,是社会总供给和总需求取得基本平衡的切实保证。

资源永续利用的途径是多方面的:一是技术途径。通过科技创新,不断寻求不可再生资源的替代品,满足人类日益增长的生产生活之需。同时通过减量化、再利用、再循环等循环经济手段,加强现有可用资源的综合利用;二是市场途径。通过对不可再生资源开发利用征收"贴现率"、对可再生资源根据"影子价格"调节供需关系等市场手段,不断优化配置资源使用效率;三是生态途径。通过生态农业模式和工业"闭环"链条模式耦合自然生态系统和经济系统,节约集约利用资源;四是区域途径。对一定区域范围内的资源统筹开发、综合利用,协调好资源开发、消费的空间布局。

四、生态保护和环境质量

(一)目前主要生态环境问题及其影响因素

1. 目前主要生态环境问题

中国是实施可持续发展战略最早的发展中国家之一,但由于人的价值取向和发展伦理观指导人地关系地域系统实践的失衡以及自身人口众多、生态环境脆弱、资源稀缺等因素,中国面临着比其他国家更为严峻的生态环境问题。我国环境状况总体恶化的趋势尚未得到根本遏制,环境矛盾凸显,压力继续加大。一些重点流域、海域水污染严重,部分区域和城市大气灰霾现象突出,许多地区主要污染物排放量超过环境容量。农村环境污染加剧,重金属、化学品、持久性有机污染物以及土壤、地下水等污染显露。部分地区生态损害严重,生态系统功能退化,生态环境比较脆弱。核与辐射安全风险增加。人民群众环境诉求不断提高,突发环境事件的数量居高不下,环境问题已成为威胁人体健康、公共安全和社会稳定的重要因素之一。生物多样性保护等全球性环境问题的压力不断加大。环境保护法制尚不完善,投入仍然不足,执法力量薄弱,监管能力相对滞后。同时,随着人口总量持续增长,工业化、城镇化快速推进,能源消费总量不断上升,污染物产生量将继续增加,经济增长的环境约束日趋强化。

① 环境恶化的趋势尚未根本改变。处于工业化中后期和城镇化加速发展阶段。GDP 高速增长、基础型产业结构、城市空间扩展的无序甚至失控、环境容量有限成为区域发展的最大瓶颈。发达国家工业化过程中逐步积累、分阶段解决的环境问题,在我国加速工业化和城市化的过程中集中体现出来,呈明显的区域性、压缩型、复合型、结构型特点,如我国 2010 年 78% 的淡水和 50% 的地下水被污染,全国地表水 409 个国控断面中,劣 V 类水质比例仍达到 16.4%,符合大气环境质量一级标准的大中城市仅占 3.3%。突发环境事件呈高发势头。据统计,2000 年以来发生重大环境污染事件 75 起,如 2005 年松花江、2009 年渭河重大石油污染事件等。② 城乡居民生存和发展基本需求的环境公共服务产品隐患较多,如黄淮海地区、长江河谷、四川盆地和珠江三角洲地区以及广州、北京、南京等大城市灰霾天气日趋严重,农村饮用水水源地水质达标率过低(2009 年试点村饮用水达标率仅为 41%)。③ 生态破坏问题严重。我国目前的森林覆盖率已达到 18.2%,

但与世界31.4%的平均水平相比还有很大的差距,其中西北干旱、半干旱地区森林覆盖率不到1%。草地一直存在着不合理的开垦和过度放牧现象,使得草地退化,土壤养分锐减。生物多样性不断减少,15%~20%的生物多样性受到严重威胁,有的物种已灭绝。④ 应对全球环境问题的压力继续加大。以气候变化为核心的全球性环境问题已从单纯的科学研究领域演变成当今国际政治、经济和外交的热点议题,如二氧化碳等温室气体排放总量大、增长快、排放强度高等不利现实使我国在国际社会面临越来越大的减排压力。

2. 影响因素

当前我国生态环境问题出现的影响因素大致归结为以下几个方面:

1)生态环境先天脆弱,易于失衡的自然成因。我国地域辽阔,自然环境类型多样复杂,区域差异明显。这一方面为经济发展创造了多样化的条件,另一方面也带来了不少限制性因素,很多地区自然生态系统脆弱,开发利用不当,极易失衡破坏,自我调节能力差。例如,我国的山地、高原、丘陵约占全国土地总面积的65%,如此众多的山地和高差,在重力梯度和水力梯度的作用下,极易形成水土流失,以西北黄土高原和南方山地丘陵区最为严重。

2)难以逾越的发展阶段,人口规模持续增长对资源和环境造成沉重压力。在世界各国的现代化发展过程中,基本上首先要经历工业化阶段,我国亦不例外,因此,环境污染作为外部不经济的产物,不可避免地产生于工业化的初期和成熟阶段。人口持续增长形成了对资源和环境的长期压力,历史上中国就是世界上人口最多的国家。我国人口的发展呈现台阶式倍增的特点,而每一次人口的倍增都与人类生存能力的提高和食物来源的扩大有很大关系,又都伴随着对自然资源开发强度的增加和对生态环境的破坏。中国人口真正增长最快、规模最大、幅度最高的时期是在20世纪50年代以后,50~70年代初,人口自然增长率均在2‰以上。中国近现代人口数量异常迅猛的增长,使人口与耕地的矛盾日益尖锐化,全国人均耕地逐年下降,局部地区已出现人口超载现象,人口对资源的冲击更加剧烈,生产和生活活动对粮食、能源及其他资源的需求不断增长,迫使人们毁林开荒、围湖造田、乱采滥挖,造成水土流失、沙化等严重生态失调,最后导致资源进一步紧张和环境恶化,不少贫困地区已陷入"越贫越垦,越垦越贫"的恶性循环。随着人口继续增长,经济高速发展,人口对资源与环境的开发强度将愈来愈大。

3)初级生产要素粗放投入的发展模式是污染的内因。粗放型和集约型增长方式,两者在生产要素的投入量、产生的生态环境效应、增长效果和增长支撑力等方面都有很大区别。在工业化和城镇化的过程中,多以劳动密集型和资源密集型产业为主,产业结构不合理,科技含量低,资源消耗高,多以土地、矿产等资源高投入实现经济的快速增长,经济发展方式具有明显的粗放型特征。相比较集约型经济增长方式而言,粗放型增长方式使得区域发展付出了较沉重的"隐形代价",资源大量消耗,环境污染严重,并产生了极大的经济损失和人居环境的巨大破坏。

4)发展战略失误、经济过热增长与体制变革的长期后果是加速生态环境破坏的重要因素。我国在"一五"期间开始实施并在"二五"基本形成的重工业优先发展战略,要求低原材料价格的政策环境和高度集中的计划管理体制。在发展初期,资本高度稀缺,人力与自然资源相对充足,低的资源和原材料价格刺激了大量投入自然资源的外延式扩大再生产,为资本密集型的重工业提供高积累。资源利用率低下的结果是浪费了资源,增加了排放,污染了环境。在我国经济发展的过程中,出现了几次"过热—调整"的经济波动,而伴随着每一次经济过热,都带来对资源和环境的大规模冲击和破坏,并产生深远的影响。同时,长期以来以经济增长为目标的传统发展观,建立在贪婪地索取自然资源、大量消耗能源的基础之上,以牺牲生态环境为代价换取工业经济的快速发展,引起了一系列的生态环境问题。

5)传统的环境监管模式难以适应新形势。传统的环境监管模式主要依靠政府和部门单打独斗的方式,难以应对社会、企业、公众对破坏环境的"集体非理性",不能有效解决突发性、区域性和综合性的环境问题。新的环境监管模式要建立多元共治的现代环境治理体系。体现多元共治、社会参与的现代环境治理理念,即各级政府对环境质量负责,企业承担主体责任,公众进行违法举报,社会组织依法参与,新闻媒体进行舆论监督。

(二)保护生态

1. 调整发展思路

坚持生态保护与经济发展的双赢,放弃重视经济发展,忽视生态保护的落后观念。走以提高经济效益和质量为中心的资源节约型发展道路。放弃高投入、高消耗的粗放发展模式,推行清洁生产和循环经济,通过经济结构战略性调整,限制对生态安全构成威胁的产业。调整农村产业结构,优化农业资源组合。发展生态农业,以增强农业综合生产能力,把传统农业技术和现代农业技术结合起来,积极建设现代化生态农业,减少农业经济活动对生态环境的破坏。停止建设有严重破坏生态环境的项目,建立生态工业发展模式,减轻对生态破坏的压力。严格执行"三同时"和环境影响评价制度,促进经济发展与生态环境的协调统一。

2. 建立生态补偿机制

通过生态补偿机制的建立,使生态保护主体得到相应的经济回报,建立对因开发建设而损害生态服务功能和生态价值的单位和个人征收生态补偿的机制,通过财政转移支付补偿有自然生态保护区、水源涵养区等重要生态功能区的地区,因保护生态环境而导致的财政损失;建立省内和跨省级行政区的生态补偿机制,实行下游对上游、开发区域对保护区域、受益地区对受损地区、受益人群对受损人群以及自然保护区内外的利益补偿。建立生态环境质量综合评估机制,实行重点生态功能区"以奖代补"制度。设区城市应提取基本水价5%~10%的资金,专项用于饮用水源保护区生态补偿。完善跨界河流水质水量目标考核与补偿办法,实行水环境质量改善生态补偿。建立健全分类补偿与分档补助相结合的森林生态效益补偿机制,建立重要生态功能保护区和自然保护区财政专项补助政策。矿产资源补偿费以及探矿权、采矿权出让费应优先用于矿山生态环境治理和修复。

3. 构建绿色GDP国民经济核算体系

积极探索绿色GDP核算体系。改革和完善现行的国民经济核算体系,把自然资源和生态环境成本纳入国民经济核算,使有关统计指标能够充分体现生态环境和自然资源的价值,较准确地反映经济发展中的资源和环境代价,引导人们从单纯追求经济增长逐步转向注重经济、社会、环境、资源的全面发展;在建设项目环境影响评价基础上,加强区域战略环境影响评价工作,研究和建立科学性和操作性强的环境影响评价方法。

4. 加强对生物多样性的保护

做好应对气候变化、加强自然保护区的管理建设、提高人工繁殖技术和质量、建立物种基因库、禁止外来物种的引进、增加设立生物多样性动态监测等工作,开展全国自然保护区野生动植物资源本底现状清查和栖息地状况调查,完善濒危物种名录。谨慎对待生物技术的推广和外来物种的引进,对待转基因的研究应重点研究、缓慢推广,建立和完善转基因生物安全评价、检测和监测技术体系与平台。拓宽投入渠道,加大国家和地方资金投入,引导社会、信贷、国际资金参与生物多样性保护,形成多元化投入机制。以优先区域为重点,针对不同区域和流域自然环境特点、经济社会发展情况以及生物多样性保护需求,完善现有政策并制定适于不同区域流域、不同领域和不同层次的生物多样性保护政策和标准,形成生物多样性保护的政策体系。综合运用法律、经济和必要的行政手段,推动各项政策措施的落实。鼓励进行有利于生物多样性保护的政策、制度创新。

5. 建立生态安全预警和防护体系

对国家生态安全进行全方位的、动态的监测,建立国家生态安全的预警系统,及时掌握国家生态安全的现状和变化趋势,为国家最高部门提供相关的决策依据。制定国家生态安全的衡量标准,将生态系统维持在能够满足当前需要又不削弱子孙后代满足其需要的能力的状态。构建"国家生态安全总指数",对国家生态安全状况进行总体评价。并定期发布国家生态安全总指数,以使全国人民更加直观、形象地了解我国的生态状况,提高国民对生态环境的关注度。除了建立国家生态安全的宏观预警系统以外,对不同地区还要根据其生态环境的不同状况,有重点地建立和完善专项的生态安全预警和防护体系。例如,气象预报体系、防汛体系、疫情预报与防治体系、动植物检疫体系、环境监测体系等。

6. 加强生态保护的立法和执法工作

从国家生态安全的要求出发,将生态环境、资源、社会经济发展紧密结合起来,在总体上对生态环境保护的方针政策、体制与制度以"法"的形式作出统一规范的要求。进一步健全和完善各种单项资源与环境保护法,对土地法、森林法、水法、海洋法、草原法、矿产法等对生态环境保护的有关规定,要通过法律实施细则、法规等形式进一步明确和细分。将各级政府、公民在生态建设中的责任和义务以法律或法规的形式固定下来。对于生态建设和开发者利益保护,国家有关法规也应当有所规定。对于各种破坏生态环境的行为,不仅要给予经济的处罚,使破坏者承担一定的经济成本,给有关行政人员行政处罚,对于严重破坏生态的行为还必须给予刑事处罚。

（三）控制污染

1. 加强组织领导，建立领导干部综合考评机制

加强环境保护相关部门的组织协调和领导。各级各部门要把环境保护建设列入重要议事日程，采用"一体化"的管理模式，促进部门分割封闭式管理向部门综合协调管理模式转变，改变公众参与薄弱、难以对政府的环境行政行为发挥有效监督和制约作用的局面，形成政府、企业、公众三大行为主体共同行动。实行环境与发展综合决策制度。在发展决策中，贯彻可持续发展战略，正确处理生态环境与经济发展、经济发展与社会进步的矛盾，把经济规律和生态规律结合起来，对经济社会发展和环境保护统筹规划、合理安排、全面考虑，实现最佳的经济效益、社会效益和环境效益，使环境、经济、社会三者协调发展原则在决策上的制度化、程序化、具体化、科学化、法制化；实行差别化的区域开发与考核。完善环境保护的工作目标责任制和激励机制。把环境保护业绩作为考核领导干部政绩的重要内容和奖惩的主要依据，加强对各级领导干部执行生态环境资源法律规章情况的监察监督，督促各有关部门在审批建设项目时，认真执行审批程序，严格把关。

2. 调整和完善财税政策，加大环境保护投资

各级政府要发挥公共财政在环境保护中的引导作用，统筹整合现有专项资金，逐步加大环境保护与建设的投入。采取建立政府引导资金、政府投资的股权收益适度让利、财政贴息、投资补助和安排前期经费等手段，使社会资本对生态建设投入能取得合理回报，推动环境建设和环保项目的社会化运作；加大地方财政对治理环境污染的投资力度，提高区域环境质量水平；金融机构要加大对节能环保产业和环保基础设施建设的信贷支持；对生态工业园区建设、重点企业清洁生产审核和关键技术进行补助，加大金融信贷、价格补贴、土地申请、政府采购等方面的支持；统筹运用预算内和预算外资金，对重点环境项目实行倾斜，合理安排使用，提高资金使用效益；推行知识产权质押融资等新模式，鼓励政策性信贷资金向环保建设倾斜。完善环保建设信用担保体系，建立高环境风险企业保证金制度。推动生态环保骨干企业在国内外上市融资，发行债券、短期融资券和中期票据，鼓励非上市企业利用场外交易市场进行股权交易。加快推动创业投资发展，吸引各类社会资本助推我省节能环保产业。

3. 强化制度建设，健全控制污染的法规体系

加强控制污染的专项立法，出台辐射、扬尘污染防治、危险废物管理等法规规章，健全地方性污染物排放标准体系。加强部门联动，采取专项检查、挂牌督办、定期通报、限批、约谈等综合措施，整治重点流域、区域和行业的突出环境污染问题。开展环境损害鉴定评估，加大经济和刑事责任追究力度，严厉查处污染环境的案件。严格问责制度，对因工作不力造成重大环境污染的，依法追究相关地方、单位和人员的责任。促进污染控制的政策体系向综合化、多样化、灵活性方向转化。注重发挥不同政策工具的组合以及经济激励手段和市场调节的作用，运用产业政策引导社会生产力要素向有利于污染控制的方向流动，并在资金、技术、用地、税费、信贷、风险投资等方面给予政策扶持；制定实施资源、能源利用效率和污染物排放限制等方面的环境准入制度；运用消费政策引导公众的绿色消费；运用价格、市场调控手段，引导节水、节能的消费方式；对需要回收集中处理和再利用的商品，实行"押金—回收—退款"制度，运用经济手段逐步减少环境污染类商品消费量。

4. 加强科技创新，有效解决环境"瓶颈"问题

加强环境重要领域和关键技术的研发。通过科技创新，优先发展能减少环境污染的技术体系。重点解决环境保护急需解决的八个战略重点技术：区域性、流域性环境污染形成机理与综合防治技术；污染物对人体健康的影响与防治技术；核与辐射安全的关键技术；生态与环境科技的重大基础性问题；环境价值评估与绿色国民经济核算的科技体系；全球变化区域响应的科技支撑；循环经济的科学理论及技术体系；水污染和大气污染防治技术等。全面协调经济发展和环境保护的"双赢"关系，为环境质量明显改善和建立资源节约型和环境友好型社会提供科技支撑。建立和完善有利于科技进步和自主创新的体制机制，增强科技在经济发展方式转变和环境保护中的支撑和引领作用。深入实施科教兴国和人才强国战略，加快培养和引进高新技术产业发展和结构调整急需的高层次创新人才、实用技术人才。深化国内外科技合作与交流，大力推进产学研合作，充分发挥企业在技术创新中的主体作用，支持企业与高校、科研单位联合建立研发机构。打造绿色产业国际博览会市场平台，加快公共技术创新及服务平台建设，重点支持科技创业服务中心、生产力促进中心、大学科技园、留学人员创业园等创新服务平台和各类科技中介服务机构建设，促进科技成果向现实生产力转化。

5. 加强公众参与,全方位开展宣传教育

建立健全公众参与机制。扩大公民对环境保护的知情权、参与权和监督权,促进环境保护决策的科学化、民主化;鼓励社会团体和公民积极参与环境保护,对在环境建设中作出突出贡献的单位和个人给予精神鼓励和物质奖励;加强环保法律、政策和技术咨询服务,扩大和保护社会公众享有的环境权益;充分发挥中介机构在环境保护建设中的作用,鼓励非政府组织参与循环经济政策研究和技术推广,开展社会宣传等社会公益活动。加强宣传教育。各级政府和有关部门要围绕环境保护,将循环经济、低碳经济、绿色发展、节能减排、绿色消费、生态文化等相关的科学知识和法律常识纳入宣传教育计划,充分利用各种媒体广泛开展多层次、多形式的舆论宣传和科普教育,及时宣传报道先进典型,公开揭露和批评违法违规行为,及时传递环境保护的工作动态,交流工作经验,宣传推广各地的先进经验;在全社会形成人人关注、支持、参与生态环境保护的良好氛围。

第四节 社会子系统

所谓社会发展的可持续性是指既能保障当今社会因素、多结构的全面协调发展,又能为未来社会多因素、多结构的全面协调发展提供基本条件,至少不削弱这种发展能力。这是一个长时期促进社会公正、文明、健康发展的社会全面进步过程。社会可持续性问题的中心是"以人为本"的发展,它强调人的全面发展,人类物质、精神生活多种需要的满足,生存与生活质量的不断提高和社会公正的实现。区域可持续发展目前主要关注人口、贫困、社会保障、区域文化建设与学习型社会等问题。

一、人口与区域可持续发展

人口是社会子系统的核心。作为可持续发展的有机组成部分,它是区域可持续发展的原动力和终极受益者。适度数量的人口是可持续发展的必要条件,在一定条件下,人口数量的增加,使更广泛的劳动分工和结合成为可能,可以促进生产力发展;过多或过少的人口都是可持续发展的限制因素。此外,人口素质、人口结构、人口分布等都深刻影响着区域可持续发展。这些因素的作用通过人口属性反映出来。人口属性是指人口所固有的性质和特点,包括生物学属性、经济学属性和社会学属性三个方面。

(一)人口生物学属性与区域可持续发展

人口生物学属性也就是人口的生物本性。人口作为一个生物种群,是自然界有生命的物质。与其他生物有共性,同其他生物一样,人也有出生、成长、衰老、死亡的自然发展过程,有自身的遗传、变异以及全部生理机能。人口的自然属性影响着人口的数量和质量,影响着人类的生存和发展。人口生物学属性与区域可持续发展主要体现在人口数量、人口质量、人口结构与区域可持续发展上。

人口数量同经济规模以及资源、环境负载能力相互关系的协调发展和可持续发展,是当今世界尤其是发展中国家可持续发展能否实现的关键,也是人口可持续发展问题的核心。从消费的角度看,总人口规模和生活资料生产规模的供需关系密切;从生产的角度来看,则是劳动力人口规模和生产资料生产规模相互关系的协调发展与可持续发展问题。人口在这方面的作用主要体现在:人口的分母效应,分母效应是指产品、产值、资源等按照人口平均量的变动效应,即人口规模、人口数量越大,人口的增长速度越快,人均值越小,如在发展中国家,随着人口的迅速增加,人均国内生产总值、人均资源占有量不高。当人口规模超过资源、环境负载能力所能承受的人口数量,就会给资源环境带来沉重压力,出现人口容量边际效应。即在生产力水平既定的条件下,资源环境的负载能力所承受的人口容量是既定的,如果总人口规模不断增大,就有超过上述负载力所限定的人口数量边际的危险。

人口质量同科技进步与经济增长模式相互关系的协调发展与可持续发展,在当今世界,特别是知识经济日益占主导地位的时代,有越发重要的地位和作用,成为可持续发展必不可少的重要组成部分。知识经济在世界经济现代化和全球化的过程中发挥着更大的作用,人力资源的开发、优化配置和积累问题,将明显成为经济发展的关键问题。人口质量的高低是保护生态环境、实现资源永续利用的重要保障。发展中国家必须控制人口增长并实现人口质量的提高,这也是实现人口可持续发展的核心所在。

人口构成同产业结构和生产力配置相互关系的协调与可持续发展,也是人口可持续发展的重要内容之一。随着经济现代化和全球化进程的发展,人口构成现代化以及产业结构现代化的相互关系,在实现可持续发展的进程中具有日益重要的地位和作用。首先,从人口的自然构成来看,未来人口老龄化进程加快,越来越多的国家进入老龄化社会,无疑给可持续发展带来难以估量的影响。其次,从人口地域构成来看,无论是人口的分布,还是人口的流动、迁移和城市化,必将对可持续发展产生不可估量的影响,人口过密会使得资源与环境超负荷,人口过稀会使人力资源难以满足社会经济发展的需要,未来随着人口城市化进程的不断加快,必将进一步影响生产力配置和产业结构的转型过程,实现区域人口均衡分布是实现可持续发展战略的关键之一。最后,人口的文化构成、产业构成、职业构成等也是人口社会经济发展的重要因素,实现可持续发展战略不能忽视它们的作用和影响。

(二)人口经济学属性与区域可持续发展

人口经济学属性体现在人口既作为生产者也作为消费者的属性。人是生产者,是经济活动的主体。人口是经济活动的主体主要体现在经济活动的主要过程和主要环节,如生产、流通、分配和消费等经济活动,都离不开一定的人口规模。人口是经济活动的主体体现在生产力和消费力的统一。一方面,人必须作为生产者从事物质生产活动,获得必需的生活资料,人口发展为经济发展提供劳动力资源;另一方面,人必须进行消费才能完善生活行为。人类作为经济活动的主体,其生产行为势必对资源、环境产生深刻影响。这些生产行为大致可分为物质资料生产、人类自身的生产和环境生产,其中物质资料的生产是造成资源环境问题的根源之一。人作为消费者,尤其是人类消费欲望的无限性也是资源环境难以承受的重要原因。人口和经济之间是一种辩证关系,互相联系和互相制约,经济是人口存在和发展的基础,没有一定的经济条件,人口不可能生存和发展,而人口则是经济活动的主体和必要的前提,没有一定数量、素质、密度和构成的人口,经济活动也不可能存在和发展。

(三)人口社会学属性与区域可持续发展

人口是社会生活的主体。"任何人类历史的第一个前提无疑是有生命的个人的存在"。有了人口,才有社会,才有人类的历史。人口社会属性是指人口作为一切社会生活主体所具有的特性,体现在三个方面:一是公平性。其一是对本代人的公平。本代人对自然资源和社会经济"产品"有同等的分享权利。这就是说,可持续发展要求不能把经济发展和社会发展与环境保护割裂开来、对立起来,以损害别的国家、别的地区的发展条件和发展能力为代价;其二是对子孙后代的公平。现代人的发展不能影响后代人的发展,或以后代人的发展条件和发展能力为代价。它既兼顾人类个体与整体、局部利益与全局利益,又兼顾眼前利益与长远利益。可以概括为,在空间上,区域与区域之间有公平的发展机会;在时间上,当代人和后代人具有公平的发展机会。二是劳动人口的能动性。人口的增长、人口密度的大小是社会存在和发展的必要因素。在社会生产力中,人和物相比,是具有能动性的主体,劳动人口是生产工具的创造者和使用者,如果没有劳动人口,劳动对象也失去了意义,自然物依旧以自然的形态沉睡,可持续发展也就失去了存在的载体。三是人口与生产关系和上层建筑的关系。生产关系是人和人的关系,人在生产关系中所处地位是由生产资料占有状况以及生活资料的取得情况所决定的。这种地位和关系决定人口的阶层,这种阶层属性又决定人的价值取向。不同的价值取向将左右人类的生产和生活行为,从而影响到区域可持续发展。四是人口运动对社会发展的作用。人口是一切社会生活的基础。有了一定规模的人口才能进行社会生产,才能组成国家、政党、宗教团体等,从而制定一定的法律和制度,维护人类自身发展的有序进行,确保区域的可持续发展。

二、消除贫困与社会进步

保障人类发展需求以及社会进步的重要标志是全社会的共同富裕。贫困不是可持续发展,贫困总是阻碍着社会的发展与进步。可以说,不解决贫困问题,社会进步与发展就不可能从根本上获得真正的可持续性。社会进步是可持续发展观应有之意。因此,消除贫困对社会进步、对区域可持续发展有着重要的意义。

(一) 贫困与可持续发展

在国家统计局《中国城镇居民贫困问题研究》和《中国农村贫困标准》课题组的研究报告中,将贫困界定为:"贫困一般是指物质生活困难,即一个人或一个家庭的生活水平达不到一种社会可接受的最低标准。他们缺乏某些必要的生活资料和服务,生活处于困难境地。"从广义上讲,贫困除了包括上述物质上的贫困之外,还包括社会方面、环境方面、精神文化方面的贫困,即贫困者享受不到作为正常的"社会人"所应该享受的物质生活和精神生活。他们不仅处于社会的最底层,而且由于地位低下而无权无力控制自己所处的生活环境,面临着来自社会上权势群体的压力,受到社会的歧视和不尊重;不仅在经济收入方面被"社会剥夺",而且在就业、教育、发展机会、健康、生育、精神、自由等个人发展和享受方面的权利也被"社会剥夺"。

贫困对经济、社会和环境会带来不可遏制的损害,使这个综合系统陷入一个恶性循环。一是贫困将伤害人类的社会文明。贫困是营养不良、智力发育不全的重要原因,它将阻碍一些区域教育、科学、文化的发展,影响人口文化素质的提高,从而在根本上限制社会发展潜力的培养。二是贫穷导致严重的环境恶化、资源受损。贫困的存在引起生态环境恶化,而生态环境恶化又导致贫困加剧。靠山吃山,靠水吃水,在温饱问题尚未解决的情况下掠夺式使用加剧了资源的退化以致枯竭。三是贫困问题带来严重的社会不安定。贫困对贫困者的伤害涉及他们所有的基本人权。贫困使贫困者生活在匮乏、不安全感和对未来的恐惧之中。贫困也使贫困者饱受他人的歧视,无法有效参与群体生活。贫困剥夺了贫困者受教育的机会,使他们无法与他人公平竞争,大大限制了他们的经济、社会和政治权利,贫困人口的相对剥夺感极易倾向于暴力和其他极端行为,从而严重影响我国社会的稳定。四是损伤了社会公正原则,降低了社会凝聚力。在农村尤其是偏远的农村也有大量的农村贫困人口,他们受教育的水平低,交通不便,自然灾害频发,基本生活需求难以保障。城市中也有由下岗、失业人员组成的贫困人口。如果贫困人口和弱势群体的权力得不到保障,就失去了与他人公平竞争的机会,损伤了社会公正性原则,不利于社会主义和谐社会的构建。

(二) 反贫困与可持续发展战略

所谓反贫困可以理解为减少贫困、减缓贫困和消除贫困。减少贫困强调减少贫困人口的数量;减缓贫困强调反贫困的重点在于减缓贫困的程度;消除贫困则强调反贫困的目的是最终消除贫困,也是反贫困的最终目标。贫困是欠发达地区最普遍的社会经济特征,贫困的大面积存在及消极影响是贫困地区缺乏可持续发展能力的最基本原因。在欠发达地区,可持续发展面临的首要问题就是如何迅速、有效地缓解并逐步消除贫困。同时也可以说,可持续发展是反贫困的,消除贫困是可持续经济发展战略的重要目标,也是可持续社会发展的基本目标。

可持续发展战略的核心是发展。但是这种发展是全部区域人口的发展,而不是单独某个区域或者某类人群的发展。离开了区域的整体性,区域可持续发展也就失去了意义。只有通过广泛的经济发展,才能最终消除贫困。但是,发展经济、增加社会财富还不是消除贫困的充分条件,消除贫困必须在贫困地区人口、资源、环境、经济和社会协调发展的基础上进行,其中以人口的严格控制、生态环境的保护和资源的可持续利用为重要前提。对于贫困地区而言,消除贫困与可持续发展是统一的整体或一个问题的两个方面。不消除贫困就难以持续发展,不有效改善贫困地区的基础设施条件、提高人的素质、改善生态环境和可持续开发利用资源,也不可能从根本上消除贫困。只有整个社会各阶层的人力财富广泛增加以后,社会各阶层都发挥创新劳动,才能消除贫穷,在走向共同富裕的过程中,为经济的可持续发展开辟广阔道路。

反贫困也是全球共同关注和研究的重大课题。二战后,许多发达国家和发展中国家曾致全力于经济的高速发展和现代化进程,并希望通过它全面消除普遍存在的贫困。从20世纪70年代起,世界各国开始实施各种扶贫项目。这些项目的设计方案、组织形式、运作特点各不相同,而效果却大相径庭。成功的扶贫项目具有一些共同的特点,主要体现在开展以帮助穷人增加收入和扩大就业为目标的发展项目,在穷人特别集中的地区,致力于提高生产力和改善生活条件的基础设施建设。管理上的分权与集权结合、使穷人受益的资源再分配政策、良好的扶贫项目设计和独立的运作系统、直接面向穷人的小额贷款等。

中国科学院最新完成的《2012年中国可持续发展战略报告》提出,中国发展中的人口压力依然巨大。按2010年标准,中国贫困人口仍有2 688万,而按2011年提高后的贫困标准(农村居民家庭人均纯收入2 300元人民币/年),中国还有1.28亿贫困人口。报告称,中国相对贫困、城市贫困等问题也逐渐凸显,返贫现象时有发生,成为构建和谐社会、实现全面建设小康社会目标的难点。中国贫困人口比例较大的原因既有客观原因也有主观原因,其中农村贫困人口和城市贫困人口是中国贫困人口的组成部分。农村贫困人口的内因主要为区域自然条件恶劣造成的农业生产基础薄弱、人与自然矛盾激化造成的生态系统恶性循环,外因主要体现在历史上的区域发展不平衡、重工业优先发展的影响造成的工农业产品价格"剪刀差"的影响以及制度缺失的影响。城市贫困人口出现的原因主要体现在经济重构和社会转型的大背景、就业不足、社会保障机制不健全、不公平的分配制度以及经济全区化带来的激烈竞争和个人能力的缺乏。针对中国贫困人口数量巨大的特点,必须作出相应的战略调整,包括扶贫中发挥重要作用的六种措施:基础设施扶贫、教育扶贫、科技扶贫、劳务输出扶贫、产业化扶贫和整村推进扶贫。

三、社会保障体系与社会和谐

社会保障体系是国家和社会为保障社会成员的基本生活权利而提供的各种救助和补贴制度的总称,起到社会稳定、促进经济增长、增强经济调节的功能,是一个多层次的体系,其内容十分广泛,由社会保险、社会救济、社会福利、优抚安置、社会互助和个人储蓄积累六个方面组成。社会保障是社会稳定的"安全网"、经济运行的"调节器",是人民群众最关心、最直接、最现实的利益问题,对调节收入分配、促进社会公平正义、扩大国内需求、拉动经济增长具有重要作用。社会保障与社会和谐的密切关系,决定了在构建社会主义和谐社会的过程中必须高度重视社会保障制度建设,通过健全和完善社会保障制度来化解现实生活中的问题和矛盾。

社会保障是可持续发展的重要组成部分,健全的社会保障是实现社会公平和社会稳定的主要手段,在社会子系统中占据着十分突出的地位。一方面,社会保障可以满足区域人口日益提高的衣食住行、文化生活、体育卫生等方面的需求,使全体人民得到充分、方便的服务;另一方面,通过社会保障的发展,可以促进消费,创造更多的就业机会,为经济结构调整、企业经营机制转换、政府机构改革创造条件,提高可持续发展水平。社会保障体系的发展水平标志着一个国家或地区经济和社会的发展水平,社会保障领域的需求将随着经济发展水平的提高越来越迫切。当社会经济超越温饱阶段后,社会保障将上升为社会的主要矛盾。

(一) 社会保障体系的完善

随着经济社会逐渐转型、社会结构发生变化、社会阶层明显分化、不同群体的利益诉求日趋复杂的重要时期,客观上就必然要求强化政府的公共服务职能,通过解决就业和社会保障问题,妥善协调好多方面的利益关系,尤其为弱势群体提供最基本的生活保障,使他们分享改革的成果,化解社会矛盾,维护社会公平,实现社会和谐。由于中国的经济发展具有明显的城乡二元特征,城乡社会保障发展极不均衡,需要建立体制机制统一、有差别、可衔接的城乡社会保障体系。

1. 城市社会保障体系

现代城市社会保障体系,是通过社会产品和国民收入的初次分配和再分配来实现的。在社会主义条件下,它必然与财政发生关系,并且要求财政在发挥其分配职能作用时,同时解决社会保障问题。财政分配在其组织收入和安排支出时,必须安排好社会保障收入和社会保障支出,并参与社会保障制度的改革和管理,做好社会保障工作。

进入21世纪,城市已经成为人类居住的主要聚落形式。因此,城市的可持续发展直接关系到区域的可持续发展。而在城市个人生活风险日益增大,对社会保障需求日益增加而单位保障日益弱化、政府社会保障负担日益加重的情况下,有必要建立广覆盖、多层次、社会化的城市社会保障体系,使他们在遭受各种意外和风险时都能得到应有的社会保障,增强其安全感和幸福感,促进居民与城市社会的和谐发展。除了面向户籍城市居民的三条基本保障线,针对广大居民群众面临的特殊社会风险设立相应的社会保障项目,以及针对外来非户籍人员设立相应的社会保障项目,满足不同保障对象的社会保障需求及保障对象多样的保障需求,充分体现城市社会政策的平衡。同时,加强社会保险、社会救助及社会福利的协调建设,达到"防贫"、"济贫"和服务社会特殊群体的目的。

2. 农村社会保障体系

没有农村的可持续发展不是真正的可持续发展。农村社会保障体系的建设,直接关系到农村社会的可持续发展问题。农村地区的各种风险带有普遍性和制度性,如果解决不好,必将严重影响农村基层社会的稳定。要实现社会和谐,维持农村基层社会稳定,使广大的农民没有后顾之忧,就必须建立起一套较完善的农村社会保障体系。

农村社会保障是整个社会保障体系的重要组成部分。主要包括:① 农村社会救济(农村最低生活保障)制度。科学确定最低生活保障线标准。既能保障农村人口的最低生活,又要防止保障标准过高而形成养懒汉的倾向;合理筹集保障资金。最低生活保障应属公共产品,政府承担出资责任义不容辞。② 农村社会保险制度。当前迫切需要建立的农村社会保险制度应该包括农村社会养老保险制度、农村医疗保险制度等。③ 农村社会福利制度。农村社会福利的主要内容应包括未成年人福利、老人福利、残疾人福利和农村劳动者福利。鉴于目前的经济社会发展水平,农村的社会福利的形式应以劳务为主,如农村儿童的义务教育保障,对老人、儿童、残疾人的特殊照顾和护理,农民的免费技术培训等。此外,有条件的地区还可以为本社区的农民举办补充的社会保障项目,如社区年金、社区补充的医疗保险等。

由于长期的城乡二元结构,我国的农村社会保障体系面临的问题复杂多样,近年来政府在农村社会保障体系方面做出了积极的努力,在国家围绕构建和谐社会目标所采取的加强医疗卫生和社会保障工作等政策措施下,农村居民老有所养、病能就医、贫困人群的基本生存权利得到维护的社会保障程度不断提高。专门针对农村或涉及农村的社会保障政策:一是社会保险政策,包括新型农村合作医疗、新型农村社会养老保险;二是社会救助政策,包括农村五保供养、农村居民最低生活保障、自然灾害生活救助、农村医疗救助、农村危房改造;三是优抚安置政策,包括优抚对象抚恤补助、优抚对象医疗补助、义务兵优待;四是社会福利政策,包括残疾人事业、老年人福利、儿童福利、计划生育家庭奖励;五是义务教育政策,主要指农村义务教育;六是公共卫生政策,包括基本公共卫生服务、国家免疫规划、艾滋病患者救治、结核病患者救治等项目;七是就业政策,主要指农民工就业和就业后社保等方面的政策;八是扶贫政策;九是农业和农民补贴政策。

目前,我国农村社会保障制度框架已基本形成,初步建立起了针对广大农村居民的从出生(生育妇女补服叶酸+住院分娩补助+儿童福利)到养老(新农保+计划生育家庭奖励+老年人福利),从医疗(新农合+农村医疗救助+公共卫生)到教育(农村义务教育),从生活保障(农村低保+自然灾害生活救助+扶贫+农民补贴+残疾人事业)到住房保障(农村危房改造)再到就业保障(针对农民工的就业和社保政策)在内的渐成体系的社会保障"安全网"。

(二)人类居住区改善

可持续发展自提出之日起,就内含了对人类居住区的种种要求。具体地说,要实现区域可持续发展就必须建立一个可持续发展的社会;必须保护人类生活的社区;改善人类的生活质量;保护地球生命力和多样性;维持人类活动在地球的承载能力之内等。一方面,可持续发展理论为建立可持续人类居住区提供了理论指导,而可持续人类居住区则是在特定方面对可持续发展理论的落实和具体体现。另一方面,可持续居住区的建设和改善所遇到的新问题,又会推动可持续发展理论做新的有益探索,促进可持续发展理论的完善。因此,实现人类居住区的改善对区域可持续发展有着至关重要的意义。

改善人类居住区,需要:① 采用和实施生态学方法进行人类居住规划,由此促进居住区的可持续性。它包括改善和确保供水、最大限度地减少废物的处置、减少对良田的侵占、发展节能的生活和商品生产方式、最大限度利用可得到的资源,以及将居住区的维护和服务与就业、社区开发及教育结合起来等。② 建立更有效的和更有代表性的并能为保护环境做出承诺的地方政府。这样的政府能提供最重要的基础设施和服务,特别是医疗、计划生育、应急保护、安全高效的公共交通及交通管理、供水、污水和固体废弃物的处理等;解决非法居住、住房短缺、污染等问题;实施由社区广泛参与而制定的地方计划,以促进平衡发展。③ 制定有效的和可持续的城市交通政策,以减轻城市交通中的过分拥挤、污染和能源超额使用,使人们从较好的交通管理中受益。④ 生活环境清洁、葱郁、高效。总之,人类居住区是生态环境中最为活跃的部分,必须充分重视并解决人类居住区对生态环境的影响。

(三) 社会矛盾与社会和谐

社会作为复杂多元的组织系统,集多种元素、环节及场景于一体,其间充斥着各种主体及其相互关系的交织与冲突。当前我国社会的五大类矛盾,主要是经济体制转型所导致的社会矛盾、社会分工和劳动专业化发展所导致的社会矛盾、地区发展不平衡所导致的社会矛盾、经济运行非规范化所导致的社会矛盾、政府职能未转换所导致的社会矛盾等(张曦等,2008)。这些社会矛盾集中体现在经济持续快速增长与资源环境的矛盾越来越突出,全社会公共需求的全面快速增长与基本公共产品短缺的矛盾(如义务教育、公共卫生、基本社会保障和公共就业等),区域发展不均衡(城乡发展差距、地区间发展差距等),经济发展、社会进步同公共治理建设滞后的矛盾也比较突出。这些社会矛盾一旦爆发,将严重影响社会的稳定团结,从而造成全体社会经济和自然方面的重大损失。

追求社会和谐是化解矛盾之取向。和谐社会既包括人与自然之间的和谐,也包括人与人之间的和谐。社会主义和谐社会的基本特征"民主法治、公平正义、诚信友爱、充满活力、安定有序、人与自然和谐相处"。这些基本特征是相互联系、相互作用的。具备了这些特征的社会,在经济上将以科技自主创新为动力促进又好又快地发展,政治上以政府改革推进民主政治建设,社会向着以公平正义促进社会利益群体和谐相处发展,思想道德的发展是以诚信风尚夯实道德基础的,可持续发展以环境友好来实现人与自然和谐发展,而人的发展则是依靠创建学习型社会来提升中华民族的整体素质(章猷才,2009)。在构建社会主义和谐社会的过程中,不断发现和解决那些不和谐的因素,使得矛盾双方乃至多方在矛盾的运动过程中达到平衡和统一,最终达成和谐;要正确处理改革、发展、稳定三者之间的关系,实现社会发展的良性循环。正确处理和化解新形势下人民内部矛盾,妥善协调各方利益关系,是构建社会主义和谐社会的重要任务;落实以人为本的科学发展观,加快体制改革和机制创新,是化解和处理各种社会矛盾、构建社会主义和谐社会的关键;重视民主法治在社会主义和谐社会构建中的作用,是化解社会矛盾的重要保障。

四、区域文化建设与学习型社会

科技是第一生产力。当代人类社会的发展,不仅是经济的发展,而且是社会的全面进步,其中文化发展越来越成为社会进步的重要标志。文化建设在实现全面、协调、可持续发展中,具有特殊的重要意义。而学习型社会,就是有相应的机制和手段促进和保障全民学习和终身学习的社会,恰恰是与文化建设相辅相成。

(一) 适应可持续发展的生态文化建设

生态文化是以生态价值观为指导的社会意识形态。它作为一种社会文化现象,包括生态哲学、生态伦理、生态科技、生态教育、生态传媒、生态文艺、生态美学、生态宗教文化等要素,它们互相依存、互相促进,共同构成生态文化建设体系。生态文化作为一种新的文化选择,摒弃了传统文化中"反自然"或"人统治自然"的错误观念,走出了"人类中心主义"的思想桎梏,形成以生态伦理、生态正义、生态良心、生态责任等为主要内容的生态文化价值体系,培养人们理性处理人与自然关系的高度自觉和文化修养,建设以人与自然平等、和谐、互惠互利为价值观基础的新文化。同时,生态文化也赋予人类社会发展领域的每一种文化现象以生态建设的含义。建立适应可持续发展的生态文化体系,需要做到:① 控制人口数量,提高人口素质。② 加强生态科学知识的教育和普及,提高管理者和公众的生态意识。利用各种传播媒介广泛开展可持续发展思想、生态环境知识和生态建设的宣传教育活动,促进公众传统价值观的转型。③ 保护历史文化名城的城市风貌,继承弘扬地方传统文化。④ 建设绿色决策机制。决策文化建设,要从完善地方法规体系和管理体系入手,遵守"人与自然共生"的基本法则,使决策体制符合生态文化的导向。⑤ 建设企业生态文化。规范企业生产行为,提高企业综合环境管理水平。同时,政府要制定相应的经济激励政策鼓励企业的环境保护行为。

⑥ 加强社区生态文化建设,倡导绿色消费模式。把社区生态文化建设与生态文明社区创建工作有机结合起来。大力倡导绿色消费文化观。要在弘扬地方优秀传统文化的基础上,制定地方生态型消费的细则,倡导生态消费。

(二)适应可持续发展的科技文化建设

科技文化已经成为当代最重要的文化现象,科技文化现象的背后隐藏着科学发展的原理和规律,是现代科技发展的方向。科技文化是一个宏大体系,有着极其丰富的内涵。科技产品、科技知识、科学思想、科学教育、科技体制、科技传播、科技人才、科技法规与科学道德等基本体系是其基本内涵;唯物主义世界观的理论基础、以人为本的科学价值观、科学知识与科学思想的有机结合、不断创新和发展的科学体系是健全的科技文化的基本特征。

1. 科学技术的双重效用

科学是关于自然、社会和思维的运动形式和发展规律的知识体系,是实践经验的升华和结晶,是可持续发展的非实体、渗透性、强化型因素;技术是人类为了同自然进行物质转换和能量传递,根据实践经验和科学原理而创造的各种活动手段。科学技术在可持续发展中起着十分关键的作用。科技进步能够直接提高社会劳动生产率,使社会生产的可能性边界向外推移,从而使较多的人口享受到较高的生活水平,减轻人口给发展带来的压力;科技进步可使大量潜力资源转化为现实资源,提高资源利用效率,从而增加资源的实际可利用量;科技进步能够改变产生污染的生产和生活方式,减轻直至消除生态环境的破坏,并且只有先进科学技术才能为治理污染、改善环境提供可行有效的手段。但科学本身也是一把双刃剑,具有双重效应。科学的发展促使人们在思想认识领域将自己从自然界独立出来,以强烈的"大自然主宰者"的自我意识主导自己的行为,掠夺性地开发资源,破坏环境。而技术作为科学的物质化形式,在发展经济、创造财富、推进文明、提高物质生活的过程中发挥着至关重要的作用,是其他生产力要素所无法比拟。但是,也会产生一系列消极的、甚至是严重的破坏性技术后果。对人类的生存发展来说,后者更为重要。技术在创造了先进的生产工具,极大地提高了生产力的同时,也为毁灭人类及其文明提供了效力极高的手段和武器,给人类带来了不安全感。技术进步提高了生产效率,缩短了劳动工时,给人类带来了更多的闲暇时间,但同时也给人类带来了失业的技术"陷阱"。另外,技术进步虽然标志着富裕时代的到来,然而却无助于财富的合理分配,甚至加剧本来就已存在的差距。

2. 可持续发展要求的技术观

可持续发展的经济、社会和生态环境目标的实现无不需要科学技术进步的推动。事实上,人类生活方式的一些根本性的变化,几乎都是伴随着科学技术的重大发现和发明而发生的,这充分表明科学技术对人类持续健康发展做出了巨大贡献。经济、社会、生态环境的协调持续发展必须以科学技术进步作为支撑条件。经济、社会和生态环境可持续发展直接内含了科学技术的进步。因此可以说,可持续发展是一个以科技子系统为动力,放射性联系经济、社会和生态环境三个子系统,最终构成人的全面发展的大系统。科学技术作为其中的可持续性内在要素,可以为其他三个子系统源源不断地提供知识和技术的支撑。只有依靠科学技术进步不断提高人类活动的经济、社会、生态效益,发展的可持续性才真正能够得到保证。

解决科学技术双重效用的矛盾,必须坚持科学技术与可持续发展的双向互动,既利用科技进步促进可持续发展,又根据可持续发展要求规范科学技术。坚持二者的良性互动。一方面,依靠科技进步,推动经济发展,解决资源危机,改善生态环境,促进人的全面发展,推动社会进步,实现可持续发展;另一方面,按照可持续发展的要求,正确合理地选择科学技术,规范和制衡科学技术的发展。实现科学技术对可持续发展的促进作用和可持续发展对科学技术的规范作用良性互动。

结合发展实际,及时更新传统技术和开发支持可持续发展的新一代技术,制定科学的技术开发政策、构建合理的技术体系。技术开发政策应包括:大力开发和利用可节约资源能源、可减少废物排放的生产技术与工艺,用新技术取代传统技术,开发应用有利于资源合理开发、综合利用或促进资源增值的技术;利用经济手段和市场机制,促进与资源环境密切相关的产业部门的发展。相应地,可持续发展的技术体系应包括:① 建立工业生态化的技术体系;② 建立资源节约化的技术体系;③ 建立废物资源化的技术体系;④ 建立能源清洁化的技术体系;⑤ 建立农业持续化的技术体系;⑥ 建立食品绿色化的技术体系;⑦ 建立城市花园化的技术体系;⑧ 建立区域环境恢复与重建的技术体系;⑨ 建立高新环保技术体系。

(三) 适应可持续发展的新制度文化建设

"不以规矩,不成方圆"。在可持续发展的进程中,仅仅依靠价值信念、道德观念、伦理规范等意识形态"软性"约束,缺乏强制性的非正式约束,很难避免个人或组织的"机会主义行为"的发生。如果没有制度的"硬性"约束就会增加监督与实施可持续发展的成本。因此,可持续发展的新制度文化建立和不断完善既是将我国的经济发展纳入可持续发展的轨道,也是我国实现可持续发展战略目标的重要保障。

1. 可持续发展的最优决策标准和公信力的重构

最优决策选择的基本标准应是效益最大、代价最小、风险度最低,但现实生活的复杂性和多变性使绝大多数决策很难做到这一点。因此为了便于分析,应当为最优决策定出最低标准,凡达不到最低标准的就不能算是最优决策。对最优决策来说,效益是决策的目的。这个效益是指包括经济效益、社会效益和生态效益在内的整体效益;相应地,代价也应当考虑物质代价、社会代价和生态代价。

公信力是指在社会公共生活中,公共权力面对时间差序、公众交往以及利益交换所表现出的一种公平、正义、效率、人道、民主、责任的信任力。它既是一种社会系统信任,同时也是公共权威的真实表达,属政治伦理范畴。它包括社会公信力、政府公信力、司法公信力、媒体公信力、企业公信力等众多内容。公信力的重构有助于维护和加强社会的有序、公平、正义,可以提高社会生产和运行的效率,优化社会风尚,提升管理水平,有效推动区域可持续发展。

2. 政府-企业-公众三种力量的整合

人类追求的持续长期目标,需要政府、企业、公民各自发挥优势,促进可持续发展的制度建设。政府作为经济社会和环境的宏观管理部门,应当充分发挥自身行政管理优势,适应社会发展的最新形势,通过政策、法律法规制度创新,建立健全可持续发展的制度体系。企业作为社会经济活动"细胞"的微观主体,它采取的生产和经营战略将直接影响社会发展的可持续性。而公众是推动可持续发展的重要力量,公众都有依托社会实现自己抱负和获取更好生活的愿望,因此他们有参与社会发展的热情。公众的力量有助于形成一个和谐热情的氛围,推动可持续发展。这三种力量的结合可以取长补短、相互促进,形成合力,更易推动可持续发展政策的实施。

3. "两型"社会(资源节约型、环境友好型)的社会监督和约束力

资源节约型社会是指在生产、建设、流通、消费等领域,通过采取法律、经济和行政等综合性措施,提高资源利用效率,以最少的资源消耗获得最大的经济和社会收益,保障经济社会可持续发展。而环境友好型社会是一种人与自然和谐共生的社会形态。其核心内涵是人类的生产和消费活动与自然生态系统协调可持续发展。"两型"社会的提出是针对目前的资源和环境问题。构建资源节约型社会,其目的在于追求更少资源消耗、更低环境污染、更大经济和社会效益,实现可持续发展。与之相比,环境友好型社会更强调生产和消费活动对自然生态环境的影响,强调人类必须将其生产和生活强度规范在生态环境的承载能力范围之内,使其内涵更为丰富,把全面有效解决环境问题的法规政策、科技、文化有机纳入一个体系中,实际上是可持续发展理论体系的体现。

但是"两型"社会的提出仅仅确定了一种社会发展理念。尽管建设资源节约型社会和环境友好型社会为区域可持续发展提供了种种支持,但是作为一种意识形态,如果没有强有力的监督和约束机制,这种意识形态就可能流于形式。因此,"两型"社会在今后的目标实现过程中,应当进一步增强软硬约束力。从硬约束力上看,要为"两型"社会的建立制定具体的政策标准和奖惩机制,让整个社会有规可循、有规可循。从软约束力看,要强化监督约束机制,通过报刊、各种媒体、公众等建立立体的监督体系,保障"两型"社会宏伟目标的尽快实现。

(四) 学习型社会与区域可持续发展能力的提升

1. 学习型社会成为时代主题

进入 21 世纪,终身学习开始从一种理念变为一种国家目标和全民行动。2002 年,党的"十六大"将"形成全民学习、终身学习的学习型社会"作为全面建设小康社会过程中教育发展的长期战略目标。2007年,党的"十七大"提出:"发展远程教育和继续教育,建设全民学习、终身学习的学习型社会。"我国全民学习、终身学习的学习型社会建设进入实施阶段。学习型社会是以人为本、以人力资源为本的社会,其重要标志是处处成为学习之所,时时成为学习之机,人人成为学习之君,国家成为学习之邦。终身学习的根本动力来自社会需求,全社会的广泛参与是构建全民学习、终身学习的学习型社会的主要动力。这种社会需求和动力包括政府实现国家发展目标的需求和推动,社会促进文明进步的需求(高书国,2008)。

2. 建设学习型社会是实现可持续发展目标的根本途径

学习型社会在培养人才、创造知识、积累人力资本、调整知识结构等方面的重要社会作用,决定了学习型社会在可持续发展战略中具有不可替代的重要地位。一个区域要真正实现可持续发展,要在知识社会中取得国际竞争优势地位,主要依靠的不单是物质资源,而是全民族的整体素质和掌握先进思想与技术的精英人才。学习型社会的实践,将经济社会的发展从依靠自然资源为主转向依靠人力资源为主,人类将进入一个以智力资源的占有、配置,知识的生产、分配、使用(消费)为重要因素的时代——知识经济时代。这种转变将彻底改变人和自然的关系,为区域可持续发展奠定坚实基础。可见,建设学习型社会既是实现可持续发展目标的根本途径,又是人类为实现可持续发展目标而采取的重要战略性行动。

3. 学习型社会建设的前提是教育

学习型、竞争型、知识型社会的必要前提是建立以继续教育、职业教育等为实施形态的终身教育制度。终身教育制度的建立是现代教育发展和进步的重要标志。继续教育、职业教育作为对专业技术人员的知识、技能进行更新、补充、拓展和提高的教育形式,它以企业或组织为具体的实践主体,以世界最新的知识和技能为主要教育内容,这种知识更新型教育是支撑可持续发展的重要知识和人才基础,是社会经济可持续发展的重要知识源泉,是适应知识经济时代需要的可持续发展具有强大生命力的教育手段。通过发展继续教育、职业教育,构建终身教育体系,建设学习型社会,可以使专业技术人员及时、自觉地了解到国内外科学技术发展的最新趋势,熟悉和掌握本专业、本学科以及相关学科的新理论、新知识、新信息、新技术、新方法,有效地提高专业技术人员解决实际问题的能力,激发他们的创造力,推动以企业为基本经济单元的整个社会经济结构向"科技含量高、经济效益好、资源消耗低、环境污染少、人力资源优势得到充分发挥"的良性方向持续发展。在建设学习型社会的过程中,把当前发展和未来可持续发展衔接和统一起来,尊重自然规律和经济发展规律,走生态文明发展之路,实现人与自然的和谐发展,实现人的全面发展。

扩展阅读:
1)我国转方式调结构的战略部署。
2)全球气候变化与区域响应。
3)我国生态文明建设等"五位一体"建设。

思考题:
1)经济子系统的研究重点。
2)社会子系统的研究重点。
3)生态环境子系统的研究重点。

第三章　区域可持续发展子系统的相互关系

区域可持续发展系统是由经济、社会、生态环境三个子系统组成的一个复杂、开放的巨系统,它通过不断同外界进行物质、能量、信息的交换维持其稳定性,且随着与外界物质、能量、信息交换规模的迅速增长而使系统结构不断更新。因此,要想使区域可持续发展系统始终处于优化和谐状态,除了协调好经济、社会、生态环境三个子系统内部的各种关系,还必须协调好三个子系统间的关系。也就是说,区域可持续发展系统稳定持续和协调有序的发展,有赖于系统内各子系统之间能否具有较高的协同程度。"协同一致,均衡发展"是区域可持续发展系统的本质特征和内在要求。区域可持续发展的内涵十分丰富,从经济、社会、生态环境三个子系统不同的角度来看,其经济观体现为建立在地球生物圈系统基础上的持续经济发展,其社会观体现为公平分配,既满足当代人又满足后代人的基本需求,其生态观体现为人类与自然的和谐共处。可持续发展的最终目标也是一个满足人与社会多重需要的目标体系,不但包括对衣食住行等基本生存物质需要的满足,还包括对文化价值、发展需求在内的精神需要和不断增长的生态需要的满足。可持续发展所面临的一系列问题也是由不断膨胀的发展欲望需求、片面追求物质目标的经济增长模式及不合理的资源环境利用方式等多重诱因共同作用的结果,其解决也必然要求各系统、各要素的协调合作、密切配合、共同努力才能够完成。因此,无论从可持续发展的长远目标的实现来看,还是针对可持续发展所面临的现实问题的解决而言,都需要协调三个子系统之间的关系。在区域可持续发展过程中,三个子系统彼此之间的关系,可以组合成三组对应关系:经济-生态环境子系统的相互关系、经济-社会子系统的相互关系、社会-生态环境子系统的相互关系。

第一节　经济-生态环境子系统的相互关系

一、经济-生态环境子系统的理论关系

经济和生态环境子系统并不是独立存在的,它们共同存在于区域中,并且相互促进、相互制约,系统之间对立统一的矛盾运动驱动两个系统彼此间的发展变化。在经济发展的过程中,特定的经济增长方式总是和特定的生态环境系统中的资源结构联系在一起,并随着资源结构的变化而变化。这种结构变化,促进了社会经济繁荣和生产生活现代化,也对生态环境造成了一定影响,使区域发展陷入两难地。如单纯追求经济的高速增长,忽视资源的合理开发和生态环境的保护,最终必导致资源的枯竭、环境的恶化,资源供求矛盾的日益尖锐,生态环境日趋失调,经济发展也就无从谈起,对人类的未来发展也极为不利。反过来,没有经济发展,环境保护就无法实施,因为环保需要大量的资金。因此,经济增长必须与生态环境相协调,不仅要实现经济总量的增长、经济效益的提高,而且要以不破坏生态环境和降低资源的持续利用为前提。

(一)生态环境是人类生存和经济发展的必要条件

生态环境系统是经济发展的物质基础。资源的分布及配置决定着产业结构和投资分配,在很大程度上制约着经济发展目标的实现,其中水、土地是人类社会生存的根本,光、热、水、土的时空组合及地区差异会引起农业布局的不同,进而影响农产品加工、食品业、旅游等行业的发展;矿产资源、能源和森林资源的数量、品质制约着经济活动的规模和所生产物品的多少;生态环境子系统为经济发展提供空间,满足人类生活、生产等基础设施和产业聚集的布局需求;不同类型的生态环境系统还是教育、科研、文化传承和传播的基地,能够满足人类生存生活的审美、认知、体验、灵感、修身、养性等精神需求;具有维持生态系统平衡和持续演化的自维持性和消纳污染的功能,通过物理、化学和生物的过程,将人类社会在物质生产、资源开发和生活中产生的各种废弃物容纳消解并返回到环境系统中去。

经济发展以生态环境提供的资源和其他条件作为发展的基础,无论是生产资料还是生活资料,人类生

活和社会生产所需要的全部物质要素归根结底都来源于周围环境,社会经济发展的程度受资源和环境优劣的影响和制约。离开了环境,人类要进行物质资料的生产以及与此相联系的其他一系列经济活动都难以实现,生态环境状况的恶化必然会给经济发展带来困难。

(二) 经济发展是生态环境保护的重要保证

经济发展和生态环境保护是矛盾统一体的两个方面,一方面,经济增长增加了对资源的开采和使用,加重了资源的负担,使资源的可采储量减少,资源的持续供给能力下降;增加了对环境的排污,加重了环境的压力,使环境质量降低,环境承载力下降。另一方面,经济发展在造成环境污染和资源枯竭的同时又不断找到治理污染和开发资源的新手段、新技术;增加了资源开发投资,包括培育可再生资源和寻找开发非再生资源,增加资源的可采储量,促使资源的持续供给能力上升;经济发展的同时还可以拿出更多的资金用于保护和改善环境,为解决生态环境问题提供必需的技术装备,从而使环境保护切实得到落实。随着人类文明的发展和人们生态环境意识的提高,人类在物质需求、精神需求之外又增加了第三种需求——生态需求,它是由清洁、优美、和谐的环境提供的,经济越发达,人类对于环境舒适性的要求越高。此外,高技术产业发展要求必须提高环境质量,这都是环境保护事业发展的内在动力。

总之,经济子系统的存续与发展为支持污染治理和生态建设提供所需的资金、技术和人才等;经济发展带来的人们对于改善生活质量的需求是推进污染治理与生态建设的内在经济动力;经济结构调整与经济增长方式的转变将促进广义经济再生产中从属于人口再生产和环境再生产的各类产业与事业的发展。经济发展带来了环境问题,却又增强了解决环境问题的能力,是环境保护的重要保证。

(三) 生态环境与经济发展互为制约又相互促进

经济-生态环境子系统是一个由低级向高级逐渐演化协调的过程。在低水平经济增长阶段,低技术、高物耗的增长方式使得在物质财富增长的同时,大大提高了对自然资源的需求量,加大了废弃物的排放量,破坏了生态环境结构和功能,这必然会进一步加剧资源供需矛盾和投资环境的恶化,环境资源的稀缺性日益突出,由于不可再生资源的短缺和环境污染的加重,如工业废水排放导致河流水质下降,工业废气排放导致大气中粉尘及固体颗粒物超标等,造成经济活动成本的提高,在很大程度上限制了经济发展速度;在高水平经济增长阶段,伴随环境问题的加剧和人类对传统发展的反思,经济增长通过加大环境保护投入及技术改进、加大污染物治理或减少污染物排放增强了环境治理能力,促进了环境问题解决,环境污染也可以通过相关政策得到有效控制,这都能为经济发展提供较好的环境资源支持和投资环境,促进经济可持续发展(图3-1)。经济发展和科技进步一方面使得自然资源的开发深度和广度不断扩展,另一方面对自然资源不断加工而形成的间接劳动资料和劳动对象也迅速扩展。

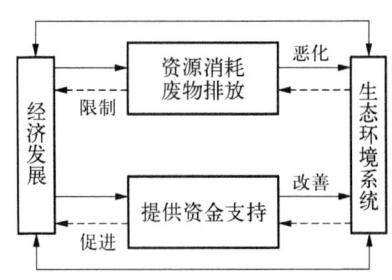

图3-1 经济与环境相互作用机制

随着经济和科技的发展,人类对环境的认识以及开发利用手段不断提高,人们对环境已不再是一味索取与征服,而是在发展中进行保护、治理、更新、修复。经济发展的持续性和稳定性促进了生态环境的改善,反过来自然资源的持续生产能力以及保护和改善环境提供了经济稳定持续发展的物质基础和条件。经济发展与生态环境保护既相互制约,又相互促进,进而不断走向协调。

二、经济-生态环境子系统的实践冲突

经济-生态环境子系统在实践中的矛盾冲突,是随着经济规模的扩大,人口的增加,尤其是工业化和城市化进程的加快而不断加剧的,随着发展阶段的变化和人类发展观的变革,两者之间的矛盾也在逐步走向缓和,协调经济发展和生态环境关系,走可持续发展之路,成为人类未来的必然选择。

（一）经济发展对生态环境的被动适应

在人类社会发展初期的渔猎和采集时代，生产力水平低下，人类直接依赖于自然、崇拜自然，在不同的氏族形成了不同的图腾崇拜。人类的生产和生活受自然环境和自然资源的明显制约，人类从自然环境中获取的物质数量有限，对生态系统的破坏也不显著，保持了在生态系统可自修复的范围内。

在农业社会的原始农业、传统农业时期，人类生产活动直接作用于自然客体，由于气候变化等自然因素的波动以及土地的过度开垦、水资源和生物资源的不合理利用、天然植被的破坏等，造成了地区性的生态破坏，如古印度、古埃及、古巴比伦和古代中国等农业文明的衰败。随着人类与自然的交往，人类对自然现象和自然环境渐渐积累了规律性的知识，人类利用和运用自然力改善自己生存和生活水平的能力逐渐提高，但依然依赖自然环境。农业阶段的城市，人口密集，物流量大，废弃物多，出现许多废水、废气和废渣，造成了环境污染问题，但由于城镇规模和手工业作坊的规模均较小，环境问题尚不突出。

总体来说，农业活动的规模有限且强度低，对生态环境负面影响较小。人类对于环境问题的敏感主要来自自然因素，如对自然灾害的防御和适应。人类和生态环境保持了相对融洽的非对立关系，这个阶段的人类更关注的是如何与自然协调好关系以及适应自然。

（二）经济发展与生态环境保护的矛盾加剧

工业革命极大地解放了生产力，"人定胜天、征服自然"的狂热，使得一部分人误认为可以彻底摆脱自然的束缚，在以经济增长为核心的发展观的支配下，人们为了追求最大的经济利益，无视环境本身所具有的价值，将自然界看作是永不枯竭、可以随意索取的宝库，使经济发展与生态环境的矛盾加剧，出现了全球范围内的环境问题。

进入工业社会后，科学技术迅速发展，人口急剧增加，人类的活动扩展到了地球的每个角落，从陆地、海洋到天空，都成为人类活动的场所。人类改造和利用自然的形式空前得多样化和复杂化，涉及一切物理的、化学的、生物的、地质的运动形式。人类大量的开采地球上的各种资源，深刻地影响着地球上的各种动植物、微生物的生态系统循环和地球化学循环。人口增长、工业发展、城市兴起、经济增长等经常导致环境变化，出现了环境空间相对缩小、人地矛盾加剧等问题。人类生产和生活产生了大量的废弃物，这些废弃物进入环境系统，导致大气质量、水质量等的下降，区域环境退化，而环境对人类活动的承受能力和自我恢复能力是有限的，因而造成了能源短缺、资源匮乏、污染严重和过度开发等诸多问题，有的经济学家指出，"生产的每一寸增长意味着自然资源的每一分枯竭和环境的每一天恶化"。随着工业化的进一步发展和经济规模的扩大，使得自然界资源的消耗超出其恢复能力，这向当代社会经济发展提出了严峻的挑战；进入自然生态环境的废物和污染物越来越多，许多国家产生了范围更大、情况更为严重的环境污染和生态破坏问题，世界各地的公害事件和全球性的生态环境问题屡屡发生。

由于有限的经济、技术能力，人类在经济发展的过程中没有正确地处理好人类活动与自然生态的关系，经济发展成为经济与生态环境系统矛盾的直接动因。经济活动转向主动地位，这种主动地位是加剧生态环境恶化的主要动因。在工业文明中，许多自然资源和环境的开发利用，人工产品和人工环境的加工制作，几乎都是以自然的牺牲为代价的。

（三）经济发展对生态环境的主动改善

20世纪以来，特别是第二次世界大战之后，许多国家相继走上了以工业化为主要特征的发展道路，随着社会生产力的极大提高和经济规模的不断扩大，人类前所未有的巨大物质财富加速了世界文明的演化进程。但是，人类在创造辉煌的现代工业文明的同时，人与自然的关系达到了空前紧张的程度。面对严峻的现实，人类不得不重新审视自己的社会经济行为，深刻反思传统的发展观以及发展观背后的价值观、自然观和伦理观。世界上许多国家都被迫理性地探索新的发展模式和发展战略，寻求一条既能保证经济和社会发展又能维护生态良性循环的全新发展道路，可持续发展、清洁生产、循环经济、低碳经济等一系列新的理念渐次产生,得到了世界各国的普遍接受和认同,并进而成为全球促进经济发展的动力和追求文明进步的目标。

1972年6月,联合国在瑞典召开人类环境会议,此次会议标志着人类社会认识到,环境污染和不断恶化已经成为制约全社会发展的重大因素,各国必须采取共同行动,保护环境,拯救地球。1992年,联合国在巴西里约热内卢召开"联合国环境与发展大会",第一次明确可持续发展的概念,认识到:环境与发展密不可分,二者相辅相成,想要发展,必须同时考虑环境的保护与治理,环境污染问题的根本解决,也必须通过经济的发展。2002年8月,可持续发展世界首脑会议在南非召开,此次会议再次强调人类社会的发展,旧有的模式已经失灵,人类必须走可持续发展道路,会议敦促各国在可持续发展领域采取实际行动,将承诺转化为具体行动,这一阶段,人们开始从可持续发展的伦理层面上反思发展问题。2012年6月,在巴西里约热内卢召开了2012年联合国可持续发展大会,在重申实施可持续发展战略的同时,将可持续发展推进到绿色经济和治理体制上来,通过积极探索组织保障和具体发展模式来协调经济和生态环境系统。

经济能力的提高为环境保护提供了大量的人力、物力和财力,促进环境目标的实现;通过科技创新,工业技术水平显著提高,污染物排放总量明显减少,环境恶化的压力得到缓解;由于经济增长方式的转变和循环经济的推行,在经济增长的过程中,资源、能源消耗强度不断降低,污染物和温室气体的排放减轻,环境得到了明显的改善。

专栏3-1 联合国召开的关于与环境和可持续发展相关的四次大会

1. 联合国人类环境会议

联合国人类环境会议(UN Conference on Human Environment)于1972年6月5日至16日在瑞典斯德哥尔摩举行。这是世界各国政府共同讨论当代环境问题,探讨保护全球环境战略的第一次国际会议。出席会议的国家有113个,共1 300多名代表。会议通过了《人类环境宣言》和保护全球环境的"行动计划",呼吁各国政府和人民为维护和改善人类环境,造福全体人民,造福后代而共同努力。这是人类环境保护史上的第一座里程碑。同年的第27届联合国大会,决定把每年的6月5日定为"世界环境日"。

2. 联合国环境与发展大会

1992年6月3日至14日,联合国环境与发展大会(United Nations Conference on Environment and Development)在巴西里约热内卢国际会议中心隆重召开。180多个国家派代表团出席了会议,103位国家元首或政府首脑亲自与会并讲话。参加会议的还有联合国及其下属机构等70多个国际组织的代表。环境与发展大会提出了人类"可持续发展"的新战略和新观念。会议讨论并通过了《里约环境与发展宣言》(又称《地球宪章》)、《21世纪议程》(确定21世纪39项战略计划)和《关于森林问题的原则声明》,并签署了《联合国气候变化框架公约》(防治地球变暖)和《生物多样化公约》(制止动植物濒危和灭绝)两个公约。

3. 可持续发展世界首脑会议

2002年8月26日至9月4日,在南非的约翰内斯堡,召开了可持续发展世界首脑会议(World Summit on Sustainable Development,WSSD)。会议包括104个国家元首和政府首脑在内的192个国家的代表济济一堂,共商全球未来可持续发展大计。会议回顾审议了1992年联合国环境与发展大会以来《里约环境与发展宣言》和《21世纪议程》文件的执行情况和全球可持续发展的进展,通过了《约翰内斯堡可持续发展宣言》(简称《政治宣言》)和《可持续发展世界首脑会议实施计划》(简称《实施计划》),达成了一系列关于可持续发展行动的《伙伴关系项目倡议》。这些文件明确了未来10~20年人类拯救地球、保护环境、消除贫困、促进繁荣的世界可持续发展的行动蓝图。

4. 2012年联合国可持续发展大会

2012年6月20日至22日,在巴西里约热内卢召开联合国可持续发展会议(UN Conference on

Sustainable Development),又称为"里约+20"峰会,大会确定了两大主题和三大目标。两大主题为:绿色经济在可持续发展和消除贫困方面作用;可持续发展的体制框架。三大目标为:评估全球可持续发展取得的进展和存在的差距;积极应对新挑战;就可持续发展做出新的政治承诺。在这两个主题之下,联合国可持续发展大会提出了七个重点关注领域:就业、能源、城市、食物、水、海洋和灾害。大会闭幕后,联合国可持续发展大会官方发布了题为"我们憧憬的未来"的最终文件,成为此次峰会最重要的成果。

三、经济-生态环境子系统相互关系案例解剖

经济-生态环境子系统两者之间是相互制约又互为促进的关系。但在经济发展的不同阶段,由于两者发展的主导地位不同,会产生诸多矛盾,产生"非此即彼"的冲突。尤其是在我国工业化、城市化进程中,两者的矛盾冲突尤甚。选择以下经济规模扩张(经济发展阶段)与环境污染治理、产业结构调整与环境质量改善、经济发展方式转变与两型社会建设三个案例解析两者的实践关系。

(一)经济规模扩张(经济发展阶段)与环境污染治理

1. 经济增长与环境污染关系的规律探讨——环境库兹涅茨曲线(EKC)

环境库兹涅茨曲线是为数不多的定量分析经济发展和环境两者协调关系的理论依据和工具。1955年,库兹涅茨在其对收入差距的研究中发现人均收入的差异随着经济增长表现出先逐渐加大、后逐渐缩小的规律。这两个变量之间的"倒U"关系称为库兹涅茨曲线。20世纪90年代初,美国经济学家格鲁斯曼(Gene Grossman)和克鲁格(Alan Krueger)通过对42个国家横截面数据的分析,发现经济增长与环境污染的长期关系呈"倒U"形,就像反映经济增长和人均收入之间关系的库兹涅茨曲线(图3-2),即一个国家在经济发展的较低阶段也就是前工业化时期,环境污染程度较低;在经济起飞阶段也就是工业化时期,制造业大发展,资源耗费超过资源的再生能力,使环境恶化,其恶化程度随经济的增长而加剧;当该国的经济发展达到一定水平,经济结构改变,污染产业停止生产或被转移,其环境污染的程度逐渐减缓,环境质量逐渐得到改善;经济发展到更高阶段也就是后工业化时期,经济增长对环境质量改善有促进作用,这个变动过程被称为EKC。可以说EKC集中体现了经济增长与环境污染动态关系的一般规律。

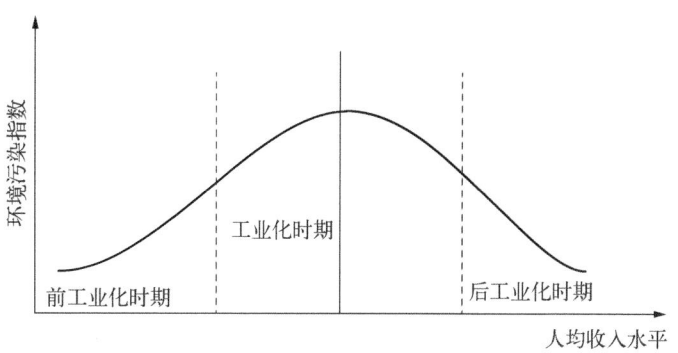

图3-2 环境库兹涅兹曲线

EKC的内涵在于,在经济发展的最初阶段,由于人口的迅速增长、工业技术的落后以及资源的无序开发,造成了环境污染的加剧。随着经济的发展,以科技进步为标志的产业发展对经济的贡献作用越来越显著,人们控制环境污染的意识、能力和资金投入逐渐增加,污染物排放逐步趋缓。在EKC中,环境与经济发展存在着"两难"和"双赢"区间,"两难"即在"倒U"字形曲线的左侧,既要发展经济,不可避免地污染环境;"双赢"则是在曲线的右侧,经济发展的成果可以反馈环境保护。"两难"和"双赢"之间有一个转折点(拐点),从发达国家的历史来看,这个转折点大约在人均5 000~15 000美元,也就是当一个国家的人均收入在5 000美元以上,就意味着随着经济的发展,尤其是人均收入水平的提高,环境污染下降,环境质量提高,用于环境保护的资金投入加大。

2. 对EKC的再认识

环境库茨涅茨假说的形成,为研究经济发展和环境的定量关系提供了理论依据和分析工具。然而环境

与经济发展的关系是一个复杂的问题,它因不同的国家、不同的环境污染指标甚至不同的观察时期而不同。EKC 实际上刻画的只是一种客观现象,而不是一种必然规律。

EKC 的本质是研究经济发展对生态环境的影响。而真实的经济-环境之间的影响关系不是单向性的,经济增长与环境是互动的两大系统,经济增长会影响环境质量,环境恶化反过来也会影响经济增长。EKC 假说忽视环境的"承载阈值",当污染超过环境生态阈值,自然生态系统将失去自我恢复能力,进而导致系统崩溃。此外,在不同时期,由于所处国际背景的不同,即使是在相似的经济发展水平下,不同国家环境恶化的峰值不同,在同一时期,相同的经济发展水平下的国家,由于各自经济特征的差异,环境污染状况得以改善的时间也会有所不同。而且目前对 EKC 的研究,主要考察当前期污染物,而忽视前期积累,会产生"存量的外部性"问题。

环境污染的产生不能单纯考虑不同经济发展阶段的经济规模的变量影响,忽视对其他因素的考量可能会产生错误的结论。政治体制、制度的完善性、技术水平、环境政策、国际贸易等都会影响到环境污染状况的变化趋势。例如国际贸易。由于各个国家经济发展水平不一,那些污染较为严重的产业可能会从发达国家转向发展中国家,使得发展中国家成为所谓的"污染避难所"遭受生态倾销;另外,贸易自由化可能使一些国家为了保持或提高本国的出口竞争力而降低其环境质量标准,出现所谓"向底线赛跑"的现象。环境质量除了受经济活动的直接影响外,还受到公民环境意识、环境教育、消费观念、文化传统等因素的间接影响。这些都会改变环境库兹涅茨曲线的形态。

模型指标的选择也影响倒"U"形曲线的走向。在 EKC 研究领域,目前还没有一个能全面、科学地表征环境破坏和资源损耗整体水平的一般性环境指标。表征环境破坏指标包括人均污染物排放量、污染物总排放量、污染物排放密度和污染物浓度,它们反映了事物的不同方面,具有不同的含义。例如一些污染严重、人烟稀少的产油国,其 CO_2 排放密度很高,而人均 CO_2 排放量却很少,在这种情况下分别用排放密度指标和人均排放指标去回归 EKC,显然会得出不同甚至自相矛盾的结论。广义上的环境质量,不仅包括环境污染,还包括生态破坏,如土地沙化、草场退化、毁林、物种灭绝等,而目前对生态破坏与收入之间的关系研究还很少。

此外,在绿色发展观和高新技术的支持下,随着产业结构升级、技术的进步、政府对环境污染的治理力度加大以及人们环保意识的增强等经济发展和环境污染的关系可能是同步协同发展的,即经济也发展,环境也并没有被污染。

实际上,经济增长对环境的影响非常复杂,笼统地把经济发展水平与环境污染程度相关联,是一种从外部考察"经济-环境"系统的"黑箱"方法,这种方法缺乏深刻性,难以揭示环境污染发生的内在根源与机制。当然,随着人们对"EKC 曲线"深入探讨,经济-环境系统的"黑箱"将会逐步明朗化。

专栏 3-2 基于环境库兹涅茨理论的实证分析:上海市经济增长与环境污染关系研究

以上海市为例,选取人均 GDP 作为经济变量,用废水排放总量和废气排放总量反映环境污染变化,运用环境库兹涅茨理论对经济增长与环境污染关系进行实证研究。图 3-3、图 3-4 是根据有关数据绘制的 1991~2009 年上海市环境污染与经济发展环境库兹涅茨曲线。

从图 3-4 看出,1991~2009 年上海市废水排放总量与人均 GDP 散点图与环境库兹涅茨曲线并不完全相同,曲线大致可以分为 3 个阶段:在人均 GDP 低于 20 000 元时,随着经济的发展,废水排放总量不断上升,在人均 GDP 介于 20 000 元与 40 000 元之间时,废水排放量不断减少,随后当人均 GDP 超过 40 000 元时,废水排放总量又开始增加,环境保护与经济发展呈现"N"形关系。从图 4 看出,1991~2009 年上海市废气排放总量和人均 GDP 散点图与环境库兹涅茨曲线的"两难"区间相一致,随着经济的发展,废气的排放总量不断增加,处在"倒 U"形曲线的上升阶段,还未出现"转折点",废气的排放量在将来可能持续增加。以上结果表明上海市废气排放量与人均 GDP 之间存在"倒 U"

形结构,而工业废水排放量不存在这种关系。

资料来源：吴健,黄沈发,王敏,等.2011.产业与环境协调发展的实证分析——以上海市为例.环境污染与防治,09：99-103.

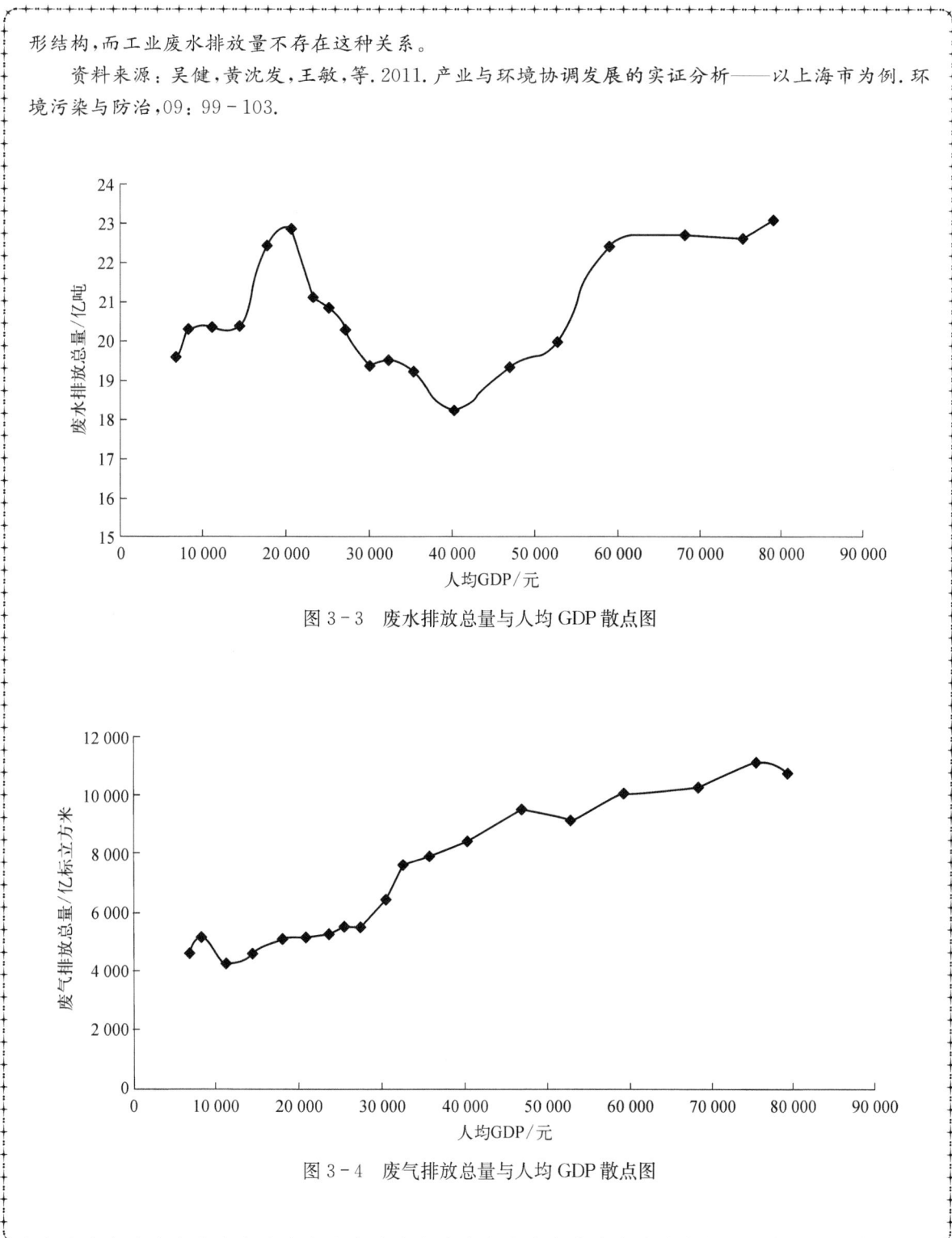

图3-3 废水排放总量与人均GDP散点图

图3-4 废气排放总量与人均GDP散点图

除上例外,众多环境经济学家运用EKC分析个别环境指标与人均收入、外贸和国家开放度等之间的关系,取得了较好的结果。实证研究还表明环境压力和经济增长之间的关系还会出现其他情况,如同步关系、U形关系和N形关系等。典型的EKC只是一种可能而并非必然,在不同的国家或地区,EKC具有不同的表现形式、不同的转折点以及达到转折点的时间跨度。

（二）产业结构调整与环境质量改善

1. 产业结构演变的环境效应

在经济发展的不同阶段，或在相同时期的不同区域内，第一产业、第二产业、第三产业（或者是农业部门、工业部门、服务部门）之间的比例是不同的，即具有不同的产业结构，而各产业对生态环境的影响是不同的，因而不同产业结构的生态环境效应也是不同的。

第一产业对生态环境的影响有利有弊。一方面，第一产业多以绿色植物为生产对象，而绿色植物是生态环境的重要屏障，它既能净化空气、涵养水源、调节气候，又可固定CO_2、减少大气中CO_2的排放量；但另一方面，第一产业对水和土地的需求较大，而且不合理的垦殖和放牧会引发植被破坏、土地退化、水土流失、化肥农药污染、生物多样性减少等问题，给生态环境带来不利影响。但总的来看，第一产业对环境影响的深度和广度都比较有限。

第二产业的生产特点决定了其能耗、物耗水平以及污染物的产生和排放水平要远大于第一产业和第三产业。第二产业的迅速发展，特别是重工业的发展，是以大量消耗矿产、能源等不可再生资源为代价的，工业污染物作为工业生产在所难免的附属产物，对自然生态环境形成胁迫效应，这种胁迫压力在绝对数量上日积月累，必将导致生态环境日趋恶化。在第二产业内部，由于各行业资源使用种类、工艺流程和资源密集度不同，对环境的影响程度也有很大差异，一般而言，资金密集型行业的能耗、物耗和污染要大于劳动密集型或技术密集型行业。重工业对能源的消耗和污染程度都高于轻工业。

第三产业对环境的影响相对于第一产业、第二产业是比较小的。第三产业对环境资源的依赖很小，但旅游业、交通运输业、餐饮业等行业的发展对环境质量有直接影响，若管理不当会产生废水污染、噪声扰民、汽车尾气污染等有害影响，甚至会导致一些自然景观的消失。交通运输业的发展不仅占用耕地、林地等土地资源，使路面有害物质通过道路排水系统流入地表、河流，污染地下水和地表水，而且机动车运行中发出的鸣笛可以造成噪声污染，排放的氮氧化物、一氧化碳会造成大气污染，排放的无机化合物的细小微粒进入土壤会形成土壤污染。

按照国际经验，工农业的能耗和污染强度高于服务业，重化工业高于高技术产业。因此，在产业结构中，一、二、三次产业的比例关系，以及第二产业内部高耗能、高污染产业和高技术产业的比例关系，直接影响着社会整体的能耗水平。在经济增长的早期，第二产业迅速增长，第二产业中污染集中的矿产资源开发、金属冶炼、加工业等行业增长速度较快，经济结构向污染加重的方向转变；而在经济增长的后期，第三产业迅速增长，其具有高产出、低消耗和低污染的特点，特别是金融、通信等服务业的增长速度较快，这些产业造成的环境污染小，经济结构向污染减轻的方向转变。在假定经济规模和技术水平不变的条件下，产业结构作用的效果是使污染先上升后下降，环境质量将出现"先恶化，后改善"的趋势。

2. 重点调整污染密集型产业

污染密集型产业是指在生产过程中若不加治理会直接或间接产生大量污染物的产业。目前尚没有一个统一的标准界定如何划分污染密集型产业，学术研究中主要包括三种识别方法：第一种是比较各产业的污染削减成本；第二种方法是比较各产业的污染排放强度，将那些单位经济产出污染物排放水平高的产业界定为污染密集型产业；第三种是比较各产业的污染排放规模。基于污染强度和污染规模两方面的综合考虑，造纸及纸制品业、农副食品加工业和化学原料及化学品制造业是我国主要的水污染密集型产业，电力、热力的生产和供应业、非金属矿物制品业和黑色金属冶炼及压延加工业是我国主要的大气污染密集型产业。污染密集型产业在我国经济发展中具有重要作用，不但增加了节能减排的结构性阻力，也加大了产业结构调整的难度，应通过多种政策配合使用实现对污染密集型产业的重点调整。

应不断完善环境规章制度，推动清洁生产和循环经济发展。以严格的环境标准为依据，修订完善产业分类指导目录，提高污染密集产业的准入门槛。调整完善外资、外贸政策，严把审批关，禁止高耗能、高污染项目投资，积极承接发达国家技术资本密集型产业转移，运用财税、信贷政策引导外资在高技术产业和现代服务业投资。通过政策引导，促进区域间产业梯度转移。完善排污权交易机制，促进节能减排资源的跨地区优化配置，为污染密集型产业的梯度转移创造制度条件。加大政府科研投入，引导社会资金投资节能减排技术研发和技术改造,鼓励发展产学研相结合的重点节能减排技术研发平台,开展重点行业共性、关键节能减排技术研发。通过技术进步发展壮大环保产业,降低传统污染密集型产业的污染强度。积极推进社保、医疗、户籍等制度改革,降低污染密集型产业结构调整的社会成本。

专栏 3-3　上海市产业发展轨迹及其环境效应剖析

区域产业的变动及其组合关系、强度的变化显著促进区域社会经济发展的同时,也对生态环境产生了强烈影响。以上海市为例,分析其产业发展轨迹及不同产业发展对生态环境的影响(图 3-5)。

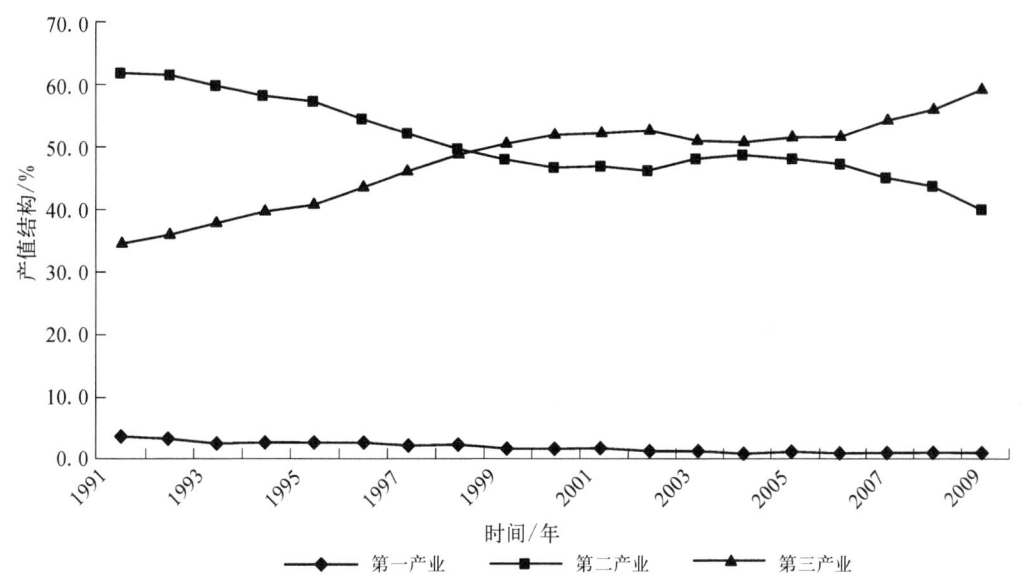

图 3-5　1991~2009 年上海市三次产业产值结构变化

1991 年以来是上海市社会经济发展最为迅速的时期,全市 GDP 从 1991 年的 893.77 亿元,迅速增长到 2009 年的 15 046.45 亿元,年均增长 17%,远高于全国同期水平。从上海市三次产业产值结构的构成(图 3-5)可以看出:1991~2009 年上海市产业结构变动较大,经历了一次大的产业结构转型,即从"二、三、一"到"三、二、一",三次产业结构得到了较大优化;三次产业产值比例的变动幅度不一,第三产业最大,第二产业次之,第一产业最低,相对稳定且持续下降,第二、三产业的产值比例变化波动较大,但二者增长速度不同,至 1998 年第三产业产值比例超过了第二产业;1998 年前,上海市产业结构变化的驱动力以工业化进程为主,1998 年后,其产业结构变化驱动力以第三产业为主,工业化的贡献率相对减弱。上海市 1991 年重工业产值占工业总产值的 49.9%,经过近 20 年的发展后,2009 年重工业比例占 77.2%,工业重型化特征非常明显,但高新技术产业(如电子及通信设备制造业、电子计算机及办公设备制造业、医疗设备及仪器仪表制造业、医药制造业等)规模不断扩大,至 2009 年高新技术产业产值占工业总产值的 23.3%。

随着上海市产业结构的升级,第二产业比重降低,第二产业中高能耗、高物耗、高污染产业的不断淘汰而高新技术产业不断发展,环境压力减轻,图 3-6 显示工业污水、烟尘的排放量逐渐减少,在近 20 年内减少了超过 2/3。与此同时,第三产业不断发展,且金融、贸易等环境污染较轻的服务业不断增长,这都使得上海市环境不断改善。当然,经济的繁荣带来了交通运输业的发展,特别是机动车数量的直线上升,这对上海市城市环境带来了较大的负面影响。总体而言,区域产业结构的升级变化带来了较好的生态环境效应。

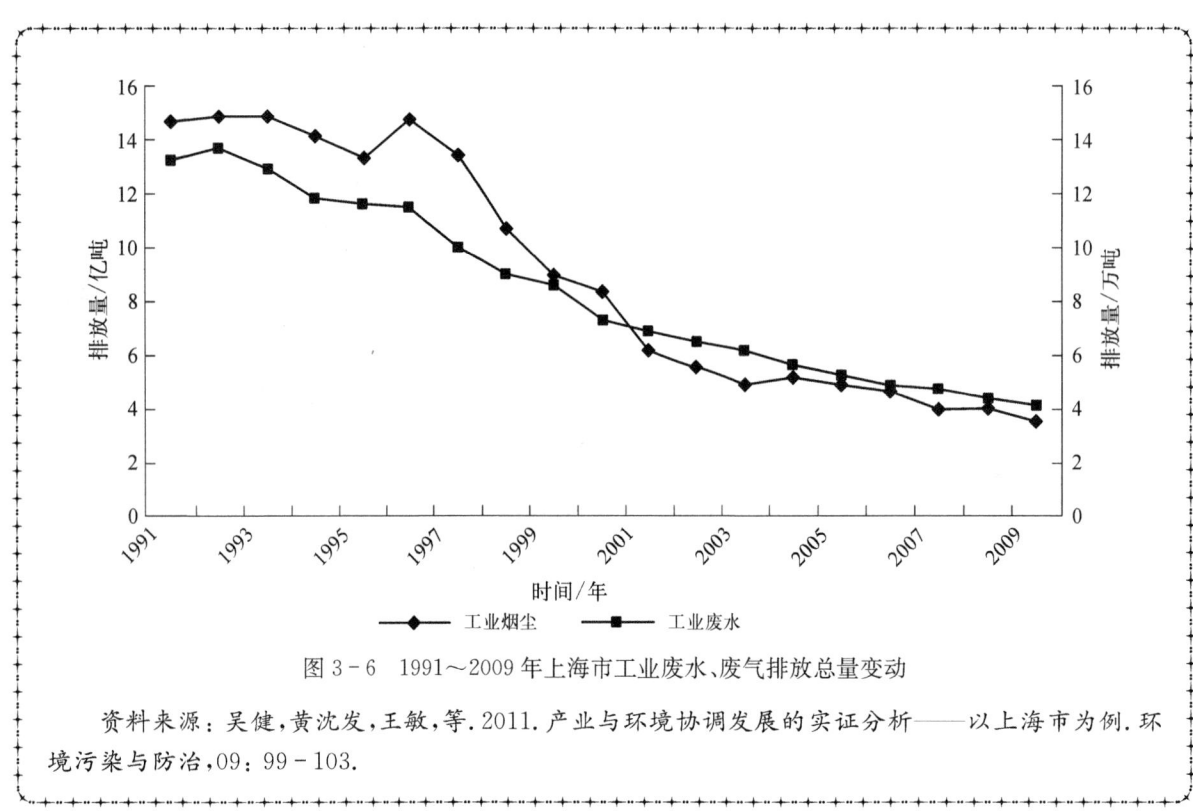

图 3-6 1991～2009年上海市工业废水、废气排放总量变动

资料来源：吴健,黄沈发,王敏,等.2011.产业与环境协调发展的实证分析——以上海市为例.环境污染与防治,09：99-103.

（三）经济发展方式转变与两型社会建设

改革开放以来,我国经济虽然取得了高速增长,然而这种增长是建立在"高投入、高能耗、高物耗、高污染、低效率"等为特征的粗放型经济增长方式基础上的。这种传统经济发展方式的弊端在于造成资源浪费和环境破坏。

2008年我国每单位国民生产总值的能耗是日本的6倍,美国的2.3倍,韩国的4.5倍;每万元国民生产总值消耗的钢材是美国的6倍,德国的4倍,法国的7倍;几种主要原材料的物耗,我国比发达国家高5～10倍,有的甚至高达百倍。据中国能源研究会副理事长、研究员鲍云樵提供的数据,我国目前的能源利用效率仅为34%,相当于发达国家20年前的水平,相差10个百分点。此外,在经济全球化和国际产业结构调整过程中,一些高消耗、资源性的产业转移到我国,相应地加大了国内的资源消耗总量。随着资源浪费程度的加剧,资源的过度开发,发达国家上百年工业化过程中分阶段出现的生态环境问题,在我国近三十多年来已经集中出现,粗放型的经济发展方式是难以为继、不可持续的,必须加快转变经济发展方式。2007年,党的十七大报告中明确提出"转变经济发展方式",并把它作为"关系国民经济全局紧迫而重大的战略任务"。资源节约型和环境友好型社会简称"两型社会",由胡锦涛总书记在2005年3月的中央人口资源环境工作座谈会上首次提出;在党的第十六届五中全会上,正式将建设"两型社会"确定为国民经济与社会发展中长期规划的一项战略任务。中共十七大报告再次指出,"必须把建设资源节约型、环境友好型社会放在工业化、现代化发展战略的突出位置,落实到每个单位、每个家庭"。转变经济发展方式和建设"两型社会"都是我国解决资源、环境问题,实现可持续发展的重要举措。

转变经济发展方式和建设"两型社会"的内涵一致。转变经济发展方式不仅要求经济总量的提高,而且要求优化产业结构,提升增长的质量、发展的效益,加强环境保护等方面的内容。建设"两型社会"的内涵是要实现社会经济发展的资源环境代价最小化,促使社会经济系统对资源环境系统完成从"索取"到"反哺"的准备。可见,二者的本质内容都是按照科学发展的要求,引导经济社会走可持续发展的道路。

经济发展方式转变的方向与两型社会建设的目的基本上是一致的,都是要求建立经济发展与环境保护协调发展、人和自然的和谐共处的社会体系。一方面,转变经济发展方式是建设"两型社会"的必经之路,也是能否建设好"两型社会"的重要衡量指标。另一方面,建设"两型社会"是转变经济发展方式的目标之一。转变经济发展方式是我国经济社会发展过程中选择的途径,其着力点要落在建设"两型社会"上来。

专栏 3-4　资源节约型和环境友好型社会

1. 资源节约型社会

资源节约型社会是指通过对资源的合理配置、高效和循环利用、有效保护和替代,使经济社会发展与资源环境承载能力相适应,使污染物产生量最小化并使废弃物得到无害化处理,构建人与自然和谐共处的社会。资源节约型社会的核心目标是降低资源消耗强度、提高资源利用效率,减少自然资源系统进入社会经济系统的物质流、能量流通量强度,实现社会经济发展与资源消耗的物质解耦或减量化。资源节约型社会是一个复杂的系统,它包括资源节约观念、资源节约型主体、资源节约型制度、资源节约型体制、资源节约型机制、资源节约型体系等。

2. 环境友好型社会

环境友好型社会是一种人与自然和谐共生的社会形态。其核心目标是将生产和消费活动规制在生态承载力、环境容量限度之内,通过生态环境要素的质态变化形成对生产和消费活动进入有效调控的反馈机制,特别是通过分析代谢废物流的产生和排放机理与途径,对生产和消费全过程进行有效监控,并采取多种措施降低污染产生量、实现污染无害化,最终降低社会经济系统对生态环境系统的不利影响。环境友好型社会是由环境友好型技术、环境友好型产品、环境友好型企业、环境友好型产业、环境友好型学校、环境友好型社区等构成。

四、协调经济-生态环境子系统的途径

经济-生态环境子系统的协调发展不是以降低经济增长速度、限制资源利用、消除环境污染为代价,而是要在确保区域经济稳定增长的同时,谋求自然资源合理开发利用与促进生态环境良性循环。以资源持续利用和改善生态环境为根本,培养可持续发展能力,改变传统的发展模式(即由高投入、高能耗、低产出、高污染和高消费的模式转向减轻资源环境压力,提高效益的低投入、低消耗、高产出、低污染和合理消费的模式),以及社会经济行为所造成的外部不经济性内部化,完善市场机制,在区域政策、法律、技术、行政等手段的系统调控下,经济和资源环境之间保持和谐有序的发展。

(一)转变经济发展方式,促进经济生态化

实现经济发展方式从粗放型向集约型的转变,改变传统经济活动中过多追求物质资本的利用与增值的观念和行为,不断重视人力资本和生态资本的有效利用和不断增值,合理地组合与匹配各类物质资源、人力资源与生态资源,实现经济发展的可持续性。保持经济适度增长,降低消耗,提高效率,并且经济增长以不超越生态系统涵容能力和更新能力为前提,倡导集约化的增长方式,以低投入、低消耗、低污染来实现经济适度增长,以最小的投入来获得最大收益,尽量减少对资源环境的压力,实现经济和资源、生态环境之间和谐、高效、优化、有序的发展。

促进经济生态化就是要大力发展循环经济,把经济活动转变成"资源-产品-再生资源"的模式,通过清洁生产、资源回收等,提高资源的综合利用率,使物质和能量在生产、消费及其废物利用过程中不断持久地循环流动和利用,尽可能减少污染排放,从根本上保护环境系统的基本生态过程,继而保证人类经济系统对环境系统资源的可持续利用。以企业为单元,推行清洁生产,建立"点"上的小循环;以行业为单元,拉长产业链,建立"线"上的中循环;以整个城市为单元,在社会层面上推行循环经济,建立"面"上的大循环。农业重点发展生态农业;工业重点发展包括末端污染控制产业、洁净技术产业(在生产过程中通过生产链的延长减少与消除环境破坏)、绿色产品产业在内的环保产业;服务业强调优先服务,加强

产品的重复利用和产品消费后的回收利用,逐步发展环境功能服务产业(包括生态旅游、休闲、住区或生产区环境设计等)。

推行可持续发展的产业政策,淘汰、技术改造或限期治理那些占地多、消耗大、污染严重的企业和产品,发展质量效益型、资源节约型的产业,鼓励能源消耗少、环境污染轻的产业的发展,变资源型产业结构为技术型产业结构,逐步淘汰高耗能、高污染的落后产业,利用科技进步优化产业结构,促进产业结构升级,加速发展电子信息和新材料等高新技术产业,形成以工业、高新技术产业和第三产业并举的产业结构,逐步建立起既能适应经济发展又能促进资源合理开发利用和生态环境不断改善的经济体系。

(二)充分利用市场机制,实现资源环境要素合理配置

市场机制通过反映环境资源稀缺程度的价格信号和优胜劣汰的竞争机制,消除资源环境利用方式不合理和企业内部效率低下引起的生态代价和社会成本问题。因此,要充分利用市场机制,依靠市场手段来解决环境问题。按污染者负担、受益者付费的原则,完善排污收费制度,同时要积极探索建立碳排放权的交易市场,使节能减排者受益,使破坏环境者付出代价;积极培育环境资源市场,根据其价值化和生产价格理论,全面推行资源环境使用制度和价格体系,调节环境与资源产品的价格,取消扭曲资源价格的补贴,完善资源环境更新的经济补偿机制,建立开放型的环境资源保障体系;合理运用金融、财政、价格等手段进行环境管理,以经济手段鼓励企业积极参与环境保护。

(三)促进技术创新,协调经济环境发展

要实现资源环境持续性,一方面通过投入资源勘探和恢复资金使矿产资源储量增加和环境资源得到恢复,另一方面通过投资促进技术进步,以提高资源的使用率和恢复率。国家需要增加投入,组织各种环境科研攻关项目;引进先进技术,重点是在清洁生产、能源、气候以及污染处理防治等领域加强国际合作。企业是技术创新的主体,政府应对主动开发、应用无害生态环境技术的企业,通过财政贴补和税收减免等手段予以扶持,引导企业转变末端治理模式,推进清洁生产技术,促进经济环境协调发展。

(四)严格生态环境管理,加强污染治理

严格生态环境管理,通过生态构建,如对生物多样性,对土壤、植被,对可再生资源等过程的改造恢复等,使生态环境系统成为一个适合当地地理条件、具有生物多样性、能够自我可持续恢复的健康生态系统,增强其消纳、自净的能力,促进生态环境系统的良性循环。对已被破坏的生态系统,在退耕、退牧还林(还草)的基础上,通过加强对水土流失综合整治以及发展生态农业、生态工业、生态旅游业,逐步恢复生态系统的功能,最终实现良性循环。

加强工业污染防治,从生产的源头和生产的全过程控制,把分散治理与集中控制、浓度控制与总量控制结合起来,力图在生产消费过程中解决和治理污染,降低对环境的压力,实行污染物排放的总量控制。同时,扩展环保资金来源渠道,增大环保投资,提高控制污染的投资强度和投资效果。在实际的环境污染治理中,要综合运用各种手段,既要重视限期治理制度、排放污染物的许可证制度等指令性控制手段,又要重视采用清洁生产等多种技术手段以及制定配套的经济与产业政策和手段,发挥整体作用。

第二节 经济-社会子系统的相互关系

一、经济-社会子系统的理论关系

经济与社会子系统的关系,基本表现为因与果的关系:经济子系统是社会子系统存在和发展的基础和手段,是促使社会发展的直接动因之一;而社会子系统的发展是经济子系统发展的最终结果和目的,同时也是经济发展的保障。经济与社会子系统的关系可以通过图3-7更直观地表现出来,且社会子系统中人口因

素的特殊地位也得以体现。经济与社会子系统的耦合,意味着人在良性循环的条件下,人的需求(包括物质需求和精神需求)能得到不断的满足。

(一) 经济发展是社会发展的基础和手段

经济子系统是社会子系统存在和发展的基础和手段,是促使社会发展的直接动因之一。没有经济的发展,人类社会的教育、文化、卫生、健康以及社会福利的发展就失去了物质的基础,成为无水之源、无本之木。显而易见,贫困往往与社会不发达和落后联系在一起。经济发展对社会生活的决定作用主要体现在以下几个方面:

1) 经济的发展有助于科技进步和教育、文化、卫生事业的发展,为其水平的进一步提高提供动力与资金支持。同时经济的快速增长需要有更高的技术水平、科技力量、文化氛围及医疗水平作为保障,因此对这些领域提出了更高的要求,促使其不断革新与进步。

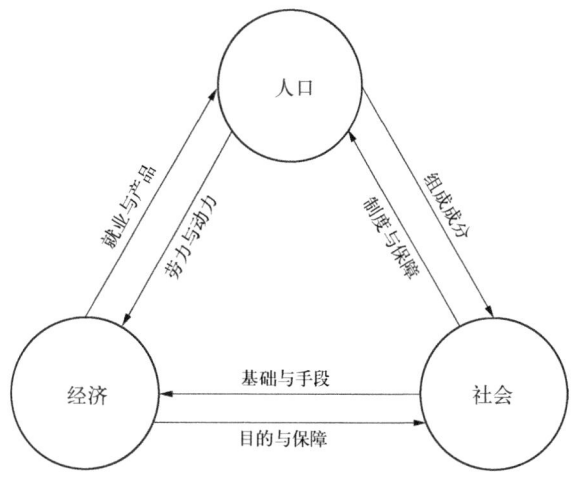

图 3-7 经济与社会子系统关系

2) 城市化、工业化进程的推进。随着经济的发展,第二、三产业比重越来越高,城市中加工工业与新兴产业的快速发展,吸引了大量的农村剩余劳动力向城市转移,人口在地域和产业间均出现大规模流动,工业化和城市化程度不断提高。

3) 就业结构的改善。经济发展带动产业结构的调整,三大产业比重及发展速度的变动,导致其对劳动力的吸引力发生改变,产业结构和所有制结构的变化直接影响着社会的就业结构特点,三大产业从业人员比重得以改善。经济结构的调整和升级而产生的就业机会的转移,不仅意味着新的经济活动部门在国民经济中地位的上升,同时也意味着其中就业成分、经济、社会地位的变化。产业结构从以第二产业为主向第三产业为主的转变过程,带动了从业人口从工业向服务业的转移。就我国而言,就业结构中第一产业从业人员比重不断下降,二、三产业就业人员比重上升,就业结构日益均衡,不断优化。

4) 经济发展对人口数量与素质的影响具有极为重要的意义。人均收入的提高和人们生活方式的改变,有助于降低人口增长率。目前,经济发展水平较高的地区,如北京、上海等,人口自然增长率往往较低。经济的发展可以提高科教水平,提高人口素质,增加劳动力技能,改善人口质量。随着经济水平的提高,人口出生率、死亡率降低,人类社会不可避免地会经历一个由人口红利期向老龄化社会过渡的过程,老年人口所占的比重越来越高,经济发展水平是人口结构变动的重要因素。

5) 社会文明的提升与稳定。经济增长是社会稳定的一个必要条件,只有在实现温饱,基本需求得到满足的条件下,人们才能够安定生活。经济增长使人们的素质得以提高,生活方式得以改善,在现代化社会中,人们会形成新的社会文明,利于社会的稳定。此外,片面追求经济发展的速度,可能导致社会系统不稳定或者崩溃,引起社会失序,从而产生各种社会问题,如就业问题、犯罪问题、吸毒问题、离婚问题、饥荒问题等。

(二) 社会进步是经济发展的最终目的

社会子系统的发展是经济子系统得以发展的最终结果和目的,同时也是经济发展的保障。社会发展是一种以人的发展和幸福为目的的社会状态,是人类奋斗和追求的最终目的。一切经济活动,都是为实现这一目的服务的。因此从某个角度讲,社会发展也是经济发展的最终结果。同时,社会发展通过一系列法律制度、政策以及社会体制,为经济发展提供基本的保障,促进经济健康、快速发展。

社会进步意味着先进的生产力发展水平不断满足人们的物质需求、精神需求和生态文明需求等一系列发展需求。我国经济发展在经历了改革开放之后 30 年的高速增长之后,把发展的重心开始向社会发展倾斜,重点解决制约社会进步的"民生"问题。提出了"构建社会主义和谐社会"的目标和任务:社会主义民主得到发扬,依法治国的基本方略得到落实,人民的权益得到尊重和保障。城乡、区域发展差距扩大的趋势逐步扭转,合理有序的收入分配格局基本形成,家庭财产普遍增加,人民过上了更加富足的生活;社会就业比较充分,覆盖城乡居民的社会保障体系基本建立;基本公共服务体系更加完备,政府管理和服务水平有较大提高。全民族的思想道德素质、科学文化素质和健康素质明显提高,良好道德风尚、和谐人际关系进一步形成。全社会创造活力显著增强,创新型国家基本建成。社会管理体系更加完善,社会秩序良好。资源利用效率显著提高,生态环境明显好转。

二、经济-社会子系统的实践冲突

在发展的过程中,由于受到经济利益的驱使,人们往往会迷失发展的价值性和目的性,盲目追求经济利益,最终导致人类生活质量、生存环境、居住条件、社会秩序与文明的下降,使得"物本和人本"产生背离和转换,导致经济与社会子系统陷入恶性循环,最终阻碍二者的发展进步,不利于可持续发展的实现。

处在不同的发展阶段,经济-社会子系统实践冲突表现形式不同。我国处在工业化、城市化加速发展阶段,经济的过快增长带来了诸多社会矛盾。关注社会问题的解决,协调经济-社会子系统的关系,成为我国现阶段的主要任务。现阶段相对落后的国家创新体系、不健全的基本公共服务体系、落后的公共安全体系、失衡的社会文明已经阻碍了国家的可持续发展。

(一)庞大的经济规模和相对落后的国家创新体系

自1978年改革开放以来,我国经济实现了长足的发展,经济规模迅速扩大,经济发展质量不断提高。1978年,我国国内生产总值只有3 645亿元,居世界第10位,而2010年我国国内生产总值则达到401 202亿元,居世界第2位,经济总量增长了109倍,逐步发展成为世界经济大国。但是,依靠资金、劳动力和资源的高强度投入实现的庞大经济规模,存在着经济效益低下,自主创新技术和产品较少,发展后劲不足等问题。与投资、生产能力、劳动力供给等生产要素相比,技术创新能力,特别是自主创新能力已经成为我国经济社会健康稳定发展的关键制约因素。技术创新能力的不足不仅影响了经济增长的效益,也严重制约了经济社会可持续发展中的能源、矿产、水资源以及生态环境等的综合利用效率。因此,国家创新体系的建立与完善刻不容缓。

现阶段我国的国家创新体系仍然相对落后,这对我国庞大的经济发展规模是一种制约与冲击。现有国家创新体系没有能够建立真正解决科技和经济有机结合的机制,科技与经济脱节的现象仍然存在,科技成果的转化率远远低于西方发达国家的水平,科技优势缺乏转化为经济优势和竞争优势的动力与实践。一方面,我国一些重大科技主要面向科研机构,企业参与的比例不大,科技计划与企业发展脱节。同时,由于综合能力的欠缺,科研机构开发研究的一些科技成果缺乏内在的现实转化与之相配套的中试平台,这就造成供需双方的矛盾和科技成果转化的困难;另一方面,我国长期以来以粗放的劳动密集型和资金密集型为主的经济发展模式,使得经济部门缺乏对技术进步的强烈需求,企业发展缺乏长远规划,单纯以简单的技术引进和技术改造来替代自主技术创新,没有把技术创新真正放在重要位置上;另外,国家创新体系的建立与完善涉及多个环节、多个部门,要求组织管理的协调集成,但是我国传统的管理体制使科技的产生与使用成为几个不同部门的事情,创新体系各要素相互联系和作用的市场机制并未真正建立起来,造成组织管理协调集成程度的弱化和科技成果难以向市场转化的脱节;同时,我国仍然缺乏完善的支持科技创新的政策法规以及强有力的推进科技创新和成果转化的执行力度,中介机构的不完善和支撑服务体系的薄弱使得科技创新难以形成一个秩序井然、充满活力的系统。

加快构筑与完善我国国家创新体系。第一,要充分意识科学技术是第一生产力的思想,落实科教兴国战略,以经济和社会目标为导向有序开展各项创新工作;第二,我国国家创新体系的建设应立足于我国当前庞大的经济规模和未来发展的需要,在开拓前沿领域的同时,也要注重发展现有的高技术产业、用高技术改造传统产业及发展农业和农村经济;第三,要从机制和体制上解决好科技与经济结合的问题,促进科技转化率的提高,提高经济社会发展的能力和实力;第四,要注重创新体系网络化的建立与发展,提高创新系统多元化要素的有效使用与协同,构建知识与技术的创造、获取、转移和应用的网络。

（二）发展成果的共享与基本公共服务体系的不健全

作为社会主义国家，坚持发展为了人民、发展依靠人民、发展成果由人民共享，是我国经济发展的出发点和落脚点。当经济发展到一定阶段，如果任由发展成果不能惠及全体人民、基本公共服务缺失严重的现象持续恶化，将导致社会公平失衡、引发社会矛盾，进而影响经济的进一步发展，成为阻碍区域可持续发展的桎梏。

近十多年来我国出现的逐渐拉大的贫富差距、日益失衡的劳资关系、持续扩大的城乡差距以及突出的流动人口与固定户籍人口之间的利益分歧问题等，都反映了我国社会经济发展现实中存在着差距、矛盾与冲突，这也在很大程度上表明我国在发展成果的共享上存在一定的不公平和不均衡。以基尼系数为例，近年来我国的基尼系数一度上升到 0.45，这反映了在社会分配的过程中，贫富差距正在拉大并且有持续拉大的趋势，一部分人充分享受了社会经济发展成果，而另一部分则在社会经济发展中受益不大；再以劳动所得与资本的回报之间的比重关系为例，资本所得的回报从总体上来讲是长期畸形偏高，而劳动者的劳动报酬则可以长期的畸形偏低。例如，农民工对地方经济的持续高速增长贡献了很大的力量，但是其工资待遇则很低，在所在的城市也没有很合理地、很好地分享到城市经济发展的成果；同样，城市和农村之间也存在发展成果分布不均的现象，长期以来在"剪刀差"以及其他政策性原因的影响下，我国城市迅速发展，享用更多的国家经济发展成果，而农村发展则相对受到抑制，农村、农民所占有的发展成果份额相对偏少，这就造成城乡差别越来越大的问题。由此可见，我国当前距离社会经济发展成果的共享仍有一定距离，社会公平问题亟待解决。

发展成果的共享是社会进步的重要标志，而解决民生问题、补齐社会事业的短板是我国在寻求可持续发展道路上优先要解决的问题。收入分配差距、上学难、看病难、住房难这一系列民生问题的解决过程是实现发展成果共享的首要任务。我国当前实现发展成果的共享和基本公共服务体系的建立与完善，应以"三大环节"和"四大制度"为重点。三大环节是指初次分配环节、再分配环节和第三次分配环节。初次分配的环节应该改变以往重积累轻消费以及重视投资者的收益回报、轻视劳动者的收益权利的分配观念，实现初次分配的相对公平；再分配环节，要充分体现社会公平的原则，通过财政的转移支付和各项福利制度的安排，来弥补初次分配的一些缺陷；借鉴发达国家以及我国香港、澳门地区的发展经验，积极发展推广第三次分配的环节，鼓励人们自觉、自愿地参与慈善公益事业、参与捐献。三大环节的有效实施，还需借助工资制度、财政制度、税收制度和社会保障制度四大制度的安排与完善。工资制度上，在确保最低工资标准作为工资底线的同时，还应当建立政府、劳方、资方三方协调机制以及工会与雇主的谈判机制，确保劳动者的工资能够正常增长；税收制度上，以提高个人所得税的起征点、确立利息税的起征点、增设遗产税和物业税、特别消费税等措施，来保障低收入阶层和贫困家庭的利益，并让高收入阶层多承担社会责任；财政制度上，要以建立谋取公共福利、增进国民福利的公共财政体制为目标，实现财政支出分配上以改善民生、保障民生为主；社会保障制度上，则应做到继续推进和完善公共卫生和医疗保障体系建设、加大投入发展以义务教育为主的国民教育、建立城乡一体化的社会救助体系、健全社会保险制度、促进各项公共福利事业的发展、大力发展慈善事业等。通过上述三大环节、四大制度的努力，逐渐缩小不同社会阶层的利益差距、化解各种现实的社会问题与矛盾，促进发展成果共享，维护社会公平正义，使区域发展更加健康、更加文明、更加可持续。

（三）不断变化的经济环境与落后的公共安全体系

改革开放以来，我国经济环境发生了很大变化。中国经济已进入开放型经济发展阶段，受世界经济秩序和世界各国之间的竞争影响越来越大；社会主义初级阶段市场经济体制的不断完善和开放，面临着诸多不公平竞争和垄断等非市场因素的挑战；经济发展方式和政府管理职能的转型，增加了不同经济利益主体的经济管理和宏观调控的难度；经济全球化一方面给世界各国参与全球资源配置提供了机遇，同时加剧了区域经济发展的竞争；绿色发展引领走向可持续发展，同时也给经济发展和企业、公众等增加很多约束性条件和社会监管的压力，限制了经济发展的速度。

近年来，我国重大自然灾害频繁发生，重大疫情传播范围不断扩大，重大突发性群体事件日益增多，各类公共安全事件已经呈现出由非常态化的偶发向常态化频发转变的趋势，这不仅给人民群众的生命财产造成了巨大损失,还极大地影响了社会稳定,甚至对经济社会发展全局也产生了重大影响。面对中国社会转型期公共安全存在的诸多问题以及落后的公共安全体系,我们需要从战略高度出发,在借鉴国外先进经验的基础上结合我国具体国情,努力构建一个高度整合的现代公共安全保障体系,全面提升政府和整个社会保障公共安全和应急管理的能力,以促进社会的和谐发展。

所谓公共安全是指多数人的生命、健康和公私财产的安全,具体包含信息安全、食品安全、公共卫生安全、公众出行规律安全、避难者行为安全、人员疏散的场地安全、建筑安全、城市生命线安全、恶意和非恶意的人身安全和人员疏散等内容。我国公共安全问题是社会转型期的深层社会矛盾及反映这些矛盾的社会问题的表征,各种社会安全问题日益增多与我国在公共安全方面政府职能的缺失、社会规范的失灵和公民安全教育的缺乏密切相关。

结合当前我国的突出性问题,公共安全体系的建设应以保障食品药品安全、严格安全生产管理、健全突发事件应急体系和完善社会治安防控体系四方面为重点,并适应公共安全形势变化的新特点,推动建立主动防控与应急处置相结合、传统方法与现代手段相结合的公共安全体系。

(四) 片面的经济增长和失衡的社会文明

片面的经济发展所导致的经济、社会和环境问题,在一定程度上可归结为当代社会文明的失衡。人类的社会实践是文明存在与发展的基石,因此建立在物质生产实践、精神生产实践、社会改革实践以及生态保护实践四种基本实践的基础之上,就形成了物质文明、精神文明、政治文明和生态文明四种基本的文明形式,而社会文明就是这四种文明的总和。社会文明的发展是由物质文明、政治文明、精神文明和生态文明四大要素交互作用而向前推进的过程,这四大要素相互影响、相互作用构成了社会文明系统。在社会文明体系中,物质文明是基础,精神文明是灵魂,政治文明是规制,生态文明是保障。经济的增长,生产力的提高,带动了物质文明的快速发展,并为政治文明和精神文明提供了物质基础;精神文明为社会发展提供强大的精神凝聚力和科学支撑,指引与促进政治文明和物质文明的发展,并有效提高生态文明的程度;政治文明为物质文明、精神文明和生态文明建设提供规制动力,是连接物质文明、精神文明和生态文明的桥梁;生态文明为物质文明、精神文明和政治文明水平的持续提高提供了可靠的基础保障。区域可持续发展需要兼顾四种文明之间的关系,实现其协调发展。只注重经济发展的情况下,物质文明可能会得到较大的发展,但是政治文明、精神文明和生态文明则相对受到抑制,其滞后或者失衡将导致社会和环境问题的频发,并最终制约物质文明的发展。我国当前所存在的一系列发展中问题,与社会文明的失衡,尤其是与精神文明和政治文明建设的落后、生态文明建设的缺乏不无关系。

建立良好的社会文明体系,实现物质文明、精神文明、政治文明和生态文明的协调发展是当今社会发展的需要。要加快转变经济发展方式,推进自主创新和技术进步,降低发展成本;倡导传统文化和现代文明的融合,引导正确的价值判断和良好的社会风气养成;依法治国,文明示人;人地互惠共荣,关怀人类,反哺自然,惠及子孙,爱护地球,真正实现经济、社会和环境的可持续发展。

三、经济-社会子系统的案例解剖

(一) 经济增长与就业压力

经济增长和充分就业是一个国家宏观经济政策的主要目标。从世界各国经济发展的历史来看,经济与就业一般存在正相关的关系,经济增长越快,越能吸纳更多的劳动力就业。经济增长与就业之间关系的著名定律"奥肯定律"认为,失业率与经济增长率之间呈反向变化,即二者存在负相关关系,经济高增长率伴随着低失业率,经济低增长率伴随着高失业率。换句话讲,就是经济的高速增长将会带动就业的增长,二者具有同向变动的趋势。

我国作为世界上人口最多的发展中国家,就业问题在国民经济中的地位尤为突出。近年来我国宏观经济运行过程中的一个重要特征是经济持续高速增长伴随着大量的显性失业人口的上升及隐性下岗人员规模的不断扩大。我国自1978年实施改革开放以来,经济取得了举世瞩目的成就。但是自20世纪90年代末起,随着我国经济体制改革的进一步深化,以及经济结构的进一步调整,成千上万的人下岗失业。与此同时,大学生、农民工就业问题也日渐凸显出来,当前我国面临着相当严峻的就业形势。

我国在1980~2010年,经济增长率与就业增长率之间存在一定的关联性,其中,1984年GDP增长最快,高达15.2%,而当年就业增长将近3.8%,也处于最高水平,说明这个时期经济增长对就业的拉动作用是明显的。1990~1998年,这个时期我国就业增长率的变动轨迹与经济增长率的变动轨迹关联性不强,经济变动呈现倒"U"形,而就业变动总体上几乎维持一条水平线。1998~2006年经济增长率超过8%,但就业增长率没有显著变化,说明经济增长对就业增长的拉动效应变得微弱。2006年之后,我国经济再度显示较快增长速度,但较高的GDP增长不仅没有带动就业增长出现回升的苗头,反而失业率不断攀升。这些都显示中国经济增长与就业增长之间存在很大的非相关性,中国经济的高速增长并没有带来就业的快速增长。具体原因在于我国就业总量压力和结构性矛盾突出。

丰富的劳动力资源是我国最大的竞争优势,但也带来了巨大的就业压力。主要体现为:第一,新增劳动力供给量大。2001年我国新增劳动适龄人口1 100万人,2002年达到1 400万人,据估算,以后每年新增劳动适龄人口相当于欧洲一个中等国家的人口。第二,农村剩余劳动力转移数量庞大。随着农业生产力的提高和工业化的推进,大批农业劳动力向非农产业转移,每年进城务工的农村劳动力数量为800万~1 000万人。第三,城镇登记失业人口和下岗工人逐渐增加。我国经济体制改革和企业制度的创新从根本上打破了传统计划经济体制下以指令性计划安置为主导的福利型就业制度和就业保障体系,提高了劳动生产率,同时也释放出相当一部分剩余劳动力,城镇登记失业和下岗失业人员越来越多,预计到2015年,我国需要为大约2亿人口提供非农就业岗位,超过了改革开放以来20多年中所创造的1.7亿个就业岗位,与此同时,经济增长在未来10年中将创造大约1.8亿左右的就业机会,劳动力供需缺口累计达到2 000万左右。

此外,就业的结构性矛盾十分突出。随着我国经济增长方式的转变,即由粗放型的经济增长方式向集约型的增长方式转变,企业从依靠资源、高耗能、高投入来提高市场竞争力逐步转变为依靠科技创新、管理创新、劳动者队伍素质提高上。这就使原有企业的职工由于缺乏相应的技能而不能再适应现有的岗位,进入失业队伍。加之我国高等教育对人才的培养和输送以及企业管理水平的日益提升,优胜劣汰使一些管理层人员也出现了下岗失业的现象。另外,由于经济增长方式的转变和科技的进步,使一些原有的企业不再适应市场的发展,逐步被市场所淘汰,引发了失业问题。随着高校规模的扩大,向社会输送的人才也出现数量增多、结构与市场脱节的问题,大学生就业难也成为社会问题。

目前,我国劳动力的数量过剩和结构性矛盾日益突出,这种落后的人力资本状况势必会阻碍我国经济持续增长的发展前景。首先,应积极地发展劳动密集型产业、促进乡镇企业的发展,增设基层服务岗位,促进农村第三产业的发展,创造就业机会,同时及时发放各类补贴解决短期的就业问题,维护社会的稳定。其次,各大高校人才培养应符合国家发展的需要,结合企业增加大学生的实习经历,提高大学生就业的资本。另外,大力发展高职类教育,促进技术学校的发展,为国家培养技术型人才。对于下岗的人员和农村进城务工的劳动力进行技能培训,增加他们找到新工作的胜算,树立人力资本的观念,把劳动力作为一个能动的、最活跃的生产要素,增加对人力资本要素的培养力度,以达到尽快提升劳动者队伍的整体素质,使劳动力的供给结构和需求结构之间相匹配,减少全国的结构性失业。

(二)经济总量增大与收入分配差距扩大

经济增长与收入分配关系问题一直是社会和学术界关注的重点问题之一,如何解决收入分配领域分配不公问题、消除收入分配差距过大对社会稳定和经济增长的不利影响,已经成为当前我国经济增长过程中亟待解决的重大问题。从20世纪五六十年代开始,许多经济学家如库兹涅茨、阿鲁瓦利亚、交纳德·坎勃等就对经济增长与收入分配不平等之间的数量关系进行了探讨,其中最为著名的是库兹涅茨的"倒U"假说。他认为随着经济的发展和人均国民生产总值的增长,收入分配的不平等程度起初上升,继而下降。也就是说在经济发展的初期阶段,收入分配不平等程度与经济发展水平成正相关关系,当经济发展到一定阶段后,这种关系则变为负相关关系。

改革开放以来,我国的经济总量有了很大的发展,人均国民收入由1978年的381元增加到2011年的30 293元,增长了78.5倍。与此同时,无论是农村还是城镇,居民收入差距都呈明显的扩大趋势,反映农村、城镇居民收入差距的城乡收入比由1978年的2.57上升到2011年的3.13。但从其与人均国民收入的增长趋势看,二者呈一定的正相关关系。另外,有研究表明,经济增长对收入分配的影响是双向的:人均国民收入增加一方面扩大了收入差距,另一方面也在缩小收入差距。"倒U"假说在一定程度上可以对我国经济增长与收入分配的关系做出解释:在经济增长早期,人均国民收入的增加主要作用体现在扩大收入差距上,当经济增长到一定阶段以后,人均国民收入的继续增加则主要体现为缩小收入差距。目前,我国仍然处在倒"U"形的中前期,居民收入差距仍处于进一步扩大之中,并且由于我国经济体制尚处于转型时期,这种收入差距的扩大仍将会持续一段较长时间。

同时,从1996～2007年,在我国国民收入初次分配中,政府和企业的收入分配比率分别由16.5%、16.2%上升到19.7%、22.6%,而居民收入分配比率则由67.4%下降到57.9%;居民收入分配的基尼系数从1978年的0.331上升到2008年的0.469,已经超过国际警戒线(基尼系数0.40)的水平,最高收入20%人口的平均收入是最低收入20%人口的平均收入的10.7倍,这种状况已经成为影响我国社会稳定和经济可持续发展的重要因素。目前要从扩大就业和推进农村城镇化两方面落实协调经济增长和收入差距的措施。

扩大就业的途径包括:第一,推动产业结构优化升级,大力发展劳动密集型产业,特别是发展劳动密集型的中小企业,如交通、运输、商业、旅游和城市服务等第三产业。第二,促进劳动力要素的平等,打破城乡分割,建立全国范围的劳动力市场,通过流动使得报酬机会均等化。第三,促进劳动力本身教育和身份的平等。通过教育提高人的基本素质,改革城乡户籍制度,创造和分享价值的权力才能平等。

加快农村城镇化进程的途径包括:第一,改革户籍制度,逐步实现城乡一体化。第二,积极探索农村土地制度改革,改善农地征用的补偿标准形成机制,让更多的农村居民分享土地征用的增值收益,推动农地承包权的物权化改革,进一步明确耕地承包权的产权属性,推动农村居民宅基地、房屋和耕地承包权的市场化流转,加快农村土地要素的市场流转,构建农村居民土地和房屋等资产性收入的实现形式,让更多的农村居民可以充分分享土地使用权流转所获得的收益。

四、协调经济-社会子系统的途径

(一) 统筹城乡发展,提高城乡人均收入

可持续发展理念指导下的科学发展观的全面实施,我国正在逐步从追求经济总量快速增长转向关注人均国内生产总值的提高,从单纯关注人均国内生产总值的提高到关注城乡人均收入的提高转变。从十六大提出"2020年国内生产总值力争比2000年翻两番",到十七大提出"2020年人均国内生产总值比2000年翻两番",再到十八大提出"国内生产总值和城乡居民人均收入比2010年翻一番",可以发现,随着经济社会不断进步,全面建设小康社会的奋斗目标也在不断发展和完善。从经济总量指标到人民生活指标,从单纯人均指标到区域统筹指标的转变反映了我国更加关注民生,重视居民收入的提高。这也意味着城乡居民收入与经济增长挂钩,广大百姓可以充分分享经济发展带来的财富收益指标。

千方百计提高城乡居民人均收入。首先,从总体上改革不合理的分配制度,合理调整收入分配关系,逐步实现城乡居民人均收入实际增长与经济增长同步,劳动报酬增长和劳动生产率提高同步,真正让百姓分享不同发展阶段经济增长和劳动生产率提高的成果。其次,逐步完善城市就业体系、社会保障体系和公共服务体系,改善城市居民不同阶层尤其是下岗失业工人的生活状况。最后,通过建设社会主义新农村、新型城镇化道路的推进、新的土地制度和户籍制度的改革以及农业产业结构的调整和市场拓展等途径,不断提高农民的收入水平。同时,对大尺度空间范围的贫富差距,政府要通过区域发展政策给予强有力的宏观调控,促使城乡、贫富差距较大的区域走上共同富裕的道路。

(二) 转变经济发展方式,保障和改善民生

党的十七届五中全会明确提出"坚持把保障和改善民生作为加快转变经济发展方式的根本出发点和落脚点"。从理论上说,供给与需求的共同扩大、同步增长才会有经济的发展,大于现实需求的供给属于过剩生产,会带来资源配置的浪费及低效率,所以转变经济发展方式最主要的是从过去主要依靠扩大供给需求推动

发展转变为更多地依靠扩大消费需求推动经济发展,从生产主导型增长转变为消费主导型增长,由重财富增长转变为重福利增长。从这个角度而言,转变经济发展方式主要依靠扩大消费需求向经济结构全面优化转变,以更好地满足居民物质文化生活不断增长的需要,使经济发展朝着有利于人和社会全面发展的目标前进,真正做到全面协调可持续发展。

民生连着内需、连着发展、连着公平与和谐。保障和改善民生,是经济发展的持久动力,是社会进步的牢固基础,关系到国家的长治久安。应建立健全社会保障体系,切实解决民众的就业、医疗、住房、教育等民生问题;大力发展老百姓经济,增加人民群众的收入。

(三) 兼顾效率与公平,构建和谐社会

效率和公平总体上是对立统一的,公平和效率的选择是每个社会都必须面对的问题。一方面,效率是公平的物质基础和发展动力,公平的实现必须要有一定的财富积累,只有提高效率,才能实现真正的公平;另一方面,公平又是效率的前提和保障,良好公平的社会环境可以充分调动人的积极性,只有充分调动人的积极性,才能提高效率。总之,效率为公平提供了基础,公平为效率创造了条件。没有效率,就不会有公平;没有公平,也不会产生效率。

在改革开放初期,"效率优先、兼顾公平"是我国进一步扩大和深化改革的强力推进器。它不仅适应了市场经济条件下发展生产力的客观要求,而且还冲破原来的平均主义思想,对推动经济社会的发展和解放思想都具有重要意义。在"效率优先、兼顾公平"的原则下,我国经济得到了快速发展;同时,不断加大的城乡收入与社会贫富差距等社会问题不断涌现,这就要求我们必须对"效率优先、兼顾公平"有一个重新认识。2004年9月,在十六届四中全会上,"构建社会主义和谐社会"的提出表明了我国开始在效率与公平之间重新寻找新的平衡点,标志着从"效率优先、兼顾公平"到"兼顾效率与公平"的转变。

构建社会主义和谐社会,兼顾效率和公平就是要求在提高效率的同时更加注重社会公平,实现效率和公平的统一。首先,立足于社会主义市场经济,继续提高效率、发展经济。以市场机制来调节经济活动、配置社会经济资源,有利于资源配置效率的提高。市场经济是效率经济,通过加快国有企业改革步伐、加快各生产要素市场的发育以及突出按生产要素分配的分配方式等可以调动人们和各级部门的积极性,促进市场经济效率的提高。其次,切实赋予各类市场主体平等的经济地位、法律地位和发展权利,要从经济活动的起点上为人们进入市场、参与市场分配提供均等的机会。再次,加强和改善宏观调控,切实有效地发挥政府对不同收入群体进行再分配调节的作用。同时,要加快建设与经济发展水平相适应的社会保障体系,完善城市和农村居民最低生活保障制度和医疗保险制度,健全失业保险制度,对贫困群体实行社会救助和救济等。

第三节 社会-生态环境子系统的相互关系

一、社会-生态环境子系统的理论关系

社会-生态环境子系统是由人类社会的各种因素和生态环境的各种因素构成的系统。人类社会和生态环境的相互作用推动并加速两者的共同变化。一方面,生态环境是人类生存的自然基础,为了满足社会生活的需要,人类不断开发、利用和改善生态环境,成为改善生态环境的巨大力量。另一方面,现在的生态环境单纯依靠自身的调节作用已不能实现自身协调发展,必须依赖于社会进步。

(一) 社会对生态环境的影响

1. 人口对生态环境的影响

人类活动必然引起生态环境的变化,而且随着人口的增长和生产规模的扩大,引起生态环境的变化也越来越大,这是不可避免的。但是,人类活动引起的生态环境变化,却不一定要破坏自然,因原生自然生态系统对人而言不一定是最理想的。人运用自己的智慧,通过劳动且按照生态规律,可以建设比原有自然生态系统有更高生产力的人工生态系统。但是,如果人口激增,人类活动违背由生态规律和经济规律建立的生态系

统,则会给生态环境带来不良影响,甚至造成严重的污染和破坏。

人口增长对生态环境影响的过程十分复杂,既有人口增长直接作用于生态环境的过程,也有通过多种途径间接作用于生态环境的过程。在我国,人口增长对生态环境产生的影响主要体现在因对资源的过度需求、对资源的过度开发导致的生态环境恶化。

中国人口数量占世界总人口的22%,但中国耕地面积仅占世界总耕地面积的7%,人均占有耕地资源少。中国现在的复种指数,在全世界是最高的。对土地压力的无限制增大,使其生态平衡变得很脆弱,导致水土流失加重、土地沙漠化蔓延、土壤肥力递减,使农业自然灾害频繁发生。为了满足人口增长和经济建设的需要,长期以来对森林资源的采伐量居高不下,加之"由近及远"的不合理集中采伐方式,已造成开发林严重过伐,资源枯损。据统计,在全国140个林业局中,已有61个局处于过量采伐状态,有25个局的森林资源已基本枯竭。中国矿产资源人均占有量不足世界平均水平的一半,居世界第80位。规模巨大的采矿业和原材料加工业都是三废的"生产大户",是水体、大气、土地的重要污染源。随着人民生活水平的提高,城市人口的膨胀和经济发展,人均用水量、生活用水量和生产用水量大大增加,导致大范围的缺水现象。人口急剧增长不断扩大对耕地的需求,"围湖造田"现象就是在这一动因下产生的。它严重地破坏了地表水资源。据统计,由于围湖造田,使我国湖泊的数量由2 800个减少到2 350个,减少了16%,湖泊面积减少了11%。我国能源结构以煤为主,目前,我国按人口平均能源消费量为每人每年0.8~0.9吨标准煤。我国每年新增人口1 500万人,能源需求量要增加1 350万吨标准煤。这种逐年增长的能源消耗大大地超过了生产供给能力。同时,使得中国目前严重的煤烟型大气污染加剧。

2. 消费方式对生态环境的影响

人类对生态平衡的压力和对环境的影响不仅体现在人口数量的过度增长上。和其他生物物种不同,人类不单纯满足于维持最低生理需要的水平,而是不断追求更高的生活质量,从而需要向自然界索取更多的生产和生活资料并向环境排放更多的污染和废弃物。

由于各国的经济发展水平和环境资源条件不一样,人们的生活水平和生活方式存在巨大的差异,人均占有和消耗的资源也差距悬殊。例如,美国每人年平均钢材耗用量为一般发展中国家和地区的37倍,铝耗用量为85倍,总的能源耗用量为30倍,与一般发达国家相比也多一倍左右。总体来讲,约占世界人口30%的发达国家和地区每年所耗用的矿物资源却占世界总耗用量的90%左右。世界商品能源的消费也主要集中在美国、日本、德国以及其他工业发达国家。这些国家的人口仅占全球人口的1/5,而其商品能源的消耗量却占全球消费总量的85%;反之,发展中国家的人口占世界总人口的70%,但能源消耗量只占15%。据估算,如果全世界人民都按美国的水平消耗矿物资源,则人类所需的16种主要矿物中,有7种将于10年内耗尽(如金、银、汞、锡、钨、锌、铅)。其余矿物除铁和铝以外,都将在200年内用完。

不同经济发展水平下的不同消费方式,导致对全球资源占有的不均衡。尤其是发达国家的奢侈消费,消耗了更多的资源。维持公平的世界秩序,就要求发达国家首先承担控制污染和改善全球环境的责任,并照顾发展中国家要求发展民族经济和提高人民生活的正当要求。但发展中国家在选择发展经济的道路时,应充分吸取发达国家曾经有过的教训,避免继续走资源浪费和先污染后治理的老路。全人类面对地球危机,都要倡导绿色消费方式,节约资源,减少污染。

3. 文化对生态环境的影响

文化的力量是伟大的。人类之所以能认识自然、改造自然、掠夺自然以及处理人与人之间的关系并维持自身的和谐发展,都是由于人类拥有文化的力量。同样,人类之所以能自觉地处理好人与自然、人与人、人与其自身的关系,也是因为人类拥有了文化的力量。面对当前人类所遭遇的种种环境难题,人类有必要重新审视自己的文化,从文化的视角去寻求破解的良机。

在人类的文明史中,人类对生态环境的认识和态度占据了重要的地位,并在不断地变化发展。按照人类与自然打交道的方式,人类经历了四种文化形态:渔猎文化、农业文化、工业文化和目前正向信息社会迈进的智能文化。不同的文化发展时期,人类以不同类型、不同模式的文化作用于其生存的环境,也不可避免地会产生不同的环境后果。其中,渔猎文化和农业文化对生态环境破坏较小,以人类中心主义为特色的工业文化却造成了当代全球性的生态环境危机,信息社会的智能文化则对生态环境的恢复具有积极的作用。原始社会的渔猎文化属于"生态无为型"文化;封建社会的农业文化属于"生态改造型"文化;现代社会的工业文化属于"生态掠夺型"文化;知识经济社会的智能文化属于"生态恢复型"文化。

信息社会的智能文化,是一种进入知识经济社会后比工业社会科学文化更高级的文化类型。信息技术的发展向人们展示了比以往更加丰富、更加广阔的智能生活空间,极大地改变了人们的工作方式和生活方式。生产的发展主要依赖于人类智能资源的开发和利用,知识成为生产发展最主要的驱动力量。与工业社会的传统工业生产相比较,它对生态的影响增加了生态环境状况好转的可能性。知识经济和智能文化对生态的影响有两种可能:第一,有可能提高资源利用率,减小开发的强度,使恶化的生态得以恢复;第二,有可能提高资源利用率,但开发的强度有增无减,生态环境继续恶化。应当说,这两种可能都是存在的。由于作为知识经济基础的信息技术本身并不能直接决定自然资源的开发强度和生态环境状况,以知识和智能为基础的智能文化还没有把协调人与自然的关系确立为自己的核心内容,对"人类中心主义"的桎梏还没有完全摆脱,对人类生态行为还缺少"生态学化的"约束机制,所以在信息社会中仍然会存在有待解决的生态环境问题。

生态文化是人与自然关系历史发展的必然趋势,也是人类文化自身发展的必然结果。这也就是说,作为人类文化发展崭新阶段的生态文化,它的形成并不是凭空的幻想,而是由人与自然关系和文化发展的客观规律决定的文化进化现象。生态意识是一种以生态学理论为基础的价值取向。这种价值取向所体现的价值标准,既不是单纯的自然的外在尺度,也不是单纯的人的内在尺度,而是人与自然的双重尺度的统一。它在生态文化的系统结构中居于核心层次,是具有决定意义的内容。随着人类生态意识的全面觉醒,人类的自我地位观念将发生根本性转变,整个人类文化也将随之进入人与自然协调发展的新阶段,即生态文化阶段。

实际上,生态文化是人类对自身行为深刻反思的结晶,是一种崭新的文化形态,是继知识经济社会的"智能文化"之后的更为高级的文化形态。它要求人类必须全面摆脱"人类中心主义"的桎梏,体现了高科技与高污染时代生态环境的新要求,它将从根本上杜绝农业文化与工业文化时代产生的环境问题。

人类因其智慧而成为自然的征服者。把人类从自然的主人再返回到成为自然的朋友,这就是我们选择的生态文化。生态文化的选择应该是人类在其生存危机面前的一种自觉。科学技术曾经使人自大,生态文化让人类清醒地认识自己,用一种整体的和谐方式来善待自然。可以说,新的生态文化关于人与自然关系的观点,既克服了"人类中心主义"的片面性,同时又肯定了人类伟大的能动作用,对人类在自然中的地位和作用给予了明智而合理的规定。生态文化将更加完善"智能文化"对生态环境的修复,并为人类解决全球性的生态环境危机指明了出路和前景。

4. 科技对生态环境的影响

人类有别于其他动物的特征之一,就是人类能创造和使用工具,还能用特殊的文字符号去解释自然。就是说,人类比其他动物更具有一种科技能力。借助这种能力,人类才能创造出大自然中本不存在的东西——人类文明。

科技在不断演化,人类文明也在不断提升。人类的现代化进程,就是依靠科技力量将自然资源转化成可用财富的进程。所谓的现代化社会,从某种意义上说就是人均资源消耗越来越高、排污量越来越大的社会。这种过多依赖于稀缺性和污染性资源的科技是不可持续的。因此,我们必须探索新的、可持续的生态科技之路。在全球资源环境压力下,各国纷纷全力发展新能源和循环经济。新能源的开发(氢能、太阳能、风能等清洁丰裕能源)和循环经济的发展(资源的循环可再生利用,"零垃圾"与"零排放")正将人类文明推向一个新的转型阶段。转型的关键在于探索"生态科技之路",新能源和循环经济即是生态科技之路的核心。

一定的科技系统,指向一定的资源范围。传统工业文明科技指向稀缺、污染、不可持续的资源范围,而生态工业文明科技则指向丰裕、清洁、可永续利用的资源范围。围绕循环经济与新能源开发,构建新伦理、新制度、新文化,使生产方式、生活方式和社会管理方式日趋生态化。为了环境保护与可持续发展,人类科技必须超越传统工业文明的科技模式,发展生态工业文明的科技模式。这是一项全人类共同的、艰难的事业。

(二)生态环境对社会的影响

生态环境对社会的影响主要表现在对人口数量、质量和人的文化的影响上。

1. 生态环境对人口数量、素质的影响

生态环境对人口数量变化的影响,主要是通过影响生育率和死亡率来实现的。一般而言,生态环境因素不是直接影响人口死亡率和生育率的主要因素,往往和社会因素结合在一起间接影响人口的生育率和死亡率。在自然环境因素中,气候、水、土壤,特别是自然灾害(像火山、地震、洪涝、热带风暴)对死亡率有着明显的直接(或间接)影响。日益严重的全球性的环境污染问题,对人口死亡率上升的影响也越来越明显。

环境对一个地区的生活水平、教育水平以及科学技术发展进程的影响也会影响到人口素质,尤其是对身体素质也就是人口健康的影响更为明显。地球表面各种化学元素分布是不均一的,在一定区域某些化学元素富集或贫乏,导致当地居民身体内相应元素的含量过多或缺少,当超过了人体生理功能调节范围时,就破坏了人体与生态环境之间的平衡,使机体的健康受到损害,甚至发生某种地方病和流行病。例如,在环境中缺乏碘,可导致地方性甲状腺病的发生和流行;环境中含氟量过多,可引起氟骨症。另外,如克山病和大骨节病,虽然致病原因迄今还是个谜,但初步研究证明,这两种地方病与发病区微量元素硒缺乏有关。我国化学地理工作者研究了地方性心肌病的地域分布,发现高发病区大致呈长条状分布:北起兴安岭,经太行山、六盘山到云贵高原,正好是我国东部平原-丘陵区与西部高山区的过渡带。这个地带出露的岩石主要是陆相碎屑沉积岩、黄土、变质岩等。这些岩石出露的地区不但水质软,而且钼的含量低。在日本,人们发现脑溢血病的分布与食用水的酸度有明显关系。这是继查明富山县神通州骨痛的病因后震动国际的又一发现。人口健康受到自然地理环境一定程度的影响。环境污染对人口素质产生了重要影响。有人估算,现代工业社会中,按人口平均,每年从地下挖掘出的各种矿物重达25吨。通过生产、加工、炼制、燃烧等过程向大气、水体、土壤排出大量的污染物,恶化了人类赖以生存的环境,影响了全球气候的变化。反过来,环境中的有毒、有害物质(尤其是那些致癌、致畸、致突变的化学物质)将对人群健康产生极大的危害。据世界卫生组织(WHO)估计,全世界每年约有300万人死于主要由环境污染造成的癌症,每天约有2.5万人的死亡与饮用受污染的水有密切关系。在发展中国家,每年约有1万人死于农药中毒,40万人以上受到严重伤害。愈来愈多的研究还证实,许多污染物可在胎儿和婴幼儿身上积累,损害他们的正常发育,影响人口素质。

2. 生态环境对文化的影响

任何文化的产生都离不开特定的环境,因为"人类文化必然产生、发展于一定的空间范围,它必然要打上环境因素的烙印"。从本质上说,文化是人与生态环境相互作用的产物,人正是在与生态环境的关系中创造了文化,使人和生态环境达到统一协调。

自然地理环境是人类文化形成的基础,是人类赖以生存与活动的场所,同时还是给人类提供各种资源,可供人类使用和利用的对象。由于地球上不同地区的地形地貌、位置环境、纬度气候等各不相同,在此基础上形成的区域文化特点也各不相同。一方水土养一方人,地理环境不同,人们的生产生活方式乃至思想观念也就存在差异。在中国广袤多态的土地上,很早就出现了农业、牧业、渔业、林业、采集、冶矿、手工业等多种不同的经济形态,相应地,各地的社会行政制度、人们的思想观念、风俗习惯等也就有所不同甚至差别极大。

如果说,特定的地理环境只是影响文化形态的外在因素,那么人文环境便是规定文化走向的内在力量了。人文社会环境主要是指人们的物质生产方式与社会组织结构以及心态、观念等。一方面,社会经济类型的不同往往会导致文化类型的不同,经济类型的改变和经济水平的提高也会影响文化的变化与发展。另一方面,社会政治状况与组织结构的不同,也会造成人们在哲学、宗教、文学艺术等方面的差异。中国文化植根于农业经济基础之上,色彩浓重的宗法思想、绝对君权的专制主义,无不给文化打上了鲜明的人文色彩和烙印。

二、社会-生态环境子系统的实践冲突

环境和资源属于公共财产,破坏环境、浪费资源将会给他人和社会带来外部不经济性,但却可以降低生产者的边际私人成本和增加消费者的边际私人效应。环境资源本身的公共物品属性使得市场经济并不能解决所有的环境问题,相反有些资源环境问题反而在市场经济的作用下变得更加恶化。随着生活水平的提高和人们环境意识的觉醒,良好的环境质量日益成为稀缺资源。在当下我国社会发展阶段,社会-生态环境子系统的矛盾冲突主要表现在以下几方面。

(一) 环境突发事件与人体健康、公共安全和社会稳定

根据《国家突发环境事件应急预案》的定义,环境事件是指由于违反环境保护法律法规的经济、社会活动与行为以及意外因素的影响或不可抗拒的自然灾害等原因致使环境受到污染的事件,人体健康受到危害,社

会经济与人民群众财产受到损失,造成不良社会影响的突发性事件;突发环境事件指突然发生,造成或者可能造成重大人员伤亡、重大财产损失和对全国或者某一地区的经济社会稳定、政治安定构成重大威胁和损害,有重大社会影响的涉及公共安全的环境事件。随着社会经济的发展,人们的生活水平日益提高,突发性环境事件的发生也趋于频繁,仅2010年,环境保护部共接报和调度处置的环境突发事件达149起。从中石油公司兰郑长成品油管道柴油泄漏事件到甘肃酒泉市瓜州县儿童血铅事件,从吉林省集安市通沟河柴油泄漏事件到福建紫金矿业"7.3"泄漏污染事件,接踵而来的重大环境突发事件,给群众的身体健康、公共安全和社会稳定带来了严重影响。

突发环境事件的发生及其处理过程对社会稳定往往会造成许多负面影响,主要表现在:一是由环境突发事件所直接引发的社会失序,具体表现为大众恐慌、群体冲突等。自2004年以来,一系列重大环境突发事件往往都伴随着规模较大的群体性事件,如2004年四川沱江特大水污染、2005年浙江东阳化工污染和松花江特大水污染、2009年江苏盐城水污染、陕西凤翔铅污染和湖南浏阳镉污染等。据估计,近年来我国由环境污染引发的群体性事件以接近年均30%的速度递增,其对抗程度明显高于其他群体性事件,成为威胁社会和谐与稳定的重要因素。二是由于环境突发事件及其处理过程所造成的对社会信任的损害。一些人为蓄意制造的突发环境事件,对社会信任造成巨大挑战和威胁。如江苏东海人为蓄意倾倒有毒化学废弃物事件,山东沂南亿鑫化工有限公司故意排放大量含砷有毒废水污染南涑河事件,云南曲靖陆良化工实业有限公司将5 000多吨工业废料铬渣非法倾倒污染珠江源南盘江事件等。这些环境事件明显弱化了公众对于企业以及相关方面的信任。三是在环境突发事件处理过程中对于社会公正的损害。一般而言,环境污染对农村地区以及直接依赖环境资源以获取生计的农民可能造成更多的损害,而农民规避损害的知识与能力也是相对不足的。与组织严密并且掌握更多社会资源的污染企业相比,分散的公众也处于相对弱势的地位,其在寻求补偿和赔偿的过程中往往也会遭受不公正的对待。四是在环境突发事件处理过程中所呈现的主导价值对于社会价值的损害。例如,在一些突发环境事件发生后,受害者的赔偿要求得不到满足,排污单位和有关部门甚至无视他们的维权意愿和赔偿要求,相关政府对于排污企业的庇护,排污企业与一些社会主体的利益结盟使得应对这些事件时所遵循的逻辑严重歪曲了社会的价值导向,漠视了人的尊严和生命。环境突发事件对社会稳定的负面影响中,除了第一个方面是明显可见的,其他三个方面相对来说比较隐性,但一旦造成损害,则具有长期性、连锁性影响,并且会引发整体性社会危机。

(二) 干净水、清洁空气、放心食物与环保基本公共服务均等化的需求

环保最终的目的是为了人的生存和发展,环境状况与人的健康状况息息相关,良好的环境质量是满足人们生存的基本需要之一。随着社会的发展,公众对环境的需求、愿望越来越强烈。从马斯洛的需求层次理论来看,生理需求是人类维持自身生存的最基本要求,包括食物、水、空气和住房等需求,如果这些需要得不到满足,人类的生存就成了问题,只有满足了较低层次的需求,人才会有意愿去追求更高层次的需求。从这个意义上说,干净水、清洁空气、放心食物等是人类最基本需求。而近年来水污染、空气污染和食品安全问题越来越突出,喝干净水、吸清洁空气、吃放心食物已经成为重大的民生期待。切实保障公众的身体健康和生命安全,治理空气和水污染、根治食品安全问题是政府履行公共服务职能的客观要求,是缓解民生焦虑、提升国民幸福感的重要着力点。《国家环境保护"十二五"规划》提出了"环保惠民,促进和谐"的基本原则,要求环境保护以人为本,"将喝上干净水、呼吸清洁空气、吃上放心食物等摆上更加突出的战略位置,切实解决关系民生的突出环境问题"。

按照公共产品理论,公共产品是私人产品的对称,是指具有消费或使用上的非竞争性和受益上的非排他性的产品。而基本的环境质量、不损害群众健康的环境质量符合纯公共产品的非竞争性、非排他性的基本特征,是一种典型的公共产品,因此环境保护应是基本公共服务的重要组成部分。现阶段我国环境基本公共服务总量不足、区域不均、城乡不等现象严重。从供给水平来看,我国环境保护投入长期不足,历史欠账较大,农村仍有8 000多万人饮水不安全,大城市雾霾天数接近全年的30%~50%,30.5%的县城没有建设污水处理设施等。从区域来看,东部经济发达地区环境基本公共服务水平相对较高,中、西欠发达地区水平较低。例如2009年,天津、山东、浙江、北京、重庆5省(市)的城镇生活污水处理率在78%以上,而广西、贵州、湖南、海南、青海5省(区)不足40%。从城乡来看,越往基层环境走,基本公共服务水平越低,尤其是农村地区。例

如2009年,全国城市污水处理率75.25%,而同期县城污水处理率41.64%;县级政府所在城镇和设市城市的饮用水水源地达标比例为80%,而同期农村饮用水水源地水质达标比例仅为59%。由此可见,推进环保基本公共服务势在必行。

(三) 环保信息公开与公众参与

环境资源是一种公共财产,任何人都有权参与管理,同时公众的各种行为直接影响到环境,并且公众是环境污染和破坏的直接受害者,他们对环境保护最有发言权。因此,公众参与环境决策是社会发展的必然趋势。公众参与环境保护对于我国及时发现环境法律运行过程中出现的问题,政府制定科学民主效率的决策,公众对环境的维护,缓解社会矛盾等,均具有重要意义。环境保护公众参与原则包括环境信息知情权、环境决策参与权、环境保护公众参与救济权。其中,环境知情权是公众参与的前提和基础。

公众能否知情并且积极地参与环境保护,主要取决于掌握环境信息的义务主体能否积极地公开环境信息。我国的环境信息公开制度发展较晚,2008年5月1日开始实施的《政府信息公开条例》和《环境信息公开办法》(试行),标志着我国环境信息公开制度的完善进入全新阶段。公众环境研究中心与自然资源保护委员会共同开发了污染源监管信息公开指数(PITI指数),并据此对113座城市2008、2009年度污染源监管信息公开状况进行连续跟踪评价。2011年度PITI指数平均分为40.14,绝大多数城市尚未合格。评价结果显示,我国城市污染源信息公开水平总体上继续提升,部分城市的公开状况明显改进,但仍然存在不少问题:日常监管信息不透明,企业排放数据的公开明显缺失。有些公开的环境信息不准确,其原因主要是一些企业不太愿意公开有关污染排放的数据甚至隐瞒环境污染信息;有些领导为谋取政绩,授意伪造、篡改环境信息,使公开的环境信息难以真实地反映实际情况;由于管理、设备、技术等方面原因,所搜集到的环境信息质量不高、结构不完整。我国的环境信息公开依然面临诸多严峻挑战。

尽管我国一直在强化环境保护中的公众参与,但仍有许多不足之处。第一,社会公众的环保意识整体上还比较低,严重影响了其参与的程度。目前,社会公众参与环境保护主要限于少数人大代表、政协委员以及环保专家的提案、建议和人民群众的来信来访,而对于社会调查、科学研究、发布信息、开展咨询服务等专业化的预防环境污染的活动比较少。第二,公众参与环境保护大多属于事后的末端参与,缺乏超前、系统和广泛性的活动,削弱了环境保护的效果。第三,社会组织和环保非政府组织(Neo-Govemental Organization,NGO)的影响力非常有限。非政府组织作为介于政府部门和盈利组织之间的中间组织,在环境数据调查、立法建议、环境政策监督等方面发挥了重要的作用,NGO已成为公众参与的一种有效的组织方式。据中华环保联合会发布的《中国环保民间组织发展状况蓝皮书》显示,在我国的环保NGO中,由政府扶持的官办型民间组织占49.9%,真正由民间人士发起成立的草根组织仅占7.2%。作为整体的民间环保组织的会员人数、规模、资金、号召力、组织能力、对环境有较大影响主体的制约能力、对环境决策的影响力等都很有限。

三、社会-生态环境子系统的案例解剖

(一) 社会进步与人居环境

人类从天然形成的洞穴到人工建造的房屋;从自然形成的聚居点到有选择的居民点、社区居住;从散落的村庄到一座座星罗棋布的城市……跨越了从原始文明到现代文明的飞跃。在人类历史的长河中,居住环境的改善始终伴随着人类的成长和文明进步。

人居环境是人类生存和发展的基础,其质量好坏不仅直接影响到人类身心健康,而且它还是衡量人类社会文明进步的重要标志。联合国第二届人类住区会议提出的《人居议程》中两个具有全球同等重要意义的议题:"人人享有适当的住房"和"城市化进程中人类住区的可持续发展",说明人居环境要建立可持续的人类住区,务使人类有权享受与大自然和谐的健康而充实的生活。

据联合国人居署的统计资料,在全世界目前约有30亿的城市人口中,有40%~50%的城市居民居住在贫民窟中;整个人类住区(城镇和乡村)有10多亿人缺少住房或居住条件十分恶劣,至少有1亿人无家可归,有6亿人生活在各种危害健康和生命的境况中。在没有适当的供水、卫生设施和下水道的贫民区中生活着

的居民的健康正不断受到威胁。

我国自改革开放以来,城市建设突飞猛进,城市化水平不断提高,同时城市人居环境建设与改善取得了显著的成效。但是依然存在着一些问题:一是城市生态环境的恶化。由于城市盲目扩展,房地产过热,城市用地超强度开发,加上城市化进程中农村人口大量涌向城市,城市人口密度剧增使大城市居住生态环境质量下降,水土污染、大气污染、垃圾污染、城市噪声、"三废"污染等环境问题日益突出。二是城市交通梗塞。堵车问题并未因环路、立交桥的兴建而缓解,从大城市到小城市,交通堵塞成了普遍现象。三是城市文化的消失。由于老城改造,历史街区的更新,使城市传统中断,城市可识别性缺失,有价值的建筑文化遗产破坏严重,城市的民族文化特色和地域特色消失。

(二)城乡水环境需求与水污染

当前,水资源短缺和水环境恶化已经成为我国可持续发展的瓶颈。中国人均水资源占有量只有世界人均水平的1/4,被列为全球水资源最为稀缺的13个国家之一。即便按目前的正常需要和不超采地下水,正常年份全国缺水量将近400亿m^3,每年因缺水而造成的经济损失达100多亿元,因水污染而造成的经济损失达400多亿元。

水环境是城市生态环境系统中最活跃、影响最广泛的要素,是城市产业生产中不可替代的重要资源。随着城市化水平的不断提升,我国大部分城市中水资源的需求量急剧增大,供需矛盾日趋尖锐化。在我国662个城市中,正常年份就有400余座城市供水不足,严重缺水的有110个。在32个百万人口以上的特大城市中,有30个长期受缺水困扰。城市人口有1.5亿人的日常生活因缺水而受到不同程度的影响。全国城市、工业年缺水约60亿m^3,直接影响工业产值2000多亿元。随着城市化步伐的加快,工业化迅速发展,人口增加,人民生活水平逐步提高,用水量急剧增加,工业废水和城市生活污水排放量也迅速增加。全国城市每年约有200亿m^3工业废水和生活污水未经处理就直接排入河湖,造成了90%流经城市的河道受到污染,75%的湖泊富营养化。但是目前城市水污染治理仍然滞后,污水处理管网不配套,运行效率不高,超过一半以上的城镇污水直接排放。全国还有两百多个城市没有建成污水处理厂,至少有30多个城市50多座污水处理厂运行负荷不足30%,甚至没有运行。城市垃圾无害化处理不达标也加剧了水污染。

而对农村而言,水环境既是农村的脉管系统,对雨、洪、旱、涝起着调节作用,又是农业生产的生命之源。但是我国每年农业缺水约300亿m^3,60%的耕地无水灌溉,农村还有2600万人存在着不同程度的饮水困难。90年代以来,平均每年因旱受灾的耕地达3亿多亩,正常年份和较旱年份,粮食减产100亿~250亿kg,遇到严重干旱年份,粮食减产曾高达500多亿公斤,经济作物损失600多亿元。而且随着我国经济的高速增长、人口的不断增长以及工业化和城市化水平的提高,大部分有限水资源的开发与利用将转移至工业等非农产业,由此将进一步导致农业用水的短缺。近年来,随着经济的快速发展和城镇化进程的加速,我国部分农村地区水环境状况趋向恶化。由于农业生产中对化肥毫无节制的使用造成硝酸盐污染破坏水资源,尤其是对饮用水安全性的影响明显,农村生活污水的随意排放造成了一定范围内的水污染,还有牲畜和人的粪便不经处理就排入水中,使水体存在遭受寄生虫污染的危险。随着城市产业的调整,一些耗能高、污染重、难以治理的企业转移到农村,它们在带动地方经济发展的同时,更是将大量未经处理或未达到排放标准的废水排入江、河、湖等水域,由此造成地下水水质恶化、水体富营养化,更进一步加重了水资源污染。并且城市污水对农村水环境破坏严重,据统计全国80%以上的城市污水未经任何处理就直接排入水体,造成1/3以上的河段受到污染进而引起农村灌溉水质恶化。此外,90%以上的城市垃圾是在城郊填埋或堆放,这些城市垃圾不仅占用土地资源,而且污染周边的水质和大气。

四、协调社会-生态环境子系统的途径

(一)发展绿色科技,节约保护资源

绿色科技的实质是一种可保持人类社会持续发展的科技体系,强调自然资源的合理开发、综合利用和保护增值,强调发展清洁生产技术和无污染的绿色产品。发展绿色科技首先需要观念的创新,以新的观念来指

导生产和消费,应用各种宣传手段使公众和企业管理者认识到绿色科技对未来发展的重要作用,同时将绿色科技纳入到科技发展的总体规划之中,并在法制等方面给予保障。使清洁生产技术贯穿于整个生产过程之中,在产品的设计阶段使用预先考虑由废弃物到再生过程的"环境负荷减少技术",在生产过程使用减少生产废物的"减少废弃物加工技术",在再生阶段采用使再生物尽可能接近原产品的"高品位、高效率材料再生技术",避免末端治理所造成的经济上的不可行性和生态上的再污染性。使治理污染成为一项有经济效益和经济产出的活动,积极推进垃圾发电技术研发,推广洁净煤技术,加强对清洁能源如太阳能、风能、潮汐能发电技术研究,研究环境保护治理工程所需要的新技术和新设备。同时政府通过经济手段如减免税收等促进企业在生产中使用绿色科技。

制定最严格的资源管理制度,努力实现资源的可持续利用。健全和实施资源保护法律,将资源保护工作纳入到法制轨道。对已制定的水法、森林法、土地法等法律,需要进一步完善、贯彻和落实。建立资源有偿使用制度,通过经济手段促进资源节约,提高资源利用效率,在资源的使用机制上进行改革创新,使资源使用者节约资源,提高资源利用效率。根据引进和自主创新相结合的原则,从国外引进经济实用的成熟技术,鼓励科技攻关,开发新技术,以达到提高资源利用效率的目的。实现经济增长方式由粗放向集约方式转变,用尽可能少的环境资源创造尽可能多的社会经济效益,同时尽可能减少资源使用过程中的浪费,实现资源的集约和节约使用,提高经济增长的质量和效益。

(二)摈弃传统陋习,提倡绿色消费

21世纪是绿色世纪。绿色代表生命、健康和活力,是充满希望的颜色。国际上对"绿色"的理解,通常包括生命、节能和环保三个方面。绿色消费也称可持续消费,是指一种以适度节制消费,避免减少对环境的破坏,崇尚自然和保护生态等为特征的新型消费行为和过程。绿色消费的内容不仅包括绿色产品,还包括废弃物的回收利用、能源的有效使用、对生存环境和物种的保护等。它既是一种权益也是一种义务,通过绿色消费维护后代人的生存与当代人的安全与健康,提醒我们环保是每个消费者的责任,表达我们对地球母亲的孝爱之心。

我国人口众多、人均资源不足的基本国情决定了我国不可能模仿英美等发达国家实行的以消耗资源为特征的奢侈消费模式,要在国人的传统思想中剔除盲目消费、超前消费、挥霍浪费、偏重既得利益消费的观念,树立节约能源资源、保护生态环境、关爱地球安危的绿色消费观念。今后十几年,我国将致力于全面建设惠及十几亿人口的更高水平的小康社会,在这一过程中,将始终面临着资源短缺和生态环境容量限制的两大约束。要结合生态文明建设,大力宣传、积极倡导绿色消费方式,推动社会进步。

(三)提高全民环境意识,保障公众对环境的知情权、参与权、监督权

环境意识是人们对环境的认识水平和认识程度,又是人们为环境保护而不断调整自身经济活动和社会行为,协调人与环境、人与自然互相关系的实践活动的自觉性。当环境意识强化到一定高度时,环境保护就作为一种价值观植根于个体的思想中,主体愿意为环境保护付出努力,甚至愿意牺牲自身的利益来保护环境。因此,提高公民的环保意识,是公众积极参与环保的基础。应加强环境宣传教育、环保政策宣讲,建设全民生态环境教育基地,重视环境宣传教育机构和人才队伍建设,健全环境宣传教育的组织协调机制,保障环境宣传教育资金。此外可充分发挥环境NGO的积极作用,积极开展环保公益活动,营造保护环境的良好社会氛围,走环境保护群众路线,建立环保统一战线。

环境保护事业是全民的事业,离不开全民的参与。而全民参与除了需要有较高的环境意识之外,还必须要以对一定环境信息的了解和掌握作基础。只有有了对环境问题和状况的充分了解,对环境保护的参与才能充分,也才能促进环境问题的真正解决。环保部门应继续规范和深化环保信息公开工作,不断扩大公开范围,提高信息透明度,细化公开内容,要让公民参与和监督,定期听取公民和环保社会组织的建议和意见,及时回应有关诉求,切实保障公众对环境的知情权、参与权和监督权。

提高全民环境意识,保障公众对环境的知情权、参与权、监督权是一项刻不容缓同时又是复杂、长期的任务,任重而道远,需要政府、企业、公众的共同努力。

扩展阅读：
1）联合国召开的关于与环境和可持续发展相关的四次大会主要内容。
2）我国"十一五"和"十二五"规划中关于经济发展方式转变与"两型"社会建设的内容。
3）我国生态文明建设在"五个建设"中的地位和作用。
4）收集资料整理总结我国自改革开放以来出现的环境突发事件。

思考题：
1）产业结构调整与环境质量的关系。
2）选择任一区域，试分析污染密集型产业的特征。
3）人为什么是社会子系统中的主导因素。
4）用"奥肯定律"分析我国就业形势的特殊性。

第四章　区域可持续发展系统的空间结构

第一节　区域经济空间结构与区域可持续发展系统空间结构

空间结构是一个被广泛应用的概念，表示一种事象的空间排列与组合格局。经济地理学中，空间结构是指区域内社会经济各组成部分的相互作用及组合类型的位置关系，以及反映这种关系的空间集聚规模和集聚程度。空间结构是区域发展状态的显示器，是历史发展的函数。区域空间结构作为自然、社会和经济系统的空间集聚形态及其空间相互作用程度，代表一个区域综合系统的整体格局。它是一个区域在长期的发展过程中，各种发展活动在地理空间上的集聚或分散所表现出的形态。这种形态由于特定区域的地理环境、开发历史、交通条件和原有基础，尤其是人类有目的的发展观的不同，而表现为不同的形态。随着区域发展规模的不断扩大，区域发展空间也在不断拓展，且由于经济全球化的加速推进和发展观的转变，区域空间结构的调整和重组越发表现出区位优势弱化和强化双重属性演绎的新特点。从某种意义上看，发展空间日渐成为区域可持续发展的稀缺资源。

因此，一个区域的发展通常离不开区域空间结构的协调与重构，倘若利用或设计好一区域发展的空间结构，区域发展的潜力就强，区域未来可持续发展的人口、资源和环境的承载力也就会越大。随着对传统发展观的反思以及新的可持续发展观的提出，人类从关注区域经济空间结构转变为统筹区域可持续发展系统空间结构。这两者的区别在于不同发展模式下的空间集聚内容，传统发展观下的区域空间结构以区域经济空间结构为主，可持续发展观下的区域空间结构是兼顾经济-社会-生态环境的空间格局，而区域经济空间结构是其中主要的集聚内容。

一、区域经济空间结构

（一）区域经济空间结构的概念

1. 区域经济空间结构的内涵

区域经济空间结构是指在一定时期内人类各种经济活动在特定区域内的空间分布状态及空间组合形式。人类对区域经济空间结构的认识由来已久，由最初的劳动地域分工发展到目前的区域间的分工合作。具体体现为点、线和面的空间结构形式。"点"作为区域经济活动最为活跃和集聚的区域，城镇、工矿、开发区甚至大型工程活动区等通常为"点"的最优载体；"线"大多借助主要交通"轴线"，如航线、航道、高速路、铁路等连接各"点"，形成了人口、产业等相对密集的产业带或聚落区；"面"即通常所说的区域发展集聚与辐射区域——经济腹地，如经济区、城市群等。

因尺度范围不同，区域的经济空间结构在上述三种形式上呈现不同等级、层次的镶嵌关系。国家尺度层面上的点、线和面的空间结构是全国区际意义的，如各省会城市或大城市是我国经济发展的重要空间"点"，而长江流域、京广铁路沿线等都可视为国家级别的重要"线"状产业带，长江三角洲、珠江三角洲、环渤海湾等则成为我国重要的经济腹地。同理，一个省（市）、地（县）甚至乡（镇）都具有不同层次的区域经济空间结构，也代表了省际或镇际意义的空间结构层次。以乡（镇）而言，乡（镇）所在地及其辐射区域就是重要的经济腹地，各交通沿线或流域周边的特色产业形成的产业带是乡（镇）经济发展的轴线，而各产业发展区域是乡（镇）域范围内的发展集中点。

点、线和面的空间组合可以形成不同的区域经济空间结构系统类型。总体来看，区域经济空间结构的组合包括点—点、点—线、点—面、线—线、线—面、面—面和点—线—面等 7 种形式，如小城镇间的联系就体现为显著的点—点组合形式，而借助交通连接的各产业纽带则展现明显的点—线系统。当然，城镇与经济腹地间的关系、各产业带间的组合、产业带与经济区域以及城镇、产业带和经济区间的整合，可形成点—面、线—

线、线—面、面—面和点—线—面等区域经济空间结构。实际上,随着经济主体的增多、市场多元化的发展和区域竞争的加强,各个经济节点相互依存关联度进一步加强,各个点—线—面突破传统的通道向各自的节点发展,就出现了网络式空间结构。网络是指区域内不同规模等级的节点与轴线之间经纬交织所形成的区域经济系统。网络式空间结构是点轴空间结构的拓展,强调均衡发展以实现区域整体推进,其作为空间结构的高级形态具有丰富的内涵:从空间结构组合要素看,它是点、线、面协调发展的区域经济系统;从经济发展目标而言,它谋求区域的均衡发展;从空间结构演变而言,它是实现空间一体化的必然选择;从效应机制而言,其扩散效应大于极化效应。

2. 区域经济空间结构的演化

区域经济空间结构作为区域经济发展中的一重要结构,其最初由地理学的空间区位特性所决定,并由经济发展的区域性演化而来。经济发展的区域性主要体现为区域范围内的自然、经济和社会子系统的空间分布状态及其组合形式,即将分散于地理空间的经济发展所需的各要素整合起来,并在空间上通过区域性体现出来。

自古典区位理论创立区域空间结构的基本框架以来,至今已经历三大演进阶段:第一阶段(19世纪初～20世纪40年代)以产业的区位选择为主要特色,强调空间行为和组合结构的地域性,这一阶段产生了经典的区域结构空间组织理论;第二阶段(20世纪40年代后～80年代)重点为区域总体空间结构与形态选择,由第一阶段注重理论的探索转向关注区域各种实际问题的解决,区域发展中的各分异要素间的最优组合成为区域空间结构的主要目的;第三阶段(20世纪80年代后～至今)以新空间经济学为主要特点,区域发展更立足于对人口、资源和环境各要素集聚的动力机制认识。

众所周知,不同区域的空间结构演化的路径和途径有很大差别,但一般都要经过均衡—非均衡—均衡的演变过程,其中,最初的均衡是区域经济空间结构的低级阶段,而最终的均衡又是区域经济空间结构的高级阶段。前工业社会,区域内部发展间的联系较少,发展呈现均质均衡状态;而进入工业社会后,区域内的各部分间发展的均衡性受到很大的影响,资源、区位、市场等要素的区域性优势就会得到某种程度的显现,区域发展也就会体现出集聚的效应,区域空间的增长极结构(区域性经济中心)就会形成。随之而来,各区域间就会形成多个规模不等的增长极,从而出现明显的"中心—外围"结构,而不同"中心—外围"结构间的联系动态,即形成区域非均衡的空间结构;进入后工业社会,不同规模和层次的增长极间的联系更为紧密,其间的差距渐渐消失,空间一体化也随之形成,区域内部空间结构体系达到均衡、动态的一体化。

20世纪70年代末,规模经济的收益递增和不完全竞争问题引起了主流经济学的注意,引起以美国麻省理工学院的保罗·克鲁格曼(Paul Krugeman)为代表的主流经济学家对空间经济的空前关注。这场关注带来了新产业组织理论、新贸易理论、新增长理论和空间经济理论的提出,新经济地理学俨然成为主流经济学的一个分支。实际上,克鲁格曼也给出了新经济地理学或者中性的提法:空间经济学(不单是站在经济学、区域经济学、地理学的角度)延续了传统经济地理学的区位理论,即研究"生产的空间区位",其基本问题也是空间经济的核心问题,就是解释地理空间中经济活动的集聚现象。在经济全球化的今天,随着运输成本、收益递增和关联效应对空间集聚的作用越来越大,区域经济空间结构较以往任何时候更显现出复杂多变、类型多样的趋势。

(二)影响区域经济空间结构的因素

1. 资源本底

资源本底即一个区域所拥有的先天性的天赋资源,如水、土地、矿产、旅游、生物资源等。好的资源优势加上后天的开发,通常会在区域经济空间结构形成中居于优先主导地位,如长江和黄河流域可借助长江和黄河本身丰富的水资源优势发展航运、水产养殖、耗水作物繁育等,如矿产资源丰富的攀枝花、大庆、马鞍山等可依靠矿产资源发展经济,如旅游资源丰富的昆明、洛阳、遵义等旅游业成为其重要经济支撑。上述区域均可利用自身资源优势在区域经济空间结构构建过程中突出鲜明的区域特色。

拥有良好资源本底优势的区域,依靠资源优势培育区域综合竞争力,并逐渐形成区际资源优势以在区域经济分工中占据主导地位。事实上,古典区位理论就是建立在资源本底决定论的基础之上的,如农业区位论、工业区位论、市场区位论等,但伴随交通设施的发展,资源本底的决定性较以前有所减弱。其原因是因为随着交通便捷度的提高,运输距离、时间、运费等都会发生变化,并带来资源及其产品流动性增强的结果,流动的结果使得很多具有本地特色的资源及其产品在其他区域也会出现,进而修改或优化原先形成的区域经济空间格局态势。但无论如何,资源本底都是区域经济空间结构形成的基础,交通、市场等因素对资源本底的修改仅仅会对依托资源本底的区域经济空间结构进行重构,而不会根本改变结构的形态。

2. 区位因素

区位因素对区域经济空间结构的影响既融合了本底资源的位置先天固定性,即地理区位,又依托后天交通因素的发展,即交通区位。同资源本底对区域经济空间结构的影响一样,地理区位因素对区域空间内部及其间的要素集聚与辐射具有极强的带动作用,控制着区域经济空间格局的宏观方向和基本态势。如前所述,地理区位的作用并不单独对区域经济空间结构产生影响,而是借助地理优势,将资源、交通和市场等因素联系起来,形成相应的经济区位共同驱动区域空间内要素的组合和优化。当然,地理区位优越的区域,通常交通条件和市场状况等相对较好,只是资源本底不一定丰富,就像我国的东部地区一样,地理区位、交通条件和市场状况都非常优越,但资源本底则弱于西部地区。

3. 交通因素

交通与区域经济空间结构间的关系密切,其设施的多元化和网络化对区域经济空间结构的影响显著。早期涉及区域经济空间结构的交通因子,主要有运输费用(运输距离和单价)、通达性、运输方式等,如克里斯塔勒的中心地理论,专门就交通分析区域空间结构——中心地的等级序列。日本学者探讨自1868~1990年该长时间序列的铁路发展对区域通达性的影响,研究发现铁路网的发展使通达性与区域空间结构相互融合。依托交通因素,人口、资源、产业、信息等不断地集散、融合和流动将带来空间地域综合体的形成和演化,同时,借助交通网络的预测也可优化未来的区域空间结构情景。

区域交通条件的改善会使空间可达性和对外联系的便捷程度得到提高,从而改变交通沿线的土地用途及其功能的发挥,与此同时,沿线人口、资源和环境要素间的组合也将发生变化,区域经济空间结构也必将重组或优化。与土地资源的特性类似,交通也具有稀缺性,也正因为具有稀缺性才体现出交通因素对区域经济空间结构作用的独特性。交通优先经过的区域,其发展就占有先机主动性,也就会在区域发展中拥有主导地位并获得区域经济空间组织的优先权,从而影响区域经济空间结构的形成。区域交通设施率先建设的区域就可及时获得区域发展的流动要素,抢占优先发展权,优化区域经济空间结构组合。交通方式组合较好的区域拥有成本小的交通优势,众多资源和要素就更易于向这些区域流动,也就更能促进区域经济空间结构的重组和优化。

4. 市场因素

市场作为资源优化配置的基础性力量,其在区域经济空间结构形成或演化过程中扮演着极其重要的作用。在区域经济空间结构形成的初期,市场的范围仅局限于资源本底(原材料产地)优势,并形成基本的地域分工,生产那些只能在本地消费或生产的易碎、易腐难以保鲜的产品。伴随交通、保鲜、包装等技术的发展,异地生产非原料产地的产品和市场的扩大成为了现实。市场发育较好的地方,产品流动就快,区域经济空间结构的集散效应就明显,如我国东部地区区位优势较好,濒临港澳,市场发育度较高,成为我国对外开放的窗口;而西部地区资源丰富、劳动力较多,但地理位置偏远,成为我国能源、有色金属、天然气等的原料供应地,东西耦合,西部可直接向东部供应原材料,或在西部就地粗加工后运往东部,在东部进行最终产品的加工,然后借助窗口作用,进行出口或向内陆销售。

(三)区域经济空间结构优化

区域经济空间结构的最初形成源于资源本底的优势,但伴随交通、市场等条件的发展,区域经济空间结构就不仅仅局限于资源本底的短板,而需要通过多种途径来实现对多种空间因素的耦合和优化。区域经济空间结构的优化,是指某一区域根据自身社会经济条件和发展实际,比较现有结构特征以及各组成要素相互关系,充分调动人的主观能动性,通过经济资源的合理配置使区域经济空间系统达到最佳的运行效果。这既能促进区域经济空间结构合理有序的发展,提升区域经济空间整体运行效率,又能使区域经济空间结构与经济发展阶段相适应,最终达到区域经济空间结构新的均衡,促进区域经济持续健康快速发展。

区域经济空间结构的优化过程实际是不同经济发展阶段空间因素的动态递进,遵循"最初的适宜—不适宜—新的适宜—不适宜"的动态循环。通常基于当时的自然、社会、经济条件形成最初的适宜，而随着新的空间因素的出现，如交通条件的改善、市场的发育等，原先的适宜结构必然要打破，从而对原有的区域经济空间结构进行重组与优化，以充分发挥区域空间的整合效应。

区域经济空间结构作为地理学和经济学关注的复杂领域，其结构优化程度可作为判断一个国家或地区社会经济是否发展到成熟阶段的主要标志之一。就目前来看，我国区域经济空间结构现已经历增长极的充分集聚阶段，即各自然、社会、经济生产要素向中心地集中，目前伴随交通网络的发展及区域间联系的增强，区域经济空间结构正处于点—轴发展阶段。当然，为增强区域经济空间结构间的综合竞争力，区域经济空间结构急需向网络化的最高阶段演化，以最大限度地动用区内及区际间的资源要素形成区域经济空间的网络结构。

（四）区域经济空间结构优化途径

1. 加强区域合作，提升空间集约率

区域合作机制使区域经济空间系统能够多渠道、更高效地利用经济资源，推动空间协作，在推动各区域持续发展的同时，还将提高整体区域经济空间的整体功能和效益。尤其是在我国，区域异质性明显，且各区域的比较优势各不相同，为更好地优化区域经济空间结构，加强区域合作非常必要。我国东部沿海地区的发展应与中、西部地区的经济开发结合，以东部沿海地区的经济发展带动中、西部地区的经济增长，实现沿海与内地，东部和中、西部地区区域经济持续增长和协调发展。同时，通过制度创新、管理创新、技术创新、产品创新、市场创新等多种手段，调节、理顺东西部发展间的各种利益关系，通过调动各方面的积极性，加强东中西的区域合作，这既能促进区域生产力发展，也有利于形成良好的区域经济空间结构。

区域合作的加强，推进了资源在空间的集约，提升了经济要素的空间集约率。在市场日益扩大化、分工日益专业化、经营日益规模化的今天，中、西部地区由于受基础设施薄弱、资金不雄厚和信息不灵便等因素的限制，其进一步的发展必须以与外部经济环境或经济系统进行双向交流的经济运行机制为主，通过既向外部扩展自身经济要素又吸纳外部开放经济要素的方式，实现经济要素和经济结构的重新组合与集聚，进而实现经济的持续发展和经济空间结构的优化。同理，东部地区与中西部地区的合作，也是如此。

2. 有序集聚与扩散，建立网络空间结构

经济要素的稀缺性决定了在区域经济发展的过程中，经济要素是不断流转的，而这种流转在空间上就表现为集聚与扩散。经济要素在空间上的无序流转，往往会引起过度集聚或过度扩散的情况，损害长期的经济发展。因此，有必要对经济活动主体的空间行为进行干预调节，使空间集聚与扩散活动保持必要的张力与协调性，合理利用稀缺性空间资源，为经济发展创造良好的空间秩序与氛围，而这一过程就是有序集聚与扩散。通过优化节点的空间布局、优化产业空间结构、引导轴线和要素的流动方向等方式，提高对空间的利用效率，实现对空间结构的优化整合。

经济活动空间的有序集聚与扩散，形成了一定数量的节点、轴线和产业集群，而随着经济联系的加强，这些经济活动的组成客体之间形成了交错的网络结构，既包括立体交通网络、信息网络及其他基础设施网络（如给排水网络、电力网络等）、城镇网络等实体网络，也包括公司网络、社会网络、城市间合作网络、政府或其他机构的组织网络等虚拟网络。同时，随着网络空间结构的建立，区域之间的经济联系更为密切，经济节点、经济轴线会越来越多，它们交错形成的网络结构也会更为繁复和牢固，这将扩大各区域经济活动的影响半径，从而推进更多的经济活动和经济要素的集聚和高效率的输出，形成更加强大的辐射和带动能力。因此，有序集聚与扩散、建立网络空间结构是实现区域经济空间结构优化的有效途径。

3. 调整产业结构，拓展主导空间格局

产业结构调整是各国、各区域发展经济的重要途径，主要包括产业结构合理化和高级化两个方面。产业结构合理化是指各产业之间相互协调，有较强的产业结构转换能力和良好的适应性，能适应市场需求的变化并带来最佳效益，是产业之间的数量比例关系和相互作用关系趋向协调平衡的过程；产业结构高级化，是产业结构升级的过程，指产业结构遵循演变规律从较低级形式向较高级形式转化的过程。区域产业结构状况是区域经济发展水平的内在标志，而区域经济空间结构则是区域产业结构的地域依存。一般而言，区域产业结构的调整与优化通过产业结构的适当配置和有序演进，使区域各产业部门之间在区域经济不断发展变化的过程中,产业要素和部门结构不断调整、重组、优化,这既增强产业结构系统能力和功能,又充分发挥产业集聚效应、规模效应。由于区域经济空间结构的演化过程与产业结构的优化升级是同向一致的,因此区域产业结构调整升级的过程也就是培育和不断改善经济发展的区域空间结构、拓展主导空间格局的过程。

我国中、西部地区经济发展面临严重的产业结构性矛盾问题,经济发展空间结构也不尽合理,应以加快调整产业结构、拓展主导空间格局为主要手段,实现经济的可持续发展。中、西部地区在产业结构调整的过程中,应以工业园区为主要载体,积极承接沿海发达地区劳动密集型和出口加工型企业的大规模转移,以逐步实现产业的集群化发展;要以资源导向型和市场导向型产业为重点,积极引进沿海发达地区的资金、技术、人才和管理经验,整合内生型经济资源,发展开放型经济,培育高新技术产业;还应利用资源优势,加快构筑中、西部地区新型工业体系,积极发展基础化工和精细化工业,重点发展有色冶金及新材料工业、食品工业、机电制造业、现代轻纺业、新型建材业和制药业等。通过调整产业结构,实现经济发展的优化升级,通过拓展主导空间格局,实现区域经济空间结构的优化发展。

4. 发挥区域优势,融入全球空间价值链条

区域优势是指某个区域在其发展过程中,所具有的特殊有利条件,从而使该区域更富有竞争能力,具有更高的资源利用效率,并使区域的总体效益保持在较高水平。区域优势具有综合性和时效性。发挥资源优势,就要优化区域资源配置,加快推进企业兼并重组,培育出具有国际竞争力的大型企业集团;发挥区域优势,就要加大结构调整力度,积极推进新型工业化道路,做优做强支柱产业;加快科技创新,积极推进产业工业园区建设,高效发展现代服务业等。通过区域优势的充分发挥,使得区域经济融入到全球生产、交换、消费网络中,而跨国公司的区位选择、跨国资本的流动等经济主体行为的改变将对区域经济空间结构产生深远影响,推进区域经济空间结构的优化。

经济全球化使得传统的空间和距离对社会、经济、文化的区位限制越来越弱,经济活动在全球范围内寻求最佳配置。21世纪以来,随着国际市场竞争加剧,全球一体化进程不断加深,跨国公司开始将一些非核心的生产和服务环节外包给发展中国家,从而得以把资源集中于自己的核心业务,提高自己的竞争力,巩固自己在国际市场上的地位,同时,这一举措也使得发展中国家有了融入全球价值链条的机会。根据全球价值链理论可知,全球价值链条的各个环节在不同国家和地区之间如何在空间上进行配置取决于不同国家和地区的比较优势,也可以说是区域优势。当前,我国融入全球价值链的企业大多是一些传统制造业,尚处于价值链条的最低端。因此如何发挥区域优势,加快融入全球价值链条或者实现价值链升级成为区域发展所必须思考的问题。

5. 完善基础设施,构建一体化系统

在我国长期存在的二元分割、城乡分治的局面已经带来诸多弊端,成为解决三农问题和实现小康社会建设目标的桎梏。尤其是农村落后的社会经济发展,已严重影响了我国经济社会的全面协调发展。因此,统筹城乡发展,构建城乡一体化系统刻不容缓。基础设施网络化是经济空间各组成要素相互作用和合作的先决条件,因此,统筹城乡应以完善城乡基础设施、实现基本公共服务均等化为首要内容。通过完善城乡基础设施,改善城乡社会经济发展本底条件,进而构建城乡互为依托、互为市场、相互融合的关系,走一条统筹城乡发展的道路。综合考虑我国城乡发展的基本情况,主要应从交通建设、城乡供电、通信、供水、燃气、污水治理、垃圾处理等方面完善城乡基础设施,实现我国基本公共服务均等化。

同理,我国东中西发展的不协调、基础设施建设的不平衡性问题也应该得到重视。通过改善各区域的基础设施、构建区域的一体化系统,实现区域间的协调平衡发展。区域经济发展不平衡,导致经济活动和经济要素在空间分布的无序和低效率,进而影响区域经济空间结构的协调问题。因此,完善基础设施、构建一体化系统将进一步优化区域空间结构。

二、区域可持续发展系统空间结构

随着对传统发展观的反思以及可持续发展观的实施,社会、经济、生态环境协调发展的重要性成为区域科学发展的共识。相应地,区域发展观也从单纯的经济发展转变为经济、社会和生态环境协调的区域可持续发展。如果说,上述讨论的区域空间结构更侧重其经济空间属性,那么区域可持续发展系统空间结构则是更强调经济、社会和生态环境综合发展的复合空间结构系统。

（一）区域可持续发展系统空间结构的概念

1. 区域可持续发展系统空间结构的内涵

区域可持续发展系统空间结构是在区域经济空间结构的基础上形成的更全面、更协调的区域发展空间结构。这一空间结构的构建是以寻求区域整体最优为目标，从整体空间地域分布规律入手，通过区域可持续发展战略规划的引导，立足区际关系和地域优势，统筹经济发展、社会进步和生态环境保护的空间格局，在不断优化区域经济空间结构的基础上，合理布局社会和生态环境空间结构。同时，区域可持续发展系统空间结构的形成也依托于生态环境建设和社会环境建设，借助于制度、政策和法律以及宏观调控和空间监管，整合了区域经济、社会、生态三方面的力量，从而实现区域整体发展的最终目标。

在传统发展观模式下，尤其是在工业化和城市化快速发展阶段，工业是区域经济空间结构的主体，在单纯追求经济效益目标的引领下，工业布局遵循经济、技术的合理性和接近原材料、消费地的原则，而忽视社会发展和生态环境保护的原则。随着区域人口规模和工厂规模的扩大，市区大量的旧有工厂混杂在居住区中，一些原本在郊区的工厂也随着城郊房地产的开发被新建的各种建筑所包围，造成工业与居住用地混杂的局面。噪声、烟尘、废气、废水污染严重，不但影响附近居民健康，也存在环境突发事件和地下水污染的潜在危险。以化工布局为例，强调接近水源地的布局原则，我国的化工企业一般都建在江河水域或城市的边缘上。2006年中国化工、石化项目环境风险大排查的结果显示，总投资约1万亿元的7 555个化工、石化建设项目中，81%布设在江河水域、人口密集区等环境敏感区域，45%为重大风险源。统计显示：全国2.1万家石化企业中有1.3万家在长江、黄河沿岸；沿海岸线遍布石化项目。化工企业或化工园区所在地域的地下空间中，各企业的危险化学品运输管线纵横交错，稍有不慎极易引起爆炸。作为我国重要的天然气和精细化工基地，重庆主城区有68家化工企业，其中，污染较重的至少有18家，这些企业大都布局在主城区组团式结构的城区边缘。随着城市规模的扩大，各个组团逐渐相连，这些化工厂也就淹没在城市之中，与居民生活区相交错，加之周边由于历史原因集聚下来的"三线"军工企业，这些都为突发危险事故埋下了隐患：2003年12月23日，重庆开县爆发了一场震惊全国的天然气井喷事故；2004年4月16日，位于重庆主城区嘉陵江畔的重庆天元化工总厂又发生了一起氯气泄露爆炸事故，给当地百姓造成了极大的生命财产损失。在一味满足经济布局的同时，随着近年来房地产业和交通运输线路的扩展，由于楼盘的升起及管线的铺设阻隔了生态廊道的畅通和地下水走向，生态环境的空间也遭到严重破坏。由园林绿地、城市森林、立体空间绿化、都市农田和绿色廊道等构成的生态网络系统近几年才在逐步建设中。随着城市"热岛"效应的加剧以及雾霾天气的蔓延，经济-社会-生态环境发展空间合理布局和优化已成为区域可持续发展的重要实现途径，构建区域可持续发展系统空间结构是未来空间重塑的艰巨任务。

区域可持续发展系统空间结构在经济-社会-生态环境三个子系统的基础上，可以分解为6个亚空间（这里的空间指要素的集合）组成：社会空间(S)、人居空间(P)、资源空间(R)、环境生态空间(E)、经济（发展）空间(D)、技术空间(T)，即"SPREDT"。对于SPREDT，不仅要研究各个空间要素的自身性质，更要注重相互作用关系的研究，进而探求由于要素相互作用所表现出的空间存在形式。

社会空间(S)是由蕴涵各种社会关系的物质实体以及涉及居民的经济、文化生活和社会交往等各个方面的地域综合体组成，它是区域可持续发展的调控器，而政策、法律、民主与公平支配着社会空间结构的运行状态和稳定性；从人居环境的概念去理解，人居空间(P)是人类工作劳动、生活居住、休息游乐和社会交往的空间场所，包括乡村、城镇、城市等在内的所有人类聚落。人居环境的合理与否，主要是看人与自然之间的相互关系是否和谐，是否符合人类生活的聚居环境；资源空间(R)主要包括资源禀赋的空间分布，它是空间结构平衡运作的支持条件，也是区域可持续发展系统空间结构的物质基础。资源的合理开发、公平分配和永续利用是这一物质基础能够可持续的保障；环境空间(E)是社会经济发展的综合承载力（容量），包括环境容量、污染治理、环境保护、生态建设与环境价值等，在区域空间结构中起着预警作用。环境污染加剧、环境状况恶化会反作用于空间结构的调整；经济空间(D)重点是各产业（极、区、带）在空间上的布局，它是区域可持续发展的核心动力，并代表了传统发展观下的区域经济空间布局结构，前已述及；技术空间(T)是提高生产力、传播科学知识、改变人类生产方式和生活方式的空间集聚，对整个区域可持续发展具有引领支撑作用。

2. 区域可持续发展系统空间结构的演化

区域可持续发展系统空间结构的演化，是指随着区域发展的外部环境和内部条件的改变，该区域的社会、经济、生态各要素空间集聚情况及其直接耦合关系发生变化的过程。随着不同阶段发展观的转变，区域空间集聚因素和空间结构形式都在发生变化。按区域发展目标的时序看，区域可持续发展经历了3个阶段：① 以经济增长为目标的"一维"发展空间；② 以经济和社会协同发展为目标的"二维"发展空间；③ 以经济-社会-生态环境为综合发展目标的"三维"发展空间。对应不同的发展目标时序，区域可持续发展系统空间结构表现为：① 区域经济空间结构；② 区域经济-社会复合空间结构；③ 区域经济-社会-生态环境可持续发展系统空间结构。当然，区域可持续发展系统空间结构是一种理想的、正在构建中的空间结构。处在不同层次发展阶段和不同尺度范围的区域，选择的空间集聚因素和形式是不同的。一些具有鲜明阶段、地域特色的区域可持续发展系统空间结构实践可以帮助我们了解其构建过程。

（1）以经济增长为目标的"一维"发展空间结构阶段

这一阶段从英国的产业革命开始持续到20世纪60年代末70年代初，其发展主要以产业革命为动力，以经济增长为目标。此阶段世界发展经历了18世纪60年代到19世纪70年代的第一次产业革命，也见证了19世纪70年代到20世纪初期的第二次产业革命，同时还体验了二战后期开始的第三次产业革命（科技革命）。在三次产业革命的推动下，以经济增长为目标，全社会劳动生产率迅速提高，充分利用工业化发展优势，世界经济取得了长足的发展。蒸汽机的发明以及电力的广泛使用，使得各资本主义国家的生产力迅速提高，重工业有了长足的发展，也形成了西欧和北美两大工业带，并最终形成了资本主义世界市场。在这一过程中，世界经济重心也实现了由英国向欧美的转移。在产业革命的推动下，世界各地联系更加密切，国际分工也日益明显。尤其是二战后，资本主义国家利用第三次科技革命的新成果，在不合理的国际经济秩序下，获取了廉价的能源、原材料和海外市场，使资本主义进入一个持续高速发展的"黄金时代"。

至20世纪70年代初，世界范围内出现了资本主义经济体系和社会主义经济体系，并形成了美苏争霸的两极格局，且美国独霸世界经济领域。美国作为二战的"暴发户"，二战后经济稳定高速发展，成为资本主义世界头号经济强国。同时，作为美国伙伴的日本、西欧经济也迅速蓬勃发展。新中国成立至20世纪70年代，由于我国处于新中国成立初期，生产力落后，经济发展面临严峻的考验，在以平衡发展为目的、以投资向内地倾斜为手段的经济发展战略导向下，我国发展以重工业化为主要特点，经济增长效率低且波动较大，居民物质文化生活水平较低。20世纪70年代，我国经济布局呈现以不同产业结构划分的三大地域格局：资源比较贫乏，产业结构以加工业为主的三北（华北、东北、西北）地区；经济发展水平比较高，产业结构以轻型加工业为主的东部沿海地区和边境地区；资源较为丰富，产业结构以资源开发为主的中西部地区。

工业化快速发展，带来了西方资本主义国家经济繁荣的同时，也带来了生态破坏和污染问题，尤其是污染问题，随着工业化的不断深入而急剧蔓延，终于形成了大面积乃至全球性的公害。从爆发的马斯河谷事件等"世界八大公害事件"中，我们可以窥见工业革命后环境问题的严重性。单纯以经济增长为目标的发展，带来了诸如生态环境恶化、自然资源和能源过度消耗和贫富差距扩大等不可忽视的社会发展问题，这引起了人们对只注重经济发展的反思以及对经济-社会协同发展的认识。

（2）以经济和社会协同发展为目标的"二维"发展空间结构阶段

经济子系统和社会子系统共同发展阶段——20世纪70年代初至80年代中期。随着全球人口剧增、食物匮乏、资源短缺、环境污染、生态破坏和社会两极分化等一系列全球性问题的出现，传统的发展观遭遇到了极其严峻的挑战，促使人们开始对传统的以GDP增长为中心的"一维"发展理念的反思。人们逐步放弃了以"经济增长"为核心的传统发展观，在肯定经济增长的基础上，更多地注意社会发展系统各要素的变化，认为发展不单纯是GDP的增长，而且包括经济、政治、文化和人的发展，从而逐步将发展看作是经济增长和社会进步的统一体，即伴随着经济结构、政治体制和文化教育以及法律变革的经济增长过程。经过全面、深入的反思，出现了各种替代发展战略，如"基本需求战略"、"科技发展战略"、"生态发展战略"，这一时期新的各种替代发展战略本质上是一种综合发展战略，强调以人的发展为核心，强调经济与社会的协调发展。以经济和社会协同发展为目标的"二维"发展观没有视经济增长为发展的目标而是将其作为发展的手段，而更加重视发展的社会效果，认为社会公正、增加就业、改善收入分配和消除贫困才是发展的终极目标。

这一阶段发达国家积极实施"基本需求战略"等发展战略，致力于优先满足公众的基本需求，注重提高贫困阶层的最低收入、增加就业、兴办有关人民基本生活需要的社会福利事业等,且社会发展取得了很大进步。这一时期,世界经济格局呈现出多极化发展趋势。日本、西欧等资本主义国家,在第三次科技革命的推动下,实现经济稳定高速发展,成为能与美国抗衡的经济实体。20世纪80年代中期,西欧成为世界最大的国际贸易实体,其贸易额占世界贸易总额的35%以上;美国经济总量占世界经济总量的比重略有下降,但依然保持一定的增长;日本借第三次科技革命的东风,战后经济迅速复苏,创造出"经济奇迹",成为仅次于美国的资本主义世界第二号经济大国;东欧作为另一工业国中心,二十多年来其经济总产值一直占世界总产值的11%左右;分布在拉丁美洲、南欧和东亚的二十几个新兴工业国,在此阶段经济总量成倍增长,对世界经济产生了明显的影响;中东的石油输出国集团,大批输入劳动力,使这些有剩余资本的石油输出国与他们周围的劳动力过剩国家之间形成复杂的经济关系;人口稠密的尚未工业化的非洲国家,则致力于发展农业,逐渐解决粮食自给的问题;而人口同样稠密的亚洲国家则在国内政策激励、动员储蓄和足额投资的作用下,优先发展工业,取得了经济发展的活力,等等。这一阶段的世界各国尤其是发达国家均将社会建设作为发展重点,大幅增加基本需求的基础设施建设,实现了人口向城市的快速集聚,并出现了城市群带。发达国家在20世纪80年代初,城市化水平大多已达70%~80%,城市发展和人民生活水平取得了重大发展。

但这一阶段资源环境所承受的压力依然巨大,尤其是发达国家和发展中国家的差距进一步拉大,发展中国家仍以发展经济为主,在社会发展方面依然处于落后状态。我国在20世纪70年代,由于受政治因素的影响,经济发展和社会进步方面基本处于倒退状态,1978年的改革开放,经济状况开始好转,社会发展取得了一系列成就。首先,在经济布局上,首先开放沿海城市,促进对外交流与合作;在教育上,恢复高考制度,进一步选拔和培养有能力的人才;在就业上,以解决就业压力为重点,用发展的思路逐步解决了"文革"期间积累下来的城镇青年就业难题;在城市发展上,20世纪80年代初我国增加基本需求的基础设施建设,人口迅速向沿海城市集聚,城市化进程加速,人民生活水平不断提高。

(3) 以经济-社会-生态环境为综合发展目标的"三维"发展空间结构阶段

20世纪80年代以来,人们意识到区域的发展是以追求经济子系统、社会子系统和生态环境子系统的协调发展,生态环境的质量和效益提到了前所未有的高度。三大子系统协调发展是经济、社会和生态环境三方面的动态平衡和持续发展。在这一理念的推动下,世界各地、各区域在发展经济的同时,更加注重诸如社会进步、生态保护等其他空间集聚因素的发展性,如将关注人居环境的改善、注重区域生态空间的保护、积极推进城市绿地的维护和公共服务设施的建设布局等内容,作为区域规划的重点内容,成为支撑区域可持续发展的重要组成部分;与此同时,一大批"山水城市"、"园林城市"、"绿色城市"、"生态城市"等经济发展、社会进步、生态良好的区域(城市)环境成为区域(城市)发展的目标与典范,涌现于世界各地。

根据区域可持续发展系统的内涵来构建空间结构,在不同的区域可持续发展阶段,经济-社会-生态环境三个子系统各自的发展要素在集聚空间的匹配形式各不同。在传统发展模式下,影响区域空间结构形成和演化的机制或动因是互补性、通达性及介入机会,这三个要素对区域空间结构的形成与演化所起的作用各不相同但又互相补充。由生产力发展水平所决定的区域发展阶段差异和产业结构差异是空间互补的前提,但在经济全球化和世界经济一体化的大背景下,国际产业的重新分工与转移趋势日趋明显,国家之间及区域之间的分工合作日益深化。这种分工合作的形式不同于以往任何一次传统意义上的发达经济体之间发展阶段和产业结构差异的水平分工或发达经济体与发展中经济体之间的垂直分工,而是更多地表现为一种全球价值链"片断化"的垂直分离形式的分工。这样的一种"互补"会导致资源在全球空间的再配置。在传统的实体综合交通运输网络基础上,飞速发展的虚拟信息网络空间也属于通达性的范畴,这使得不同空间联系的便捷程度发生了翻天覆地的变化。随着空间要素的变化和经济全球化市场的拓展,空间竞争与介入机会的"诱导"途径也日渐复杂,这给各经济体的空间选择提出了更为严峻的挑战。相对于区域经济空间结构,区域可持续发展系统空间结构不但是追求经济效益最大化,而且还要包含社会效益和生态效益的最大化。在满足经济发展空间的同时,留足社会空间和生态环境空间,或者叫"三生空间",即生产空间、生活空间和生态空间。如果说互补性、通达性和介入机会是传统经济空间集聚的动因,那么社会空间和生态环境空间的构建更需要空间管理机制的创新,即通过实施区域空间一体化战略,从统筹经济、社会和生态环境三个方面逐步优化空间布局,既要为公民提供日益改善的居住和生活空间,又要保证足够的生态空间,保证经济发展和社会发展的承载容量。

（二）构建区域可持续发展系统空间结构的作用

1. 有利于优化资源配置

基于资源的稀缺性，如何通过有效的方式把有限的资源合理分配到社会的各个领域中，实现资源的最佳利用，是区域发展的重要内容，也是资源配置的重点。

从区域可持续发展的角度出发，优化资源配置中所指的"资源"是广义的资源，是发展的资源，不单纯指区域发展的资源本底情况，还包括经济资源中的技术、市场，社会资源中的人力资本、文化基础，生态环境中的生态与环境等。这也是其区别于传统发展观下以经济发展为本的重要内容。通过构建区域可持续发展系统空间结构，在区域资源配置的过程中，能有利于各区域发展从整体规划出发，整合各区域的资源优势进行资源互补，优化资源配置，实现区域的持续发展。同时，在统筹分析、协调各区域在大背景区域下的功能定位基础上，以实现整体区域的可持续发展为根本，有利于区域实现生态保护、社会进步、经济发展的终极目标。

2. 有利于形成发展梯度转移路径

如前所述，由于各地生产力发展水平、经济技术水平和社会发展基础差异较大，我国总体上可以划分为东、中、西三大经济地带，同时也出现东、中、西不平衡的发展梯度。根据梯度转移理论，经济技术优势往往是由高梯度地区向低梯度地区流动。因此，国家开始实施沿海地区优先开放战略，让有条件的高梯度地区即沿海地区引进和掌握先进技术，率先发展一步，然后逐步向处于二级、三级、四级梯度的地区推移，以期随着经济的发展、推动速度转移加快，逐步达到缩小地区差距、实现经济布局和发展相对均衡的目的。但是这种梯度转移发展的理论本身就是一种不均衡发展理论，任其自由发展，可能会造成区域间巨大的差异，影响代内公平和整体可持续发展。

因此，我们需要以可持续发展为指导，从代内公平的角度去分析如何转移发展梯度，即在空间系统中，从整体协调发展的角度分析如何让整个区域所有人都享受发展的权利和发展的成果，实现代内公平。区域可持续发展系统空间结构的建立正是出于区域可持续发展的考量，从整体区域协调发展的角度出发，通过加强区域合作、调整产业结构、构建一体化系统、完善生态补偿机制等措施，形成创新等发展成果由发达地区向不发达地区转移的有效路径，在保护和完善各区域基本功能的同时，实现共同富裕。发展梯度转移路径的形成中以产业区域转移为重要内容，如随着先富起来的东部地区的经济结构升级，某些劳动密集的、生产传统产品的产业（如制造业）转移到中、西部，甚至是按梯级顺序先转移到中部，再转移到西部。区域可持续发展系统空间结构的建立，在一定程度上指明了区域发展所处的阶段与发展能力，根据区域发展的功能定位，资金、技术、劳动力等在转移的过程中会自发地形成有效的发展梯度转移路径，实现转移区与被转移区的共同发展，进而实现代内公平。

3. 有利于承接全球化与区域一体化的双重任务

经济全球化和区域一体化是21世纪世界经济出现的有着深远影响的两大趋势，这两大趋势的发展使得资源在更大的空间内配置，有利于配置效率的提高和整体福利的改善。经济全球化使各地经济不断地突破国界限制，在全球寻求资源配置。区域经济一体化是经济全球化这一背景下的必然走向，但经济全球化在激起区域经济一体化向更高目标发展的同时，也与区域经济一体化发生冲突。区域一体化是基于密切的地缘政治和经济联系，同一区域内的国家通过签订条约或者超国家协调机制，组成更为紧密的国家集团。区域一体化有多种形式，按照一体化程度由浅到深有：优惠贸易安排、自由贸易区、关税同盟、共同市场、经济同盟、完全经济一体化等类型。尽管区域一体化的动因很复杂，但是区域一体化的发展有助于缓冲全球化与国家利益的冲突，吸引了越来越多的国家融入到全球化中来。从发展趋势来看，区域一体化是全球化发展的一个阶段、一个层次，会推动全球化朝着更深、更广的方向发展。因此，一个区域可持续发展系统空间结构既要融入经济全球化，同时也要加强区域一体化步伐，两者相辅相成。

区域可持续发展系统空间结构区别于区域经济空间结构，其建立不仅以经济发展为目标，而是以整个区域的可持续发展为根本，强调区域合作。因此，区域可持续发展系统空间结构的建立，在一定程度上是形成了一个集经济、社会、生态环境为一体的区域一体化组织，各区域在这个一体化的组织中承担各自的经济或生态功能，通过地缘上的毗邻合作关系，也提升了自身的综合竞争力，在全球化链条上的网络节点中占据一席之地。由此可见，区域可持续发展系统空间结构的建立，有利于区域承接全球化和区域一体化的双重任务。

4. 有利于增强区域协调发展

改革开放以来,我国经济、社会发展取得了一系列成就,但是也面临很多新矛盾和新挑战:经济发展不平衡、不协调的问题突出;城乡二元结构明显,区域发展差距较大;从国家层面上看,通过深入推进西部大开发,全面振兴东北老工业基地,大力促进中部地区崛起,积极支持东部地区率先发展,加强国土规划,按照主体功能区的要求,完善区域政策,调整经济布局等方式推动区域协调发展,通过引导生产要素跨区域流动等途径缩小区域发展差距。

增强区域协调发展,主要是不同空间尺度间和尺度内的协调,即从空间尺度镶嵌的层次分析,小尺度空间区域的发展要以大尺度空间区域的发展为指导,同时各小尺度空间区域也要互为补充、协同发展。如山东省可持续发展目标要服从或者贡献全国的可持续发展目标,同样,山东省某地市的发展目标要协调山东省的总体目标,另外,山东省各地市的发展目标也需要相互协调、共同发展。区域可持续发展系统空间结构建立的过程就是不同空间尺度间和尺度内的协调,其建立需满足一个空间尺度内部协调好生态、经济社会发展的要求,当前要和长远协调,当代和下代协调,局部要和整体协调等基本协调发展的要求。因此,区域可持续发展系统空间结构的建立无疑将有效地增强区域协调发展,实现共同可持续发展的目标。

第二节 区域可持续发展系统空间结构类型

区域可持续发展系统空间结构耦合了经济、社会、生态环境三个子系统,并将环境与发展关系借助空间形式进行布局。在一个时段上,体现为多种复合的区域可持续发展系统空间结构类型,反映了区域发展的不同阶段;在一个区域空间上,则展示出三个子系统不同的空间组分格局。在以经济空间结构为主的发展阶段,社会空间和生态环境空间将在一个历史过程中通过可持续发展的原则和方法逐步得以完善。

一、划分原则与方法

区域可持续发展系统空间结构类型的划分必须依据一定的原则和方法,才能界定不同类型空间结构的属性,因为不同的类型必然存在质的差别,而同一类型内所表现出的空间结构属性也应具有某种程度的均一性。

(一)划分的原则

区域可持续发展系统空间结构划分原则是区域可持续发展系统空间结构类型划分的依据,包括可持续发展原则、人-地协调耦合原则、统筹城乡协调原则、区域(际)间协调原则等。且不同原则之间不是孤立存在的,而是互相联系的。

1. 可持续发展原则

这里提出的可持续发展原则注重狭义的可持续发展原则,即为了满足人们的需求坚持发展的原则。通过构建可持续发展空间结构,向所有人提供满足需求、实现美好生活愿望的机会。主要包括三种发展需求:① 维持正常的人类活动所必需的基本物质和生活资料的基本需求;② 人类在基本需求满足后,为了使自己的身心健康、生活和谐所需要的环境需求条件;③ 基本需求得到满足后,人类为了使生活更充实和进一步向高层次发展所需要的发展需求条件。这样,我们开拓的空间不仅适合经济发展,同样也适合人类居住和生态环境的保护。

2. 人-地协调耦合原则

人-地协调耦合是解决当前全球性环境问题的主要观点,也是可持续发展的必要条件,同时也是区域可持续发展系统空间结构划分的重要原则。在人地关系地域系统中,人类需求结构因素、人类活动结构因素、地理环境因素和区际关系因素是重要的影响因素。要实现人-地协调耦合,必须遵循人地关系地域系统的协调发展原理,即人类活动结构的协同进化原理、地理环境协调有序利用原理和外部区际关系作用下的人地关系系统自组织原理。并在协调发展原理下正确处理:① 人类需求结构作用下的人类活动之间的矛盾;② 人地关系地域系统内部的地理环境供给与人类活动的发展需求之间的矛盾;③ 人地关系地域系统的发展与区际关系之间的矛盾。

3. 统筹城乡协调原则

统筹城乡发展就是将区域范畴内的两大主体——城市和乡村协调,模糊它们之间的清晰界限,营造亦城亦乡的区域可持续发展系统空间结构。统筹城乡,就是要尽量动员城乡间的优势资源,最大限度地纳入区域可持续发展系统空间结构中,将城市对资源的集聚效应展现出来,同时,发挥农村资源丰富的基础地位,统筹地域分工。逐步缩小城乡收入和公共服务的差异,实现均衡可持续发展。统筹城乡协调也是解决"三农"问题的必由之路,通过以工业化带动农民收入提高、以城镇化带动农村劳动力转移、以农业产业化带动农村经济效益增长这种以"三化"带"三农"的形式,逐步缩小城乡发展差距,形成城乡良性互动、协调发展的格局,实现区域可持续发展。

4. 区域(际)协调原则

可持续发展的区域(际)协调原则表现为三个方面:第一是区域内部经济、社会和生态环境空间的协调发展。三个功能属性不同的空间协调发展是形成区域社会和谐发展,资源节约型社会形成的基础。我国综合经济社会布局和生态环境开发利用强度和密度以及不同属性形成的主体功能区规划体现了城市空间、农产品生产空间和生态环境空间的协同发展格局。第二是不同区域间的协调。不同区域间的差异导致了区域发展的不平衡,由比较优势表现出的综合发展竞争力也大不相同,而这种不平衡就为区域(际)间的协作提供了可能与空间。区域(际)间可通过协作取长补短,实现区域(际)间资源或发展格局的优势互补,实现整体效应。随着经济全球化和一体化进程的加快,区域间的协作和整合将更为频繁并表现出大的区域分工。区域(际)协调有助于实现区域空间结构的调整,如通过资源互补、生态维持、信息传递以及具体实施策略的制定等内容实现生态补偿、发展梯度转移等,进而实现区域空间结构均衡与不均衡间的转换。第三是不同尺度(梯次)间区域的协调。可持续发展目标的构建往往是一个大尺度具有整体利益的长远宏大目标,它需要几代人多个区域集成实现。例如,中国可持续发展战略目标的实现就需要全国各省域的共同努力,同理,各省域的可持续发展战略目标是中国可持续发展战略目标的组成部分,以此类推,各省域和所隶属的市域也包含了这种关系。因此,每个特定的区域在制定和实施区域可持续发展战略规划时要充分考虑在这个区域层次镶嵌关系中的功能定位和区域分工,以此作为依据,推动相互协调,共同发展。

(二)划分的方法

区域可持续发展系统空间结构的形成既是一个自然的过程,又是一个人为调控优化的过程,尤其是在区域可持续发展战略实施过程中,通过区域关联、点—轴结构、重组再生、主体功能等方法,可以科学有效地构建空间结构。

1. 区域关联法

区域关联法,属定性与定量相结合分析区域(际)间关系的一种常用方法,即在区域空间结构划分或区划时,考虑区域(际)间的协调和分工,把区域作为区内及区外各发展要素相互联系的整体进行分析。此方法在区域可持续发展系统空间结构分析中,强调不同区域间的关联和分工。区域关联法有助于理解不同区域间的优势互补。

由资源、人才、资金、信息、市场等五大要素空间整合而成的区域发展动态、开放的空间结构,与周围区域形成具有较强关联度的依存关系。在进行空间结构类型划分的时候,首先要根据上述五大要素的流动状态,从所在区域对其他区域资源、资金、信息等要素的集聚与辐射效应两个方面进行全面分析。区域间的关联度常被作为区域间联系或优势互补的重要指标,按照不同区域的比较优势进行过滤,有选择地表现出不同的关联集聚与辐射强度。依据区域关联度,可将区域(际)间的关联关系划分为若干类型,以明确区域(际)间的复杂密切关系及区域(际)间的关联作用。区域关联度受区域半径的影响显著,常常随半径的扩大,边缘与中心区域间的关联度降低,甚至变得微弱。当然,伴随交通、通信等技术的发展,区域(际)间的关联半径所波及的范围更为广阔。

2. 点—轴结构法

点—轴结构法是对区域增长极或比较优势与交通路网间关系的考量形成的。一般而言,增长极或比较优势通常是区域发展较快的区域,增长极必然依托区域资源、人才、信息、市场等相对其他区域的比较优势要素发展起来的,在区域层面上往往以"点"的形式存在;而区域比较优势也必然借助比较优势向经济优势乃至竞争优势转换,最终体现为区域增长极的形成,众多的增长极或比较优势的聚合则形成更大的区域增长极群。

点—轴结构法运用到区域可持续发展系统空间结构类型的划分思路是:第一,在一定的地域空间范围,选择若干比较优势明显的、具有开发潜力的重要线状基础设施经过的地带作为发展轴予以重点开发;第二,在各发展轴上确定重点发展的中心城镇,使之成为增长极,并确定其发展方向和主要功能;第三,确定中心城镇和发展轴的等级体系,重点开发较高级别的中心城市和发展轴;第四,随着区域经济实力增强,开发重点逐步转移扩散到级别较低的发展轴和中心城镇,最终形成由不同等级的发展轴和中心城镇组成的多层次结构的点轴系统,进而带动整个区域的可持续发展。点轴开发模式往往成为开发程度较低、经济比较落后的地区首选的空间开发模式。

3. 重组再生法

区域可持续发展系统的空间结构形成后,仅会在一定的经济、社会和生态环境下是适宜的,伴随区域内外部环境的变化或转型,任何一个区域可持续发展系统空间结构都在发生变化。也就是说,区域可持续发展系统空间结构的重组再生是经常发展的,因此,区域发展所必须面对的重大战略问题就是结构的重组再生。

纵观中国经济发展的历程可看出,传统的区域空间发展结构带有明显的计划特色和长官意志,区域空间结构特点则以均衡、封闭、静止为主要体现。当然,伴随市场经济主导地位的确立,尤其是统筹城乡和科学发展观的实施,中国区域空间结构开始重组再生,如区域空间归属、区域结构体系架构等,成为新的、开放的、流动的可持续结构在全面发展过程中所必须考虑的首要问题。各种重组再生结构陆续出现,如城市经济带、交通经济带、流域经济区、沿边开放区、自由贸易区等,对优化区域空间结构、整合区域乃至全球发展空间发挥了重要作用。

区域空间结构的重组再生受制于国际和国内环境的变化、区域周边发展态势的转变、产业同构现象的整合、新资源经济环境的出现等因素。使用重组再生法,可更为详尽地认识区域可持续发展系统空间结构的历史轨迹,分析具体结构的演进过程及其驱动因素,并可基于现实及未来可能的发展环境转型,构建更为健康的区域可持续发展系统空间结构,以服务于区域整体可持续发展。

4. 主体功能法

2006年3月17日,《中华人民共和国国民经济和社会发展第十一个五年(2006~2010年)规划纲要》出台,并在第五篇促进区域协调发展中,首次提出推进形成主体功能区的战略构想,并明确各主体功能区的具体发展方向。依据《纲要》,主体功能区主要考虑区域资源的现有承载力以及未来经济背景下的区域发展潜力,基于人口规模、国土安全、比较优势等要素,将特定区域的发展格局确定为优先、重点、限制、禁止等四大主体功能区单元,以便获得主体功能定位下的区域战略构想和绩效测算方法,促进主体功能不明显、区域空间结构混乱的发展格局朝着合理优化的方向演进。参考《纲要》,除优先和重点功能区外,全国范围内仅部分限制开发功能区就划分出22个,禁止开发区类型5类。2007年全国启动了主体功能区规划编制工作;2008年开始了省域主体功能区规划工作;2011年6月初,《全国主体功能区规划》正式发布。"十二五"规划纲要明确规定:"实施区域发展总体战略和主体功能区战略。"在此背景下,各省市主体功能区划在2008年启动规划编制的基础上,经过反复修改已基本向全社会公布。

主体功能区的划分是立足现有人口规模和国土安全及其未来发展趋势所作出的区域发展空间结构的重组和再生,确定主体功能定位,明确开发方向,控制开发强度,规范开发秩序,完善开发政策,逐步形成人口、经济、资源环境相协调的空间开发格局。在现有资源环境承载力的基础上适度约束经济发展空间的扩张,保护社会空间的成长,加强生态空间的"红线"管控。编制主体功能区规划,推进形成主体功能区,是构建和谐社会的重大举措,有利于坚持以人为本,缩小地区间公共服务的差距,促进区域协调发展;有利于引导经济布局、人口分布与资源环境承载能力相适应,促进经济、社会和生态环境的空间均衡;有利于从源头上扭转生态环境恶化趋势,适应和减缓气候变化,实现资源节约和环境保护;有利于打破行政区划,制定实施有针对性的政策措施和绩效考评体系,加强和改善区域调控。

全国主体功能区规划是战略性、基础性、约束性的规划,是国民经济和社会发展总体规划、人口规划、区域规划、城市规划、土地利用规划、环境保护规划、生态建设规划、流域综合规划、水资源综合规划、海洋功能区划、海域使用规划、粮食生产规划、交通规划、防灾减灾规划等在空间开发和布局的基本依据。同时,编制全国主体功能区规划也要在政策、法规和实施管理等方面与上述规划做好衔接工作。

二、区域可持续发展系统综合平衡类型划分及特点

区域可持续发展系统囊括经济、社会和生态环境三大子系统，承载着区域经济、社会和生态环境子系统中的诸要素在不同区域间的传递与流转。在区域可持续发展系统空间结构形成和发展过程中，由于受各自发展条件的影响和所处发展阶段的不同，从经济、社会和生态环境三个子系统发展时序以及综合平衡的角度来分析，区域可持续发展系统空间结构在不同的地域上形成了以下六大主要类型：

（一）生态平衡，经济-社会滞后类型

这一类型属于较为原始的一种发展状态，主要出现在开发程度较低或基本尚属于未开发的区域，其生态环境状况演替健康，社会、经济系统需求简单，运行也相对封闭，经济-社会发展仅处于最为原始的初期阶段，很少受到外部经济和社会宏观发展环境的影响，仅按自己本身的规律运转。一般而言，该类型区域有以下两种情况：

第一种即为环境恶劣区域。在我国，这类区域分布较广，主要集中在以山地、丘陵为主要地貌类型的区域。该区域生态状况保存较好，基本处于原生状态。开发程度很低，处于通常所说的"不发展"才是"最大发展"的发展状态。由于适宜人口生存的条件较差，经济社会封闭运行，缺乏人口动力的驱动，生态环境基本不会受到外来经济、人口、技术等的扰动，人类活动足迹烙印不明显，基本以手工劳动为主，经济发展缓慢，社会进步基本停滞。这类区域在我国主体功能区划中隶属于限制开发区，所起的主导功能就是保护当地生态环境安全，为更大尺度区域生态安全和社会经济可持续发展做出贡献。以大小兴安岭森林生态功能区为例，作为一大绿色生态保护屏障，其对东北亚、东北平原和华北平原的生态环境和经济发展具有重要的生态保障作用，在全国生态环境保护中具有重要地位，以建造人与自然和谐相处的示范区为发展目标。因此，其空间结构形态为点状开发、面上保护和分散布局的状态。

第二种即为生态环境较好、经济-社会滞后的区域。这类区域一般是地处边远、交通落后、人为活动的可达性较差的区域。一般而言，交通发展到哪里，那里的生态环境就会遭到人为经济活动的影响。倘若地貌起伏剧烈、交通不便，甚至都没有上山小路通过的区域，其生态环境维持就相对较好，但经济-社会就会相对滞后。这种类型区域今后发展的目标应是加快交通等基础设施建设，加快经济发展步伐，注重教育、科技等社会事业的发展，促进人口素质提高，同时注重生态环境的保护。如位于湘、鄂、渝、黔4省交界的边缘地区的武陵山经济协作区就属于此类区域，其森林覆盖率高、生态环境相对良好，且正处于经济、社会加速发展时期，其发展格局也应采取相对分散的格局，以点轴发展为最优。

（二）生态—社会协调平衡，经济滞后类型

这一类型主要体现为生态保护较好，社会相对和谐且结构合理，但经济处于发展初期阶段的一种类型。例如，我国青藏高原以及部分少数民族地区，那里因受人为活动的扰动程度较低，宗教信仰使得藏民追求生活的方式不受经济利益所驱动，社会发展呈现出相对和谐的氛围，神山、圣水、保护地等成为藏民的主要图腾信仰。同时，不杀生的习俗，使得青藏高原生物多样性保存完整，生态-社会达到了很好的协调和平衡状态，但经济发展则相当滞后。

这类区域的发展，应首先以生态环境保护为主，同时加强区域协作，更大地发挥区域比较优势，改善经济发展滞后的现状，推动经济-社会-生态间的协调与平衡。如青海三江源区，属青藏高原的重要组成部分，又是长江、黄河、澜沧江三大江河的源头地区，生态战略上控制着东亚的气候变动，属于国家级的限制或禁止开发的主体功能区。因此，其发展不强调经济的优先地位，而注重考虑生态和社会效应的维持。同时，也不能仅仅为了保护生态而弱化本区域的资源优势，形成人为的经济发展滞后现象。要利用好区域间的互补优势，实现三江源区牧业发展的西繁东育的"减压增效"效应，从而改善经济发展的滞后状况。因此，该类地区由于生态环境空间尺度相对较大，不宜建设具有区际意义的经济区带或城市中心，但应成为具有国家意义的生态

保护中心,享受国家生态补偿政策,并在此基础上适度推动经济发展。

(三)生态-经济协调平衡,社会滞后类型

这种类型生态环境和经济发展比较协调,但社会发展滞后,随着社会发展问题的逐步解决,就会进入生态-经济-社会协调平衡类型。这种情况主要指在大的区域背景下,某些亚区的经济发展对整个区域经济态势起主导作用且发展的相对较好,而另一些亚区的生态维持又有助于区域整体生态环境的平衡,综合起来看区域整体发展的空间结构体现为生态-经济间的协调平衡;但就局地来看,大的城乡或区域差距依然存在甚至差距处于扩张的状态,即社会公平上体现出社会发展滞后的状态。换句话说,某一些区域的发展是以另一些区域的牺牲为代价的,而且这种代价超出了落后区域的承受限度。

现实区域发展中,生态-经济协调平衡,社会滞后型主要表现为均衡的区域空间结构布局,但具体到某些区域则对居民生存权或发展权缺乏考虑,就像我国东部与中西部地区一样,东部地区经济的快速发展和社会进步明显快于中西部,且伴随经济、社会的发展以及资金、技术、人才等的充裕,东部地区的生态环境也得到了很大程度的改善,基本体现出生态-经济-社会的协调平衡性;而中西部,尤其是西部地区,资源丰富,但因内陆交通区位较差,限制了其资源优势向经济以及竞争优势的发展,更为重要的是西部地区担负着我国整体生态安全的生态功能,为保持生态环境的平衡,当地居民的生存权和发展权受到了限制,以致社会发展滞后。尽管国家也在尽力通过生态补偿、产业转移、财政转移等手段,协调经济-社会发展的平衡,但在社会保障和基本公共服务等方面相比较经济发达地区还存在较大差距。

能源紧缺的今天,使得不少区域均想借助得天独厚的水资源所蕴含的能量储量,发展水电。但水资源储量丰富的区域,大多为国家或地区生态环境保护区或脆弱区,通常水能发展论证的结果为生态环境保护所取代,即为保护生态环境,水能开发暂缓或放弃。殊不知,各个区域均具有利用自身资源优势来取得生态-经济-社会协调平衡发展的权利。而倘若为了生态保护,即使居民得到一定的生态补偿,但区域社会发展严重滞后,如社会公益事业、公共服务设施建设、科技文化传播、民主法制教育等十分落后,这对于该区域的发展是不公平的。因此,这类区域的发展,应以完善基础设施建设、提高科教水平等社会发展为重点,寻求社会-生态-经济的协调平衡,推动当地社会进步和经济的发展。

(四)经济-社会协调平衡,生态破坏类型

这种类型主要指经济和社会两方面得到很大程度的发展和进步,但这一发展和进步是建立在生态环境受损的基础之上的,生态环境遭到了较大破坏,这是经济、社会发展给生态环境带来的压力超过承载极限后出现的一种状态类型。主体功能区划分中,优先发展区和重点发展区的经济-社会均达到了协调平衡的状态,而生态环境无疑到了一定程度的破坏或损害。例如,在经济和社会快速发展过程中,所诱导的环境污染、生物多样性锐减等问题的加剧,以及在短期经济利益驱动下的大面积毁林开荒、乱垦滥伐等所导致水土流失加剧等生态问题的出现,使得生态问题频发,生态破坏严重。而生态破坏的结果最终将作用于未来的经济-社会发展中,驱使经济-社会由协调平衡朝着不协调平衡的方向发展。

如何在生态环境的承载范围内或保护生态环境的前提下,进一步促进经济-社会协调发展成为我国可持续发展的重点。20世纪90年代以来,北京地区风沙活动和沙尘暴高发导致当前的雾霾天气频发,这既与西北地区土壤侵蚀、土地沙化以及大气环流等外部条件有关,也与北京地区经济社会高速发展下的产业结构、能源结构和汽车尾气排放有关。不仅导致生态环境恶化,更将影响生产活动、危害人体健康,导致经济-社会的均衡发展难以为继。由此可见,该类区域在经济、社会均取得一定的发展成果并达到相对均衡的条件下,生态保护成为其未来可持续发展的重中之重,在今后的发展中,全面实施经济-社会-生态环境协调发展战略,用经济高速增长获得的经济成果回馈生态环境建设,实现"三维"目标协同发展。

(五)生态-经济-社会协调平衡类型

这种类型是区域可持续发展系统空间结构所要达到的最为理想的状态,即是通常所说的,经济发展和社

会进步,至少不会造成区域生态环境系统的破坏。在区域可持续发展生态-经济-社会协调平衡类型构建过程中,经济子系统是社会进步和生态演进的动力,社会子系统本质上控制着经济发展和生态演进的方向,而生态环境子系统则基本上决定了经济发展的速度和质量以及社会进步的可接受程度。为此,区域可持续发展系统空间结构的构建,必须强调经济可行性、社会可接受性、生态稳定性等三大特性,而不能一味地追求经济上的生产性而不顾生态和社会的稳定性。可以说,生态-经济-社会间的协调平衡更强调发展的持续性和协调性。

以我国当前的发展实际来看,生态-经济-社会协调平衡只是一种理想状态,是区域可持续发展的终极目标。不同的区域在现实发展中都或多或少地存在一些经济发展、社会进步、生态平衡单方面或多方面的问题,各区域发展的重点就是制定协调平衡的发展目标,因地制宜、有针对性地解决发展中的问题,实现发展的可持续性。而我们所要构建的区域可持续发展系统空间结构,正是基于生态-经济-社会协调平衡的理想状态,建立我们目前所强调的以人为本、和谐共生的科学发展结构,达到RSDS的最佳模式。

(六)生态、经济、社会三者同时处于不平衡状态的类型

这种类型属于上述除第一种类型外其他类型的衍生类型。该类型在发展过程中某一时段曾经存在或目前仍实际存在,这一类型也是实施区域可持续发展战略需要重点解决的难点与重点。一般而言,此类区域主要包括两种,即资源型区域或革命老区以及一味追求经济和社会发展的"冒进区"。

第一种类型,资源型区域或革命老区。新中国成立初的资源型区域对恢复我国国民经济、摆脱欧美国家封锁以及快速完成国民经济的转型等均具有重要历史作用。但伴随交通、通信、新材料等技术发展,资源型区域的资源优势就不再明显,且由于最初的粗放、无序、无节制的开发和利用等,造成资源枯竭、生态恶化、下岗失业工人集聚等发展问题,资源型区域的经济社会发展优势渐失,最终出现生态-经济-社会不协调、不平衡状态,影响发展的质量和效益;而革命老区如井冈山,由于自然地理条件较差,新中国成立后其经济发展依旧沿袭原有的经济发展模式,随着我国区域经济发展战略实施重点转向区位优势、市场发育、资金技术等相对充裕的区域,又加上强烈的革命活动和经济发展的扰动,生态、经济和社会间的不协调现象逐渐凸显出来。现在我国提出的资源型区域转型、振兴老工业基地、扶持革命老区发展等,其目的就是协调生态-经济-社会三者间的矛盾,破解发展中的多重瓶颈,寻求新的可持续发展之路。

第二种类型,一味追求经济和社会发展的"冒进区",是指在发展中过分追求经济和社会发展的量,而不注重发展的质量和效益,其结果是经济、社会发展的良好态势不但不能持久,而且又对区域生态系统的各要素造成很大影响,进而生态问题又反作用于区域经济、社会发展,成为限制经济发展和社会进步质量与效益的"瓶颈"因素。我国20世纪五六十年代,出现了大量类似的区域,尤其在生态环境脆弱区出现这样的"冒进"区,其所产生的生态和社会影响就更为明显。截至目前,该类区域经济发展的质量和效益依然受"冒进"时所产生的影响。经济快速发展对生态环境的影响不可能在短时间内完全显现,必然会在更大的区域、更长的时序内产生作用,出现生态-经济-社会的不平衡状态,尤其针对生态脆弱区,这种不平衡状态将持续时间更长、影响范围更广。

第三节 区域可持续发展系统功能定位与区际关系

区域可持续发展系统功能定位与区际关系是对区域可持续发展系统空间结构水平和垂直关系的认知和判断。区域可持续发展强调公平性原则,包括代内公平和代际公平,而若从区域发展的角度看,代内公平就是区域间发展的协调与统筹。任何尺度的发展区域置身于一个更大的发展空间范围内,必然以自身独特的发展特点承担一定的分工和任务,这种分工和任务在长期的发展过程中就会演化成区域发展的比较优势。而各区域通过各自比较优势的互动、配置、辐射机制,使区域可持续发展系统趋于和谐。因此,认识一个区域在更大空间范围内的比较优势以及各区域之间的联系与分工,就成为区域可持续发展系统的功能定位和区际关系。

一、区域可持续发展系统功能定位

区域功能定位是通过分析宏观背景和区位条件来明确区域未来发展的主导功能与地位,具有全局性和

指导性。区域可持续发展系统功能定位就是根据区域的人口、资源、环境承载力以及区域经济的发展优势等区域发展因素来确定该区域的发展方向和重点,一般包括经济功能、社会功能、生态功能以及综合功能四个方面。明确一个区域的功能,进行科学的区域功能定位,是制定区域可持续发展战略的前提,也是整合区内各种资源进行区域发展的必要条件。

(一)区域可持续发展系统功能定位的内涵

由于每个区域发展的基础条件都有其自身特点,包括区域的资源优势、产业发展状况、人口、环境条件等方面均各不相同,同时,区域所处的外部环境也具有差异性,因此,不同区域可持续发展系统功能地位也各有特色。区域可持续发展系统功能定位必须遵循"区域可持续性"、"时间进程性"、"空间层次性"和"生态保护性"四个基本原则。其中,"区域可持续性"是指区域可持续发展系统功能定位是兼顾当前、放眼未来的战略定位;"时间进程性",即要依托区域现有发展禀赋和发展现状,在准确把握现状的基础上,结合区域发展的外部环境,科学判断当下区域所处的发展阶段,并以此明确区域可持续发展系统的功能定位;"空间层次性",即在进行功能定位过程中,要考虑同等级区域的比较优势,也要明确自身在高等级区域的战略要求和责任地位。若区域可持续发展系统功能定位仅局限于区域本身而忽略大环境的协调发展,将不利于区际关系的建立,削弱区域发展的外部力量;"生态保护性",是指区域可持续发展系统功能定位中要有为高等级区域承担生态环境保护功能的担当,这也是区域可持续发展系统功能定位区别于以经济为主要功能的传统功能定位的显著不同。

区域可持续发展系统功能定位包括经济功能定位、社会功能定位、生态功能定位以及综合功能定位。其中,经济功能定位是核心,区域空间结构的构建、区域社会文明程度的提高、区域生态修复的经济保障都依靠区域经济功能的支撑。同时,社会功能、生态功能又为经济功能的实现提供必要的物质基础,营造良好的环境条件。因此,区域功能是个有机整体,任何一环都是不可缺少的。具体说来,区域可持续发展系统功能定位应从区域核心功能着手,并通过如资本、劳动力、信息等流动性生产要素在区域各部分的积聚和辐射机制,明确区域的整体功能,包括区域自身的发展重点以及对周围区域的辐射带动作用。以苏州沿线地区为例,先进制造业基地和上海、东北亚航运中心的重要组成部分是这一区域的经济功能定位,也是区域的核心功能,在此基础上,从辐射的角度定位,江苏沿线地区以长江水道航运优势发挥承接西部广大内陆腹地和东部出海口国际市场的辐射作用,并以过江通道接连江苏沿线以北地区,沟通南北。

(二)区域可持续发展系统功能定位的影响因素

1. 内部环境优势因素

内部环境优势是区域功能定位的首要决定因素。一个区域的资源禀赋、资源配置能力、区位条件等内部因素是区域发展的基础。资源禀赋包括自然资源、生态系统、劳动力资源、资金、技术以及社会环境,是区域发展的先决条件,并在最大程度上影响着区域功能的定位,流动性生产要素的空间集散及作用是经济全球化背景下对区位、区域以及区域功能研究拓展的新方向;而资源配置能力决定着资源禀赋能否发挥最大程度的效益,经济结构、经济体制、政府领导能力以及企业自身的活力等都作用于区域资源禀赋的配置;区位条件也是影响区域功能定位的内部环境因素,区位条件大致决定了一个区域所处的自然环境以及在全国经济发展格局中的位置,对区域功能定位有明确的指示作用。如长江三角洲地区,拥有良好的内部环境优势,是我国经济总量最大的区域,同时也是城市化高度发达的地区,经济社会发展的协调性以及参与国际竞争的程度都处于领先地位,成为我国社会经济的"龙头",担负着对内引导和对外联系的双重责任。

2. 外部环境——区际地位

作为开放的社会经济系统,区域可持续发展系统功能必然处于一定的外部环境之中。外部环境,尤其是区际地位在一定程度上决定了一个区域在发展过程中能否在与周围区域相互交流的过程中获得更多的发展机会,也决定了该区域能否通过与其他区域的分工及合作扬长避短。一般而言,区域内部环境优势决定了区域功能定位的基底,而外部环境在一定程度上制约着区域发展的延伸范围,在时间尺度上,外部环境对区域未来的发展方向定位有较大的参照意义。区际地位是将区域发展纳入整体环境,从辐射的角度定位区域功能,即该区域除内部发展优势之外,在更大的外部环境中有什么优势、处于怎样的发展地位。如京津冀都市经济圈是我国北方经济发展的引擎,沟通着东北、华北和西北的人流、物流、资金流和信息流,同时在作为其发展大背景——环渤海地区的外部环境影响下,京津冀都市经济圈也是参与世界贸易的前沿地区,在经济全球化的背景下,国际化的程度不断加深。

3. 区域尺度与层次

区域本身的尺度有大小之分,这也影响着区域功能定位。与区域尺度的层次性相呼应,功能也体现出一定的层次性。一般而言,大尺度的区域对外联系和辐射的能力大于小尺度的区域,其对于小尺度区域影响力非常大,如北京、上海等大城市在所处的"域面"上的作用对小尺度区域的影响非同一般,它们决定着小尺度区域的专业分工和功能定位;同样,小尺度区域的功能定位要和所处"域面"上的大尺度区域功能相衔接,在相互的联系和影响力下共同发展;大尺度区域由于所处的区位不同,往往要考虑更大的区域范围来辨析自身的优势或劣势,其功能定位相对更复杂,而小尺度区域由于覆盖的空间范围较小,地域分工比较明确,因而其功能定位相对简单。

(三) 区域可持续发展系统功能类型

1. 区域经济功能

区域经济功能指区域内各经济要素以及外部环境相互作用而产生的效益,一般是由包括产业结构、所有制结构、企业结构、技术结构以及要素结构等内容的区域经济结构所决定,它是区域功能最重要的内容,在很大程度上决定着该区域的发展水平。区域经济功能主要体现在区域资源优化配置、支撑区际关系构建等方面。

区域经济功能在区域资源配置方面的作用主要通过产业结构的不断优化来实现。作为区域经济结构的核心,一个区域产业结构的合理性是优化资源配置的强大动力,而产业群的存在、发展与壮大,是区域经济发展与竞争力提高的重要因素。在确定区域经济功能的时候,区域产业发展现状和未来是该区域发展的支撑力量。由于城市是区域经济的核心部分,区域经济必须依靠城市把区内所有的经济活动凝聚成一个整体,而城市产业尤其是主导产业是区域经济发展的重要载体,在区域经济发展中占据举足轻重的地位。因此,区域经济功能在一定程度上就是以产业群、产业链构建的区域产业构架对区域发展的功能;另外,区域经济功能是构建区际关系的动力。区际关系的建立大多是经济关系的驱动,区域之间通过合作来弥补自身发展的不足,寻求更广阔的发展空间。例如,长江三角洲地区是我国经济发展的"龙头",成渝经济带是西部经济的增长极等,都是其区域经济功能的体现。

2. 区域社会功能

区域社会功能包括区内基础设施、交通条件、各项社会保障制度和基本公共服务体系的不断完善,区域文化建设的发展等方面,可以从政治性(政治中心)、文化性(共同的文化背景)、民族性以及宗教性等多方面综合分析区域社会功能,城乡统筹、中心外围联动、贫困区域致富等都是区域社会功能得以发挥的表现。首先,区域的各项社会功能之间是相辅相成的,一个区域的发展既离不开基础设施和交通设施等硬件条件基础,也离不开社会保障制度和社会文化,物质实体和制度体系共同决定了区域的社会功能。其次,区域的基础设施建设能将区域的资源优势转化为经济优势,我国广大西部地区有丰富的自然资源,许多基础原料型工业的布局都依托于发达的交通网络。最后,区域的文化背景、风俗习惯、宗教信仰等社会特征也对区域发展产生一定影响,区域的文化和习俗通常会左右该区域对外交流的开放性和容纳性,而宗教能起到规范人们的行为、产生社会认同感的积极作用。

在良好的区域经济基础的支撑下,发挥区域社会功能,是改善人们生活、生产质量的保障。每个区域都有相应的社会功能,但完善的程度不同,经济发达的区域社会功能的完善程度往往更高。区域社会功能定位应从区域发展实际出发,无论是基础设施配套还是社会制度的完善都不是一蹴而就的。因此,随着区域经济的发展,社会功能也将趋于完善。

3. 区域生态功能

区域生态功能是由区内的自然资源和环境所决定的,同时受到人为环境的扰动,主要包括气候调节、水资源供给、土壤形成、废物处理、原材料供应、休闲娱乐场所等内容。生态功能是经济、社会功能得以实现的基础，区域生态功能的下降与缺失，将影响区域经济、社会功能的实现，进而使区域可持续发展受阻。因此，加强生态环境保护、完善区域生态功能建设尤为重要。

通常情况下，由于外部不经济性，出于"理性经济人"身份和经济效用最大化目标的考量，经济主体不愿意在环境保护方面主动投资，发展过程中造成的污染由社会承担，在这种机制下，环境问题只会更加严重。一个区域经济的发展在一定程度上总会以资源环境为代价，经济发展水平高的地区对资源环境的开发利用程度较经济发展水平低的地区更深，在这种情况下，需要构建对落后地区相对公平的补偿机制，这同时也是保证发达地区经济发展的需要。《京都议定书》和《IPCC》都对经济发展、CO_2排放等进行了分析，碳贸易在全球气候变化背景下由经济的快速发展促成，并建立了经济发达地区和发展中地区在经济指标和生态指标上的平衡机制。

进行区域生态功能定位时，先要查清区域生态环境的现状，包括区域生态环境受污染的程度以及治理污染的能力、环境承载力和生态系统的稳定程度等，然后结合区域的产业结构、发展重点以及土地利用情况，制定既能保证社会经济发展需求、又能遵循自然生态环境发展规律的发展规划，使得区域社会、经济和生态功能处于协调状态。同时，生态环境系统的分布不一定完全和经济布局相契合，有时候为了保护更大区域的经济发展，居于生态功能主导地位的区域要放弃经济功能的定位。例如长江流域的上游，为确保中下游区域的发展，要保护好上游的生态环境，这样就会在不同功能区域形成利益失衡，这种利益失衡需要具体的区域发展政策如财政转移支付等加以协调。

4. 区域综合功能

区域综合功能是经济、社会、生态功能的综合体现，也即通常所指的区域功能定位。如前所述，区域的经济功能、社会功能和生态功能从不同的角度给予区域发展以支撑，三者缺一不可，因此不能笼统地从某一方面总结区域综合功能。但是，区域综合功能并不等同于经济、社会和生态功能的叠加，对于某一区域的发展，在时间尺度和空间尺度上都有相对的发展重点，应充分考虑区域的内部条件和外部环境，在全面分析综合功能的基础上，在特定的发展时段确定该区域的主导功能。

新中国成立以来，我国区域发展战略经历了三次大的转变，即从区域不平衡发展战略转向区域平衡发展战略，又从区域均衡发展战略转向局部区域优先发展战略。1949～1978年，根据沿海和内地两大经济地带的划分，我国实施重点发展内地、促进沿海与内地平衡发展的战略，促使内地经济迅速发展，建立了一大批中部工业基地；1979～1999年，以效率优先原则，推进促进东部地区率先发展，再有序发展中西部落后地区的发展战略，这极大地刺激了沿海地区经济的高速发展，也迅速提升了我国的综合国力；2000年以来，我国实施了由东部优先到全面协调发展战略的转向，相继提出西部大开发、中部崛起、东北老工业基地振兴的战略，以科学发展观统筹全国发展，实现共同发展。以1949年以来中部地区的发展为例，中部地区经历了重点发展到有序发展再到崛起发展的转变，每一时期的发展战略也体现了区域相应的功能定位。重点发展中，中部地区以经济发展、工业发展为主导的经济功能为主；有序发展中，则以强调农业发展、生态环境等为重点综合功能为主；崛起发展中，则以生态保护下的可持续发展为目标的生态功能为主导。

二、区域可持续发展观视角下的区际关系

区际关系是区域可持续发展的重要动力。传统发展观下的区际关系更多地表现为不同经济区域之间的分工与合作，经济区域之间的分工与合作又集中表现为产业之间的分工与合作。而区域可持续发展观视角下，则将区际关系的内涵、影响因素以及类型都在经济关系的基础上增加或赋予了新的概念。区域可持续发展系统功能定位与区际关系是战略指导性与实践可操作性的关系，也是相互促进、相互转化的关系。区域可持续发展系统功能定位在一个大尺度区域范围内明确区域主导功能，并给各个不同区域的分工与合作和区际关系的形成指明了方向；另外，随着区际关系的形成与作用以及区际（间）的分工与合作的深化，又推动了主导功能的形成与强化，并进一步影响和修正着区域功能定位。总体而言，区域功能定位是带有前瞻性的规划指导，区际关系则是区域资源流动组合的具体配置。

（一）不同发展观下的区际关系内涵

1. 一般区际关系内涵

一般区际关系，简言之，就是区域之间的联系，这种联系最初源于区域之间存在的差异。区域是内部具有均质性和内聚性的地理空间，无论何种空间尺度的区域，区域间在相异性和不均衡性作用下，总会形成物质、能量、信息等的空间梯度，并在梯度力的作用下产生空间相互作用。空间相互作用是通过物质流、能量流、信息流等有形或无形的"流"来实现的，"流"是区域联系的纽带和区域平衡的杠杆。而所谓区际关系，就是这样一种空间相互作用。

区际关系的存在是区域发展的客观需要，其形成是区域生产力发展到一定阶段的产物。区际关系的形成与区域的开放性、区际要素的互补性以及区域间的通达性密切相关。区际关系存在合作和竞争的双重属性，且两者的界线是模糊的。通常，若区域之间存在资源要素的互补关系或者迫于市场压力需要建立更强大的竞争力，就会产生区域间的合作，通过行业合作或者区域全面合作实现整个区域的资源优化配置；若是在有限的空间内，不同区域会产生对资源、市场、发展机会等发展要素的激烈竞争，这种情况下的区际关系则是一种竞争关系。区际关系也不是一成不变的，随着区域空间结构的变化，"路径依赖"和"锁定效应"的交替出现，区域分工、合作和竞争的内容会发生变化，区际关系也会相应改变。尤其在经济全球化的背景下，随着全球市场的拓展，不同类型的"飞地经济"的出现对传统地缘空间结构基础上的区际关系是一种突破；网络化的通达和便捷，使得虚拟空间关系有时也会替代实体空间关系；随着区域共同问题的出现，如区域环境问题、金融危机、人口迁徙频繁、区位因素弱化和强化双重属性显现等，区域合作、求和共赢日渐成为区际关系的主流；同时，由于传统发展观的变革，区域发展目标也发生了变化，区际关系由区际经济关系占据主导地位开始向区际社会关系、区际生态环境关系演化与发展，且后两类区际关系的构建更承担着区域整体协同发展的艰巨任务，也更具区域可持续发展性。

从区域可持续发展系统看，区域是由经济-社会-生态环境组成的复合系统，从宏观范畴看区际关系实质是人地关系地域系统之间的关系，包括区际经济关系、区际社会关系和区际生态环境关系，而且它们的空间相互作用各自遵循的规律是不同的：区际经济关系遵循市场规律，区际社会关系遵循社会规律，区际生态环境关系遵循自然规律。由于三种关系本身交织的复杂化和无序化，再加上长期以来以区际经济关系代替整个区域的人地关系，忽略了区际社会关系和生态环境关系，出现了整个区域系统人地关系失衡的问题。因此，深入认识区际社会关系和生态环境关系，也是保障人类基本生存与发展的需要，对各种尺度空间流的结构、流量、流向、流速等进行调控，使之有序协同，既能满足区域人类"需求"又不突破区域自然"限制"，是区域间优势互补、协同发展、缩小差距、促进平衡的必然途径。

2. 区际经济关系内涵

在以经济增长、经济发展为区域发展目标的阶段，区际关系更多地表现为区际经济关系。区际经济关系即在区域间分工与协作的过程中，通过生产要素的区际流动而形成的一种相互依存和相互制约的关系。区域经济发展理论探讨了区际经济关系的建立方式和影响机制。例如，赫希曼的"极化-涓滴效应学说"、美国学者弗里德曼的"核心-外围理论"等。

区际经济关系决定着区域经济功能的形成以及经济区之间的分工与合作。分工与合作作为区际关系的重要表现形式，对区域发展有重要作用。自然和历史形成的差异是区域分工的前提，而获取经济利益则是分工的根本目的。区域分工是社会劳动分工在空间的表现与落实，从区域分工的发展历史来看，区域分工可分为区域垂直分工、区域水平分工和区域等级分工。其中，区域垂直分工是指不同区域在初级产品、中间产品与最终产品生产之间的分工，这种分工形式一般出现在落后国家；区域水平分工是不同产业部门或同一制造业的不同生产阶段、不同种类的产品在不同区域间的分工。一般而言，发展水平相对低的区域以发展资源指向强烈的产业和劳动密集型产业为主，发达地区则以创新型和高新技术产业发展为主；区域等级分工是同一企业的总部与下属企业在区域间的分离。处于中心区的总部起着信息、技术和管理中心的作用，而处于外围区的下属企业则起着直接生产和创造价值的作用。区域合作是进入21世纪以来，区际关系的主流，通过区域合作，能达到优势互补、协调发展、互惠共赢的发展目标。区域合作形式多样，从合作内容来看，有物资交换、商品贸易、信息合作、技术合作、人才合作、资本合作、生产合作以及上述几种形式同时存在的混合合作；

从合作方式来看,有区域合作经营、多区域股份化合作、异地办独资企业、区域间"三来一补"BOT方式等;从合作范围来看,有省区间合作、省(自治区、直辖市)毗邻地区合作、省区内经济区合作、城市间区域经济合作等。

我国东、中、西部地区之间在自然资源、劳动力、资金和技术等生产要素甚至区际产权结构的实现形式差异方面都有较大不同,存在很大的互补性。东中西部生产要素的互补特征,是我国区际之间产业合理分工的基础。改革开放前,我国实行集权的中央计划经济体制,基本上按照"资源互补"或"产品互补"的原则实行区域分工合作。中西部布局和发展了大量原材料和能源优势的工业,客观上形成了中西部以开发生物资源(农业)、矿产资源以及发展原材料加工业为主,东部地区以中西部产品为原料发展加工制造业为主的垂直型区域分工。改革开放以来,我国宏观经济体制改革强化了区域经济发展中的市场力量,区域分工情况也有所改善。三大地带更加注重专业化和集中化发展,并形成各具特色的区域性行业。东部地带,生产要素从传统行业(食品、纺织、普通机械制造等)向新兴产业集中,交通运输设备制造业和电子及通信设备制造业成为支柱产业;中西部在冶金、纺织、食品、卷烟等传统行业领域得到了稳定发展,促进了地方经济繁荣。

我国区域划分不仅有东、中、西之分,还有城乡之分。城乡差距主要体现在收入、社会福利、财产、生活水平四个方面,且呈不断扩大的趋势,这与工农业产品价格剪刀差密不可分。当工业化已经达到中后期阶段时,正确的政策取向应为工业反哺农业,通过建设社会主义新农村,发展小城镇解决"三农"问题,逐步完善城乡社会保障体系和基本公共服务体系,统筹城乡经济、社会全面发展。

3. 区际社会关系内涵

区际社会关系是区际关系的重要组成部分,其形成以区域之间的在社会生产中结成的生产关系为基础,涉及政治、文化、科技、军事等诸多方面的联系,主要是区域之间合作分工过程中人力、技术、信息、公共服务的流动联系分析。区际社会关系的背后也以利益追求为导向,区际社会关系的协调就是各区域间利益的协调。通常在区域分工与合作的过程中,人们过多地将注意力放在了资金流、产品流等方面,而忽略了对与人类需求密切相关的诸如信息流、技术流、服务流等社会流的研究,这就导致区域之间存在一系列社会关系上的不协调。

区际社会关系不协调还表现在基本公共服务不均等上,主要包括:基本民生性服务、公共事业性服务、公益基础性服务、公共安全性服务等。而当前我国基本公共服务的现实情况是供给不足与供给不均并存,且尤以供给不均最为严重。城乡之间基本公共服务水平的差距较大,是我国基本公共服务非均衡性或非均等性的主要表征。农村是基本公共服务的洼地,从协调区际社会关系、促进区际协调发展考量,也应加快落实和发展基本公共服务均等化。

4. 区际生态环境关系内涵

区际生态环境关系是随着区域生态环境利益冲突不断加剧,区域之间逐步形成的一种与经济关系、社会关系紧密相关而又相互区别的新型关系。区际生态环境关系(或称区际环境关系)是指区域与区域之间基于环境资源的有限性、环境利益的局部性、环境系统的整体性等特征,按照环境效益最大化和环境利益的公平分配等原则形成的一种相互依存和相互制约的区际关系。区际生态环境关系在内涵上包括区际环境利益关系和区际环境协调机制,在外延上表现为人口、资源、能源、商品、污染物(源)、资金、技术、信息等在区域间的流动,即各类可能影响生态环境的社会经济要素和环境要素的流动。

总体而言,区际生态环境关系具体可分为区际生态环境-经济关系、区际生态环境-行政关系、区际生态环境-技术关系、区际生态环境-伦理关系、区际生态环境-贸易关系等,并可进一步派生出区际水关系、区际矿产资源能源关系、区际人口关系、区际环境污染共同防治关系、区际环境技术合作交流关系等。而冲突与合作是区际生态环境关系的两大主要表现形式。

从区际生态环境冲突的性质和成因来看,主要包括以下3种类型:一是直接的环境冲突,如跨界水环境、大气环境污染,跨区域的废物倾倒等直接的环境侵害造成的冲突。同样,在水资源、石油、天然气资源、森林资源等开发和利用过程中也会产生某些直接的环境冲突;二是公共环境利益冲突,即某一区域对生态环境的污染或损害可能会危及其他区域甚至全球的环境利益。例如,全球在控制温室气体排放方面的矛盾就是基于公共环境利益的冲突;三是区际贸易的环境冲突。在区际和国际产业结构分工和贸易过程中,存在生产过程的环境成本不平衡、贸易过程中的环境补偿不足等问题,这就会产生区际环境利益冲突。通常,绿色贸易壁垒以及环境与贸易之间的博弈现象会加剧环境矛盾冲突。因此,解决环境冲突是建立和谐、健康的区际环境关系面临的重要任务,其根本目的是实现区际环境利益公平,基本手段是区际环境补偿,基本组织形式是区际环境合作。

与区际生态环境冲突相对,区际生态环境合作是化解区际矛盾的有效方法,有助于建立公平、合理的区际环境关系和良好的环境秩序,也有利于区域的和谐、稳定和可持续发展。可持续发展理念指导下,区际生态环境合作日益呈常态发展,如流域的上下游综合治理、大尺度环境问题的责任和合作、温室气体减排等,都与区际生态环境合作密切相关。区域环境安全预警机制、区域环境污染共同防治体系、区域环境冲突协商解决机制、区域环境资源配置机制、区际生态补偿机制、区域环境科技交流与合作机制、区域环境信息共享机制等,都是区际生态环境合作的有效机制。通过建立区域环境预警、磋商、谈判、协调、监督和联合执法的有效方法和途径,实现区际生态环境合作的目标:① 保障区域生态环境安全;② 提高生态环境效率;③ 实现区际利益平等均衡;④ 支持区域的可持续发展。

(二) 影响区际关系的因素

1. 地缘结构奠定区际关系基础

对"地缘"一词的解释,学术界存在不同的认识,这里偏向于将"地缘"理解为两个或两个以上的地理空间的边缘区域,这些区域通常在政治、社会、经济、文化等诸多要素方面具有相关性,这种相关性既包括空间区位,也包括空间实体的结构和功能。地缘结构决定了区域之间在地域空间上的互补性和毗邻性。地缘结构所包含的空间实体的结构和功能保证了区际之间的互补性,两个区域内部的实体要素组成及配置方式若互为所需,则奠定了区际关系的基础。同时,"地缘"作为空间区位的含义理解时,表征着区际在地理空间上的距离,即"边缘区域",这保证了区际关系产生的毗邻性条件,空间距离的邻近有利于降低区际合作的成本。因此,地缘结构是奠定区际关系的基础,是区际关系的重要影响因素。

我国三大经济地带都体现了地缘结构奠定区际关系基础的规律。而珠江三角洲、长江三角洲、环渤海湾地区以及正在崛起的成渝经济带,也都是相对集中的城市群、产业群,具有良好的地缘结构,因此它们就能整合区域的资源禀赋,并逐步发展成为我国经济的四大增长极。

2. 区际功能主导区际关系类型

区域功能包括经济、社会、生态等功能,区际关系主要是建立在区域功能之上的。相互联系的区域间多以经济联系为主,通过分工和合作的形式互相联系,各区域之间的分工围绕产业形态开展,则区际关系更多地表现为区际经济关系;若区域功能以社会功能为主导,相互联系的区域之间通过政治、法律、文化等领域在社会发展方面呈现出较大的协同性,则主导区际关系为区际社会关系;同理,若区域功能以生态功能为主,经济发展需要给生态建设让路,区域联系更多地体现为生态屏障的保护等关系,则区际关系可更多地定义为区际生态环境关系。当然,区际关系也不是单一的,更多的时候是经济、社会和生态环境关系的统一。但是,主导区际关系由区域功能确定却是不容争议的。

当前,区域之间的全面合作迅速开展,并深刻影响着区域功能定位和区际关系类型。各区域之间通过建立区域市场、联合开发资源、联合改善区域交通条件、开展资金横向融通、建立信息网络、共同协调环境问题等举措,开展全面的区域合作。这种全面合作的区域关系使得各区域功能的综合性更强,各区域在综合的区际关系中扮演着不同的角色,实现区域资源优势的共享和可持续发展。

3. 区域空间结构变动影响区际关系演化

区域空间结构随着时间的推移不断发生演变。总的来说,区域空间结构的改变是区域内各种要素分布组合改变的表征,区际关系的演化也和这些活动的分布组合密切相关,因此,区域空间结构变动影响区际关系演化。

陆大道院士的区域空间结构演变理论将区域空间结构演变分为四个阶段,即农业经济占绝对优势阶段、由农业经济向工业化的过渡阶段、工业化中期阶段、工业化后期及后工业化阶段。在这一发展过程中,社会经济空间结构从相对"平衡"的原始状态到不平衡的"点—轴"状态的出现,再到不平衡状态加剧的"点—轴"系统,最后形成完善的"点—轴"空间系统,区域空间结构走向成熟和稳定。在农业经济较原始的空间结构之下,区际关系强度很弱,伴随着区域空间结构的改变,区际要素流动、集聚作用的强度也随之改变和加强,进入工业化、后工业化时期,区域空间结构形成完善的"点—轴"系统网络,区际联系也更加紧密。可以看出,由区域工业点、交通网络、市场等"点"、"线"、"面"所构成的空间结构框架若发生改变,就会引起区际之间物质、信息交流以及区际合作的变化,影响区际关系的演化。可以说,完善合理的空间结构不仅是区域发展的必要条件,也是区际合作演变的驱动力。

4. 区域环境问题影响区际生态环境关系

随着区域经济主体地方竞争力的提升和区域发展的可持续性要求,使得区际关系因生态环境问题而变得更加复杂。由于环境资源的"公共物品"属性以及使用的"非排他性和非竞争性",再加上制度上的"市场失灵"和"政府失灵",导致由一些生产者或开发者对环境资源造成了破坏或不良影响进而对其他生产者或开发者、经营者带来了影响。为了环境公平、利益共享,就要进行区际生态利益补偿,即导致生态环境产生破坏或不良影响的生产者、开发者、经营者应对承受环境污染、生态破坏的区域进行补偿,这实质也是对环境资源由于现在的使用而放弃的未来价值进行补偿。

目前我国对区际生态环境补偿范围主要包括水土保持、野生动物保护、流域生态环境保护、湿地保护、自然景观和动植物多样性保护以及因生态环境保护而导致公平发展权的丧失六个方面。有些是区域之间补偿,有些是国家承担补偿主体,这与资源环境的所有制属性有关。因生态环境保护而导致公平发展权的丧失而给予生态环境补偿,在某一特定的社会发展阶段,国家可能出于整体利益的需要或者为了保护更重要的利益,而对部分地区的发展权予以限制,这样就必须给予其相应生态环境补偿。例如,密云水库作为首都北京的饮水来源地,其周边地区相当大的范围内不得兴建可能对库存水质造成不良影响的企业或者对水库安全构成威胁的工程,这在一定程度上限制了周边地区的发展,作为直接受益地区的北京,应对这一地区人民牺牲的公平发展权进行补偿。

(三)区域可持续发展观下的区际关系类型

由于区域可持续发展系统空间结构的相互作用,形成了不同的区际合作类型,如合作互补型、合作竞争型以及转嫁掠夺型等,但在实际发展活动中区际合作往往不是单一的某种类型,而是存在着多种合作类型的交叉。

1. 合作互补型

合作互补型是区际合作最常见的类型,通常是指两个以上区域在其人口、资源、环境、经济不能满足各自的可持续发展时,通过区域之间的互通有无和取长补短,获取可持续发展所必需的要素,从而在彼此互利互惠的情况下共同获得可持续发展。区际之间由于在商品、劳务、技术和信息等方面具有互补性而建立的合作关系,弥补了区域自身的不足,使双方经济发展能够获得一定的稳定性。从可持续发展角度来看,在一定的时间和空间尺度内,区域发展可利用的各种资源是相对有限的,通过区际合作互补,有利于提高资源的利用效率,将其分配到能实现资源最大价值的区域,从而带动区域整体可持续发展。例如,我国西部地区富于资源而贫于资金和技术,东部地区则贫于资源而富于资金和技术,如果用东部地区的资金和技术开发西部地区的丰富资源并注意保护好生态环境,则不仅可以弥补彼此的不足,而且可以增强彼此的可持续发展能力,从经济效益和区域整体发展来看,这种合作互补的作用对区域可持续发展而言是积极有效的。

2. 合作竞争型

合作竞争型也是区际关系常见的一种形态,通常是区域之间由于外界竞争压力的出现或者加强,为获得区域可持续发展,选取联合或合作的方式,通过区域合作实现优势互补或扩大已有优势而建立起的区际合作关系。合作竞争形成一种竞争的合力,使合作区域在社会经济发展中实力更强大。例如,成渝地区、长三角地区的区域合作,除资源禀赋的优势互补之外,区际合作带来的还有竞争力的加强,特别是成渝地区的区际合作,使其成为我国经济增长的第四极。合作竞争型和合作互补型相比,产生合作关系的原因有所不同,但结果都使得区域的优势和实力有所增强,是区域之间实现"双赢"的重要手段,属于可持续的区际关系。

3. 转嫁掠夺型

与前面两种"双赢"的合作方式相比,转嫁掠夺型是不利于被掠夺区域发展的区际合作。区际合作的一方为了弥补自身发展的不足,利用其他区域的自然资源等优势条件进行生产活动,加速了被掠夺区域资源的消耗,使财富更加集中在财力雄厚、技术先进、市场控制力强的区域,使区际贫富差距进一步加大。转嫁掠夺型区际关系在市场经济条件下是客观存在的,由于区际发展水平的悬殊,被掠夺方通常没有抵御的能力。在我国东西部之间也存在这种转嫁式区际关系,如东部沿海地区在向中西部地区转移资源加工型和劳动密集型产业的过程中,也乘机将一些陈旧的机器设备和落后的工艺技术等"包袱"转嫁给中西部地区。经济全球化浪潮下,发达国家将污染产业转移到发展中国家并大肆开发他们所需要的稀缺资源,导致当地生态环境恶化。从可持续发展的观点来看,这种合作不利于空间尺度上的可持续,因此需要建立对被掠夺区域的补偿机制,削弱区际之间的差距。

第四节 区域(空间)管制

区域(空间)管制是主要为确保区域可持续发展系统空间结构的健康运行,而对地域空间及其区内的生态-经济-社会等系统进行的协调和控制。通过划定区域内不同功能、不同建设发展特性的空间类型区,制定各类型区的开发标准和控制引导要求,包括经济发展、社会进步和生态环境建设等内容,以空间资源的合理配置为目标,实施区域统一规划,以实现区域生态-经济-社会的协调与平衡和区域内各级政府、企业和居民等不同主体利益的协调与平衡。区域(空间)管制不同于条块分割下的行政区管理,它更需要可持续发展观的统领和机制上的创新。科学的区域(空间)管制政策,是区域可持续发展系统空间结构健康运行的决定因素。

一、区域(空间)管制目标和对象

(一)区域(空间)管制的目标

区域空间管制的目标是实现空间资源的合理配置。按照区域可持续发展系统空间结构的要求,空间资源的合理配置就是区域内空间经济结构、空间社会结构和空间生态环境结构的合理配置以及不同区域间(纵横向)的相互协调,且后者的协调涉及不同主体的利益关系,具体包括区域经济、社会和生态环境三个子系统的统筹和协调,以保证经济持续发展、社会不断进步、生态系统稳定。因此,区域(空间)管制的目标也可以说是区域经济目标、社会目标和生态目标的最优化:经济目标则在生态环境承载力和社会可接受的范围内,将资源优势培育为经济优势乃至综合的竞争优势;社会目标则是动员不同利益主体最大限度地参与到经济建设和生态保护中,且尽量减少或降低与人为参与活动有关的生态问题的产生,以实现人的需求的可持续发展;生态目标就是整合区域内及区际间的所有环境资源,立足区域生态环境基础与人口、经济的承载力,协调发展与生态环境的关系。

(二)区域(空间)管制的对象

区域空间管制的对象,特指将某一区域范围或不同区域间的经济、社会和生态三大系统所涵盖的要素,如人口、资源、环境、资金、市场、技术等,进行整合和平衡,并对区域可持续发展空间结构实施空间管制,以体现区域内外间的关联或整合效应。由于代表不同利益的人类是区域可持续发展系统空间结构的驱动主体,所以,区域空间管制的对象实质上就是基于三大系统所包含要素本身的规律,进行针对人为活动的区域空间管理,以使人的生产行为、消费行为和管理行为尽量符合经济、社会和生态三大系统固有的协调运行轨迹,实现区域可持续发展系统空间结构既定的平衡和协调目标。

二、区域(空间)管制的任务和作用

(一)区域(空间)管制的任务

区域(空间)管制任务是实现空间资源优化配置目标的具体实施。要根据区域可持续发展的不同阶段存在的突出空间问题,有的放矢地提出并实施。由于区域差异性的存在,区域(空间)管制任务重点也各有不同。在环境问题和社会问题突出的今天,对那些更具生态环境效益和社会效益的区域,空间管制任务尤其要

"强制"落实。基于我国当前发展阶段和区域发展中所呈现出的共性问题,区域(空间)管制任务主要有以下四个方面:

1. 不断调整产业结构,优化产业空间布局

调整产业结构、优化产业空间布局是当前解决我国经济发展和区域社会发展的必由之路。产业结构的调整是指产业结构的合理化与高级化,而产业空间布局则是产业结构在地域空间上的投影。结合我国当前产业结构和产业布局的基本情况,不断调整产业结构应以降低能源消耗、环境污染和提高附加值为考量,以加快工业结构升级和快速发展第三产业,尤其是现代服务业为重点;优化产业空间布局,则是解决产业发展与区域发展不协调问题,以区域承载力和资源要素特征为基础,实现产业布局尤其是工业布局在空间上的适当集聚,推动产业集聚发展、集约发展,并逐步改造传统工业区和居住区的"混杂"局面,同时避免对地下水、土地、海洋、生物资源的破坏等,以达到经济布局和生态系统相协调的目标。

2. 珍惜发展空间,有效利用土地资源

我国土地采用三级分类法,其中一级分为农用地、建设用地和未利用地三大类,二级又具体分为15类,以我国当前土地利用情况看,我国各级各类土地资源都存在一定的问题:农用地问题主要表现为耕地保护的问题。随着人口规模的增加、经济的发展和城市的扩张,各种建设占用耕地以及水土流失、耕地沙化、盐碱化、土地污染的广泛存在,使我国的耕地数量不断减少、质量不断下降。在今后的发展中我国应严格加强耕地保护,正确处理耕地经济效益与社会、环境效益的关系,严格控制农业用地的非农化,保障农业可持续发展。同时,进一步完善土地市场,推进城镇土地的集约利用,尽快完善土地产权制度,调整城乡建设用地内部结构;加强土地利用总体规划引导控制,用统一的空间发展战略优化城乡用地布局,坚持土地集约与节约利用,推进土地利用方式的根本转变,以缓解建设用地供求矛盾。统筹我国农用地和建设用地发展,应做到协调建设和耕地保护的矛盾,珍惜发展空间,有效利用各级各类土地资源,促进耕地、建设用地等的集约节约利用,以实现区域可持续发展。

3. 完善生态补偿机制,加强区域环境管理

生态补偿机制的建立与完善,有助于推动环境保护工作实现从以行政手段为主向综合运用法律、经济、技术和行政手段的转变,有利于推进资源的可持续利用,加快环境友好型社会建设,实现不同地区、不同利益群体的和谐发展。我国当前已进行了一些生态补偿机制的探索,并在退耕还林等方面取得了良好的成绩,今后应以重要生态功能区、自然保护区、矿产资源开发和流域水环境保护四个领域的生态补偿为重点,以建立和完善"环境财政"和保护环境的税收政策,以市场导向的生态补偿模式为方法、手段,最终达到促进区域协调发展和人与自然和谐发展的目标。在完善生态补偿机制的同时,加强区域环境管理也是不可或缺的内容。对城市、农村、流域环境因地制宜、有针对性地采取一系列环境管理手段,以改善空气污染、水污染、工业污染、生活污染、土壤污染以及水土流失等问题,通过分级管理、有效治理,实现不同区域的协调发展。

4. 关注贫困区发展,统筹城乡"二元"空间

近年来,在一系列扶贫政策的推动下,我国在反贫困中已取得了一些成就,但是,贫困问题、贫困区发展问题仍是困扰我国可持续发展的瓶颈。当前,我国的贫困区多分布在西部地区、农村地区,这也反映出我国区域发展不协调问题。贫困区的形成与当地的生产生活条件恶劣、基本公共服务设施落后和生态补偿资金缺乏不无关系。改善和解决贫困区的贫困问题,首先,应尽快加强贫困区的基本公共服务设施建设,使贫困区的居民基本的生存权、发展权得以维护并摆脱恶性循环的魔咒;其次,应发掘贫困区发展优势,加快建立其良好的区际关系,通过统筹区域发展、城乡发展,以"帮扶、合作、补偿"为手段实现贫困区发展的突破;最后,应加快扶贫政策的转变,实现由"输血型扶贫"向"造血型扶贫"、"生存型扶贫"向"发展型扶贫"的转变,建立贫困区发展的良性循环机制。

(二)区域(空间)管制的作用

区域(空间)管制的作用,即根据上述的目标和对象,最大限度地将区域或区际的经济、社会和生态三大系统的效应发挥出来,同时,注重不同系统间的协调与平衡,以不断完善和优化经济发展、社会进步、生态改善的区域可持续发展系统空间结构。

1. 协调区际人地关系

人地关系作为区域可持续发展系统空间结构中最为基本的关系,维系着区域空间结构的基本态势。区域空间管制主要协调区域人地关系,以达到区域间的整合与协调。充分发挥人的主观能动性,合理利用自然资源,使其达到充分永续利用。同时遵循自然规律,以实现生态系统和经济系统的良性循环、达到多元综合最优的目标。

一般而言,协调人地关系的路径主要有控制人口规模、转变发展模式和自然资源的可持续利用等方面。为保证环境的可持续发展和人地关系的协调,必然要牺牲一定的经济增长速度,这就需要区域(空间)管制这样一种有效的方式去保证区域有序发展。通过制定和实施一系列有效的区域(空间)管制措施,能有效缓解资源和环境所受到的过大的人口增长压力,改善日益紧张的人地关系;同时,区域(空间)管制以可持续的经济发展模式为重点,能有效地促进粗放式增长方式向集约式方向转变,鼓励消费模式向适度消费、文明消费转变,在政府宏观调控的作用下,区域发展更加注重区际公平的实现,有利于建立互补式的区域协作关系,对于促进整体区域的可持续发展具有重要作用;土地资源、水资源等自然资源的可持续利用也是区域(空间)管制的重要内容,通过合理的规划、生产效率的提高、新能源的开发以及环境保护措施的有效实施等方式,能高效地提高自然资源的利用效率,减少资源的消耗浪费,实现自然资源的可持续利用。

2. 统筹区域协调发展

区域(空间)管制通过不同层次的区域发展战略对有差别的区域进行统筹,有助于使区域发展朝着平衡协调的方向发展。通过比较优势明确不同区域的主体功能,进行不同区域主体功能的整合与协调,以实现区域间经济、社会和生态三大系统间的整体协调;通过引导资源的组合和流动,实现不同区域间资源的优化配置,获得整体效益最大化;通过落后区和发达区域的互补以及一体化推进,实现对贫困区域的扶持和推动。以近年来在我国影响较大的"西气东输"、"西电东送"和青藏铁路建设为例,它们都是我国西部大开发的标志性工程,对促进西部地区发展、统筹东西部协调发展起到了重要作用。"西气东输"工程充分发挥了西部地区的资源优势,不仅促进了我国能源结构和产业结构的调整,更带动了东西部地区的共同发展,有效治理了大气污染;"西电东送"工程则是将贵州等西部省区的电力资源输送到电力紧缺的东部地区,其有效实施促进了东西部地区经济发展,对于生态环境改善、江河治理也功不可没,最重要的是实现了资源的优化配置;青藏铁路作为世界海拔最高、线路最长的高原铁路,是具有划时代意义的经济线、文化线。青藏铁路的全线贯通有效地改变了青藏高原贫困落后的面貌,也促进了西藏工业、旅游业等产业的发展,同时也有利于西藏发挥资源优势加强与其他地区的经济合作,对于统筹我国东西部区域协调发展起到了重要作用。

3. 有序开发资源

我国地大物博,许多资源的总量位居世界前列,堪称资源大国,但是我国人口众多,按人口平均则又是名副其实的资源小国,再加上我国资源分布不平衡、组合错位,这便加剧了资源的紧缺性。尤其是近年来,随着经济快速发展,资源供求状态则更加紧迫。如何保证人口、经济和社会发展对资源的需求,保持资源的可持续利用,成为我国经济社会发展过程中的一大难题和挑战。

在当前资源环境压力下,为确保区域可持续发展的顺利进行,统一规划、有序开发、持续利用、保护资源环境的整体性等就成为资源开发和利用的重点。而资源的有序开发与有效利用是区域(空间)管制的重点内容。区域(空间)管制的实施,以资源的永续利用为基础,以区域资源环境承载力为前提,进行总体规划,根据资源的勘探可采储量和空间布局以及开采条件,统筹开发时序和开发规模,既能保持生态环境的稳定,又能保证经济社会发展的基本需要。同时,通过区域(空间)管制,各区域间加强合作联系,实现资源的优势互补与共享,这既满足了资源效益最大化的需求,又为构建区域整体可持续发展做出了贡献。

4. 遏制"公地的悲剧"

"公地的悲剧"最早是与英国的"圈地运动"联系在一起的,当时一些贵族通过暴力手段非法获得土地,用围栏将公共用地圈起来据为己有,大量羊群进入公共草场导致土地开始退化,出现"公地的悲剧"。公地作为公共物品,因产权难以界定或界定产权的交易成本太高而被竞争性地过度使用或侵占,从而造成了资源枯竭、公共物品的破坏和浪费等问题,引发"公地的悲剧"。现在,过度砍伐的森林、过度捕捞的渔业资源及污染严重的河流和空气,都是"公地的悲剧"的典型例子。在"公地的悲剧"中,每个当事人都知道资源将由于过度使用而枯竭,但每个人都无心或无能为力阻止事态的继续恶化,而且都抱着"及时捞一把"的心态加剧事态的恶化。由此可见,"公地的悲剧"是产权不明晰,由于企业和个人使用资源的直接成本小于社会所需付出的成本,从而导致资源被过度使用,出现资源危机。

"公地的悲剧"的解决以明确和稳定产权为第一要义,同时采取公共物品私人供给,加强制度建设,解决和减少搭便车、机会主义问题也是遏制"公地的悲剧"的重要措施。加强政府制度建设,进行严格的区域管制,通过明确土地、资源等合理的利用方式,减少公共物品由于非排他性和竞争性的负面效果,杜绝其可能产生的资源浪费和资源过度利用两种极端情况的产生,遏制"公地的悲剧"。

三、区域(空间)管制机制和途径

众所周知,区域(空间)管制突破的是体制约束和地方利益至上,寻求的是空间整体利益最大化,因此其监管压力远比一般区域管理要大。在空间布局上,即使是市场作用的无政府主义,政府主导的强计划性,都会对区域可持续发展产生很大影响。区域可持续发展系统空间结构的形成与发展,需要创新管制机制和实现途径。区域(空间)管制机制是指区域(空间)管制策略本身的运行作用机制,以及为确保管制策略顺利执行所制定的相配套的政策工具;区域空间监管的实现途径就是在监管机制下具体任务的实施。

(一)区域(空间)管制机制

构建区域(空间)管制的创新机制,运用新制度经济学的一些基本理论为指导,以促进区域的可持续发展。一般而言,区域(空间)管制机制主要包括综合决策机制、空间规划和准入机制、区域一体化机制、区域发展基金筹措机制以及社会监督和公众参与机制等五个方面,它们分别从不同的角度揭示了区域空间管制内部组织和运行变化的规律,是区域(空间)管制有效实施的根本保障。

1. 综合决策机制

所谓综合决策是指在一项决策中同时存在多个决策目标,并且各目标之间存在着某种矛盾性,因而必须综合考虑各种情况选择出能同时解决多个相互关联问题的决策。区域(空间)管制就是在区域发展中,既要考虑经济发展和社会进步的发展要求,又要兼顾生态环境保护和资源永续利用的现实性要求,在决策过程中对经济、社会、生态环境等因素全面考虑,根据周密的科学原则、全面的信息和综合的要求,制定切实可行的政策并予以实施。区域(空间)管制就是政府参与生态环境决策的有效手段,是在经济发展和生态环境保护、社会发展之间找到一种平衡手段。

就实施可持续发展战略而言,综合决策机制具有以往各种类型的决策机制所无法比拟的优势,保障了在重大立法、政策和计划等宏观决策中综合考虑环境与发展问题是实施可持续发展战略的必然选择。是协调我国资源环境同经济社会发展之间矛盾、提高经济运行质量和环境质量的关键。

2. 空间规划和准入机制

空间规划在区域空间管制中起服务职能和引导作用,通过制定规划,为实施区域管理提供更为准确、完善的依据。空间准入是基于科学发展观对空间利用进行理性约束的工具,是对空间使用主体的相关空间行为设定的基本要求和约束。一般而言,空间准入设定的标准应该包括空间发展的基本定位和目标、空间使用的效益要求、空间使用的环境要求、空间开发的强度要求、空间景观要求等。

在区域空间规划和准入机制的实施中,依据不同地域的生态特征、服务功能、空间资源的属性(包括区域空间管制中某些重大空间资源的开发利用,以及跨行政辖区的协调问题,如基础设施共享、跨境生态区保护、与周边区域发展协调和互补等),以及区域发展特征等,从定性、定量两个方面制定相应空间利用引导对策和限制策略,从而实现对整个区域空间资源的全覆盖,协调各类空间资源关系,进行区域空间发展的总体规划,充分发挥整体竞争优势,实现区域空间的可持续发展。强化规划与准入实施的可操作性,为实施管理提供更为准确、完善的依据,提高部门间的综合协调能力,为各层次的空间管制,建立准确、快捷的管理体系信息平台,为决策提供有力的支撑。

3. 区域一体化机制

区域一体化是指不同的空间经济主体之间为了经济利益的获取或生态发展的可持续,通过一系列协调机制和空间联系规划建立的区域协调发展关系。当前我国区域一体化发展迅速,如长江三角洲、珠江三角洲、环渤海经济圈等,都是我国区域一体化发展较为迅速的区域。

区域一体化机制的建立是区域发展的内在需求和基本规律,尤其当前我国正处于新型工业化和城市化进程中,通过建立一体化机制推动区域合作和区域共同发展是最为有效的途径。区域一体化发展,不仅使得各区域实现互惠互利、共同发展,也有助于实现区域的均衡发展,防止区域间的贫富差距越来越大。长期以来,我国区域间市场割据、地方保护主义严重,这严重影响了我国各区域的发展,造成资源的浪费,因此在区域空间管制下,区域一体化建设十分迫切。通过建立区域间利益协调机制,进行合理的产业整合、基础设施一体化建设,市场一体化建设,借助政府宏观调控和区域空间管制的力量,推进区域间要素整合、优势互补,实现区域的协调、可持续发展。

4. 区域发展基金筹措机制

欧盟凝聚区域发展基金是欧盟区域政策的重要财力保障,涉及产业、区域及就业等多项内容,其主要分为结构基金和凝聚基金两大类,其中结构基金又分为欧洲社会基金,欧洲农业、指导和保障基金,欧洲区域发展基金,渔业指导金融工具四种。它们在欧盟区域政策的不同发展阶段发挥了重要作用。借鉴欧盟区域发展基金的经验,我国在缩小区域差距、统筹区域发展,尤其在区域(空间)管制中,应做到以下四点:① 区域发展目标必须是明确(有量化指标约束)且便于操作;② 区域发展基金应具有来源的稳定性和基金运用的科学性两个基本特征;③ 成立专门的区域基金管理机构作为基金科学有效使用的重要组织保障,并尽快建立严格的、完善的监督管理体系;④ 需要结合我国国情,因地制宜地实施我国的区域发展基金。区域发展基金的来源可由各区域按协商份额筹集,申请发行专项区域债券,或向国际金融组织借贷的途径筹措。既有利于加强区内的团结协作,又便于集中力量推动影响区域发展的难点突破,进而促进区域的全面发展。

5. 社会监督和公众参与机制

社会监督是指由公民、法人或其他组织对行政行为和政府社会、经济活动进行的一种没有法律效力的监督,如新闻媒体监督、信访、申诉等,具体包括公众、社会团体、法律和舆论监督四个方面。而公众参与则是指具有共同利益、兴趣的社会群体或者个人对政府的涉及公共利益事务的决策的介入,或者提出意见与建议的活动。在西方国家,社会监督和公众参与机制是处理社会事务的常态,也是促进社会经济发展的有效机制。近年来,随着改革开放和民主化建设的发展,社会监督和公众参与也日益成为我国处理社会发展和经济发展问题的手段之一,对促进区域社会经济发展也起到了一定作用。区域可持续发展是区域经济、社会和生态的共同发展,涉及面广、任务繁重,区域(空间)管制中难免会产生"政府失灵"的状况,而社会监督和公众参与机制正是解决这一问题的重要途径。

通过建立社会监督网络,形成完善的社会监督机制,使公众、社会团体、法律和舆论监督有效地发挥作用。应在立法上承认这种社会监督的合法性,同时还要规定政府的环境信息公开义务,并为这种社会监督规定详细可行的程序和相应的法律责任,这样才能使得社会监督在促进区域发展和资源环境保护领域中充分发挥作用。创新新闻媒体、公报、热线电话等公众参与的途径;加强和推进环境保护宣传教育,提高公众的参与意识;加大力度发展民间 NGO,使其独立于政府之外,更好地进行区域社会发展和环境保护的工作。

(二) 区域(空间)管制实施途径

1. 区域(空间)管制实施途径类型

目前,区域(空间)管制实施途径有很多类型,在我国最为广泛的应用主要有城市规划、生态环境功能区划和主体功能区规划中的区域(空间)管制。

1) 城市规划中的区域(空间)管制。城市规划中的空间管制是在对城市所在区域用地进行全面资源评价的基础上,制定空间资源区划,进而区分发展和保护的区域。新《城市规划编制方法》中,中心城区总体规划应当"划定禁建区、限建区、适建区和已建区,并制定空间管制措施"。根据区域不同的生态特征,对生态的适宜性、相似性和敏感性进行分析研究,以优先划定生态敏感区为原则,把敏感性较强、生命力比较脆弱的生态系统(包括生物多样性保护、水源涵养、水资源保护、生物链保护、自然资源与文化景观、城市生态环境调节、生态廊道等)作为制定空间管制规划的先决条件,划定禁建区、限建区、适建区等管制分区的范围。此外,城市规划中还制定了强制性管制内容,即对红线、绿线、紫线、蓝线以及黄线的控制。

2) 生态功能区划中的区域(空间)管制。生态功能区划是根据区域生态环境要素、生态敏感型和生态服务功能空间分异规律,按区域不同级别生态环境的整体性、空间连续性以及相似性和差异性的联系,探讨其生态过程的特征和服务功能的重要性以及人类活动影响强度,将区域划分为不同生态功能区的过程。在国家和省级层面上,生态功能区划分系统分为三个层次:① 从宏观上以自然气候、地理特点划分为自然生态区(一级区划);② 根据生态系统类型与生态系统服务功能类型划分生态亚区(二级区划);③ 根据生态服务功能重要性、生态环境敏感性与生态环境问题划分生态功能区(三级区划)。

3) 主体功能区划中的区域(空间)管制。主体功能区划是一种主要由资源环境承载力、现有开发密度和发展潜力所决定的"职能空间",是在更大空间内的"分工"。主体功能区就是基于不同区域的资源环境承载能力、现有开发密度和发展潜力等,按照区域分工和协调发展的原则,将特定区域确定为主体功能定位类型的一种空间单元与规划区域。主体功能区划中,一个区域必有一主体功能,或是发展经济,或是保护环境,或是其他功能,它决定了区域的空间属性与发展方向。

总之,城市规划、生态功能区划及主体功能区划中的空间管制是区域(空间)管制的三种不同类型,它们在划分依据、划分目的及管制手段等方面既有所联系,也存在着不同。城市规划中的空间管制既有宏观层面的"四区"划分,又有微观层面上的"五线"控制,但因具有一定的法律效力,导致其缺乏灵活性;生态功能区划属于微观层面上的区划,对于限制开发区和禁止开发区的界线划定明确,但是影响区划的要素过于单一,与可持续发展联系不够紧密;主体功能区划主要是体现在国家层面上的宏观区划,但其中对于禁止开发区的界定可行性很小,很难实施。因此,区域可持续发展系统空间结构构建下的区域(空间)管制应糅合上述空间管制方法,扬长避短。

2. 区域(空间)管制的标准

区域(空间)管制的标准主要涉及空间资源现状评价、土地利用开发强度和产业发展的环境影响分析三个方面。其中空间资源现状评价一般围绕生态环境保护等方面展开,确定环境敏感区的核心区、缓冲区、实验区及外围地区,并对影响环境的要素进行专题研究;土地利用开发强度主要是以该区域剩余或潜在可利用土地资源对未来人口聚集、工业化和城镇化发展承载能力来评价该区域的可利用土地资源,一般可将区域划分为优先发展、鼓励发展、适度发展、需严格保护、限制发展及有条件许可发展地区;产业发展的环境影响分析是指在区域发展过程中,产业发展对环境带来的影响。

3. 完善区域(空间)管制的措施

当前,区域(空间)管制必须协调各部门的分工和协作,制定强有力的政策措施,实行行政干预与市场调控并举,才能建立完善的空间管制。具体措施包括以下五个方面:第一,建立强有力的法制保障。尤其是对严格控制地区(如生态敏感区)的开发建设行为必须用法律进行约束,在空间规划立法框架基础上,确定实施程序和相应政策、措施;第二,建立"空间准入"制度,为各类开发建设活动设定"准入门槛",以达到引导控制的目的,确保空间管制的有效实施。"准入门槛"的设定以类型区自身的发展特性要求为基础,依据实际发展建设状况,有针对性地提出引导控制措施,主要包括定性要素控制(如各分区对策、建议、开发模式等)和定量要素控制(如土地开发容量、建设密度等各量化指标限制),从而使空间管制具有更强的实施操作性和管理便捷性;第三,制定相应的空间协调引导措施,这既包括同一区域内不同类型管制区之间的协调,还包括超越行政辖区之外的管制协调。通过制定相应规划对策和建立健全行政协调机制,减少或避免过度开发、产业雷同和重复投资建设等现象,以求在相互冲突的发展目标间寻求最佳平衡状态;第四,设立专门的协调管理组织机构。由该机构进行统一协调编制相关规划并负责监督管理实施,这将有效地弥补规划行政主管部门单一管理的不足;建立协调"自上而下"与"自下而上"的双向互动式管理模式,这样既能解决行政管理的不灵活性,又能改善市场作用下的发展不协调。同时,利用咨询、讨论、交流等非约束性的程序,强调公众参与,进行后续规划的补充与调整,以完善区域空间管制指导的可操作性;第五,实行环境保护与经济协调发展政策,以解决生态环境与经济发展间日益尖锐的矛盾,从而实现空间资源的最优分配。通过政府的资金导向为适宜开发的区域优先提供资金帮助,并运用税收制度对污染的排放加以控制,这既促进了经济发展又缓解了生态环境的污染问题。

考虑到我国的基本国情和目前所处的发展阶段,区域(空间)管制在立法保障、政策措施、机构管理、公众参与等实施机制方面仍存在明显的不足。目前还只是偏重于空间管制内容的编制,而对具体的土地利用开发行为的控制引导仍缺乏有效规划管理实施。因此,在完善管制内容可操作性的同时,应加强对政府投资导向与市场调控结合的双轨式管制策略研究。

扩展阅读：

1) 经济地理学中关于空间结构的论述。
2) 地理学中关于区域、区域功能定位及区际关系的论述。
3) 我国主体功能区规划方案。

思考题：

1) 区域可持续发展系统空间结构综合平衡6大类型。
2) 区域可持续发展系统中的区际经济关系、区际社会关系和区际生态关系。
3) 区域空间管制的机制创新。

第五章 区域可持续发展系统发展状态评估

第一节 区域可持续发展影响因素分析

任何一个区域的可持续发展都是一个循序渐进的过程,在这个过程中,各种影响因素随着时空变动都对区域可持续发展产生了不同的影响。在经济全球化浪潮的冲击下,世界上几乎所有的国家都处于开放状态,影响区域可持续发展的因素不仅仅是区域内部因素,来自外部的挑战与机遇也对区域发展带来不同程度的影响。因此,影响区域可持续发展的因素也是一个开放系统,不但要分析区域本身的因素,也要分析外部因素。

一、外部因素

外部因素是指与本研究区域同步的一个时段面临的外部环境,这个外部环境的涉及范围与本研究区域所处的尺度层次有关,如果是一个县域,那么县域以外的所有空间范围都是该区域的外部环境,如果是一个省域,那么省域以外的所有空间范围都是该区域的外部环境,即大于本研究区域尺度层次的外部空间就是本区域的外部环境。当下立足我国的发展现实,放眼全球,对我国区域可持续发展产生影响的外部因素,主要来自两个方面:一是来自经济全球化以及由此产生的对外贸易、引进外资、全球产业分工、全球生产网络以及区域一体化等的影响;二是来自因全球气候变暖对滨海区域、农业生态系统、气候灾害、能源结构等的影响。

(一)经济全球化的影响

经济全球化是当今世界经济的主潮流,经济全球化对每个区域既有挑战又有机遇。一般认为,发达国家是经济全球化的始作俑者,他们是经济全球化的主要受益者,发展中国家受到全球化的冲击较大,甚至被边缘化。但是,从2008年的美国金融危机爆发到近几年的欧债危机,从某种意义上也暴露出这些发达国家也同样受到了全球化的冲击。经济全球化对一个区域的影响,关键是看是否能抓住机遇和区域自身发展有机结合,顺时而动,借势而上,在一个更大尺度范围内寻求发展机会和资源配置渠道,这也与该区域所处的区位、开放政策、制度环境以及已有的发展基础有关。

1. 区域经济开放与对外贸易

区域经济开放战略的核心内涵是推出优惠政策,充分调动地方积极性,大力发展外向型经济。通常,一个国家的经济开放程度指的是这个国家融入经济全球化的程度,我国的对外经济开放是从党的十一届三中全会以后才开始的,改革开放使中国进入经济全球化的潮流中去。

经济开放是促进区域发展的必经之路,通过区域之间的资源、信息和人才的交流,提高区域的综合竞争力。区域之间进行经济交流的主要渠道就是对外贸易,随着区域对外开放步伐的加快,区域间经济的交流日益密切,对外贸易活动也就愈加活跃,从而促进生产要素在各区域间重新分配和利用。同时,经济全球化通过国际贸易领域,打破了地区乃至国家之间封闭的市场界限,为各国的商品提供了更广阔的市场,极大地降低了贸易的成本;各国的技术进步使得对外贸易的速度越加快速,逐步进入信息化贸易时代;经济全球化也加大了对外贸易的风险性,一国经济领域的动荡很快会波及其他国家的经济领域,从而影响到该国的对外贸易。

改革开放三十余年来,中国已成为对外贸易大国,对外贸易也已经成为促进我国发展的重要动力之一。我国通过进出口贸易,一方面可以引进我国稀缺资源和外国先进的技术产品,为经济发展提供资源保障和技术支持;另一方面,通过出口经营,提升出口企业的自主创新,打造品牌和提高综合竞争力。此外,我国拥有丰富的劳动力,对外贸易可以缓解我国的就业压力。与此同时,对外贸易也给我国带来了不利的影响,如国外产品对本国产品的冲击力,由于价格差异以及需求喜好造成国内部分产品的滞销;国外金融危机也会通过对外贸易传到国内,甚至会造成国内依托出口为主企业的破产;危险废弃物的国际转移、资源的无度开采等对我国环境也造成了巨大的压力。

2. 区域资源配置与引进外资

资源是一国或区域经济发展的关键,一般来讲,地区资源主要包括以下五个方面:人才资源、知识和技术资源、资金资源、自然资源与基础设施资源。经济全球化推动了经济资源在全球的流动,为发达国家提供了丰富的劳动资源和自然资源的同时也弥补了发展中国家资金和技术的不足。发展中国家在工业化进程中最缺少、最需要的就是资金和技术,通过全球资源配置这一机会,大量引进外资和技术,发展相关产业,改善国内的资源供给结构,又使劳动力资源的优势得以充分发挥。

引进外资是我国参与经济全球化的一种重要手段,是对我国经济的一种补充。外商直接投资通过技术转让、员工培训和溢出效应等渠道提高了国内企业的管理效率和技术水平;外商直接投资还为我国提供了资金支持,发展了地方经济,提高了我国的整体经济实力,极大提升了我国在国际上的经济地位。但同时也存在外资引进刺激了"投资饥渴症"、对国外技术的盲目重复引进和经济的粗放式增长,造成了严重的政府行为和企业行为的短期化等问题;此外,外商投资企业税收的优惠促使内资外逃,也有损于我国的经济利益。

3. 区域产业调整与全球产业分工

在经济全球化的背景下,区域产业都在不断地进行产业升级和调整,发达国家把一些技术较为先进但在本国生产成本高的产业转向发展中国家,发展中国家也通过国际经济合作,引进发达国家的先进技术,进行产业的升级换代。

各国通过区域产业调整,在全球竞争中凸显自己的比较优势,形成自己的优势产业,逐渐形成全球背景下的产业分工,各国都成为世界生产的一部分,成为产品价值链中的一个环节。随着经济全球化进程的加快,全球产业分工也从产业间的分工向产品内分工转化,产品内分工主要是基于产业价值链的不同环节或区段的全球分工。

经济全球化背景下的全球产业分工具有以下特点:第一,知识经济成为主要动力;第二,形式多样化,外包方式成为潮流,产业的细分使价值链发生了变化,企业逐渐把一些不是自己强项的、成本较高的业务外包出去;第三,以服务业为主的第三产业发展迅猛,新一轮的产业分工,使产业国际转移的重心开始由传统工业转向新兴工业,由制造业转向服务业,其中第三产业中的金融、保险、旅游和咨询等服务业和资本技术密集型产业则是当前国际产业转移的重点领域;第四,跨国公司成为主要推动器,联合国贸易和发展会议的报告显示,目前,跨国公司控制了世界工业生产总值的40%~50%,国际贸易的50%~60%,对外直接投资的90%,且拥有全球90%的技术转让份额,几乎垄断了全球的技术贸易市场。

全球产业分工有利于我国发展自己的优势产业,提高资源的配置效率,进一步融入世界经济系统中,拓展海外市场,提高企业的竞争力,强化国家的经济实力;此外,充分利用发达国家进行产业结构调整的机会,将其技术相对先进的劳动密集型产业或生产环节转移过来,进而提高中国技术水平,并在外国技术的基础上进行创新,建立和发展高新技术产业,实现经济的跨越式发展。

4. 全球价值链条与区域空间重组

全球价值链条是指为实现商品价值而连接生产和销售等过程的全球性跨企业网络组织,涉及从原料采集和运输、半成品和成品的生产和分销直至最终消费的整个过程,包括所有生产者和生产活动的组织及其利润分配,并且通过自动化的业务流程和供应商、合作伙伴以及客户的链接,以支持机构的能力和效率,多向联系超越了地域的邻近关系。

区域是经济、社会、环境、文化组合的综合空间,其最重要的发展动力就是产业。其实区域空间的产生与发展过程就是聚集经济的产生与演变过程,也是经济社会活动空间集聚与扩散的结果,它总是处于集聚力与扩散力的相互影响和相互作用中。一方面,聚集经济作为空间聚集的吸引力推动着区域的形成和发展;另一方面,聚集不经济则作为排斥力限制着区域的进一步聚集和规模的扩大。因此,建立在全球产业分工、产业集聚以及城市土地级差基础上的新产业价值链,已经成为区域创新体系的重要推进力量,直接推动了都市圈空间的重组、重构。

进入21世纪,经济全球化带来的全球产业价值链被中国发达的城市"切割",跨国公司制造基地的设立,高新技术产业园、大学城的兴建,使很多城市的空间发展不是围绕传统的城市中心摊大饼式地扩展,而是外向融合或合围式、点轴式地再造新空间,呈现多中心扩展之势,郊区、新城成为城市空间扩展的增长极后,培育出多元的空间,不同类型、主题的产业空间通过集聚—扩散—升级—再集聚—再扩散,构成开放型的新产业价值链,直接推动城市空间的优化、品质的提升。像上海浦东新区的建设、苏州新加坡工业园和新城的建设、青岛新城的建设、南京河西新城的建设等,都属于这种情况。上海、苏州的城市空间在扩展的过程中,其迅速进行科学、集约的扩展和国际产业分工,高科技产业园所带来的新产业价值链的作用直接相关。正是新产业价值链的系统作用,才使中国城市空间扩展告别摊大饼式的同质化模式,实践了多元化的、基于资源禀赋的个性化扩张模式。

5. 地缘经济与区域一体化

地缘经济学主要是以地理要素为基础,从地缘关系出发,探索如何通过运用经济手段来实现国家利益以及对国际关系的影响。区域一体化是地理上的邻近国家,相互间通过契约或协定在区域内逐步消除成员国之间的贸易和非贸易壁垒,进而协调成员之间的社会经济政策,形成一个超越国界的商品、资本、人员和劳动力自由流动的统一经济区域的过程,目的是为了通过区域经济组织,在成员国之间进行分工协作,更有效地利用成员国的资源,获取国际分工的利益,促进成员国经济的共同发展和繁荣。

在经济全球化迅猛发展的背景下,一国经济的兴衰起伏受制于其地缘经济状况,也就是说,地缘经济的内容已经成为21世纪国际关系的主要内容之一,确立国家地缘经济优势,制定国家地缘经济发展战略,寻求国家地缘经济安全,成为国家对外战略筹划的重心所在。区域经济一体化则是地缘经济的主要表现形式和内容,各国总是积极地利用地缘优势发展自己,借助于区域经济一体化的发展来扩大其在区域中的经济利益。

2001年,我国加入世界贸易组织,进一步融入世界经济贸易体系,并通过深化改革,不断消除投资体制障碍,使跨国公司加大了在中国的投资规模,从而成为目前世界上最具吸引力的投资热点地区。近年来,在积极参与世界贸易自由化进程的同时,积极制订具体实施战略,并设立专门机构或赋予相关机构专门职能,对我国参与区域经济一体化进程加以协调和管理,促进我国与区域经济一体化伙伴国在贸易及各项经济活动中开展良好合作,结合国家经济发展需要有重点、有方向、有针对性地参与国际经济、贸易新格局的构建。目前,中国除了积极发挥在亚太经社组织中的作用,已经与东盟10国以及巴基斯坦、智利、新西兰、新加坡、秘鲁、哥斯达黎加等7个国家或地区签署了自由贸易协定,制定了一系列旨在促进中国贸易和投资便利化、推动区域经济合作的相关措施,做出了亚洲第一个贸易自由化安排;建立了上海合作组织(the Shanghai Cooperation Organization),简称上合组织(SCO),创建了"上海五国"会晤机制;与韩国、印度、孟加拉国、斯里兰卡签署了区域性优惠贸易协定——亚太贸易协定;与海湾合作委员会、澳大利亚、冰岛、挪威、南部非洲关税同盟、瑞士正在进行或已经启动自由贸易协定的谈判;中印、中韩、中日韩的自由贸易区建设联合研究也在进行中。区域一体化的进程不断加快,对中国发展的影响也越加明显。

专栏5-1 经济全球化的形成与特征

1. 经济全球化的概念

经合组织首席经济学家奥斯特雷认为,经济全球化主要是指生产要素在全球范围内的广泛流动,实现资源最佳配置的过程。国际货币基金组织对经济全球化的定义是:"跨国商品及服务贸易与国际资本流动规模和形式的增加,以及技术的广泛迅速传播使世界各国经济的相互依赖性增强。"德国学者卡尔·巴奎指出,经济全球化可以理解为"以贸易联系的紧密程度为基准"。根据这个理解,世界出口率越高,跨国贸易额在世界生产中的比重越大,世界经济就越强烈地表现出全球化趋势。综合上述概念的内涵,可以对经济全球化作这样的表述:经济全球化是指随着社会生产力的发展,商品和生产要素跨国界自由流动,资源在全球范围内优化组合。世界各国(地区)的经济更加紧密地联系在一起,成为一个不可分割的有机整体。它的实质是一场以发达国家为主导,以跨国公司的发展为主要途径的世界范围内的产业结构调整过程。

2. 经济全球化的形成阶段

经济全球化的起源可以追溯到15世纪,当时资本主义国际贸易已经在欧洲开始。直到20世纪80年代后期,经济"全球化"一词才开始出现,并为世界所认可。

经济全球化大致经历了三个阶段:

15世纪到18世纪中叶的起步阶段。社会生产力水平很低,欧洲出现了资本主义萌芽,其商人开始到其他大陆进行掠夺性贸易。这种贸易不仅是原始资本积累的重要手段之一,还是资本主义现代化大生产产生和世界市场形成的前奏,也可将其看作是生产国际化和经济全球化的准备。

18世纪中叶的生产国际化阶段。第一次科技革命和产业革命后,资本家为了满足社会化生产的需要,更是努力开拓世界市场。生产所需的原材料取自海外各地,产品也大量销往海外。国际经济活动的主要内容是商品输出,与之相伴的是国际金融活动也逐步发展起来。19世纪下半期,第二次科技革命后,除了继续扩大商品输出外,还大量输出资本,进入了经济国际化的新阶段。国际贸易的繁荣、国际借贷资本的输出和劳动力的大规模流动成为这个时代的特征。

第二次世界大战后的经济全球化阶段。新科技革命对人类社会所产生的巨大影响,无论从深度还是广度而言,都远远超过前两次。经济国际化又有了重大的新发展,进入世界经济全球化阶段。世界各国的相互依赖程度空前扩大。

3. 经济全球化的特点与发展趋势

贸易自由化进一步走向制度化。由于国际竞争的日趋激烈,贸易自由化不仅速度会大大加快,而且大多会在具有法律效力的制度框架下实行;生产一体化进一步走向深层次。传统的以国家之间分工为定义的国际分工,表现为以跨国公司内部生产组织为形式的分工。金融全球化寻求安全保障,包括国际货币体系的改革、国际资本流动的监管、金融开放战略的探索。技术进步在全球化推进中显示更强威力,国际商务活动空间距离将迅速消失、经济信息不充分性规律将会淡化、国家间技术差距将会逐渐缩小。一体化从功能性走向制度性,国际社会能作出的最好选择只能是谈判、协调、合作走向规范化、制度化。

(二) 全球气候变化的影响

近年来,世界各国出现了几百年来历史上最热的天气,受气候变化的影响,各种气候灾害频发,给世界各国造成了巨大的经济损失。发展中国家抗灾能力弱,受灾最为严重,发达国家也未幸免于难。大多数科学家断言气候变化是人类面临的一种巨大环境风险。其影响主要表现在以下几方面。

1. 海平面上升,对滨海区域的影响

全球平均气温上升,首先将使海水增温而膨胀,使沿海地区受到严重威胁。我国的黄河、长江、珠江三大三角洲及岛屿,以及相当广泛的平原低地,都是我国经济密集和发达地区,海水平面上升将对其产生严重后果。首先是海滩冲刷而风化,岸界发生变化,沿海耕地受海水浸淹发生碱化,影响粮食的生产量;其次,海平面的升高还会让沿海城市生活在异常风暴潮影响之下,人口将受到异常洪水浸淹;此外,国家将要投入更大的资金用于增高海堤,防止海水浸淹。

2. 植物光合作用增强,对区域农业生态系统产生影响

随着二氧化碳浓度增加和气候变暖,可能会增加植物的光合作用,延长生长季节,使世界一些地区更加适合农业耕作。但全球气温和降雨形态的迅速变化,也可能使世界许多地区的农业和自然生态系统无法适应或不能很快适应这种变化,造成大范围的森林植被破坏和农业灾害,导致气温、降雨、积温等自然因素共同作用下的农业地带发生变动以及高山雪线位移。

气候变暖使我国农业生产的不稳定性增大。一方面,升温可延长作物的有效生长期,提高作物光合作用,使农业增产。另一方面,由于地表水蒸发量增大,会加重我国华北和西北的干旱、沙化、碱化及草原退化等危害;东南沿海地区的台风频率和强度可能增加,农业病虫害增加。

3. 气候灾害频发,区域环境不安全因素增多

全球平均气温略有上升就可能带来频繁的气候灾害——过多的降雨、大范围的干旱和持续的高温,造成大规模的灾害损失。气候变暖可能破坏海洋环流,引发新的冰河期,给高纬度地区造成可怕的气候灾难;气候变暖还危害着人类的身体健康,加大疾病危险和死亡率,增加传染病,高温会给人类的循环系统增加负担,热浪会引起死亡率的增加等。

以中国为例,1998年长江流域特大洪水使2.23亿人受灾,造成的经济损失达2 700亿元。2006年,百年一遇的超强台风"桑美"登陆,重庆、四川遭遇历史罕见的高温伏旱,持续干旱森林火险等级升高导致东北地区发生继1987年以来最为严重的一次森林火灾,强沙尘暴袭北京一夜降尘量达33万吨等。

4. 温室气体排放,对能源结构的影响

当前,为应对全球气候变化,控制温室气体排放,世界各国纷纷把开发新能源和支持节能环保等新兴产业发展作为调整经济结构、促进经济增长的国家发展战略。开发新能源、多使用清洁能源成为各国经济发展的首要任务,如英美等一些发达国家已有30%～40%的能源来自核能。同时,节能减排也成为我国经济高速增长之后的约束条件之一。

2006年1月1日,中国《可再生能源法》的正式实施,更加彰显了中国政府缓解国内能源问题的坚定决心。LNG、乙醇汽车、生物柴油、甲醇、煤层气、油页岩、煤制油、煤制烯烃等项目已经全面开展。国家发改委还设立了可再生能源和新能源高技术产业化专项资金,主要用于鼓励风力发电、太阳能光伏发电、太阳能供热和地源热泵供热(制冷)、高温气冷堆示范电站、氢能利用五个领域。有资料显示,国家将投资2 000多亿元资金,在新疆、内蒙古、四川、广东、江苏、福建等省、自治区兴建大型风力发电厂、太阳能光伏发电站和小水电站,到2020年我国可再生能源发电装机将达到1.2亿kW,占全国装机容量的12%。我国计划到2020年,使可再生能源占能源供应的比重达到15%左右。

专栏 5-2 国际应对全球气候变化的举措

面对全球气候的变暖,联合国组织了多次会议就气候变暖这一问题进行交流,1992年,在巴西里约热内卢举行的联合国环境与发展大会上通过了《联合国气候变化框架公约》,该公约于1994年3月21日正式生效,此后,《公约》规定每年举行一次缔约方大会。

1995年4月,第一次缔约方大会在德国柏林国际会议中心举行,会议通过了《柏林授权书》等文件。

1996年7月,第二次缔约方大会于瑞士日内瓦召开。

1997年12月,第三次缔约方大会在日本京都召开,149个国家和地区代表通过了《京都议定书》,它规定从2008～2012年期间,主要工业发达国家的温室气体排放量要在1990年的基础上平均减少5.2%,其中欧盟将6种温室气体的排放削减8%,美国削减7%,日本削减6%。2005年2月16日,《京都议定书》正式生效。

1998年11月,第四次缔约方大会在阿根廷布宜诺斯艾利斯召开。

1999年10月,第五次缔约方大会在德国波恩召开。

2000年11月,第六次缔约方大会在荷兰海牙召开,由于当时世界上最大的温室气体排放国美国坚持要大幅度折扣它的减排指标,因而大会主办者将会议延期到2001年7月在波恩继续举行。

2001年11月,第七次缔约方大会在摩洛哥马拉喀什举行。

2002年10月,第八次缔约方大会在印度新德里举行。

2003年12月,第九次缔约方大会在意大利米兰举行。

2004年12月,第十次缔约方大会在阿根廷布宜诺斯艾利斯举行。

2005年11月,第十一次缔约方大会在加拿大蒙特利尔市举行。

2006年11月,第十二次缔约方大会在肯尼亚首都内罗毕举行。

2007年12月,第十三次缔约方大会在印度尼西亚巴厘岛举行,会议着重讨论"后京都"问题,即

《京都议定书》第一承诺期在2012年到期后如何进一步降低温室气体的排放。15日,联合国气候变化大会通过了"巴厘岛路线图",启动了加强《公约》和《京都议定书》全面实施的谈判进程,致力于在2009年年底前完成《京都议定书》第一承诺期2012年到期后全球应对气候变化新安排的谈判并签署有关协议。

2008年12月,第十四次缔约方大会在波兰波兹南市举行。

2009年12月,第十五次缔约方大会在丹麦首都哥本哈根召开,192个国家和政府代表商讨《京都议定书》一期承诺到期后的后续方案,就未来应对气候变化的全球行动签署新的协议。

2010年11月,第十六次缔约方大会在墨西哥坎昆召开,本次会议一是坚持了《联合国气候变化框架公约》、《京都议定书》和"巴厘路线图",坚持了"共同但有区别的责任"原则,确保了2011年的谈判继续按照"巴厘路线图"确定的双轨方式进行;二是会议就适应、技术转让、资金和能力建设等发展中国家关心的问题,谈判取得了不同程度的进展,谈判进程继续向前,向国际社会发出了比较积极的信号。

2011年11月,第十七次缔约方大会在南非德班召开。

2012年11月,第十八次缔约方大会在卡塔尔举行。

2013年11月,第十九次缔约方大会在波兰首都华沙开幕。

气候变暖是全人类面临的共同挑战,全球必须携手迎接这一挑战才有获胜的可能,人类别无选择。

我国应对气候变化的根本立场和基本主张是要坚持《联合国气候变化框架公约》、《京都议定书》,坚持"共同但有区别的"的原则,坚持"巴厘岛路线图"的授权。2007年温家宝出席第三届东亚峰会,签署并发表了《气候变化、能源和环境新加坡宣言》,着重阐述了我国政府在应对气候变化问题上的5点看法和主张,明确提出了节能减排的具体任务,并将继续承担应有的国际责任和义务。2009年11月26日,我国对外发布了控制温室气体排放的行动目标,决定到2020年单位国内生产总值二氧化碳排放比2005年下降40%～45%。近年来,我国连续发布《中国应对气候变化的政策与行动年度报告》,内容包括减缓气候变化、适应气候变化、开展低碳发展试验试点、加强能力建设、全社会广泛参与、积极参加国际谈判、加强国际交流与合作等。

二、内部因素

除了外部条件,区域内部的自然环境基础、经济环境和社会环境也是影响区域可持续发展的重要因素。自然环境基础是区域先天本底基础;经济环境是区域经济长期发展的条件,也是区域可持续发展的主要动力;社会环境是影响区域人的发展与需求、为区域可持续发展提供人力资本的重要保障。

(一) 自然环境基础

自然环境是直接或间接影响到人类的一切自然形成的物质及其能量的总体,是人类生产与活动的背景要素。它所提供的自然资源赋存、地理区位条件以及生态环境等成为影响区域可持续发展的重要基础。人类通过自己的智慧和劳动可以局部改变自然环境,但是更重要的还是要学会去适应环境。自然环境对区域可持续发展的影响主要体现在以下几个方面。

1. 地理区位

地理区位是一个地区固有的区域属性,其绝对位置一般不可更改,但是相对位置,尤其是经济区位,却经常随着自身及周边发展环境的变化而发生变化。2010年5月,在国家决定举全国之力建设新疆的利好政策下,喀什成为继深圳、珠海、厦门、汕头、海南岛之后的第六个经济特区,这必然会为新疆的经济社会发展带来前所未有的发展机遇。因此,地理区位是区域可持续发展的静态影响要素,也是动态影响要素之一。

2. 自然资源

对区域可持续发展有重要影响的自然资源。主要有能源和矿产资源、土地资源、水资源、森林资源和海洋资源等。人类发展历史在某种程度上可以看作是由被动地从自然界获得生存资源,向积极主动地从自然界索取生存和发展资源的过程。人类社会对自然资源的需求随着世界经济的发展和人口的增加而增长,总的来看,目前全球自然资源形势较为严峻。

可持续发展要求实现资源的可持续利用,这是社会经济可持续发展的基础和前提。对可更新资源而言,持续利用要求必须使其利用、更新、恢复、再生之间保持良性循环,并尽可能在利用过程中得到改善;对不可更新资源来说,则必须防止在短期内耗尽的危险。资源可持续利用的另一个含义是不仅要充分、合理、节约、高效利用现有资源,而且要不断发展新技术以开发新的替代资源;资源持续利用要求人类在开发利用资源时必须具备全局观念和协调观念,不能只顾局部利益而忽视全局利益,只顾部门利益而忽视整体利益,只顾当代人利益而忽视后代需求。

3. 生态环境

这里所指是狭义的生态环境。是指由生物群落及非生物自然因素组成的各种生态系统所构成的整体,主要或完全由自然因素形成,并间接地、潜在地、长远地对人类的生存和发展产生影响。生态环境的服务功能是实现可持续发展的基础。但是生态环境具有脆弱性,由于社会经济规模迅速扩大,人们对生态服务功能的依赖性、利用强度迅速加大,其自我更新的规模小于利用量,导致生态系统功能的丧失,进而使物种多样性与生态景观受到威胁,并引发土地退化与水土流失等一系列生态环境问题。加强生态环境保护与建设,建立自然保护区保护物种多样性,保护林木资源提高森林覆被率等,目的是使它们向当代人提供最大的利益,在满足对生态系统服务不断增长的需求的同时,避免生态系统退化和服务功能大量丧失,并保持满足后代需要的潜力,以实现人类社会的可持续发展。

4. 自然灾害

自然灾害是人类依赖的自然界中所发生的变异现象。地球上的自然变异,包括人类活动诱发的自然变异,无时无地不在发生,当这种变异给人类社会带来危害时,即构成自然灾害。世界范围内重大的突发性自然灾害包括:旱灾、洪涝、台风、风暴潮、冻害、雹灾、海啸、地震、火山、滑坡、泥石流、森林火灾、农林病虫害等;也有地面沉降、土地沙漠化、干旱、海岸线变化等在较长时间中才能逐渐显现的渐变性灾害;还有臭氧层变化、水体污染、水土流失、酸雨、雾霾等人类活动导致的环境灾害。

自然灾害是自然变异与人类社会对它的承载力、抗拒力之间矛盾演化的产物,因此不仅是一种自然现象更是一种社会现象。自然灾害的发生,除了天体运动、地球自转及自然界各种物质的运动等纯自然力的因素外,还有自然因子和社会因子的叠加因素,也就是人与自然界的矛盾,主要包括人类活动对大气的严重污染带来的自然灾害、工业废水和生活废水带来的自然灾害,以及滥砍滥伐、盲目开垦草原、过度放牧造成的自然灾害。

自然灾害对可持续发展影响包括以下几个方面:一是对发展条件的破坏,如人员伤亡,毁坏耕地等;二是导致经济损失;三是造成社会秩序混乱、社会职能行为中断等。虽然自然灾害对人类的危害是巨大的,但人类与自然灾害的抗争从来没有停止过。历史的经验也反复表明,通过人类的有效工作,减轻各种自然灾害造成的损失完全是可能的,因此,我们必须坚持走可持续发展的道路,采取有效的措施来规避自然灾害,如增强全民的防灾减灾意识、建立健全预测预报信息系统、加强防灾减灾的工程建设、加强防灾减灾的社会保障系统以提高救灾能力等。

5. 环境质量

环境质量是指环境的优劣程度,即以生态学理论为基础,在特定的时间和空间范围内,从生态系统层次上,反映生态环境对人类生存及社会经济持续发展的适宜程度。引起环境质量变化的原因主要有两个方面,一是由于自然原因所致,二是由人类的生活和生产行为引起,其中由人类活动所引起的环境质量下降而对人类及其他生物的正常生存和发展产生不良影响的现象称作环境污染。环境质量问题的实质在于人类经济活动索取资源的速度,超过了资源本身及其替代品的再生速度和向环境排放废弃物的数量超过了环境的自净能力。只有走可持续发展道路,抓好环境保护,加强环境监管,防治由生产和生活活动引起的环境污染,防止由建设和开发活动引起的环境破坏,保护有特殊价值的自然环境,才能从根本上解决环境问题,实现人口、资源、环境与经济的协调发展。

（二）经济环境

经济环境指影响区域经济发展的内部大环境，主要包括经济发展阶段与产业结构、区域发展的差异程度、资金与市场状况、经济发展方式与经济效益等。

1. 经济发展阶段与产业结构

区域在不同的经济发展阶段，呈现出不同的产业结构特征。通过分析区域产业结构演化轨迹，可以判断不同经济发展阶段经济发展特点及水平，了解不同阶段经济发展水平可以作为可持续发展能力的评价基础。

产业结构演化的基本轨迹是：随着经济的发展，依序产生三次产业的"一、二、三"，"二、一、三"，"三、二、一"的阶段变动，三次产业的结构转变首先集中在农业向工业的转变及工业化过程，在这个过程中，又可细分为"重工业化"、"高加工度化"、"技术集约化"三个阶段，今后的趋向将是信息化过程取代工业化过程。工业化后进入以第三产业为主导的阶段。依据这一演化规律，通过对能反映区域经济发展现状水平的总量指标和结构指标等的分析，可以进一步科学地判断本区域目前经济发展水平及所处的发展阶段，为区域可持续发展战略的制订和实施提供可靠的现实依据。

2. 区域发展的差异程度

区域差距是区域平衡与不平衡发展轨迹在一定时段上的客观反映，也正是在这样的过程中区域进行着集中与分散，协调与合作的不断调整。但是，区域差距程度过大将损害国家经济社会的可持续发展：首先，区域差距过大不利于宏观经济持续增长，落后的区域不能形成有效需求，限制了国家市场规模扩大，不利于国民经济增长；其次，区域差距过大不利于社会稳定，贫困区域在各方面都处于劣势地位，产生社会不公平问题，影响国家安定；再次，区域差距过大不利于国民经济可持续发展，落后区域在发达区域示范效应下追求经济发展，往往因资金技术不足出现对自然资源的过度开发和使用，导致环境恶化，这一方面会给发达区域环境带来负面影响，另一方面治理环境会给发达地区带来压力，影响到整个国家的可持续发展。

3. 资金与市场状况

任何区域的经济发展，都离不开资金作为保证，对于广大发展中地区来说，资金短缺已成为经济发展的严重制约因素，认真分析资金来源，研究筹资措施，拓展筹资渠道，组织有效的资金运转，提高资金的利用效率，是促进区域经济可持续发展的重要问题之一。

市场是以交换为特征的社会经济联系的总和，任何社会的生产都是经由市场交换才将产品转到消费者手中来满足消费需求的，市场通过市场需求量、需求结构、价格波动及市场竞争等引起产品销路、经营利润等方面的变化，从生产的目的方面影响着经济发展，而市场机制、市场体系的完善与否也直接影响着生产力诸要素和区域优势的发挥。

4. 经济发展方式与经济效益

经济发展方式与经济效益密切相关。粗放型、外延型或资源投入推动型经济发展方式，都是指主要靠资源投入增加推动经济发展的模式；而集约型、内涵型经济效益推动型经济发展方式，则是主要靠经济效益提高推动经济发展的模式。

从长远的观点来看，要实现经济的快速、稳定和健康发展，仅靠资源投入推动和忽视经济效益是不可能的，"高投入、低效益"的经济发展方式不但使经济增长缺乏后劲，而且也带来了严重的环境污染，这种粗放型的经济发展方式必须根本转变，走上"高效益、可持续发展"的新发展模式，既利于环境和生态的保护，也利于经济效益的增长和经济发展整体质量的提高。

（三）社会环境

社会环境是保障经济可持续发展、人民安居乐业、区域安全稳定的重要条件。社会环境是指人类生存及活动范围内的社会物质、精神条件的总和。广义的社会环境包括整个社会经济文化体系。本文所指狭义的社会环境仅指与区域可持续发展关系密切的人口与城市分布、科技与教育、人均收入与消费水平、地域环境与区域文化特色。

1. 人口与城市分布

人口与城市的分布在空间上呈现不均衡分布的特征。从世界范围来看，人口与城市主要集中在气温降水适中的中纬度地带以及低纬度地区的高原或沿海地带；从我国来看，人口与城市分布也呈现出东密西疏的整体性空间特征。

人口与城市的不均衡分布实际上体现了人口承载力的空间差异。以我国为例，东南部水、热、光、土等地理条件较好，经济发达，人口承载力高，所以人口与城市密集，而西北部地理条件恶劣，经济欠发达，人口承载力低，故人口与城市分布稀疏。20 世纪 60 年代，上山下乡和组织向西部移民并没有对人口分布起到持久的效果。市场经济条件下，人口自发迁移重新向东回归，这是人口流动对东部地区经济发达，人口承载力高做出的反映。

鼓励东部人口向西部移民的政策无疑会加剧这些地区人口、资源、环境的矛盾，使本来就已相当脆弱的生态环境不堪重负。相反，应适当创造条件，将生存条件恶劣地区的人口迁移到生存条件相对优越的地区。这一方面可以缓解自然条件差的地区人口对资源、环境形成的压力，提高这些地区的人均资源占有量，并且可以提高人口素质，促进人的全面发展。另一方面，可以改变这一地区人口分散造成的社会封闭落后和生产布局规模不经济状态，促进落后地区经济和社会的持续发展，并推动城市化进程。

2. 科技与教育

科学技术和教育的发展是区域可持续发展能力建设的关键。21 世纪是竞争非常激烈的世纪，这种竞争涉及方方面面，但最重要的是国家和地区之间综合国力的竞争，实际上就是科学技术的竞争，而科学技术的竞争归根结底是人才的竞争。

《中国 21 世纪议程》明确指出："科学技术是综合国力的重要体现，是可持续发展的主要基础之一。没有较高的科学技术支持，可持续发展的目标就不可能实现。科学技术的不断进步可以有效地为可持续发展的决策提供依据和手段，促进可持续发展管理水平的提高，加深人类对自然规律的理解，开拓新的可利用的自然资源领域，提供保护自然资源和生态环境的有效手段。"

科学技术是第一生产力，而科学技术的基础则是人的素质，只有通过教育才能把科学技术转化为劳动者的劳动能力。发展教育是走向可持续发展的根本大计，这已成为国际社会的共识。首先，可持续发展观教育是可持续发展的前提；其次，发展教育是可持续发展的有力保障，教育可以促进开发人力资源、促进摆脱贫困、促进优化环境。所以，我们必须重视教育的发展，更新教育的内容，确立环境与发展新概念，这也是我国实现环境优化，走可持续发展道路的根本出路和战略举措。

3. 人均收入与消费水平

人均收入与消费水平反映社会成员物质生活水平的高低，是评价社会可持续发展水平的重要指标。收入是消费支出的来源，是决定人民生活水平最重要的因素。人均收入分配不均会加剧贫富差距。

分析人均收入与消费水平对区域可持续发展的影响，着重分析在不同的经济发展阶段消费水平的变动以及与经济发展水平的协调，消费水平的超前与滞后都同样会造成经济社会发展的不稳定；还要关注分析在同一消费水平阶段人民的衣食住行、文化生活、体育、卫生以及第三产业等相应的社会服务体系建设状况，这些与消费水平的改善与提高有着极为直接的关系。

4. 地域环境与区域文化特色

区域文化特色是文化在一定的地域环境中与环境相融合打上了地域烙印的一种独特的文化，是特定区域的生态、民俗、传统、习惯等文明表现，具体包括方言文化、饮食文化、民间信仰、民间建筑等。地域环境与区域文化特色的形成与自然地理环境相关，特别是在交通运输条件不变的情况下，不同的自然环境就会产生明显不同的文化。一个地区长期的文化传统对其生产生活方式有着潜在的影响作用，甚至影响到区域发展的方向和质量。另外，随着知识经济和文化产业的发展，区域文化特色已成为增强地域经济竞争能力和推动社会快速发展的重要力量，因此，要把握地域文化与经济社会发展的互动关系，充分发掘区域文化中的优秀因子，开发利用好区域文化资源，培育新的经济增长点，以此带动区域经济社会的可持续发展。

三、内外部因素综合的 SWOT 分析

（一）SWOT 一般分析模型与内容

SWOT 分析即优势(Strength)、劣势(Weakness)、机会(Opportunity)和威胁(Threat)分析,从根本意义上说是一个决策过程,最早由美国旧金山大学的管理学教授韦里克在 20 世纪 80 年代初提出来。最初被用于企业战略管理,通过分析企业内部因素(优势和劣势)以及外部因素(机会和威胁)为企业的战略规划提供依据。现在其应用范围已经从单个企业的战略管理延伸到产业群体、区域经济、城市规划,乃至国家战略等领域。

SWOT 分析即对研究对象四个方面的环境因素(S、W、O、T)进行分析。S 表示影响研究对象发展的各种优势,一般指研究对象自身所包含的、能使其在发展中具有优势的各种因素;W 代表研究对象自身的缺点,会对其在发展中造成一定不利的影响;O 指研究对象在所处的大环境中,其发展时所能够利用的各种机遇,通过抓住机遇来促进自身的发展;T 代表研究对象所面临的各种威胁或者挑战,包括来自外部的竞争等。从整体上看,SWOT 可分为 SW 和 OT 两部分,SW 代表内部因素,主要是分析研究对象的内部条件,着眼于研究对象的自身实力及其与竞争对手的比较;OT 代表外部因素,主要是分析研究对象的外部条件,强调外部环境的变化及其对研究对象可能产生的影响。SWOT 中四个要素的关系如图 5-1 所示。

美国管理学家迈克尔·波特于 1985 年提出了基于 SWOT 分析的 4 种可供选择的战略,即 SO 战略、WO 战略、ST 战略、WT 传略,SWOT 分析框架见表 5-1。

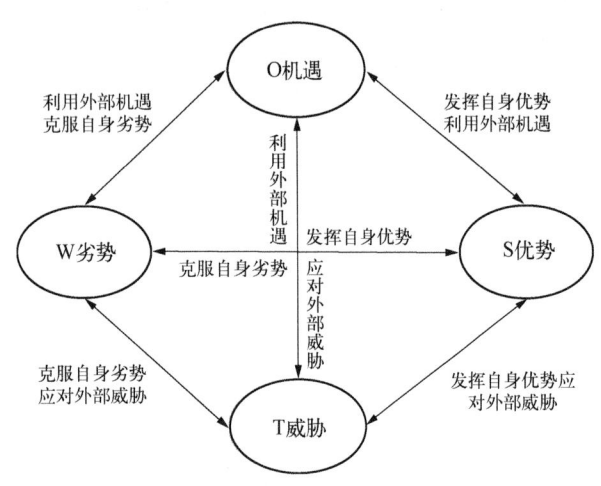

图 5-1 SWOT 四要素的关系

表 5-1 SWOT 分析框架

因素	分类	内部因素	
		优势(S)	劣势(W)
外部因素	机遇(O)	SO 战略	WO 战略
	威胁(T)	ST 战略	WT 战略

（二）区域可持续发展 SWOT 综合分析

区域可持续发展 SWOT 综合分析的基本思路就是对区域可持续发展战略定位前的内外部条件的综合分析,明确优势、规避劣势、预防威胁、抓住机会。

1. 对影响区域可持续发展的优势、劣势、机遇和威胁各因素的识别与分析

根据研究区域的相关资料,运用系统论的思想,将所有已知的能够对区域可持续发展造成影响的内外部因素全部列出来,通过分析明确区域自身的优势和劣势,以及面临的机会和威胁。

2. 基于 SWOT 分析的战略选择

通过对区域可持续发展的 SWOT 分析,本着优势和机会最大化、劣势和威胁最小化的原则,可以得到区域可持续发展战略选择的大方向。其中 SO 战略——增长型战略代表影响区域可持续发展的优势与机会明显,应该大胆发展;WO 战略——扭转型战略意为区域发展有明显的机遇可以利用来扭转自身的劣势,充分抓住机遇是此战略的主要思想;ST 战略——多样化战略是建立在充分发挥自身优势,多样化选择产业发展

方向,以抵御外来威胁之上的战略选择;WT战略——防御型战略表示区域的威胁与劣势明显,要保守发展,使威胁的影响程度减小,尽量以克服自身的劣势为主导。

3. 区域可持续发展定位结论的得出

根据SWOT分析获得的结果,再综合考虑专家、民众等的意见及其他相关分析的结果,从系统综合的角度,最终确定研究区域的可持续发展定位结论,为区域可持续发展战略制定提供依据。

第二节 不同发展阶段的区域可持续发展问题辨识

区域可持续发展是一个长期的发展过程。不同发展阶段的演化更替,不断修正着区域发展的目标。辨识不同发展阶段可持续发展问题,对于区域可持续发展目标的实现至关重要。在传统发展观下,区域发展阶段的划分基本上以经济形态为主,按照经济形态的主导产业部门确定一定时段的发展阶段;基于可持续发展观的区域发展阶段划分,是从经济-社会-生态环境三个子系统出发。按照区域经济增长-区域经济发展-区域可持续发展的演化轨迹,不断认识和修正可持续发展目标。

不论是从唯一经济形态主导产业的发展,还是从区域可持续发展三个子系统的协同去辨识一个区域在发展过程中的可持续发展问题,都给出了我们一个分析不同发展阶段可持续发展问题的框架:时空演化阶段中的发展约束及不断修正,以及对区域可持续发展的整体思考。

一、传统发展观下的不同发展阶段可持续发展问题辨识

从不同角度对发展阶段进行划分。早期马克思主义经济学按照生产力和生产关系对社会发展阶段进行划分。西方经济学者自20世纪20年代开始研究区域经济发展及其阶段性问题,最经典的有:美国经济学家H·钱纳里(Hollis Chenery)的"三个阶段六个时期理论",英国经济学家克拉克(Colin Clark)的"五阶段论",美国经济学家罗斯托(Whitman Rostow)的"六阶段论",美国经济学家西蒙·库兹涅茨(Simon Kuznets)的工业化发展"八个阶段"等。国内在区域经济发展方面的研究开始于20世纪80年代后期,代表人物有陆大道、方创琳、陈栋生等著名学者。其中,陈栋生等人在1993年出版的《区域经济学》一书中提出的观点较具代表性,认为区域经济增长是一个渐进的过程,可分为待开发(不发育)、成长、成熟、衰退等四个阶段,其中,衰退是可调控的。

(一)传统发展观下对发展阶段划分的不同类型

1. 按生产力和生产关系划分

从生产关系角度按照社会形态将发展阶段划分为古代的、封建的、现代资产阶级的、社会主义和共产主义阶段。马克思提出了"社会经济形态"这一科学概念,并在《〈政治经济学批判〉序言》中,对社会经济形态作了如下概括:"大体来说,亚细亚的、古代的、封建的和现代资产阶级的生产方式可以看作是社会经济形态演进的几个时代。"再加上未来的社会主义和共产主义社会形态,实际上构成了马克思五个社会经济形态理论。从生产力角度按工具的使用划分为石器时代、青铜器时代、铁器时代和机器时代,机器时代则是资本主义工业革命完成以后社会经济发展进入新阶段的典型特征。按照马克思这一划分原则,信息时代应是现代社会经济发展的最新阶段。马克思主义经济学把人类社会生产力发展划分为上述五个时代。

2. 按人均国民收入划分

美国经济学家钱纳里对34个准工业国的经济发展进行实证研究后,提出任何国家和地区的经济发展都会规律性地经过三个阶段六个时期,即初级产品生产阶段、工业化阶段和发达经济阶段,六个时期是传统社会时期、工业化初期时期、工业化中期时期(重化工业时期)、工业化后期时期、后工业化社会时期、现代化社会时期。

3. 按产业结构的比例关系划分

该理论是英国经济学家克拉克提出的,按产业结构的演进划分为前工业化时期、工业化初期、工业化中期、工业化后期和后工业化时期五个阶段。

4. 按经济成长阶段划分

该理论是美国经济学家罗斯托在其1960年出版的《经济增长的阶段》一书中提出的,可分为:传统社会阶段、起飞准备阶段、起飞阶段、成熟阶段、高额消费阶段、追求生活质量阶段六个阶段。他根据科学技术和生产力的发展水平,先是把经济成长的过程划分为五个阶段,后来又在他1971年出版的《政治与成长阶段》一书中追加了"追求生活质量阶段",该阶段和起飞阶段是社会发展的两个"突变"阶段,也是最有意义的阶段。

5. 按现代化进程①划分

它包括从传统经济向现代经济、传统社会向现代社会、传统政治向现代政治、传统文明向现代文明转变。20世纪50年代美国学者提出"经典现代化理论",指从农业社会向工业社会、农业经济向工业经济、农业文明向工业文明的转变。20世纪90年代中国学者提出"第二次现代化理论"(国外现代化理论研究方面目前也有"再现代化"、"后现代化"或"二次现代化"一类的分析),把18世纪以来的世界现代化进程分为第一次现代化和第二次现代化两个阶段:第一次现代化指从农业时代向工业时代、农业经济向工业经济、农业社会向工业社会、农业文明向工业文明的转变过程;第二次现代化指从工业时代向知识时代、工业经济向知识经济、工业社会向知识社会、工业文明向知识文明的转变过程。第二次现代化是20世纪70年代以来随着工业经济衰落、知识经济崛起而开始启动的,目前正在继续发展。

(二)传统发展观下综合发展阶段的划分和可持续发展问题

长期以来,由于受18世纪工业革命以来人类社会发生的深刻变化的深远影响,世界各国都把现代化作为本国追求的发展目标,我国也在20世纪60年代首次提出,在20世纪内,把中国建设成为一个具有现代农业、现代工业、现代国防和现代科学技术的社会主义强国,实现四个现代化目标的"两步走"设想。1978年改革开放之后,邓小平把这个目标称为"中国式的四个现代化",即"小康之家"。实际上,现代化过程就是从农业经济向工业经济转变,工业经济向知识经济转变的过程,借鉴上述前人对发展阶段的不同划分标准,传统发展观下综合发展阶段可以划分为:农业经济社会阶段、向工业经济过渡的起飞阶段、工业经济社会阶段、向知识经济社会过渡的起飞阶段、知识经济社会阶段。每个不同的阶段有不同的可持续发展问题。

1. 农业经济社会阶段

人们对土地资源大规模的开发利用导致土地资源短缺,滥伐森林造成严重的水土流失问题,一大批农业文明国家由于大搞灌溉农业而破坏生态平衡引起土地沙漠化问题。关于这一阶段人口激增和土地不足的问题,英国经济学家R·T马尔萨斯在18世纪从人口经济学角度对这一问题进行了研究,提出了粮食只能以算术级数增长、而人口则以几何级数增长,所以饥饿和灾害是不可避免的理论,这也就解释了欧洲每15年左右就发生一次大饥荒的事实。

2. 向工业社会过渡的起飞阶段

任何国家要克服和摆脱农业社会的"贫困的恶性循环"的瓶颈进入起飞阶段,除了有必要的资本积累条件外,其生态系统中还要具备一定的矿产资源、土地资源、森林资源、农牧资源、水资源等作为其发展工业的原材料,与此同时,还要有大批劳动力的准备,由此产生诸多不可持续问题。不可再生资源的粗放采掘、对森林等可再生资源的毁灭性开采,用作蒸汽机、火车的燃料和炼铁的焦炭等,同时也带来了环境污染问题。由于农民大批涌入城市作为工业劳动力而形成的大片城市贫民窟,成为流行病的发源地。

3. 工业经济社会阶段

工业经济社会所产生的长期严重污染导致对城市生态系统和城市社会系统的严重破坏,公害事件的不断产生严重影响了公民的身心健康。人类赖以生存的基本条件,如土地、水和大气受到很大威胁,资源大量被耗用和环境污染导致全球气候变暖、臭氧层破坏、水土流失、沙漠化、森林破坏、酸沉降、生物物种灭绝等全球性环境问题。随着全球性的贫富差距扩大,发展中国家的贫困加剧,妨碍他们满足人民合理需求与愿望的努力,对环境也造成更大压力,发达国家也以不能持久的生产和消费方式过度消耗世界的自然资源,对全球环境的退化负有主要责任。

---

① 现代化进程是18世纪工业革命以来人类社会发生的深刻变化的现代化进程。

4. 向知识经济过渡的起飞阶段

人类进入20世纪90年代以来,伴随着美国"信息高速公路"计划的提出,以美国为首的工业化国家相继进入向知识经济过渡的起飞阶段。知识经济在为这些国家的可持续发展带来极大利益的同时也产生了一系列新的"不可持续"问题。由于是市场主宰了全球化、信息化过程,就必然一方面使发达国家以高价格向发展中国家出售高科技产品,另一方面又以低价从发展中国家买进各种资源和初级加工品,不仅使全球贫富差距越来越大,贫困债务负担越来越重,而且由于发展中国家出口原料产品需要更多的土地、水、森林、矿产、肥料和农药,对这些国家产生了更大的环境危害。经济全球化和信息化还带来了信息安全、金融安全等问题,由此增加了发展中国家发生金融危机的可能性。

5. 知识经济社会阶段

在知识经济巨大的创造力背后也隐藏着种种问题。由于自动化程度空前提高以及传统工业下的从业工人不能满足新兴工业对于劳动者的要求,造成了普遍的大规模失业。知识经济背景下知识的作用被放大,出现知识等于财富的情况,知识体系的不平衡带来的财富不均问题影响社会的稳定与和谐。科学技术是把"双刃剑",高新技术带来的负面影响也是我们面临的新问题,如信息技术条件下高科技犯罪行为的出现、过度使用转基因技术与生物技术所造成的健康问题与伦理问题等。

二、可持续发展观下的"三维"发展时序形成的发展阶段

用"维"这一空间概念来表征区域发展,"维"能够更好地反映区域各子系统之间的相互依存关系和发展时序:区域发展的综合效益不是各子系统单独发展效益的简单相加,而是各系统通过各种内在、外在关联相互影响之后所实现的整体效益,即区域发展不是单一维度的发展,而是经济、社会、生态环境这三个"维度"的协同发展。

在可持续发展的背景下,反观人类发展的历程,大致经历了三个阶段:以经济增长为核心的"一维目标"发展阶段;以经济增长、社会进步为核心的"二维目标"发展阶段(转方式、调结构,关注民生和社保);以经济、社会、生态环境协调发展的"三维目标"可持续发展阶段(两型社会、生态建设等)。

(一)以经济增长为核心的"一维目标"发展阶段

广义而言,时间跨度在世界范围内大约是从英国的产业革命到20世纪60年代末至70年代初,中国大约是建国以来。这一阶段推行以经济增长为核心的发展战略,把追求经济的无限增长及追求物质财富的无限增加看作是至高无上的,国民生产总值增长率成为衡量社会发展的唯一指标。这种单一追求经济增长的发展模式可以说对西方国家实现经济增长和工业化确实起过历史作用,对战后发展中国家振兴民族经济在某些领域也取得了巨大成就,使许多国家的经济实力明显增强。但由于该发展模式是以自然资源供给的无限性为依托,人类为了追求更快的经济增长,追求更多的物质财富,可以为所欲为地干扰和破坏生态环境。因此,伴随经济的高速增长,也同时出现了困惑人类的世界问题,如资源匮乏、粮食短缺、失业增加、贫富分化、社会动乱等,尤其是GNP的增长不仅没有消除贫困,反而使两极分化的程度更加严重。

(二)以经济增长、社会进步为核心的"二维目标"发展阶段

时间跨度在世界范围内大约是20世纪70年代至80年代中期,中国是"中共十七大"开始提出改善民生以来。这一阶段明确了增长和发展是两个不同的概念。增长反映了一个国家或地区经济规模总量在外延上的扩大,发展着重于经济活动效率质量的提高以及由此而产生的对社会进步的作用。衡量经济发展的指标除了人均GNP外,还增加了另外两类指标,一类是反映社会和政治变革与经济发展水平之间的相互作用的综合性指标,如公平、自主、社会稳定、消除贫困等;一类是衡量人的基本需要是否得到满足的生活质量指标,不仅强调经济因素,还有社会因素,更重视在发展过程中人的基本需求。近年来,我国在关注民生发展方面也做出了积极的努力,加大了对"三农"、教育、医疗卫生、社会保障和就业、保障性住房等民生领域的投入,从全面实施城乡免费义务教育,到支持建立覆盖城乡居民的基本医疗保障体系,健全城乡最低生活保障制度,

开展新型农村社会养老保险试点，支持廉租房、棚户区改造等保障性安居工程建设。国家用于保障和改善民生的投入力度越来越大。

（三）以经济增长、社会进步、生态环境保护为核心的"三维目标"发展阶段

从上个世纪 80 年代中期以来，尤其是 1992 年联合国环境与发展会议之后，走可持续发展之路全人类达成共识，这个阶段人类正面临着全球环境变化和全球社会可持续发展的巨大挑战，人类不仅受到来自变化中地球的强烈冲击，而且人类活动正以前所未有的幅度和速度改造着地球系统。以全球变暖为标志的全球变化已是客观事实，各类巨灾在全球范围频繁出现，如 2008 年初中国南方发生的特大雨雪冰冻灾害、2005 年给美国新奥尔良市造成毁灭性打击的卡特里娜飓风和 2003 年席卷欧洲的热浪。跨国界、区域、流域问题以及由此引发的地区冲突（包括污染和酸雨沉降、火灾蔓延，跨流域水资源争夺，石油进口航道的瓶颈限制等）越来越多，成为影响全球不安全的重要因素。我国全面小康社会的建设面临能源结构性匮乏、矿产资源短缺、水危机、耕地与粮食风险及环境质量进一步恶化等诸多挑战，全球环境变化引起的资源和灾害变化将使我国国家安全面临着前所未有的挑战。与此同时，食品安全、住房、通货膨胀、教育、医疗等诸多社会问题也成为制约区域可持续发展的诸多不利因素。

这一阶段的主要特点是在考虑经济、社会发展的同时，也考虑到了生态环境对经济、社会发展的支撑力，以及社会、经济、生态三者之间的有机联系和协调。

第三节　区域可持续发展水平综合评价

区域可持续发展水平综合评价就是运用科学的方法和手段，对区域可持续发展的状态、水平和质量进行定量化的判断，它有助于决策者和社会公众把握可持续发展的目标，有助于评估实现该目标所取得的进展、所选择政策的正确性，也为不同区域、不同时期发展状态比较提供依据。区域可持续发展水平评估包括对区域可持续发展水平高低的评价，也包括对区域内 3 个子系统协调度的评价。对区域可持续发展水平评价，需要构建区域可持续发展的评价指标体系，选择合适的区域可持续发展评价方法。

一、评价目的

评价目的包括以下几个方面：把握区域可持续发展系统运行现状，检验运行过程中正在阻碍或制约区域良性运行的因素，并提出有效的解决措施，使这些因素得到缓解和消除；监测可持续发展的变化趋势，揭示系统的结构、功能的动态运行规律，为区域可持续发展趋势预测提供依据。同时，区域可持续发展水平评价也是协调区域人地系统，制定政策，进行优化调控的重要手段。

二、评价范围和内容

一般而言，区域可持续发展水平综合评价范围一般是不同尺度层次的行政区域地域单元。这些不同尺度层次的行政区域往往都把区域可持续发展水平的不断提高作为该区域的发展目标，对其综合水平的评价是监管工作的常态。也可以是其他不同类型的地域单元，如小流域、经济区、城乡综合体等。如果不是立足一个区域进行综合评价，往往是对区域可持续发展的某一单项内容评价，如经济可持续发展、生态环境可持续发展或者社会可持续发展评价等，两者的评价区别是整体和部分的关系。

区域可持续发展水平评价内容包括经济、社会和生态环境三个子系统，三者相互衔接，缺一不可。对任何一个区域的可持续发展水平的考量都是围绕这三个子系统展开的，将这三个子系统的具体评价内容通过构建评价指标体系和相应评价方法的定量测算，就能反映出一个区域总体可持续发展水平、各子系统、各领域及各指标的发展变动趋势，还有区域内部各区域的发展差异等。

决定区域可持续发展水平综合评价的科学性和客观性，关键是评价指标体系的构建。各指标的层次向量、权重大小都要根据三个子系统及各自内部相互联系与制约的关系、某些定量监管标准，尤其是该区域发

展的实际慎重选择。表 5-2 是评价指标体系构建的一般框架思路。

表 5-2　区域可持续发展水平综合评价指标体系构建框架思路表

层次 \ 内容	具　体　内　容	
目标层	区域可持续发展系统水平评价	
系统层	经济子系统、社会子系统、生态环境子系统	
要素层	经济子系统：经济增长速度、经济规模、经济效益、经济开放度、经济消耗等 社会子系统：人口结构、科技、教育、社会保障、公共服务等 生态环境子系统：资源供给、环境质量、生态问题等	
指标层	经济子系统	经济增长速度：GDP 的多年平均增长率；经济规模：年 GDP 总量；经济结构一般用产业结构代表：三次产业的比重或第三产业（高新技术产业）占 GDP 比重；经济效益：人均 GDP、地方财政收入占 GDP 比重等；经济开放度：对外依存度、服务业或高新技术产业产品出口占 GDP 比重等、实际利用外资占 GDP 比重；经济消耗：万元 GDP 消耗（水、能源、土地等）
	社会子系统	人口结构：人口自然增长率、平均预期寿命、人口密度、城市化水平等；科技：每万人口 R&D 人员数、R&D 支出占 GDP 比例、每万人发明专利拥有量；教育：平均受教育年限、中小学生师生比、文教费用支出、初中毕业生升学率等；社会保障：基本社会保险覆盖率、每万人拥有收养性社会福利单位的床位数；公共服务：每千人拥有医生数、每千人拥有病床数、每万人拥有的公路里程、人均电信业务量等
	生态环境子系统	资源供给：人均水资源量、人均耕地面积、人均能源及主要矿种储量；环境质量：工业废水达标率、化学需氧量、氨氮排放量、二氧化硫排放达标率、工业固体废弃物综合利用率、万元 GDP 排放的污染物量等；生态问题：水土流失率、森林覆被率、人均绿地面积、自然保护区面积等

专栏 5-3　相关评价指标体系一览

1. 联合国可持续发展指标体系

1995 年由联合国可持续发展委员会（UNCSD）及联合国政策协调与可持续发展部（DPCSD）牵头，联合国统计局（UNSTAT）、联合国开发计划署（UNDP）、联合国环境规划署（UNEP）、联合国儿童基金会（UNICEF）和亚太经社理事会（ESCAP）参加，提出了一个初步的可持续发展核心指标框架。该体系由驱动力指标-状态指标-响应指标（Drive - State - Response, DSR）构成。驱动力指标用以表征那些造成发展环境不可持续的人类活动、消费模式和经济系统等因素，主要包括就业率、人口净增长率、成人识字率、可安全饮用水的人口占总人口比率、人均实际 GDP 增长率、GDP 用于投资额、矿藏储量的消耗、人均能源消费量、人均水消费量、排入海域的氮和磷的量、土地利用的变化、农药和化肥的使用、人均可耕地面积、温室气体等大气污染排放量等；状态指标用以反映可持续发展过程中各系统的状态，包括贫困度、人均密度、人均居住面积、已探明矿产资源储量、原材料使用强度、水中的 BOD 和 COD 含量、土地条件的变化、植被指数、受荒漠化、盐碱和洪涝灾害影响的土地面积、森林面积、濒危物种占全国全部物种的比率、二氧化硫等主要大气污染物浓度、人均垃圾处理量、每百万人中拥有的科学家和工程师人数、每百户居民拥有的电话数等；响应指标用以表明人类为促进可持续发展所采取的对策，包括人口出生率、教育投资占 GDP 的比率、再生能源的消费量与非再生能源的消费量比率、环境投资占 GDP 的比率、污染处理范围、垃圾处理的支出、科学研究费用占 GDP 的比率等。

2. 英国的可持续发展指标体系

为了实现可持续发展战略，1994 年英国政府成立了一个部际间的工作组来研究并提出了一套可持续发展指标体系。该指标体系框架的设计是以《我们共同的未来》中关于可持续发展的定义为基础概括为四大目标指标层：① 保持经济健康发展，以提高生活质量，同时保护人类健康和环境；② 不可再生资源必须优化利用；③ 可再生资源必须可持续地利用；④ 必须使人类活动对环境承载力所造成的损害及对人类健康和生物多样性所构成的危险最小化。在每一个大目标指标层下又包含几个专题,共有经济、交通、休闲和旅游、海外贸易、能源、土地利用、水资源、森林、渔业资源、气候变化、臭氧层衰竭、酸雨沉降、大气、淡水质量、海洋、野生生物及其栖息地、土地覆盖率及土地特征、土壤、矿物勘探、废弃物、放射性等21个大专题,包括123个具体指标。

3. 中国可持续发展指标体系

由中国科学院可持续发展研究组设计的中国可持续发展指标体系,分为总体层、系统层、状态层、变量层和要素层五个等级。其中,总体层将表达可持续发展的总体能力,代表着战略实施的总体态势和总体效果;系统层由生产支持系统、发展支持系统、环境支持系统、社会支持系统、智力支持系统五大系统组成;状态层是在每一个系统内能够代表系统行为的关系结构,其表现形式可以是静态的,也可以是动态的;变量层共采用48个指数,从本质上反映状态的行为、关系、变化等原因和动力;要素层采用可测的、可比的、可以获得的指标及指标群,对变量层的数量表现、强度表现、速率表现给予直接的度量,由208个指标组成。

三、评价方法

(一) 多层次综合方法评价区域可持续发展水平

1. 多层次综合方法基本步骤

通过多层次综合方法,使反映区域可持续发展水平基本特征的评价指标统一为综合反映区域可持续发展水平的总指数。其步骤为:

① 通过全国、各省市统计年鉴和统计公报收集反映全国和各地区可持续发展水平的统计指标资料;② 将统计指标加工为区域可持续发展水平综合评价指标;③ 将每一综合评价指标加工为单项指数。单项指数的计算方法详见"3 区域可持续发展水平总指数计算方法";④ 将单项指数加总为各子系统指数及总指数。

2. 聚类分析方法

将反映区域可持续发展水平基本特征的评价指标作为聚类变量计算出聚类解,将各地区按可持续发展水平特征进行分层归类,进行比较分析。

3. 区域可持续发展水平总指数计算方法

区域可持续发展水平总指数的计算由以下几个步骤完成:

(1) 确定每一评价指标的方向性和权数

(2) 计算单项指数

a. 将评价指标进行无量纲处理

其中极差标准化是常见的标准化形式,以极差标准化为例,无量纲处理的计算公式为

正向指标:$y_{ik} = (x_{ik} - \min(x_k))/(\max(x_k) - \min(x_k))$

逆向指标:$y_{ik} = (\min(x_k) - x_{ik})/(\max(x_k) - \min(x_k))$

式中,i 表示各地区序号;k 表示评价指标序号;x_{ik} 为 i 地区第 k 个评价指标数值;$\min(x_k)$ 为基期年各地区第 k 个评价指标的最小值;$\max(x_k)$ 为基期年各地区第 k 个评价指标的最大值,y_{ik} 为 i 地区第 k 个评价指标经无量纲处理后的数值。

b. 赋予权数

将 i 地区第 k 个评价指标经无量纲处理后的数值(y_{ik})乘以其权数,即得到这一评价指标的单项指数。

c. 计算各子系统指数及总指数

将 i 地区某子系统指数中各单项指数相加即可得到该地区这一子系统的指数,将各子系统指数相加即可得到该地区的总指数。

4. 区域内各地区聚类分层的计算方法

采用系统聚类中的离差平方和法进行各地区的聚类分析。计算步骤为

(1) 将评价指标进行无量纲标准化处理

无量纲标准化处理的计算公式为

$$y_{ik} = (x_{ik} - \bar{x}_k)/s_k$$

式中，i 表示地区序号；k 表示评价指标序号；x_{ik} 为 i 地区第 k 个评价指标数值；$\bar{x}_k$ 为各地区第 k 个评价指标的平均值；s_k 为各地区第 k 个评价指标的标准差；y_{ik} 为 i 地区第 k 个评价指标经无量纲处理后的标准化数值。各评价变量进行无量纲处理后变成均值为 0、方差为 1 的标准化变量。

(2) 计算地区之间的距离

使用平方欧氏距离，其公式为

$$d_{ij}^2 = \sum_{k=1}^{m}(y_{ik} - y_{jk})^2$$

式中，i 和 j 表示地区序号；k 指总体（各子系统）评价指标变量个数；d_{ij} 表示地区 i 和地区 j 之间的距离；y_{ik} 表示地区 i 第 k 个指标的标准化数值；y_{jk} 表示地区 j 第 k 个指标的标准化数值。

(3) 聚类分层

每个地区自成一类，逐步使离差平方和增加最小的两类合并为一类，直到所有的地区合并为一类为止。以此为基础，再根据特定分析需要确定分层类数并得出所需的聚类结果。

（二）三个子系统协调度方法评价

可持续发展系统中的经济子系统、社会子系统和生态环境子系统，三个系统在运行时是相互作用，彼此影响的。借用物理学中系统耦合的概念（即系统耦合是两个或两个以上相似或相关的子系统（或要素）相互作用、相互影响，促使系统由失衡走向平衡，由无序转向有序，进而决定系统的整体特征和演变规律），构建了三个子系统协调耦合度模型。方法如下：

$$U_i = \sum_{j=1}^{n} w_i \times x_{ij}$$

式中，U_i 为子系统对总系统有序度的贡献；w_i 为各个序参量的权重。

借用物理学的系统耦合度模型，可得到耦合度函数：

$$C = \left[\frac{U_1 \times U_2 \times U_3}{\left(\frac{U_1 + U_2 + U_3}{3}\right)^3}\right]^K$$

式中，C 为耦合度，反映了经济发展水平、社会发展水平、生态环境水平一定的情况下，三系统耦合发展的程度。耦合度 C 的取值为 0～1，数值越大，两系统发展越协调。$K(K \geqslant 2)$ 为调节系数，用来调节评价结果的区分度，此处取 $K=3$。$C \in [0,1]$，U_1、U_2、U_3 分别是经济子系统、社会子系统、生态环境子系统评价指数。一般我们将系统耦合过程分为四个阶段：① $0 \leqslant C < 0.3$：低水平耦合阶段；② $0.3 \leqslant C < 0.5$：颉颃阶段；③ $0.5 \leqslant C < 0.8$：磨合阶段；④ $0.8 \leqslant C \leqslant 1$：高水平耦合阶段。

协调性强调的是各子系统及系统构成要素的差异部分在系统演变过程中体现出的相互配合与和谐一致性。相对于耦合度模型，协调度能够更好地测评经济发展、社会进步与生态环境交互耦合的协调程度，方法如下：

$$T = \sqrt[\frac{1}{3}]{\alpha U_1 \times \beta U_2 \times \lambda U_3}$$

$$D = \sqrt[\frac{1}{3}]{C \times T}$$

式中，T 是经济子系统、社会子系统、生态环境子系统的综合协调性指数，α 和 β 为待定系数；D 是协调度；C 是耦合度指数。结合国内外相关文献把协调度划分为 6 个阶段。

表 5-3 发展质量与规模的协调性阶段划分

编 号	区 间	阶 段 名 称
Ⅰ	$0 \leqslant D < 0.3$	极低度协调耦合
Ⅱ	$0.3 \leqslant D < 0.4$	低度协调耦合
Ⅲ	$0.4 \leqslant D < 0.5$	中低度协调耦合
Ⅳ	$0.5 \leqslant D < 0.6$	中度协调耦合
Ⅴ	$0.7 \leqslant D < 0.8$	高度协调耦合
Ⅵ	$0.8 \leqslant D \leqslant 1.0$	极度协调耦合

四、评价结果的表现形式

基本评价形式包括：

1) 区域可持续发展水平总(各子系统)指数及其发展情况；各地区可持续发展水平总(各子系统)指数发展情况及其差异性分析。

2) 各地区可持续发展特征总体(各子系统)聚类结果。

3) 各个子系统耦合、协调度分析及区域比较分析。

4) 区域可持续发展水平综合评价结果分析及其对策建议。

分析形式根据特定需要确定。

扩展阅读：

1) 经济全球化与区域经济一体化。

2)《联合国气候变化框架公约》世界各国履约情况。

思考题：

1) 区域可持续发展 SWOT 综合分析方法。

2) 中国区域环境问题的特点。

3) 区域可持续发展水平综合评价的思路和方法。

第六章 区域可持续发展战略制定

前面章节分别解析了区域可持续发展系统总体特征、区域可持续发展系统结构、区域可持续发展子系统相互关系、区域可持续发展系统空间结构、区域可持续发展系统发展状态评估,通过这些分析明确了区域可持续发展系统的基本框架。本章节重点讨论区域可持续发展战略的制定。相对于前面章节,这部分更具综合性、战略性和实践性。是在前面章节分析的基础上,提出制定区域可持续发展战略的基本框架和流程,以利于区域可持续发展目标的实现。

第一节 战略、区域发展战略和区域可持续发展战略

一、战略、区域发展战略

"战略"一词最早是军事方面的概念,指根据战争全局进行的作战谋略。在英文中,"战略"一词是"strategy",源自古希腊语"strategos",意为军事将领、指挥官的意思;在中国,"战略"一词历史久远,最早见于西晋史学家司马彪所著《战略》一书,后在《三国志》《廿一史战略考》等史籍中均有记载,主要释义:"战"指战争、"略"指谋略。美国著名经济学家赫希曼首次提出"发展战略"的概念,他在1958年出版的《经济发展战略》一书中指出发展战略就是国家将自身的经济发展提到战略的高度,合理利用自身的潜力、资源和环境,以谋求区域经济社会的宏观长期发展。我国在20世纪70年代末引入发展战略的概念。80年代初,著名经济学家于光远同志提出研究经济社会发展战略的倡议,逐渐掀起了我国研究发展战略的热潮。进入90年代,专家学者与政府部门在联合制定区域发展战略的过程中,将区域发展战略的理论与实践很好地结合起来,我国相继实施了国家"八七"扶贫攻坚计划,沿海地区对外优先开放战略和西部大开发战略以及21世纪初提出的东北老工业基地振兴战略等。实践证明,战略的制定和实施对区域的经济社会发展起到了积极的指导作用,在某种程度上指引了特定区域的未来发展路径。

国内对于区域发展战略的定义有很多。比较具有代表性的是陆大道院士等著的《中国区域发展的理论和实践》中的定义"区域发展战略是指区域经济开发中重大的、带全局性或决定全局的谋划,是区域经济的发展观和全局谋划的有机结合"。吴殿廷教授主编的《区域经济学》中提到:"区域发展战略就是根据区域发展条件、进一步发展要求和发展目标所作出的高层次、全局性的宏观谋划。"另外,魏后凯在《现代区域经济学》中提到"区域经济发展战略是对特定区域未来经济发展的全局性长远谋划"。

区域发展战略就是区域为实现自身发展而制定的具有全局性、综合性、地域性和高层次性的长期谋划。它有广义、狭义之分。广义的区域发展战略就是对区域整体的战略规划,即对一个完整的区域总体特征作出明确概括,需要对区域内部的经济、社会和自然要素有全面的分析、归纳,同时,要有对该区域的尺度层次关系的认知,辨识不同尺度层次区域的功能;狭义的区域发展战略仅指区域发展战略中的空间结构或空间划分,如我国"十二五"规划中的区域发展总体战略表达是:充分发挥不同地区比较优势,促进生产要素合理流动,深化区域合作,推进区域良性互动发展,逐步缩小区域发展差距。具体策略是:推进新一轮西部大开发;全面振兴东北老工业基地;大力促进中部地区崛起;积极支持东部地区率先发展;加大对革命老区、民族地区、边疆地区和贫困地区扶持力度;实施主体功能区战略等。

二、区域可持续发展战略

(一)区域可持续发展战略内涵

区域可持续发展战略是区域发展战略的一个较高级阶段和层次,是在可持续发展观指导下,为实现区域经济、社会和生态环境全面、协调、公平和以人为本的发展所作出的全局性谋划。区域自身的特性和可持续

发展的本质要求决定了可持续发展战略具有全局性、系统性、前瞻性和指导性等基本特征。

1. 全局性

区域可持续发展战略的全局性是指对整个战略覆盖区域发展的全面统筹。按照时空分异规律,任何一个区域关注的发展目标都有纵横向两个方面,前者代表了一个区域时序发展目标,也是总体发展目标,后者则是区域内部每个不同地域的发展目标。两者相辅相成,纵向目标的实现需要区域目标的协同集成。但在发展过程中区域发展的不平衡是常态,每个区域由于发展条件和发展阶段的不同,往往呈现不同的发展特点,那些处在落后阶段的贫困区域,往往会成为区域发展不被关注的"盲点",进入一种贫困的恶性循环。在传统区域经济发展战略实施过程中,效率与公平的取向长期以来备受关注和争议。按照可持续发展代内公平的原则,要在强调效率优先的前提下,更加注重公平。在区域可持续发展战略规划中注重对贫困区的扶持、注重城乡统筹、注重区域之间的协调等。

2. 系统性

区域可持续发展战略的系统性就是从系统论的角度选择和演绎区域可持续发展内容的时空组合。也就是把我们所面对的经济、社会、生态环境放在统一的战略思考框架下,建立一套内在的、系统的发展关联组合,三者缺一不可,构成一个完整的系统,从"发展度、协调度、持续度"的内在平衡来认识可持续发展,成为诊断与衡量区域可持续发展健康程度的宏观标准。发展度就是从以人为本出发,把经济发展、社会进步和生态环境保护都作为发展内容,发展不再仅仅是经济发展;协调度就是要不断调整,随时修正社会、经济、生态环境三者的协同发展。任何一个超常发展超出临界范围,可持续发展都无法实现,可持续发展能力的培育只有同时考虑"三个度"的协调才能完成;持续度就是要遵循可持续发展代际公平的原则,把当代人、未来几代人对发展的需求统一谋划,持续发展,实现发展伦理革命,承担更多代际责任。从而建立起人与自然、人与人之间关系的协调。区域可持续发展战略系统性特征对宏观区域制度、政策、战略目标设计以及微观的企业组织、市场消费和每个人的价值取向都提出了很高的要求。否则,"三个度"的协同将很难实现,这也是可持续发展战略实施的最大约束瓶颈。

3. 前瞻性

区域可持续发展战略的前瞻性指对区域未来发展可达目标的合理预测。也就是关乎区域未来发展能够达到某种理想状态或目标的长期谋略,它要求战略制定之前既能预见区域未来发展变化趋势,据此提出符合区域本身的可持续发展目标。通过综合运用科学方法,深入分析区域发展基础,明确区域发展定位,重点围绕区域经济、社会和生态环境三个子系统展开,首先要摸清"家底",分析自身优势和劣势,扬长避短,强弱组合,择优发展,谋划最具竞争力的发展支撑点;其次,把握机遇,寻找能带动全局发展的突破点;最后,加强区域统筹,逐步塑造和培育在更大限度范围内的主导功能地位。

4. 指导性

区域可持续发展战略是一个涵盖经济、社会和生态环境的总体发展战略,不仅对经济发展规划、社会发展规划和生态环境保护规划有指导作用,还对区域尺度层次范围的可持续发展有指导作用,如中国可持续发展战略是各省区制定可持续发展战略的纲领。同时,对经济、社会和生态环境三个子系统的矛盾交叉点和解决途径有具体的可操作指导性。

(二) 区域可持续发展战略涵盖的内容和基本流程

1. 区域可持续发展战略涵盖的内容

区域可持续发展战略的制定是一项综合性、复杂性和系统性的工程。涉及的内容是多方面的,从时间尺度上,既有战略制定基准年现状分析,又有中长期远景规划;从空间尺度上,既有区内经济、社会和生态环境的布局,又有区际联系的分工与合作;从规划层次衔接上,既有总体规划的战略发展目标,又有实现目标的战略任务和保障措施;从区域规划涵盖内容的领域上,既有经济发展、社会领域,又有生态环境的保护与开发,还有各子系统对应的专项规划。不同的区域,间或同一区域的不同发展阶段,其战略设计的内容都有所不同。一般而言,在深入分析区域发展基础,明确区域发展定位的基础上,区域可持续发展战略规划的重点内容围绕经济、社会和生态环境三个子系统展开。经济子系统重点围绕经济结构的战略性调整展开。主要内容包括:内需消费、投资、出口协调与拉动经济增长;农业基础地位与社会主义新农村建设;制造业核心竞争力提升与战略性新兴产业发展;服务业发展与三次产业升级等。社会子系统重点围绕人口发展战略(人口数量、人口质量和人口构成);科技教育与创新;社会保障与基本公共服务均等化;文化繁荣与学习型社会建设等。生态环境子系统重点围绕污染防治与环境质量;生态保护;重点资源开发与能源节约;促进经济社会发展与人口资源环境相协调,走可持续发展之路。同时,结合三个子系统相关内容的规划,还要形成空间布局与开发规划,将三个子系统对未来的谋划落实到区域空间上,统筹城乡发展,积极稳妥推进城镇化,促进区域发展的时空格局良性互动。

区域可持续发展战略更重视各子系统重点规划内容的相互协调,旨在解决三个子系统之间因发展不平衡或长期的"因果矛盾"积累形成的矛盾冲突,实现三个子系统协调发展。例如,区域经济规模、人口规模和环境容量的协调发展;经济发展规模与人均收入提高以及社会基本公共服务的协调发展;社会进步与人居环境改善的协同发展;贫困区与发达区域的协调发展;当前发展速度与未来发展潜力的协调等。努力探索一条人类向自然的索取同人类向自然的回馈相平衡、人类对当代的努力能够同人类对后代的贡献和努力相平衡、人类为本区域的努力能够同时考虑到其他区际乃至全球利益的平衡之路。

2. 区域可持续发展战略的一般框架流程

区域可持续发展战略一般框架流程包括发展基础分析、发展定位、发展战略三大模块(图6-1)。

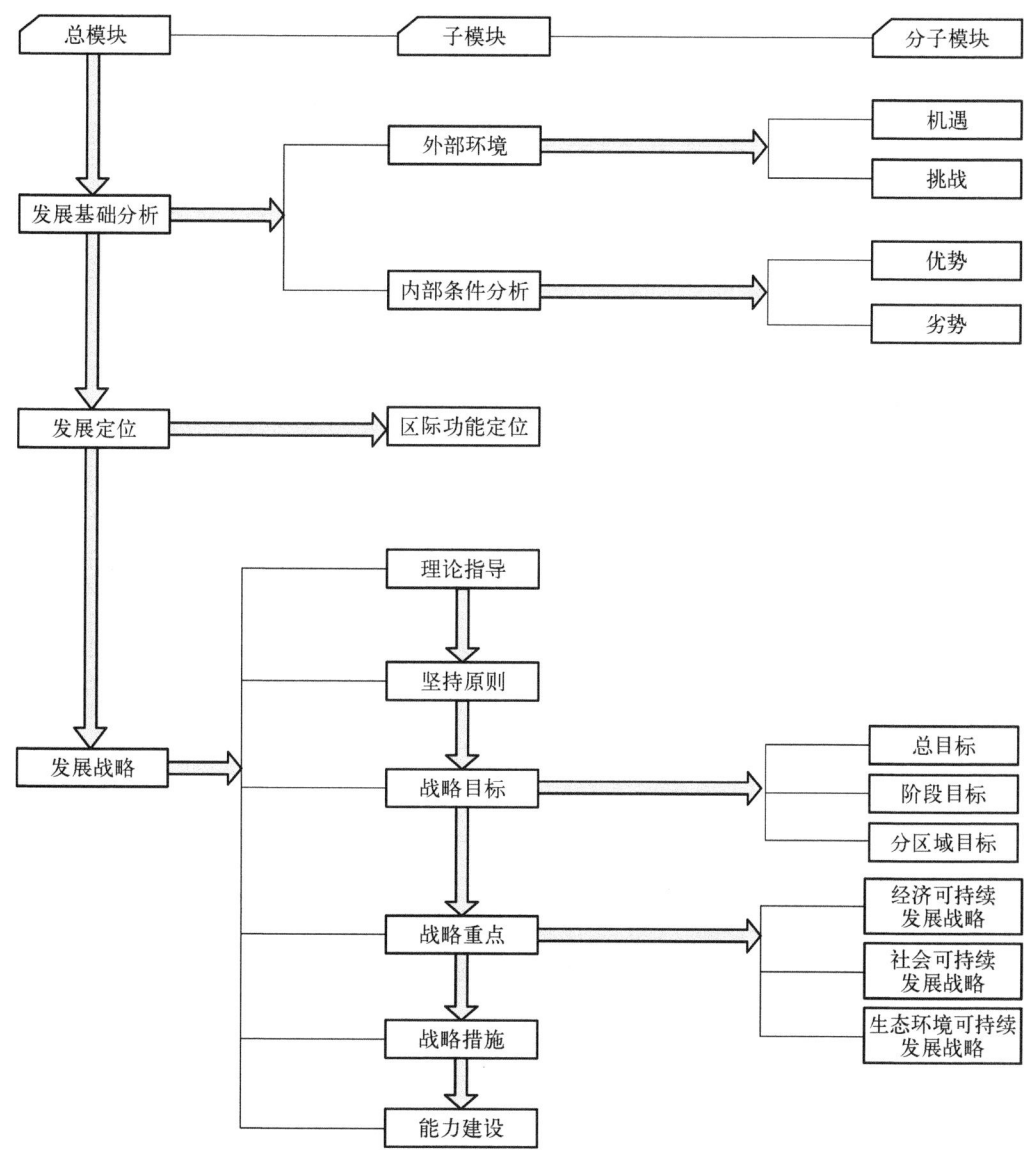

图6-1 区域可持续发展战略一般框架流程

1) 发展基础分析总模块是区域可持续发展战略制定的出发点,包括外部环境和内部条件SWOT分析两个子模块。其中外部条件子模块由宏观背景和区域背景两个分子模块构成。这个模块的主要任务是明确区域发展的机遇和挑战。

2) 发展定位总模块在区域可持续发展战略制定中起着承上启下的作用,它包括区际功能定位子模块。发展定位就是根据区域发展的现实基础、内外部联系和在全国或大区域劳动地域分工中的作用和地位,对区域发展在更大尺度(大于研究区域尺度层次的范畴内)发展中所占据的地位、所起的作用、所承担的任务做出客观判断和谋划。

3) 发展战略总模块是区域可持续发展战略制定的核心和关键,它包括理论指导、坚持原则、战略目标、战略重点、战略措施、能力建设六个子模块。其中,战略目标子模块包括总目标、阶段目标、分区域目标三个分子模块;战略重点子模块包括经济可持续发展战略、社会可持续发展战略、生态环境可持续发展战略三个分子模块。

第二节 制定区域可持续发展战略的前提和原则

一、区域可持续发展战略制定的前提

(一) 区域发展基础分析是区域可持续发展战略制定的先决条件

对区域发展基础分析,要求在深入调查研究的基础上,做到全面、客观,明确区域发展的优势和劣势。通过区域发展基础分析提出的区域可持续发展战略要体现以下几点:一是突出区域特色。要从区情出发,因地制宜,扬长避短,充分发挥地区优势,把比较优势转化为竞争优势;二是坚持可持续的发展。尽可能找准不可持续的发展瓶颈,在发展的过程中调整和协调制约因素。强调以人为本,坚持"五个统筹",促进区域经济、社会和生态环境的全面协调可持续发展;三是优化配置资源。正确处理好政府与市场的分工,既要加强政府的规划引导、宏观调控、公共服务和社会监管等方面的职能,又要充分发挥市场机制在资源配置中的基础性作用,把政府调控与市场作用有机结合起来。

(二) 区域功能定位是区域可持续发展战略的未来指向

区域功能定位具有鲜明的战略性、综合性、地域性和动态性。战略性要求功能定位高屋建瓴、高瞻远瞩,站到未来发展层次把握区域的未来走向,洞悉社会经济发展的总体演进趋势。综合性要求功能定位全面、系统地分析与区域发展有关的各种条件和影响因素,并能够从总体上抓住关键问题和主导因素。地域性要求功能定位突出区域特色,把区域放在大背景中去分析,把能够代表区域自身内在的东西挖掘出来,强化区域自身的个性发展特征。动态性要求功能定位遵循区域发展的历史演进规律和总体趋向,注重区域发展的阶段性变化的时效性。

区域功能定位是一项复杂的工作,需要对若干重要的影响因素进行综合分析。因此,定位过程必须把主观与客观有机结合起来,过分拘泥于当前的条件和基础不可取,不顾条件盲目拔高也不可取。要把握以下几点:一是功能定位一定要有层次性,要以劳动地域分工理论为基础,由大到小层层定位;二是功能定位一定要以市场为导向,以最大限度发挥区域综合竞争优势为重点,以提高区域整体发展实力和核心竞争力为目标;三是功能定位的内容和类型要全面。包括经济功能、社会功能、生态环境功能和综合功能等。只有做到这些,区域功能定位才能准确、精炼、全面、易于理解和贯彻实施。

二、区域可持续发展战略制定坚持的原则

1. 协同发展的原则

区域可持续发展追求区域内人地系统的整体协调发展——人口数量与资源总量的协调;资源总量与经济发展速度的协调;经济增长与社会进步的协调;人类生活质量的提高与自然生态环境循环的协调等。只有做到区域内各子系统的协同发展,才能真正实现区域可持续发展。

2. 突出重点的原则

区域可持续发展是一个复杂的巨系统,涉及因素很多且彼此间关系错综复杂,区域可持续发展战略的制定必须突出重点,指出影响区域发展的主导因素。

3. 区际协调的原则

区域可持续发展战略的制定,要充分考虑到区域系统的特性,辩证地分析区域发展过程中的各种关系,切忌孤立、片面地强调区域的独立性,以免产生区域间的偏差。

4. 以人为本的原则

以人为本是贯穿于区域可持续发展战略制定的一条主线。只有坚持以人为本,才能真正实现该战略人与自然、人与人的和谐发展的终极目标。

5. 可操作性原则

可操作原则是指对区域可持续发展战略对所规定的战略目标、战略重点和战略任务作出全面系统的规划,且具有目标实现可能性分析以及明确的实现路径。

第三节 区域可持续发展战略目标

一、区域可持续发展战略目标类型

区域可持续发展战略目标是多种多样的。一般而言,按照目标客体的大小可以分为宏观目标和微观目标等;按照客体的性质可以分为经济发展目标、社会发展目标、生态环境保护目标等;按照时限长短可以分为长期目标、中期目标和近期目标等。根据区域可持续发展战略的属性,把战略目标分为总目标、分阶段目标和分区域目标三大类。

（一）总目标

区域可持续发展战略总目标是区域可持续发展的最高行动指南,是统领区域经济社会与生态环境协调发展的基本纲领。区域可持续发展战略总目标主要由经济发展、社会进步、生态环境保护三方面构成。其中经济发展是可持续发展的核心所在,提高经济发展水平是改善区域环境状况和提高民众福利水平的根本手段,一般可以用人均收入、经济增长速度、经济密度、非农业比重、高新技术产业比重、产业集聚率、进出口贸易总额以及依存度等指标进行相关测度。社会进步是区域发展的主体和根本目的,其有序程度直接影响区域发展的秩序和稳定,其核心是人类自身的可持续发展,社会进步对于促进经济发展和环境保护产生的重要影响,一般可以采用恩格尔系数、服务设施水平、教育水平、医疗水平、失业率等进行测算。生态环境保护是区域发展的物质基础,决定区域发展的空间,自然资源的永续利用和生态环境的动态平衡是实现区域可持续发展的重要基础,关注单位GDP能耗、电力消费弹性系数、单位工业产值污染物排放量、污染治理投资占GDP比重等。

（二）分阶段目标

一般分近期目标,一般5年左右。近期目标是实现长远目标的基础和必经阶段,实现近期目标,必须以长远目标为根本方向;中期目标一般以10年为期;远期目标通常在20年以上。相对于总目标,分阶段目标更为具体,是对总目标的定量指标分解,对未来发展时序给出安排。

（三）分区域目标

相对于分阶段目标,分区域目标是对发展空间的规划和设计,是对发展时序任务的空间落实。根据所研究区域的范围和大小,分区域目标可将总体目标按区域属性进行层层分解。可按区域空间形态类型进行分解,如城市、农村、沿海、内陆区域目标;也可以按照行政区隶属关系进行分解,如市、县和乡镇(村)。自2008

年以来一些地方专题型试验区和区域发展规划上升为国家发展战略。这些被分别赋予了不同功能的区域,也往往成为除以上类型以外的国家层面的综合区域类型,如山东的蓝黄"两区"。

二、区域可持续发展战略目标设计

目标设计的一般流程如下:

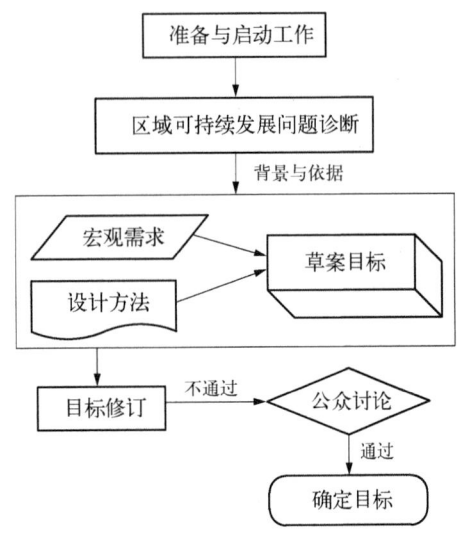

图6-2 区域可持续发展目标设计流程

(一)准备与启动工作

准备与启动工作主要包括以下几方面:明确目标设计的基本理念、目标设计区域的基本范围、目标的制订者与执行者、目标设计的参与者,确定目标设计工作组、设计公众参与的工作框架等。

目标设计的基本理念主要是要明确区域可持续发展目标设计是一个需要协调和多方利益平衡的过程。实现区域可持续发展需要在自然环境、经济发展、社会发展之间取得平衡,而在这三者背后存在着各种利益主体及其不同的组合结构。如果不能在不同的利益主体之间取得一些共识,目标的实施很容易成为"纸上谈兵"。

目标设计区域的基本范围主要是所涉及区域的行政关系和基本特征、目标设计的基本意图、时间性等。

目标的制订者与执行者主要是确定由哪个部门来制定目标,哪个部门牵头来执行目标。需要根据目标设计区域的基本范围及地方政府的部门结构特征来具体决定。成立目标设计领导小组,一般应由地方主要领导人担任组长。确定目标设计的具体组织方式。可能的方式有:委托独立机构具体承担设计工作;由牵头部门和独立机构共同完成;政府牵头部门自己担任设计、邀请专家参加具体工作;政府牵头部门自己担任设计,邀请专家指导、把关等。

明确目标设计的参与者,确定目标设计工作组是保障区域可持续发展目标设计具有多方参与性的关键,是目标设计牵头单位和具体承担单位共同完成的一项工作。首先是确定目标设计涉及的利益人,这些利益人都是潜在的参与者,包括企业、公众、政府部门、行业组织、学术机构、大学和学校、居委会、村民委员会、非政府组织、媒体等。

设计公众参与的工作框架:公众参与不仅是目标设计和实施不可或缺的组成部门,而且是增加公众可持续发展意识和达成社会共识的重要手段。但是广泛的公众参与往往会耗费很多时间,因此目标设计要有足够的时间准备。公众参与规划的方式有直接参与和间接参与。

(二)区域可持续发展问题诊断

首先明确诊断问题需要考虑的因素。具体因素有区域的发展阶段、区域的类型特征、现实问题和为实现长远目标需要解决的基础问题等。

其次明确区域发展长远战略目标。了解区域的发展环境,包括自然环境、资源禀赋、区位条件、社会结构、宏观政策等,作为基础资料;确定区域的发展状态,包括人口增长、经济发展、社会发展等;提取各种规划对长远战略目标的描述,例如国民经济和社会发展的五年规划、城市总体规划、国土规划等;总结、凝练区域发展的长远战略目标,确定区域的"共同理想";使公众了解和认可长远战略目标,作为思考区域可持续发展问题的参照物。

搜集已经得到广泛认同的区域可持续发展问题。通过访谈、问卷调查、采样等方式进行充分论证,这是目标设计的重要基础,也是保障多方参与性必不可少的措施。

区域可持续发展问题的技术性调查与分析。主要是通过大量数据、影像资料进行技术性分析用地理信息系统方法定量理清问题中存在的冲突和矛盾。同时还进行实地勘察和调研工作。

(三) 确定目标

首先,分析目标设计的相关背景材料。主要包括对区域可持续发展的基本状态、面临的问题和对问题的阶段性分析,以及相关规划对区域可持续发展总体发展态势与具体问题解决的目标定位分析。其次,明确区域可持续发展的宏观定位需求。最后,通过模型与各种方法确定草案目标。方法主要有问题导向法、经验判断法、情景分析法、趋势外推法、系统模拟法、层次分析法等。

草案目标制订后,通过公众与专家的反复讨论,对实现可能进行反馈与修正,确定目标。

三、区域可持续发展战略目标实现的约束机制

(一) 环境约束机制

区域可持续发展受多种因素制约,环境是区域可持续发展的重要约束因素之一。环境对区域可持续发展的约束主要通过资源状况和环境容量因素进行。这些因素的共同作用构成了环境约束机制。

资源状况约束表现在资源种类、数量和供给能力等方面。资源种类和数量的丰欠程度和供给能力对区域可持续发展起着加速或延缓的作用。区域资源种类和数量丰富、且供给能力强,则资源状况本身具有可持续性,有利于区域的可持续发展;区域资源种类和数量贫乏、且供给能力较弱,则资源状况本身不具备可持续性,区域可持续发展的发展和速度将受到较大的约束。

环境容量约束表现在环境承载力和自我调节能力等方面。区域的环境承载力总是有限的,只能承受一定的社会发展规模(包括人口、社会组织和社会集团以及其他各种物质实体和人文实体的规模);超越了这种规模,社会发展则会受到环境容量的限制,甚至引起社会结构的不稳定,导致社会发展的不可持续性,严重时甚至会发生倒退现象。某些古代文明消失与此不无关系。环境的自我调节能力也是有限的,人类社会的发展对环境结构和功能有很大的影响,这种影响如果超过了环境的自我调节能力,则会造成环境容量减小的结果,从而使环境对可持续发展的约束增强。

(二) 对政府部门的约束机制

对政府部门的约束机制主要表现在综合决策机制、绩效考核机制和统筹协调机制三个方面。政府的科学决策机制,最重要的是在决策主体、决策思维和决策程序三个方面实现根本的转变,建立可持续发展绩效考核机制。将环境保护方面的指标纳入到各级政府部门考核指标体系中,逐步建立起绿色 GDP 考核指标体系,并将可持续发展方面的工作绩效作为干部提拔任用、职务升降的重要参考标准之一。完善统筹协调机制改革区域行政管理体制,优化配置公共投资政策和公共资源;完善区域利益分配和协调机制,主要包括流域水资源管理及优化配置、跨区域生态补偿和转移支付制度、低碳经济能源策略和减排的市场经济机制等。

(三) 对各类企业的约束机制

一是对履行相关责任、义务的某些相关费用的财务处理给予适当的优惠政策;二是对于企业改进生产工艺的投入,可以考虑在资金获取方面提供必要的支持性政策;三是对于没有兑现承诺的企业,应按照有关规则给予严厉处罚,并且在私人自由资本增值、贷款和保险条款、环境资产和债务的会计处理等方面不提供有利的机会和优惠政策。

(四) 对公众的约束机制

政府可对积极投身于区域可持续发展的公众在公共利益的分配方面适当倾斜,如优先就业、发放津贴

等。对于那些不履行责任与义务的个别公众,除了可以考虑一些切实可行的、制度性的"硬约束"之外,主要应该依靠道德力量、社会舆论这样的"软约束"进行抑制,通过这种否定性的社会评价,引导公众履行自己应该承担的社会责任与义务。加强和完善可持续发展法律、法规、规章的宣传普及,提高全社会的可持续发展意识和法制观念。通过新闻媒介公开报道环境与可持续发展执法中的重大典型案件,强化宣传教育效果,提高公民的环境意识、可持续发展意识和守法自觉性。

第四节 区域可持续发展战略重点(任务)

区域可持续发展战略重点(任务)包括经济可持续发展战略重点(任务)、社会可持续发展战略重点(任务)和生态环境可持续发展战略重点(任务)。

一、经济可持续发展战略重点(任务)

经济可持续发展战略是区域可持续发展战略的重要组成部分之一。实施经济可持续发展战略目标的核心是转变经济发展方式,协调经济发展与资源环境的矛盾。经济发展方式是指推动经济发展的各种生产要素投入及其组合的方式,其实质是依赖什么要素,借助什么手段,通过什么途径,实现什么样的经济发展。2002年党的"十六大"报告中指出,要走出一条科技含量高、经济效益好、资源消耗低、环境污染少、人力资源优势得到充分发挥的新型工业化道路。2007年党的"十七大"报告提出,建设生态文明,加快转变经济发展方式,推动产业结构优化升级。经济发展方式的转变,主要是指从粗放型向集约型、由外延型向内涵型、由速度型向效益型转变。经济发展方式的转变是提高经济发展的质量、效益,缓解日益突出的生态环境压力的最主要途径和方式。经济可持续发展战略实施的主要目标就是通过转变经济发展方式,实现经济增长与生态环境的协调。转变经济发展方式和实施经济可持续发展战略二者相互促进、相辅相成,推动经济可持续发展必然要求转变经济发展方式,而经济发展方式的转变,又必然会促进经济可持续发展。

长期以来由于我国所处的经济发展阶段及整体技术水平的限制,主要依靠增加要素投入和物质消耗来推动经济增长,带有明显的"高投入、高消耗、高排放、不协调、难循环、低效率"等问题,在生产和流通各个领域造成资源消耗高、环境污染重、经济效益低等突出问题,并且随着我国资源承载力下降、国内外资源供给趋紧以及节能减排和生态环境修复压力的加剧,粗放型的经济发展方式难以为继,实现经济可持续发展的根本出路在于从粗放型经济发展方式向集约型经济发展方式的转变,以保证经济协调持续发展。转变经济发展方式的根本途径包括大力发展循环经济、促进低碳经济发展和实施清洁生产三个方面。

(一)大力发展循环经济

循环经济是一种以资源的高效利用和综合利用为核心,以生态规律为指导的一种生产活动和经济运行模式。当前我国已进入全面建设小康社会的决定性阶段,随着工业化、城镇化和农业现代化的快速推进,我国能源资源需求将呈现刚性增长,废弃物产生量不断增加,经济增长与资源环境之间的矛盾更加突出,发展循环经济的要求更加迫切。发展循环经济是我国的一项重大战略决策,是落实党的"十八大"推进生态文明建设战略部署的重大举措,也是加快转变经济发展方式,建设资源节约型、环境友好型社会,实现可持续发展的必然选择。

近年来,我国大力推动循环经济发展,已取得显著成效,资源循环利用产业规模不断扩大,资源产出率有所提高,促进了结构优化升级和发展方式转变,为保持经济平稳较快发展提供了有力支撑,为改变"大量生产、大量消费、大量废弃"的传统增长方式和消费模式探索出了一些可行路径,具体体现在:① 循环经济理念初步确立。国家、地方将循环经济作为一项重大任务纳入国民经济和社会发展规划,积极推进生产、流通、消费等各个环节的循环经济发展,将循环经济发展作为实现转型发展的重要路径。② 循环经济试点取得显著成效。在重点行业、重点领域、产业园区和省市开展国家循环经济试点,积极探索符合中国国情的循环经济发展道路。③ 法规标准体系初步确立。出台并实施了《循环经济促进法》、相关法规标准、地区循环经济条例。④ 政策机制逐渐完善。深化资源性产品价格改革,开展资源税改革试点,完善环保收费政策,出台支持循环经济发展的投融资政策。⑤ 技术支撑不断增强。将循环经济列入国家中长期科技发展规划，支持了一批关键性技术研发，实施了一批循环经济技术产业化示范项目，推广应用先进适用的循环经济技术。⑥ 产业体系日趋完善。产业废物综合利用已形成较大规模，产业链条不断深化，再生资源回收体系逐步完善。

尽管我国循环经济的发展取得了一定成绩，但还存在许多问题，如：循环经济发展规模有待扩大、发展水平有待提高、循环经济理念尚未在全社会普及、法规体系尚未健全、技术创新体系亟待加强等问题。

今后发展循环经济的重点任务主要包括以下几方面：① 构建循环型工业体系。在工业领域全面推行循环型生产方式，实施清洁生产，促进源头减量，积极推进企业间、行业间和产业间共生耦合，形成循环链接的产业体系，鼓励产业集聚发展，实施园区循环化改造，实现能源梯级利用、水资源循环利用、废物交换利用、土地节约利用，促进企业循环式生产、园区循环式发展、产业循环式组合。② 构建循环型农业体系。在农业领域加快推动资源利用节约化、生产过程清洁化、产业链接循环化、废物处理资源化，形成农林牧渔等多业共生的循环型农业生产方式，加快农业机械化，推进农业现代化，改善农村生态环境，提高农业综合效益，促进农业发展方式转变。③ 构建循环型服务业体系。加快构建循环型服务业体系，推进服务主体绿色化、服务过程清洁化，促进服务业与其他产业融合发展，充分发挥服务业在引导人们树立绿色循环低碳理念，转变消费模式方面的积极作用。④ 推进社区层面循环经济发展。加快完善再生资源和垃圾分类回收体系，推动再生资源利用产业化，发展再制造，推进餐厨废弃物资源化利用，实施绿色建筑行动和绿色交通行动，推行绿色消费，实施大循环战略，加快建设循环型社会。⑤ 实施循环经济示范工程。实现技术突破和管理创新，推动循环经济形成较大规模。⑥ 强化循环经济保障体系建设。完善产业政策、投资政策、价格和收费政策、财政政策、税收政策、金融政策等经济政策，健全法规和标准建设，实行生产者责任延伸制度、探索市场化管理机制，强化关键性技术研发和健全循环型服务体系，建立循环经济评价制度，强化宣传教育和人才培养。

（二）促进低碳经济发展

低碳经济理念始于人类应对气候变化和能源安全。随着经济的发展，低碳经济的内涵也在不断深入和拓展。低碳经济是应对气候和环境变化的必然选择，是经济转型的目标、循环经济的体现、绿色产业的前提、生态文明的基础、科技革命的核心。发展低碳经济是一场涉及生产模式、生活方式和人民权益的全球性革命，是在不影响经济发展的前提下，通过技术创新和制度创新，降低能源和资源消耗，尽可能最大限度地减少温室气体和污染物的排放，实现减缓气候变化的目标，促进人类的可持续发展。人类能源利用的发展轨迹，就是一个从高碳时代逐步走向低碳时代的过程，就是从不清洁到清洁、从低效到高效、从不可持续走向可持续的过程。

节约能源是促进低碳经济发展的核心与关键。在国家发展战略规划中，把能源消耗强度降低作为国民经济和社会发展的约束性指标，把节约能源作为调整工业结构、加快转变经济发展方式的重要抓手和突破口，我国认真贯彻节约能源基本政策，节能工作取得了显著成效，基本扭转了我国工业化、城镇化快速发展阶段能源消耗强度上升的趋势，产业结构不断优化升级，能效水平大幅度提高。随着城镇化、工业化进程的加快，我国节能工作依然面临严峻的挑战：① 对节能减排的紧迫性和艰巨性认识不足。一些地方政府片面追求经济增长，对调结构、转方式重视不够，不能正确处理经济发展与节约能源的关系，节能工作存在思想不深入、政策不落实、监督检查不力、激励约束不强等问题。② 产业结构调整进展缓慢。第三产业占国内生产总值的比重低于预期目标，重工业占工业总产值比重不升反降，结构性节能问题压力巨大。③ 能源利用效率总体偏低。钢铁、建材、化工等行业单位产品能耗比国际先进水平高出 10%～20%。④ 政策机制不完善。有利于节能的价格、财税、金融等经济政策还不完善，基于市场的激励和约束机制不健全，创新驱动不足，企业缺乏节能减排的内生动力。⑤ 基础工作薄弱。节能减排标准不完善，能源消费和污染物排放计量统计体系建设滞后，监测、监察能力函待加强，节约能源能力不适应现实工作的需求。

今后，发展低碳经济的任务包括以下几个方面：① 调整优化产业结构。抑制高耗能行业的发展，加快发展生产性服务业和生活性服务业，推进规模化、品牌化、网络化经营；淘汰落后产能，完善落后产能退出机制；运用高新技术和先进适用技术改造提升传统产业，促进信息化和工业化深度融合；提升产品节能环保性能，打造绿色低碳品牌；加大企业技术改造力度，重点支持对产业升级带动作用大的重点项目和重污染企业搬迁改造。② 积极调整能源结构。加快风能、太阳能、地热能、生物质能、煤层气等清洁能源商业化利用；加快分布式能源发展，提高电网对非化石能源和清洁能源发电的接纳能力。③ 加强工业节能。坚持走新型工业化道路,通过明确目标任务、加强行业指导、推动技术进步、强化监督管理,推进工业、煤炭、钢铁、有色金属、石油石化、化工、建材等重点工业行业节能。④ 加强新区绿色规划。重点推动各级机关、学校和医院建筑,以及影剧院、博物馆、科技馆、体育馆等执行绿色建筑标准,在商业房地产、工业厂房中推广绿色建筑。⑤ 推进交通运输节能。加快构建便捷、安全、高效的综合交通运输体系,不断优化运输结构,推进科技和管理创新,进一步提升运输工具能源效率。⑥ 推进农业和农村节能。完善农业机械节能标准体系,积极推广节能新产品、新技术,强化商业和商用节能,在商业、旅游业、餐饮等行业建立并完善能源管理制度。⑦ 开展能源审计。加快用能设施节能改造,积极实施公共机构节能,新建公共建筑严格实施建筑节能标准;积极实施节能改造工程、节能产品惠民工程、合同能源管理推广工程、节能技术产业化示范工程;积极构建与完善包括目标责任考核、用能节能管理、法规和标准、节能投入机制、经济政策、市场化机制、节能技术创新与推广、节能监督检查和能力建设、节能全民行动等一系列保障措施。

(三) 实施清洁生产

清洁生产作为一种改变传统的高投入、高污染、高消耗、低产出的粗放型经济发展模式的可操作途径,其核心是强调污染预防、强调全过程控制污染、强调节约资源,是一种节能、降耗、减污、增效、使企业走内涵发展道路的集约型生产方式,它对于促进企业降低生产成本、提高经济效益和产品的竞争能力,实现经济效益和环境效益的统一都具有积极的推动作用,清洁生产的实质是把污染预防的综合环境策略持续应用于生产过程、产品设计和服务中,从而从污染产生源开始减少生产和服务对人类和环境的风险。简而言之,清洁生产可以概括为:采用清洁的能源、原材料、生产工艺和技术,制造清洁的产品。

我国政府高度重视推进清洁生产工作,深入开展清洁生产技术研发和科技示范项目,初步建立了推进清洁生产的机构和管理体系,建立企业清洁生产激励机制,催生了一批清洁生产企业,初步形成清洁生产的技术队伍和服务体系,并广泛开展了清洁生产的国际合作和区域合作。但当前我国清洁生产实施还存在诸多问题,思想观念上未充分认识清洁生产对于解决我国资源环境问题的重要性,以末端治理为主要手段的传统环境管理模式依然占据主导地位;当前的清洁生产管理制度依然不能适应我国建设资源节约型社会及节能减排工作的要求;清洁生产工作存在明显的区域差异、行业差异等问题;清洁生产人才培养体系建设及相关学科的发展不能满足我国循环经济发展的需求;政府的投入依然与清洁生产作为污染预防主要手段的重要地位不相适应。

实施清洁生产是实现经济可持续发展的重要战略任务,主要包括以下几个方面:① 加强清洁生产审核,大力推动企业实施清洁生产。坚持自愿性清洁生产审核与强制性清洁生产审核相结合的原则,强化重点区域、重点行业清洁生产建设,通过财政补贴、税收优惠、信贷扶持等措施,推动企业实施清洁生产。② 加强监管,规范技术单位和专家库管理工作。鼓励具备条件的地区和行业建立清洁生产中心,协调联动,强化基础工作,推动省域清洁生产工作在区域上的协调发展。③ 提高科技研发能力。促进企业清洁生产技术创新,构建清洁生产技术研发和推广体系,建设一批清洁生产技术研发中心,促进清洁生产新技术和新设备的推广使用。④ 加大培训力度,提高相关人员的清洁生产知识。完善长效性、开放性的清洁生产培训体系,建立清洁生产继续教育制度,构建政府主导与资助下的企业清洁生产培训制度,形成清洁生产观念。⑤ 强化网络建设,建立清洁生产信息服务系统。设立清洁生产技术网络交流平台,建立清洁生产审核和信息公示制度,强化清洁生产信息交流机制。⑥ 加大扶持力度,建立清洁生产投融资机制。建立长效表彰奖励制度,完善担保机制,充分发挥政策性银行的作用,构建政府、企业和金融机构三位一体的投融资机制。⑦ 建立清洁生产先行实验区。实施清洁生产企业工程、示范工业园工程、技术开发和应用示范园工程;制定区域清洁生产规划,探索建立国家级清洁生产示范中心;加强清洁生产的立法和管理工作,构建清洁技术研发体系和推广体系,构建区域企业清洁生产融资体系,建立清洁生产财政补贴制度、企业清洁生产验收评价管理制度。⑧ 构建清洁生产国际交流与合作体系,创新合作模式,深化合作内容,建立和完善合作保障机制。

二、社会可持续发展战略重点(任务)

社会可持续发展战略是区域可持续发展战略的组成部分之一。其实施的战略目标是强调以人文本,社会公平,文明程度不断提高。随着经济发展规模和质量的不断提升,人类从关注经济效率和人的基本生存型需求逐步过渡到满足人的发展型需求的社会进步轨道上来,我国改革开放以来三十多年的经济高速增长,导致社会领域欠账太多,社会保障和基本公共服务还不能满足公民的需求;"三农"问题已经影响了我国区域协调发展的大局;较低的综合国民素质和不强的科技自主创新能力已经成为制约我国经济转型的瓶颈;从由政府主导的行政管理模式走向政府主导、市场运作、全民参与的社会管理模式的路还很长。社会可持续发展战略实施任重而道远。

(一)推进以人为核心的新型城镇化

城镇化作为人类文明进步的产物,既能提高生产活动效率,又能富裕农民、造福人民,全面提升生活质量。随着城镇经济的繁荣、城镇功能的完善、公共服务水平和生态环境质量的提升,人们的物质生活会更加殷实充裕,精神生活会更加丰富多彩;随着城乡二元体制逐步破除,城市内部二元结构矛盾逐步化解,全体人民将共享现代文明成果。这既有利于维护社会公平正义、消除社会风险隐患,也有利于促进人的全面发展和社会和谐进步。党的"十八大"报告提出,坚持走以人为本、四化同步、优化布局、生态文明、传承文化的新型城镇化道路,符合我国国情和当前经济发展阶段实际。改革开放以来,我国城镇化快速发展,2011年城镇化率突破50%。城镇化成为我国持续快速发展的重要标志和动力,但同时也出现了工业化和城镇化不协调、城镇空间低效开发、城镇内部二元结构问题突出、社会保障和公共服务滞后等问题。

城镇化是现代化的必由之路,是破除城乡二元结构的重要依托。要健全城乡发展一体化体制机制,坚持走以人为本、四化同步、优化布局、生态文明、传承文化的新型城镇化道路,遵循发展规律,积极稳妥推进,着力提升质量。今后一个时期,着重解决好现有"三个1亿人"问题,促进约1亿农业转移人口落户城镇,改造约1亿人居住的城镇棚户区和城中村,引导约1亿人在中西部地区就近城镇化。推进以人为本的新型城镇化道路,是实现社会可持续发展的重要战略任务之一,主要包括以下战略重点:① 有序推进农业转移人口市民化。推动户籍制度改革,实行不同规模城市差别化落户政策,把有能力、有意愿并长期在城镇务工经商的农民工及其家属逐步转为城镇居民;对未落户的农业转移人口,建立居住证制度;使更多进城务工人员随迁子女纳入城镇教育、实现异地升学,实施农民工职业技能提升计划。② 稳步推进城镇基本公共服务常住人口全覆盖,使农业转移人口和城镇居民共建共享城市现代文明。加大对中西部地区新型城镇化的支持,提高产业发展和集聚人口能力,促进农业转移人口就近从业,加快推进交通、水利、能源、市政等基础设施建设,增强中西部地区城市群和城镇发展后劲,优化东部地区城镇结构,进一步提升城镇化质量。③ 以国家新型城镇化规划为指导,做好相关规划的统筹衔接。④ 提高城镇建设用地效率,优先发展公共交通,保护历史文化和自然景观,避免千城一面,大力推进文化强市建设,提高城市文化软实力。⑤ 加强小城镇和村庄规划管理。探索建立农业转移人口市民化成本分担、多元化城镇建设投资融资等机制,全面推进各类棚户区改造,完善安置补偿政策;创新基本公共服务均等化体制机制,建立健全统筹城乡的公共服务体系,努力提高城乡基本公共服务均等化水平,加强城乡生态建设,促进城乡环境统筹规划和整治。

(二)提高国民素质与科技自主创新能力

可持续发展的目的是推动整个社会的发展,其核心是人的自身发展。因此,它与国民素质具有内在本质的关系,可持续发展战略的实施都是通过人来实现的,人是社会发展的主体。纵观我国在发展过程中出现的资源匮乏、生态失衡、环境污染、食品安全等"地"的问题,其实质都是"人"的问题,是"人"推崇传统发展模式、缺乏可持续发展理念所导致的。可持续发展强调生态文明、代际公平以及人文生态价值取向等,这些都包含着深刻的伦理道德意蕴,它要求人们树立可持续发展的价值观和道德观。人类社会发展史表明,"人"具有什么样的素质,就会形成什么样的发展观,决定践行什么样的发展方式,而这些最终决定人地互为作用的关系是否和谐持续。因此,全面提高国民素质是发挥人的主观能动性、推动社会可持续发展的重要保证,也是构建和谐社会不可或缺的基础性条件。在提高国民素质的同时,也要不断提高科技自主创新水平,二者相辅相成。一个综合国民素质较高的民族,其科技自主创新能力也一定能为推动社会进步和为人民谋福利发挥强大的支撑作用。

参阅国内外学者关于国民素质的内涵解析,国民素质主要包括身体素质、心理素质和社会文化素质,而与可持续发展的价值观和道德观最为密切的是社会文化素质,它是指国民在后天接受各种形式、各种层次的教育和社会实践活动的基础上,通过内化后形成的社会文化特质。提高国民素质是实现社会可持续发展的重要战略任务之一,其战略重点主要包括以下几个方面:① 实施科教兴国战略。优先发展教育,完善中国特色社会主义现代教育体系,切实保证经济社会发展规划,优先安排教育发展;财政资金优先保障教育投入,公共资源优先满足教育和人力资源开发需要,把促进学生健康成长作为学校一切工作的出发点和落脚点。② 创新人才培养体制、办学体制、教育管理体制。加快解决社会经济发展对高质量多样化人才需要与教育培养能力不足的矛盾、人民群众期盼良好教育与资源相对短缺的矛盾,增强教育活力与体制机制约束的矛盾,为教育事业持续健康发展提供强大动力。③ 实施科学文化素质区域均衡发展战略。坚持教育的公平性和普惠性,保障公民依法享有受教育权利,重点促进义务教育均衡发展和扶持困难群体,合理配置教育资源,向农村地区、边远贫困地区和民族地区倾斜,逐步实现基本公共教育服务均等化,缩小区域差距,不断提高社会文化素质。④ 提高生态文明建设教育地位。牢固树立生态文明观念,大力普及生态文明理念,以改变全社会的生产方式、生活方式和消费方式为着力点,以构建全民参与的社会行动体系为准则,以建立绩效评估考核体系为保障,形成生态道德约束机制,使生态文化逐步成为全社会的主流文化,建立完善的生态文明教育体系。⑤ 大力发展科学事业。提升科技创新水平,科学研究是科学事业的根本,也是提高公众多方面社会文化素养,特别是科学素养的根本,科技创新是提高社会生产力和综合国力的战略支撑,必须摆在国家发展全局的核心位置。⑥ 不断优化科技创新基地布局。加强科技条件资源的开发应用,推进科技平台建设和开放共享,壮大和优化创新型科技人才队伍,造就一批高层次科技领军人才和创新团队;改革完善创新型人才的教育培养模式,强化科技政策落实和制定,优化全社会创新环境,深化科技体制改革;完善科技创新评价标准,促进创新资源高效配置和综合集成,全面推进国家创新体系建设。

(三)创新社会管理

社会可持续发展不仅需要社会稳定有序,而且需要社会公平正义、充满活力、不断进步、文明和谐。但是,收入差距不断拉大,贫富分化愈演愈烈,阶层分化日益明显,较低阶层向上流动遇到了更多的障碍,社会流动在某种意义上呈现出凝固化的趋势;环境污染不断加剧,经济发展与民生改善难以兼顾,社会公平正义受到了更多的质疑与追问,这些问题给社会可持续发展带来了较大难度和问题。因此,必须大力推进社会建设,创新社会管理,维护公民社会权利,切实化解社会矛盾,激发社会生机活力,促进社会公平正义,维护社会安定团结,促进社会和谐发展。可持续发展的系统性、整体性、指导性和前瞻性,也要求在进行社会管理过程中注重经济、社会和生态环境各方面的发展,加快发展社会主义市场经济、民主政治和先进文化,让一切劳动、知识、技术、管理、资本的活力竞相迸发,让一切创造社会财富的源泉充分喷涌,让发展成果更多、更公平地惠及全体人民。

创新社会管理对抓住和用好我国发展重要战略机遇期,实现全面建设小康社会宏伟目标具有重大战略意义。按照可持续发展的要求和最终目的,社会管理更多的是一种价值关注和价值选择。社会管理应该体现出一种价值回归,即社会管理是围绕着为社会提供最大福利而展开的,所有成员都可以在参与社会管理的过程中获得利益和价值。现代社会管理的最终目的是达成社会成员的一定福祉,必须着眼于维护最广大人民的根本利益,最大限度增加和谐因素,增强社会发展活力,提高社会治理水平,维护国家安全,确保人民安居乐业、社会安定有序。其战略重点主要包括以下几个方面:① 坚持以人为本的原则。坚持以人为本、服务优先,多方参与、共同治理、源头治理,统筹兼顾、协商协调,依法管理、综合施策,科学管理、提高效能原则,立足基本国情,坚持正确方向,推进改革创新。② 创新社会管理体制机制。加快服务型政府建设,在服务中实施管理,在管理中体现服务,着力解决影响社会和谐稳定的源头性、基础性、根本性问题,保持社会安定有序和充满活力。③ 提高社会管理科学化水平。必须加强社会管理法律、体制机制、能力、人才队伍和信息化建设。④ 改进社会治理方式。激发社会组织活力,创新有效预防和化解社会矛盾体制,健全公共安全体系,完善国家安全体制和国家安全战略,确保国家安全,深化平安建设,完善立体化社会治安防控体系,强化司法基本保障,依法防范和惩治违法犯罪活动,保障人民生命财产安全。⑤ 加强社会管理制度建设。加强基层社会管理和服务,完善政府主导的维护群众权益机制,加强流动人口和特殊人群服务管理,加强非公有制经济组织、社会组织服务管理,完善信息网络服务管理,营造良好社会环境。

三、生态环境可持续发展战略重点(任务)

2012年党的"十八大"报告提出,大力推进社会主义经济建设、政治建设、文化建设、社会建设、生态文明建设,实现经济持续健康发展和社会和谐稳定。进一步把"生态文明"提升到更高的战略层面,将中国特色社会主义事业总体布局拓展为包括生态文明建设的"五位一体"。生态文明建设关系人民生活,关乎民族未来。雾霾天气范围扩大,环境污染矛盾突出,是大自然向粗放发展方式亮起的红灯。必须加强生态环境保护,下决心用硬措施完成硬任务。实施生态环境可持续发展战略,就是增强危机意识,树立和营造以绿色发展和生态文明为中心的发展理念,以生产、生活、生态"三生"空间协调共赢、解决当前人民群众最迫切的环境问题和生态文明制度建立为重点,构建资源节约、环境友好的生产方式和生活方式,增强生态环境的可持续发展能力,提高区域生态文明水平。

(一)促进生产、生活和生态"三生"空间协调

区域可持续发展系统是经济、社会和生态环境三大子系统高度统一的整体,而生产、生活和生态分别代表了三个子系统包含的主要内容。"三生"空间协调就是在地理学思维范畴下,实现生产空间高效、生活空间舒适和生态空间美好的区域可持续发展的战略目标。在一个特定的区域可持续发展系统内,"三生"空间承担着各自独立的主体功能,同时又彼此联系,互为作用。生产空间主要指为人类提供物质产品生产、运输与商贸、文化与公共服务等生产经营活动的空间载体。大尺度的生产空间表现为工业和农业以及服务业的产业集聚区。生产的发展必须在以满足人的生活为直接目的的同时,尽量避免生产大量对生活没有直接与间接价值的产品,减少对资源环境的浪费性使用;生产空间的改变必须以生态环境为基础且以满足人的生活水平和质量的提升为最终目的。生活空间是指具体实在的日常生活的经验空间,是容纳各种日常生活活动发生或进行的场所总合。其实质是构成人们日常生活的各种活动类型及社会关系在空间上的总投影,涵盖了居民每天或经常需要不断重复发生进行的各种活动。一般大尺度的生活空间以居民居住地的聚落形态出现,如城市聚落和乡村聚落。生活空间的构成受自然生态空间格局、居住空间、基础设施配套建设、社会交际及休闲空间等要素的影响。生活空间主要满足人的各种生活需要,同时承载着地方的生态特点和历史文化底蕴,形成了自然与人文景观融合发展、具有鲜明地域特色的人居环境;随着生产空间的大规模拓展以及生态空间的被挤占和缩小,生活空间的环境也出现恶化的趋势,生活空间环境的恶化将背离人类发展生产、保护生存环境的初衷,这一点正是当前值得我们反思的可持续发展问题之一。生态空间是用于自然保护、休闲度假、山林保护、生态防护等功能的地域,对于维护区域生态环境健康具有重要作用,一般不以经济效益为主要目标,不承担或较少承担经济活动,也不修建大规模的基础设施。生态空间是生产、生活空间的基础,它承载着维护生态平衡、消纳环境污染、提供生产和生活必须资源的主导功能。人类对生态空间主体功能的改变和对其空间范围的"被生产化"和"被生活化",必将带来生态系统的退化且反作用于人类自身。生态空间是人类进行生产、生活活动的基础,人们的生产、生活活动必须从其中索取资源,同时将产生的废物排放到其中。但是生态空间承载人类活动的规模和能力是有限的,当资源索取和废物排放的数量和种类超过生态系统的承载能力,就会导致生态系统结构和功能的破坏,生态空间就难以很好地支持生产的发展,难以满足人们的生活需求。

随着人口和经济活动的进一步聚集,生产、生活和生态空间的矛盾将日益突出。由于生产规模的扩大和人口规模的集聚,生态空间的主体功能被忽略。由于"生态成本"的投入会使得成本增加、利润空间缩小,其空间范围不断被生产空间和生活空间"蚕食",不合理的生活方式、消费模式对生态造成了巨大压力。超过功能性消费的炫耀性消费,无故增加了环境的消耗。被"异化"了的生态空间面临诸多隐患,日益成为发展生产、改善生活的瓶颈。尤其是在经济全球化和区域经济一体化加速推进的今天,不同区域之间的物质产品和服务交流的规模与速度逐渐加大,具有基础性作用的生态因其空间扩散属性,导致不同区域可持续发展水平之间的"三生"空间格局也互为影响,一个区域的生产、生活与生态可能将对其他地区的生产、生活与生态产生有利或者不利的影响,如因经济技术梯度差异,较为发达的地区利用其经济上的优势以及资源、环境价格

与价值的背离,通过商品的"等经济价值"交换而导致发达地区享受较高生活水平的同时,还导致不发达地区的生产、生活与生态处于较为恶劣的状况,甚至使某些地区陷入发展的陷阱而不能自拔,进而影响区域可持续发展战略的落实。党的十八届三中全会《中共中央关于全面深化改革若干重大问题的决定》中提出"划定生态保护红线"、"建立国土开发空间开发保护制度"。因此,必须通过加强空间管制,进一步优化国土生产、生活和生态空间结构,有效协调"三生"空间拓展冲突,促进由以生产空间为主导的国土开发方式向生产一生活一生态空间协调的国土开发方式转变,通过统筹"三生"空间布局、划定生态保护红线、优化人口产业空间布局,实现生产空间集约高效、生活空间宜居适度、生态空间山清水秀的可持续发展目标。

统筹"三生"空间布局,要按照建设资源节约型社会的要求,把提高空间利用效率作为国土空间开发的重要任务,引导人口相对集中分布、经济相对集中布局,走空间集约利用的发展道路。对于生态空间而言,要严格控制开发强度,把握开发时序,使绝大部分国土空间成为保障生态安全和农产品供给安全的空间,特别是对于草原,要实行基本草原保护制度,禁止开垦草原,实行禁牧休牧划区轮牧,稳定草原面积,在有条件的地区建设人工草地。对于生产空间,各类开发活动都要充分利用现有建设空间,尽可能利用闲置地、空闲地和废弃地。农业要坚持最严格的耕地保护制度,稳定全国耕地总面积,确保基本农田总量不减少、用途不改变、质量有提高,坚守18亿亩耕地"红线",对耕地按限制开发要求进行管理,对基本农田按禁止开发要求进行管理;工业方面要注意工业项目建设要按照发展循环经济和有利于污染集中治理的原则集中布局。以工业开发为主的开发区要提高建筑密度和容积率,国家级、省级经济技术开发区要率先提高空间利用效率,各类开发区在空间未得到充分利用之前不得扩大面积;交通建设要尽可能利用现有基础扩能改造,必须新建的也要尽可能利用既有交通走廊,跨江(河、湖、海)的公路、铁路应尽可能共用桥位。生活空间方面,资源环境承载能力较强、人口密度较高的城市化地区,要把城市群作为推进城镇化的主体形态。其他城市化地区要依托现有城市集中布局、据点式开发,建设好县城和有发展潜力的小城镇,严格控制乡镇建设用地扩张。对于农村地区,增加农村公共设施空间。按照农村人口向城市转移的规模和速度,逐步适度减少农村生活空间,将闲置的农村居民点等复垦整理成农业生产空间或绿色生态空间。

划定生态保护红线,划定永久性保护生态区域,就是明确禁区和控制区,坚决遏制不合理的开发行为,进一步提升环境承载力,更好地延续"绿色红利",为长远发展预留出更多空间。① 为划定生态红线做好基础工作。对于重要生态功能保护区,施行严格的环境保护日常监管工作,形成生态空间、环境影响、排污总量"三位一体"的环境准入新模式,构建生态空间管控格局。② 按照"保护优先、合理布局、控管结合、分级保护、相对稳定"的原则,划定不同保护类型的生态红线区域。将生态空间保护和管控细化,从根本上预防和控制各种不合理的开发建设活动对生态功能的破坏,构建生态安全格局。③ 制定生态补偿等配套政策,加强管控力度。切实把生态红线区域保护好、管理好,努力建设天蓝、地绿、山青、水净的生态空间,实现区域经济社会的持续发展。④ 优化人口产业空间布局,引导人口分布、经济布局与资源环境承载能力相适应,促进人口、经济、资源环境的空间均衡,按照人口与经济相协调的要求进行开发。经济发展良好的区域在集聚经济的同时要集聚相应规模的人口,引导欠发达区域和生态脆弱性区域人口有序转移到重点开发区域;城市化地区和各城市在扩大城市建设空间的同时,要增加相应规模的人口,提高建成区人口密度;农产品主产区和重点生态功能区在减少人口规模的同时,要相应减少人口占地的规模。

(二) 解决当前人民群众最迫切的环境问题

实施生态环境可持续发展战略,控制污染,保护环境,是我国贯彻落实科学发展观的重要内容,是转变经济发展方式的重要手段,是推进生态文明建设的根本措施。当前,我国的环境总体状况不容乐观,环境矛盾凸显。一些重点流域、海域水污染严重,部分区域和城市大气灰霾现象突出,许多地区主要污染物排放量超过环境容量。农村环境污染加剧,重金属、化学品、持久性有机污染物以及土壤、地下水等污染显现。人民群众环境诉求不断提高,突发环境事件的数量居高不下,环境问题已成为威胁人体健康、公共安全和社会稳定的重要因素之一。随着人口总量持续增长,工业化、城镇化快速推进,能源消费总量不断上升,污染物产生量将继续增加,经济增长的环境约束日趋强化。

近年来,我国以及各地以解决饮用水不安全和空气、土壤污染等损害群众健康的突出环境问题为重点,加强综合治理,环境质量明显得到改善。环境保护部会同国务院相关部委多次召开全国环境保护部际联席会议,研究部署重点流域水污染防治工作,形成了多部门齐抓共管的治污局面;重点流域规划实施考核制度进一步明确了地方治污责任,充分调动了地方政府积极性;中央资金支持、地方资金配套以及市场化运营等方式的探索,为项目建设提供了有力的资金保障;各省(自治区、直辖市)严格执行国家产业政策,逐步完善政策法规标准,初步建立了治污长效机制,其中,山东等省颁布了地方水污染防治法规、制定实施了严于国家标准的地方污染物排放标准,江苏等省试点实施了排污权有偿使用、生态补偿等环境政策;环境保护部每年组织开展流域超标排污企业执法检查、环境风险隐患排查与整治等一系列环保专项行动,各级环保部门不断加强环境监测能力建设,环境执法力度不断加大,环境监管水平逐步提高;国家水体污染控制与治理科技重大专项等项目研究成果为水污染防治提供了重要的科技支撑。今后,环境保护的战略重点主要包括以下几个方面:① 以雾霾频发的特大城市和区域为重点,治理雾霾天气。以细颗粒物(PM2.5)和可吸入颗粒物(PM10)治理为突破口,抓住产业结构、能源效率、尾气排放和扬尘等关键环节,健全政府、企业、公众共同参与新机制,实行区域联防联控,深入实施大气污染防治行动计划;坚持政府调控与市场调节相结合、全面推进与重点突破相配合、区域协作与属地管理相协调、总量减排与质量改善相同步,形成政府统领、企业施治、市场驱动、公众参与的大气污染防治新机制;实施分区域、分阶段治理,推动产业结构优化、科技创新能力增强、经济增长质量提高,实现环境效益、经济效益与社会效益多赢。② 实施清洁水行动计划。加强饮用水源保护,推进重点流域污染治理;坚持"让江河湖泊休养生息"的要求,以改善重点流域及近岸海域水环境质量、维护人民群众身体健康、保障水环境安全为目标,以流域—控制区—控制单元三级分区体系为框架,以水功能区限制纳污红线为依据,以污染物总量减排为抓手,以规划项目为依托,以政策措施为保障,综合运用工程、技术、生态的方法,实施重点流域水污染综合防治战略,努力恢复江河湖泊的生机和活力,促进流域经济社会的可持续发展。③ 实施土壤修复工程。整治农业面源污染,建设美丽乡村;制定农村土地污染防治法,建立农村土地资源调查、环境影响评价、农业清洁生产、土壤保护预警等制度,切实保护土壤生态环境;治理农药、化肥和农膜等面源污染,全面推进畜禽养殖污染防治,强化土壤污染防治监督管理;实施农村清洁工程,加快推动农村垃圾集中处理,开展农村环境集中连片整治;严格禁止城市和工业污染向农村扩散。

(三) 建立和完善生态文明制度

生态文明倡导在更高层次上实现人与自然、生态环境与经济、人与社会的和谐。生态文明建设的提出,既是文明形态的进步,又是社会制度的完善;既是价值观念的提升,又是生产生活方式的转变。作为人类文明的一种高级形态,生态文明建设主要涵盖先进的生态伦理、发达的生态经济、完善的生态制度、基本的生态安全和良好的生态环境等。它以把握自然规律、尊重和维护自然为前提,以人与自然、人与人、人与社会和谐共生为宗旨,以资源环境承载力为基础,以建立可持续的生产方式、产业结构、消费模式以及增强可持续发展能力为着眼点,强调人的自觉与自律,人与自然的相互依存、相互促进、共处共融。

我国高度重视生态文明建设,对推进生态文明建设作出了一系列重要部署。十八届三中全会对深化生态文明体制改革提出了明确要求,强调必须建立系统完整的生态文明制度体系,健全自然资源资产产权制度和用途管制制度,划定生态保护红线,实行资源有偿使用制度和生态补偿制度,改革生态环境保护管理体制。综合而言,生态文明制度建设主要包括以下方面:① 完善和创新生态环境法律法规政策体系。尽快完善生态环境、土地、矿产、森林、草原等方面保护和管理的法律制度,全面清理修订现有法律法规中与生态文明建设要求不一致的内容,建立国土空间开发保护制度,完善最严格的耕地保护制度、水资源管理制度、环境保护制度,深化资源性产品价格和税费改革,建立反映市场供求和资源稀缺程度、体现生态价值和代际补偿的资源有偿使用制度和生态补偿制度。② 建立绿色考评制度。明确政府职能,充分发挥政府在公共产品、公共服务等方面的重要作用,同时要把资源消耗、环境损害、生态效益纳入经济社会发展评价体系,建立体现生态文明要求的目标体系、考核办法、奖惩机制。③ 建立相关资源环境标准。建立健全生态环境保护和开发标准,特别在自然资源资产用途管制、不同利用类型土地管制、碳交易、水权交易等方面划定标准;参照生态保护红线的划分,对"三生"空间的协调建立科学合理的评价标准。④ 建立生态环境保护的多方联动机制。坚持政府主导、企业主体、多方参与、全民行动的基本工作格局。政府要发挥引导、支持和监督作用,企业要积极承担重要责任和义务,积极推动公众对于生态环境保护的参与;加强生态文明宣传教育,增强全民节约意识、环保意识、生态意识,形成合理消费的社会风尚,营造爱护生态环境的良好风气。

第五节 区域可持续发展能力建设

一、区域可持续发展能力建设的内涵

(一) 可持续发展能力

可持续发展能力的定义可以描述成:"一个特定系统在规定目标和预设阶段内,可以成功地将其发展度、协调度、持续度稳定地约束在可持续发展阈值内的概率",即"一个特定的系统成功地延伸至可持续发展目标的能力"。可持续发展能力是实现可持续发展目标的现实能力和潜在能力。

对于区域来讲,可持续发展能力是一个区域综合运用其社会、经济、生态环境等各方面的条件和资源,使可持续发展目标得以实现的能力,即区域整体经济、社会、生态环境协调发展的能力。区域可持续发展能力的高低一方面取决于经济、社会、生态环境等多方面因素的数量和质量,另一方面取决于这多方面因素之间的协调程度。换句话说,不同区域经济、社会、生态环境等多方面因素之间的组合关系是千差万别的,其可持续发展能力也相差悬殊,这些因素之间的关系越协调区域的可持续发展能力也就越强。

(二) 区域可持续发展能力建设的概念

联合国《21世纪议程》关于可持续发展能力建设有明确阐述:"一个国家求取可持续发展能力在很大程度上取决于在其生态和地理条件下人民和体制的能力。具体地说,能力建设包括一个国家在人力、科学、技术、组织、机构和资源方面的能力培养和增强。能力建设的基本目标就是提高对政策和发展模式评价和选择的能力,这个能力提高的过程是建立在其国家的人民对环境限制与发展需要之间关系的正确认识的基础上的。所有国家都有必要增强这个意义上的国家能力。"《中国21世纪议程》也指出:"国家可持续发展能力是顺利实施《中国21世纪议程》的必要保证,在很大程度上取决于政府和人民的能力及其经济资源、生态和环境条件。具体地说,能力建设涉及国家的决策、管理、经济、环境、资源、科学技术、人力资源等方面。"综上所述,可持续发展能力建设可以表述为:指建立国家、地方、机构和个人在制定正确决策和以有效的方式实施这些正确决策方面的能力,它包括人们不断改善能力效率的整个过程,是一个国家或地方、机构、个人在开发、利用可持续发展能力的过程中所有努力之总和。

二、区域可持续发展能力建设内容

根据可持续发展能力的概念内涵,在国家层面上可持续发展能力建设内容主要包括以下几方面:国家重大发展战略决策能力、体制和法制保障能力、综合经济实力支撑能力、资源环境承载能力、教育和科技创新能力和人力资本积累能力等。

(一) 国家重大发展战略决策能力

中国是一个地区差异极大的发展中国家,各地区的情况千差万别,既有东部沿海和中西部内陆的差异,也有南方和北方的不同,同时,在不同的发展阶段下,各地区发展面临的状况也有很大的差异。因此,国家在统筹各地区的发展基础和综合考虑财政政策、金融政策和产业政策的适应性的基础上,制定和实施国家重大发展战略,对于促进和协调各地区的发展,优化资源的空间配置,具有重要的理论和现实意义。

新中国成立以来,我国的发展战略经历了从平衡发展战略到不平衡发展战略,再到非均衡协调发展战略的过程,这主要是由于国家不同发展时期的发展战略需求不同。新中国成立后的一段时间内,区域发展水平相对均衡,国家注重"三线建设";改革开放后的近10年中,国家强调效率优先,主张向沿海地区倾斜,实施沿海对外开放政策,同时实施国家扶贫开发政策;20世纪90年代以来,国家注重促进地区经济的协调发展,相继实施了全方位的对外开放政策,加大对中西部的投资,实施西部大开发战略。科学发展观,是按照"统筹城乡发展、统筹区域发展、统筹经济社会发展、统筹人与自然和谐发展、统筹国内发展和对外开放"的要求推进各项事业的改革和发展的重大战略思想,是新时期我国区域发展的主旋律,也是我国可持续发展思想的具体实践。在人类文明不断进步的今天,单纯的经济总量增长不再是我国追求的目标,我们所需要的是以人为本的可持续发展观,而科学发展观在强调社会主义初级阶段基本国情的基础上,作为推进改革、谋划发展的根本依据,把握我国目前发展面临的新课题新矛盾,重点加强资源和环境保护,维护区域和城市的可持续性,自觉地走科学发展道路,建设一个适宜人类居住和生活、生态环境优美、舒适的新家园。十八大提出创新驱动发展战略、建设文化强国战略、区域总体发展战略,实施经济建设、政治建设、文化建设、社会建设、生态文明建设"五位一体"总体布局战略等,正是这些不同阶段国家的重大战略决策推动了我国的可持续发展,也提高了我国作出重大发展战略决策的能力。

(二) 体制和法制保障能力

体制和法制保障在整个区域可持续发展能力构建中居于基础和保证地位。无论是经济发展还是社会进步,如果不和体制和法制保障能力的提高相结合、相协调,其结果不是有名无实就是事倍功半。可持续发展涉及利益格局的调整,体制和法制保障既是可持续发展的应有之义,也是实现可持续发展的可靠保证。通过体制的改革提供一定的激励和约束机制,达到协调利益主体之间利益关系,促进利益增长和社会发展的目的。社会资源和财富的相对稀缺与人们对资源和财富的无限追求是一个永恒的矛盾,这一矛盾在当前尤为突出,迫切需要通过体制的创新,尽可能合理公正地分配社会资源和财富,以缓解或化解各种社会矛盾和危机。而法制保障则是对于社会解决各种矛盾和危机的最好途径,并能够在矛盾和危机爆发后迅速做出相应的反应和调整。区域可持续发展要求在经济发展、环境保护、资源合理利用和社会进步之间保持有效平衡,这涉及利益关系和利益格局的调整,体制和法制保障能够在可持续发展中发挥重要作用,调整现存的利益格局,做到区域的可持续发展。

(三) 综合经济实力的支撑能力

可持续发展的核心问题是发展的"可持续性",就一国或地区要实现发展的可持续性,首先要增强自身的综合经济实力,这是区域可持续发展支撑能力的标志。

提高区域综合经济实力不是单纯的 GDP 增长。要关注经济发展的系统性,即将经济子系统置于社会、生态环境子系统共同构成的区域可持续发展宏观系统中,不仅关注 GDP 等直接经济发展指标,还应关注经济发展成果和社会进步需求的关系,关注经济发展规模和生态环境的容量等。二是注重经济发展的协调性,包括产业结构的协调性、区域经济发展的协调性、城乡经济发展的协调性。注重经济发展的匹配性,包括经济实力与潜在经济实力的匹配性,经济发展硬实力与软实力的匹配性,经济发展的潜在实力主要是指产业结构的合理性,以及自然资源、人力资源、社会资源等的潜在储备;经济发展软实力主要指制度、社会管理和公共服务的完备性。塑造经济发展的影响力,即不仅注重自身发展,更要重视区域经济发展对周边区域的辐射和带动作用。

(四) 资源环境承载能力

实现区域可持续发展并进一步提高区域可持续发展能力,就要加快经济发展方式转变,统筹协调经济与资源、环境的协调发展,在经济社会的发展进程中,充分注意并考虑资源丰裕、生态保护、环境压力与气候变化等问题。资源环境承载能力是区域自然资源和生态的禀赋条件拥有水平、人类活动对资源环境生态气候等影响程度的综合反映,是绿色发展指数的重要内涵之一,在综合考虑区域资源环境承载能力和经济社会发展水平的基础上,不断改善区域的经济社会发展路径,提高区域资源环境的承载能力,对区域可持续发展具有深远的影响。

我国资源环境承载力存在较大区域差异,但这为我们选择合适的发展模式提供了可能和契机。各地区应当因地制宜,扬长避短,立足当地的资源环境承载力,加快调整经济结构和转变发展方式,同时,加强地区间多元、多方位合作,做到优势互补,从而全面提升各地乃至全国的绿色发展水平。具体而言,经济欠发达地区应积极探索绿色发展的新路子,提升经济实力,不能为了单纯谋求自身经济增长而走高污染、高能耗的老路,而需要重视对自然环境的保护,走绿色发展之路;经济较为发达地区要在节能降耗、减排、绿化等方面多做文章。东西部地区还要尽快建立环境资源补偿机制和绿色发展联动机制。西部地区大力促进资源的合理有效流动,参与并支持东部地区的发展,而东部地区应在发展经验、资金、技术、人才及市场机会等多方面与西部开展广泛合作,拉动西部经济发展水平进一步提升。

(五) 教育、科技创新能力和人力资本积累能力

中国的区域差异传统理解是由于资本积累与资本投入的差异造成的,但在知识经济时代,区域的差异更多的是由于区域知识的积累和投入的差异,具体表现为区域教育、科技创新能力的差异,以及进而造成的人力资本积累能力的区域差异。发达地区利用教育、科技创新带来的机遇,通过创新技术和创新型人才对产业不断升级,使经济走上持续、稳定的道路,进而促进整个区域的可持续发展;落后地区以知识创新为动力,以教育、科技创新为基础,以人力资本积累为目标,从而增强整个区域的竞争力,进而为区域可持续发展创造条件。

现代区域可持续发展与区域教育、科技创新能力的关系越来越密切,教育、科技作为第一要素对区域可持续发展具有直接的、深远的影响,生产力的跨越式发展首先取决于教育、科技发展和进步状况,区域教育、科技创新体系的建立既是提升区域教育、科技创新能力的重要保障,也是构建教育、科技创新能力的区域环境。在区域教育、科技创新体系建立中,虽然主体是企业、政府、高校、科研单位和中介机构,但是这些主体都是具有一定数量和较高素质的人力资本组织。由于人力资本具有外部效应,区域教育、科技创新能力建设需要一定的人才聚集,科技园区的创建和高等教育的区域化发展,不仅能够增强人力资本的外部效应,而且能够促进人力资本的积累,提升区域知识创造能力、知识获取能力和企业技术进步能力,进而提升区域创新能力,进而为区域可持续发展创造了必要的前提和动力条件。

扩展阅读:
1) 我国不同发展阶段的区域发展战略。
2) 2008年以来我国地方推出的国家级区域发展战略。
3) 我国现阶段区域可持续发展战略的内容。

思考题:
1) 区域可持续发展战略的概念以及内容。
2) 区域可持续发展能力概念以及建设内容。

第七章 中国可持续发展实践

第一节 中国可持续发展现状

一直以来,世界的目光始终关注西方,先是欧洲,后来是美国,但这个时代正接近尾声,中国正成为全球目光的焦点。中国拥有13.54亿人口,是世界上人口最多的国家。国土面积960万km^2,仅次于俄罗斯、加拿大和美国,居第四位,占世界国土总面积的7.16%。广袤的国土使中国自然资源非常丰富。中国各类型土地资源都有分布;水能资源居世界第一位;是世界上拥有野生动物种类最多的国家之一;几乎具有北半球的全部植被类型;矿产资源丰富,品种齐全。1978年以来,中国国民生产总值年均增长9.8%,是世界上经济增长最快的国家之一,被誉为"中国奇迹"式的增长。2010年中国经济总量以接近世界10%的份额超过日本,接棒世界第二经济大国的位置。2000~2009年中国对世界经济的累计贡献率已经超过20%,成为全球第一大贡献国。

然而创造着无数奇迹的中国,发展的背后却隐忧重重。21世纪,中国的发展进程不可避免地要遭遇许多挑战:人口三大高峰(人口总量、就业人口总量、老龄人口总量)相继而来,致使中国重要资源的人均占有量短缺。中国人均耕地面积、人均水资源、人均矿物能源都仅为世界平均水平的约1/3。巨大的经济总量被众多人口分摊,2011年中国人均GDP仅为6 094美元,全球排名第84位。长期GDP崇拜下的掠夺性粗放型经济增长方式,使中国成为全球最大的资源消耗国之一。以2008年为例,当年中国GDP总量约占全世界的6.0%,却消耗世界石油的7%、世界煤炭的29%、世界钢铁的25%、世界铝材的23%、世界水泥的39%。同时中国也是全球最大的污染排放国之一。2011年中国的煤炭消费约23.8亿吨,二氧化硫排放2 217.9万吨,二氧化碳排放74.1亿吨,工业废水排放量237.5亿吨,工业固体废弃物排放498.2万吨,使中国加速整体生态环境状况"倒U型曲线"的右侧逆转压力巨大。"未富先老"的人口老龄化现象,使本就已接近人口红利期尾声的中国雪上加霜。典型的城乡二元式经济结构、东西差异显著的经济布局使中国基尼系数过高,发展中公平问题愈发突出。当代的中国正昂首阔步也步履维艰,种种矛盾使中国成为最典型的国家尺度上可持续发展的研究案例,也使全面、协调、可持续发展成为中国未来发展的唯一出路。

一、中国发展之路

(一)中国传统的曲折发展之路(1949~1991年)

新中国成立初期,中国百废待兴,努力发展经济,尽快改变落后面貌成为中国发展的主题。因此,这一阶段实施的是以经济增长为主要目标的传统经济发展战略,衡量发展的指标是工农业总产值(社会总产值),然而这一指标存在一系列缺陷,很容易导致人们重数量、轻质量,追求速度、忽视效果的倾向。因此中国的传统发展之路,片面追求经济发展的速度,而无视"人地系统"的协调发展,为持续性发展埋下了隐患。根据这一阶段的发展特点,可划分为三个阶段。

1. 优先发展重工业战略阶段(1949~1957年)

1949年新中国成立时,政权还处于内忧外患的状态。首先,对外面临列强围攻和封锁的威胁:在东西方冷战和对抗的国际背景之下,以美国为首的西方国家对中国采取了敌视政策,朝鲜战争爆发后,更是断绝了同中国的一切往来。其次,对内则面临镇压反革命、维护社会秩序以及提高人民生活水平的压力。因为旧中国是一个封建生产关系占据支配地位的广大农村与帝国主义、官僚资本操纵经济命脉的城市相结合所构成的贫穷落后的经济体系。受列强欺压和封建制度的长期奴役,新中国的社会生产力水平极其低下,经济基础相当薄弱,物资匮乏,百废待兴。尽快改变落后面貌、建立一套完善的工业体系,成为新中国经济社会发展的主题。

在这一特定的历史条件下,参照苏联的建设经验,为加速战后重建和经济发展、尽快改善人民生活,代表工业发展水平的重工业被放在了极端重要的位置,使得中国在新中国成立之初便确立了重工业优先发展战略,并提出了"一化三改"的总路线。而在一个落后的农业国家一旦确定了以优先发展重工业为核心的战略之后,就必然使之同时踏上计划经济的道路。因此,这一阶段的中国,走的是计划经济体制下优先发展重工业的道路。

这一阶段优先发展重工业战略的实施,使我国工业建设取得了巨大成绩。在优先发展重工业战略的指导下,短短的几年时间,国民经济迅速恢复,经济发展取得了长足进步,产业结构发生了显著变化。1952年与1949年相比,工业总产值增长了1.45倍,农业总产值增长了48.5%;第一、二、三产业在国内生产总值中的比重,也分别调整为50.5%、20.9%、28.6%;到1957年第一个五年计划完成时,国内生产总值比1952年增长了1.57倍,三大产业在国内生产总值中的比重进一步调整为40.3%、29.7%、30%。工业比重明显增加,第三产业比重快速上升。期间,由苏联援建的"156项工程"一半以上已建成投产,形成了中国工业体系的雏形,为中国工业化奠定了初步基础,我国的经济有了迅速发展,开启了现代经济发展的良好开端,同时确立了计划经济体制,完成了向社会主义的转变,人民生活得到较大改善。但是在发展的内容上偏重于经济领域,未曾涉及环境保护和社会发展,而在经济领域又偏重于重工业,忽视轻工业和农业的发展,更不要说服务业了,很大程度上抑制了农业和轻工业的发展,农、轻、重比例不协调的苗头已经出现。

2. 实施赶超发展战略阶段(1958~1977年)

"一五"计划之后,新中国的经济基础仍然非常薄弱,生产力增速很快,总体水平却依然很低,经济结构不完善,加之人民对于一个先进的工业国的迫切需求,使我国急于缩短与发达国家的发展差距。同时,新中国成立之初的优先发展重工业战略获得了巨大的成绩:1953~1956年,15年的社会主义改造计划仅仅3年就完成了;1957年,第一个五年计划的各项指标也都大幅度地超额完成。1949~1957年,我国工业化的发展速度更是惊人,其中,工业总产值增长了128%,年均增长18%。它不仅远远超过旧中国的发展速度,也超过其他国家工业发展初期的发展速度,还高于同期世界的发展水平(同期美国工业年均增长率为3.4%,英国为3.5%,苏联为11.7%,西德为10.5%,日本为14.9%),中国的一些重工业产品产量在世界的地位迅速提高,如1957年,中国的煤、生铁、钢、发电量分别占世界的第5、8、9、13位。这种种成果使得我们信心倍增,甚至盲目乐观,发展观也随之发生变化。1958年,在计划经济体制下争取"十五年赶英超美"的赶超型发展战略在我国正式确立,并继续把重工业作为发展的重点。值得一提的是,在这一阶段赶超战略的大背景之下,基于主观备战的需求,我国还在1966~1976年实施了均衡布局的发展战略。

赶超发展战略可以说是急于改变中国落后现状,超越中国发展阶段的一次不成功的尝试。期间的"大跃进"和人民公社运动造成工业与农业、积累与消费等比例关系的严重失衡,经济畸形发展。1959~1961年3年间,工业增加值年均增长率高达28.1%,而农业增加值却平均每年下降10.9%。由于农业减产,市场商品匮乏,居民口粮、副食品供应严重不足,人们生活水平下降,全国居民消费水平平均每年下降4.9%,全国进入3年困难时期。此后"文化大革命"于1966年爆发,10年间,国内生产总值年均增长5.2%,大大低于第一个五年计划时期的水平,农业增加值年均仅增长2.3%,按人均计算的粮食产量年均增长不足1%,人民生活长期得不到改善。全国居民消费水平年均只增长1.9%,全民所有制单位职工的实际工资水平下降了6.6%。同时,1966~1976年,基于备战的均衡发展战略完全从国防的角度出发,提出加快"三线"建设,并借此逐步改变国家经济重心集中在沿海的工业布局,虽然客观上协调了沿海与内地经济社会发展,使内地与沿海经济发展的速度在这一时期基本持平,但是该战略的实施成本高昂:一是在内地的大量投资由于种种原因,效益比较差;二是牺牲了沿海地区的发展机会,付出了极高的机会成本。

赶超发展观虽然从尽快改变中国"一穷二白"的良好愿望出发,但是严重脱离中国国情和发展实际,具有急功近利、追求冒进的特点,其结果是导致社会发展失衡,人民生活长期得不到改善。并且在发展的方式上,表现为以物质建设为核心,全然不顾及经济发展同时所带来的环境破坏和资源浪费,一味追求速度和数量增长的粗放型经济增长方式,高速度低效益、高投入低产出、高浪费低效率的现象普遍存在。

3. 以经济建设为中心的发展阶段(1978~1991年)

20世纪70年代以后,整个国际形势发生了根本性的变化,国际紧张局势明显缓和,东西对抗和南北矛盾出现了新的趋势。一方面,两种社会制度的长期并存已成为不争的事实;另一方面,发展中国家民族革命的任务已基本完成,世界各国都在致力于自身的发展,和平与发展成为世界的两大主题,这就必然要求有新的发展观来适应这一时代特征。加之对新中国成立后现代化建设经验教训的深刻总结,使我们认识到必须以经济建设为中心,大力发展社会生产力,"发展才是硬道理"。中国开始了以经济建设为中心的发展阶段。

这一阶段经济建设成为国家发展的中心任务,"其他的一切都要服从这个中心"。同时,在经济发展方针上,由内向型发展战略转为外向型发展战略,采取了对外开放的方针。在整体布局上,采取了分阶段分地区的非均衡发展战略,并确立了21世纪中叶基本实现现代化的"三步走"战略。从1978～1991年,经过13年的改革开放,我国的经济发展取得了长足的进步。国内生产总值从3 624亿元上升到26 638亿元,扣除物价因素,年均增长近10%,人均国内生产总值从379元上升到2 287元,进出口贸易总额从206亿美元上升到1 655亿美元,外汇储备从15亿美元上升到194亿美元,城镇居民可支配收入由343元提高到2 026元,农村居民纯收入从133元提高到784元,成绩斐然。

在我国大力发展经济的同时,国际社会上关于发展模式的讨论也达到了一个新的高潮,1987年世界环境与发展委员会的以"持续发展"为基本纲领的《我们共同的未来》正式出版,提出了可持续发展的概念,把环境保护与人类发展切实结合起来,实现了人类有关环境与发展思想的重要飞跃。受此影响,在强调以经济建设为中心的同时,这一阶段我国的发展战略中也提出要兼顾其他方面的改革发展,指出社会全面协调发展是经济发展的重要目标和保证,经济发展必须与社会全面进步相协调。同时,发展规划中开始有明确的社会发展和资源环境保护的目标。可以说这一阶段是国内可持续发展思想的萌芽阶段。

尽管如此,追求经济发展的速度仍是我国20世纪80年代发展模式中最重要的主旋律,"速度就是生命,时间就是金钱"也成为20世纪80年代的流行口号,闻名全国的"深圳速度"曾经让人羡慕不已。无可厚非,这也是长期的短缺经济后一旦开始发展常常出现的现象,当然不可避免地走的是粗放式经济增长的道路,经济的快速增长伴随着资源的严重浪费和生态环境的破坏,经济发展层次、方式、结构均处于较低水平。

(二) 中国的可持续发展之路(1992年至今)

1992年6月联合国环境与发展大会在里约热内卢召开,这是继1972年6月瑞典斯德哥尔摩联合国人类环境会议之后,环境与发展领域中规模最大、级别最高的一次国际会议。会议通过了以可持续发展为核心的《里约环境与发展宣言》《21世纪议程》等文件。中国总理李鹏应邀出席了首脑会议,发表了重要讲话,进行了广泛的高层次接触。自此,可持续发展观生动地走进了中国,为中国解决所面临的发展困境指明了方向。

1. 可持续发展的起步阶段(1992～2002年)

中国进入20世纪90年代后,面临着三个新情况:一是以苏联解体、东欧剧变为标志,世界经济政治格局发生自二战以来最为剧烈的变化:两极冷战格局结束,世界多极化和经济全球化的趋势在曲折中发展;二是十四大以来,中国改革进入建立社会主义市场经济体制的新阶段,从对旧体制的"破"为主转变为对新体制的"立"为主;三是如何使经济建设在20世纪80年代快速发展的基础上继续保持下去。国内外形势的变换对我国提出了与80年代不同的要求。在80年代,我国的主要任务是以经济建设为中心,而到了90年代,我国不仅要在经济建设和改革开放方面继续前行,还必须解决现实提出的全面发展和可持续发展问题。同时,随着科技进步日新月异的发展,以经济为基础、科技为先导的综合国力的竞争也更加激烈。因此,对社会全面发展的要求越来越高、越来越迫切,也使我们必须更重视社会全面可持续发展的问题。为适应时代发展的新要求,在这一阶段我国提出了科教兴国战略、可持续发展战略、西部大开发战略等重大战略,坚持用发展的办法解决前进中的问题,开启了我国可持续发展的起步阶段。

20世纪90年代,世界上最瞩目的发展观表现为可持续发展观,这是人类在深刻认识人与自然关系的基础上做出的理性选择。在1992年6月联合国环境与发展大会上,李鹏总理代表中国政府向世界庄严承诺:中国作为最大的发展中国家,将保持经济与环境保护协调发展,把《21世纪议程》付诸行动。1992年8月《中国环境与发展十大对策》出台,第一条就是"实行可持续发展战略"。1994年3月,我国政府编制了《中国21世纪议程——中国21世纪人口、资源与环境与发展白皮书》,首次把可持续发展战略纳入我国经济和社会发展的长远规划,这是世界上第一部国家级21世纪议程。1995年,"九五"计划中提出了"实现经济增长方式从粗放增长到集约增长的根本转变"的要求;1997年的中共十五大把可持续发展战略确定为我国"现代化建设中必须实施"的战略。2000年10月,中共十五届五中全会通过的《中共中央关于制定国民经济和社会发展第十个五年计划的建议》,把实施西部大开发、促进地区协调发展作为一项战略任务。2002年,党的十六大报告中指出,要走出一条科技含量高、经济效益好、资源消耗低、环境污染少、人力资源优势得到充分发挥的新型工业化路子。

这一阶段,可持续发展作为"解决环境与发展问题的唯一出路"已经成为世界各国的共识,也在我国得到了广泛实践。但这一时期仅是我国可持续发展的起步阶段,长期以来,经济高速增长所带来的环境、社会问题并没有得到解决,并且愈发严重。

2. 以科学发展观为指导的可持续发展阶段(2003年～至今)

经过半个多世纪特别是改革开放以来的探索和实践,中国经济和社会发生了具有伟大历史意义的变化,现代化建设取得了显著的成就。2003年国内生产总值突破了11万亿元人民币,经济总量跃居世界第六位,人均GDP超过了1000美元;中国城乡居民的消费结构和生活质量明显改善;市场供求结构从短缺经济变为全面的买方市场;对外关系从封闭半封闭状态转向全方位与国际经济接轨;工业化阶段从初级阶段向中级阶段演进;经济体制改革取得了突破性进展;人民群众的文化生活水平得到了明显的提高。但同时,我们也清醒地看到,在经济快速发展的同时,也积累了不少矛盾和问题,主要是城乡差距、地区差距、居民收入差距持续扩大,就业和社会保障压力增加,教育、卫生、文化等社会事业发展滞后,人口增长、经济发展同生态环境、自然资源的矛盾加剧,经济增长方式落后,经济整体素质不高和竞争力不强等。这些问题必须高度重视而不可回避,必须逐步解决而不可任其发展。进入21世纪新阶段,我国已进入发展的关键时期、改革的攻坚时期和社会矛盾的凸显时期。而要适应新的阶段性特征、解决新课题新矛盾,需要新的科学发展理念。根据新的形势和任务,我国明确提出了"以人为本,全面、协调、可持续"的科学发展观。开始了以科学发展观为指导的可持续发展阶段。

2003年7月28日,中共中央总书记胡锦涛在讲话中提出了"坚持以人为本,树立全面、协调、可持续的发展观,促进经济社会和人的全面发展"的科学发展观。科学发展观,第一要义是发展,核心是以人为本,基本要求是全面协调可持续,根本方法是统筹兼顾。科学发展观的提出,使人们从更多地关注物质财富增长转向促进人的全面发展。2003年10月,继"西部大开发"之后,中共中央、国务院发布《关于实施东北地区等老工业基地振兴战略的若干意见》。2004年3月,温家宝总理在政府工作报告中,首次明确提出促进中部地区崛起。2005年,胡锦涛总书记提出了"建立资源节约型、环境友好型社会"的目标,强调要使经济增长建立在提高人口素质、高效利用资源、减少环境污染、注重质量效益的基础上。2006年,党中央提出建设创新型国家的战略任务,增强自主创新能力作为调整产业结构、转变增长方式推动国民经济又快又好的发展。2007年9月8日,胡锦涛在亚太经合组织第15次领导人会议上,明确主张"发展低碳经济"。2007年10月,党的十七大报告提出,要建设生态文明,加快转变经济发展方式,推动产业结构优化升级。2010年3月,生态环保、可持续发展成为两会的主题,全国政协"一号提案"内容就是谈低碳环保。2012年11月,党的十八大报告将科学发展观确立为党必须长期坚持的指导思想,并把"生态文明"提升到更高的战略层面,中国特色社会主义事业总体布局拓展为包括生态文明建设的"五位一体"。

这些以科学发展观为指导的关于可持续发展的宝贵实践都标志着我国的现代化建设事业从追求经济增长,到促进全面、协调、可持续的发展,促进经济、社会和人的全面发展的深刻转变。其实,世界各国的发展实践表明,发展绝不仅仅是经济增长,而应该是经济、政治、文化、社会全面协调与发展,是人与自然和谐的可持续发展。以科学发展观为指导的可持续发展是我国乃至整个人类文明的唯一出路。

专栏7-1 《中国可持续发展战略报告》

中国在可持续发展的理论研究与实践研究方面,有着独特的优势。在国际学者公认的经济学、社会学和生态学三个主要方向的基础上,独立地开创了可持续发展研究的第四个方向——系统学方向,其突出特色是以综合协同的观点,去探索可持续发展的本源和演化规律,将"发展度、协调度、持续度三者的逻辑自洽"作为中心,有序地演绎了可持续发展的时空耦合与互相制约、互相作用的关系,建立了人与自然、人与人关系统一解释的基础和评判规则。最具代表性的全面反映我国不同阶段可持续发展战略实施,是由中国科学院开始准备研究和编纂的《可持续发展年度报告》,《1999年中国可持续发展战略报告》的构想就源于此。

1999年——在世界上独立地开创了系统学研究方向,并对中国各省、自治区、直辖市总计208项要素群、48个指数组、16个模型集和5个系统实施分类综合和逐级递归,首次获得关于可持续发展能力的定量总体评价和分类排序,提出了实施环境、压力指数和约束瓶颈的系统分析,并对中国可持续发展的目标函数进行分解,拟定出必须通过的三个"零增长"台阶,提出相应对策建议。

2000年——首次独立地提出了系统辨识的"可持续发展能力资产负债表",初步完成了全国的发展质量比较优势和定量运算框架,提出了相应的宏观政策建议。

2001年——集中地研究了中国现代化的背景、进程、概念、定义、理论、目标、判据、指标体系、统计分析和中国各地区实现现代化的时间表。

2002年——系统地分析了中国的政府调控能力建设、中国的生存安全能力建设、中国的人力资源能力建设、中国的生态环境能力建设、中国的科技创新能力建设和中国的社会发展能力建设。同时,在世界上首次创建了"可持续发展能力建设方程",据此构造了评判可持续发展能力建设的指标体系,最终提出了对于中国未来可持续发展能力建设的政策建议。

2003年——从可持续发展战略的角度,提出了可持续发展综合国力的概念,研究了可持续发展综合国力的内涵,构建了可持续发展综合国力评价的框架,并依据该研究框架围绕可持续发展综合国力进行了深入、系统的研究,对世界13个主要国家的可持续发展综合国力进行了测算和对比分析。最后,在综合分析和对比研究世界主要国家可持续发展综合国力发展变化的基础上,结合当前和未来国际战略形势的发展动向,提出了增强我国可持续发展综合国力的对策建议。

2004年——围绕全面建设小康社会的战略核心、战略要点、战略目标和战略任务,进行了比较深入的研究。其中对科学发展观的阐释以及实施全面建设小康社会的三大战略突破,即发展战略的理论突破、发展战略的形态突破和发展战略的体制突破,作了重点的论述。特别是在"全面、协调、可持续发展"的指导下,如何在未来20年进程中对于国家精准调控的机理,作了详细的分析。由此,提出了全面建设小康社会的13项总体目标和分步实施计划,设计了有关的指标体系,拟订了新时期干部政绩考核的5项标准,包括了未来20年中国在物质文明、政治文明、精神文明和生态文明四大方面的建设方略研究。

2005年——以中国城市可持续发展战略研究为主题,集中讨论在现阶段中国城市发展的战略背景、战略目标、战略任务和战略设计;对于如何贯彻科学发展观和落实统筹城乡协调发展,大力推进城市反哺农村、工业支援农业、缓解城乡差别、实现社会公平、完成城乡区域经济一体化的可持续发展,提出了系统的研究成果。

2006年——以建设资源节约型、环境友好型社会为主题,阐述了节约型社会对于未来中国发展的战略意义,总结了国内外建设节约型社会和发展循环经济的经验与教训。报告还首次提出了节约指数,对世界主要国家的资源节约和环境保护状况进行了综合评价,并指出了中国与其他国家相比发展粗放的客观事实;同时分析了全国及31个省、自治区、直辖市的节约指数变化趋势,给出了各地区节约指数的综合排名。基于以上研究结果,报告提出了中国建设节约型社会的基本构架、发展目标和五大支撑体系,并提出了建设节约型社会的具体对策和建议。

2007年——以水为主题,以转型期的水问题变化为重点,围绕水资源、水环境、水生态和水灾害四大水问题,阐述了其现状、存在的问题、发展趋势和解决途径,提出了威胁未来中国发展和安全的多重水危机,认为水污染已经成为对社会经济发展有重大影响并亟待解决的首要水问题;同时,分析了实现"十一五"减少水污染排放总量目标的难点,指出采取水资源综合管理和流域综合管理已经成为世界各国的治水共识。

2008年——主题是"政策回顾与展望",重点集中在近10年来可持续发展政策的演变、取得的进展、存在的问题及对未来政策的展望。针对可持续发展涉及的法律法规、管理体制、战略规划和具体政策展开了广泛的政策研究,并围绕人口、水资源、能源发展与应对气候变化、污染控制、生态保护与建设、城市可持续发展、经济发展与资源可持续利用等领域进行了深入的探讨,对未来中国实现可持续发展的战略调整、政府机构改革和政策走向提出了建议。

2009年——主题是"探索中国特色的低碳道路",重点围绕应对气候变化,描述了其现状、研究进展和人类应对行动,回顾了碳排放的历史轨迹,特别针对国际上兴起的低碳经济进行了较全面的分析,展望了中国在不同情景下的能源、气候和发展的未来趋势,分析了应对气候变化的技术转让和资金机制等关键问题,探讨了在城市优先发展低碳经济的经验和支撑体系,并提出了中国特色低碳道路的发展战略、目标、重点措施及参与国际气候谈判的原则立场。

2010年——主题是"绿色发展与创新",重点围绕应对国际金融危机、全球气候变化和解决国内资源环境问题的三重挑战,探讨了绿色复苏、系统创新、低碳技术、新兴产业发展等广泛议题;根据国内外发展绿色经济的经验、存在的问题和障碍、路径选择与制度安排,提出了"十二五"期间及今后10年,中国应以绿色发展为统领、以绿色创新为桥梁、以资源环境绩效和结构调整为重点目标,构建综合发展框架,统筹各种相关的新发展理念,发挥多种手段的组合效益,创造出新的绿色发展模式,实现建设绿色中国的构想,为自身乃至全球的可持续发展做出重要贡献,以迎接高效的可持续的低碳未来。

2011年——以"实现绿色的经济转型"为主题,旨在为今后5~10年内中国的绿色经济转型提供决策参考和咨询建议。报告主要针对中国"十二五"期间乃至更长时期内"经济转型"、"绿色发展"和"战略性新兴产业"发展面临的机遇、挑战和存在问题,提出了实现中国绿色的经济转型以及培育和发展绿色战略性新兴产业的基本原则、战略框架、战略重点和战略对策,并对中国节能、环保、循环经济、可再生能源、节能与新能源汽车、智能增长、绿色贸易等领域的工作和产业发展进行了具体的分析,认为绿色战略性新兴产业发展可以成为推动中国新一轮可持续增长和提高国际竞争力的重要驱动力。

2012年——主题是"全球视野下的中国可持续发展"。回顾了过去20年全球及中国实施可持续发展战略的历程,总结了环境与发展的经验和教训,重点探讨了在新的全球化背景下中国与世界的关系,阐述了中国可持续发展的全球意义,分析了开放环境下中国面临的多重挑战、全球资源环境安全格局,以及中国在发展绿色经济中的角色和作用,并结合情景分析,提出了未来中国实施可持续发展的战略愿景、路径选择和相应的对策建议。

二、中国可持续发展系统现状分析

中国可持续发展系统中,经济子系统是核心、生态环境子系统是基础、社会子系统是根本出发点和落脚点。

(一) 经济子系统

在我国区域可持续发展系统中,经济子系统起主导作用,经济的可持续发展是我国可持续发展的核心。可持续发展的第一要义是发展,在任何阶段经济发展都是核心前提。同时,可持续发展不仅重视经济增长数量,更追求改善质量、提高效益、节约能源、减少废物,改变传统的生产和消费模式,实施清洁生产和文明消费。

1. 经济子系统特点

(1) 经济规模持续扩大,但效益低下

自改革开放以来,我国经济经历了长达30年之久的高速增长。1978~2007年,中国GDP年平均增长9.8%。远远高于美国、日本、新加坡、韩国等国家在经济起飞阶段的增长率,是同期世界平均增长速度的3倍,这就是被世界称为"中国奇迹"式的经济增长。21世纪以来,中国进入了新中国成立之后的第十个经济周期。2000~2007年,经济增长率连续8年处于8.3%~13.0%的上升通道内(图7-1),年均增长率为10.0%。但2008年和2009年,中国经济面临着国际、国内四重调整的叠加,即与改革开放30年以来国内经济长期快速增长后的调整相叠加;与国内经济周期性的调整相叠加;与美国次贷危机导致的美国经济周期性衰退和调整相叠加;与美国次贷危机迅猛演变为国际金融危机而带来的世界范围大调整相叠加。中国经济增速明显放缓。2008年经济增长率回落到9.6%，2009年进一步降低到9.2%，打破了自2003年以来保持了5年的两位数的GDP增长速度。虽然在2010年，受全球经济回暖的影响，我国GDP增长率上升了一个百分点，达10.3%，2011年又再次回落到9.2%，我国经济周期依然处于下行区间。2008~2011年，中国GDP年均增速为9.6%，低于过去30年的平均增长水平。我国经济增幅正从两位数回落至9%左右，由高速增长期转入中速增长期。

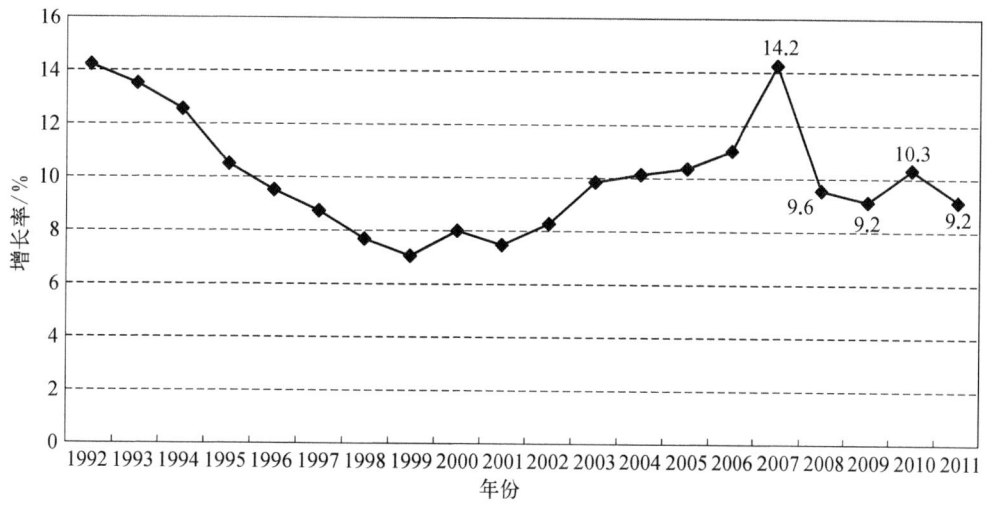

图7-1 1992~2011年中国经济增长率曲线图

尽管经济增速趋缓，但我国经济规模一直保持稳步快速扩大的态势。如图7-2所示，1978年我国开始实行对外开放政策时，国内生产总值仅为3 645.2亿元。1986年这一数字突破10 000亿元，为10 275.2亿元。五年之后的1991年突破2万亿元，为21 781.5亿元。2001年中国入世，同年的GDP更是历史性的突破了10万亿元，达10.97万亿元。2010年中国34.09万亿元的GDP总量更是超过日本，标志着中国已跃升为仅次于美国的世界第二大经济体。2011年，又增至47.16万亿元，约占世界经济总量的10%，创下历史新高。

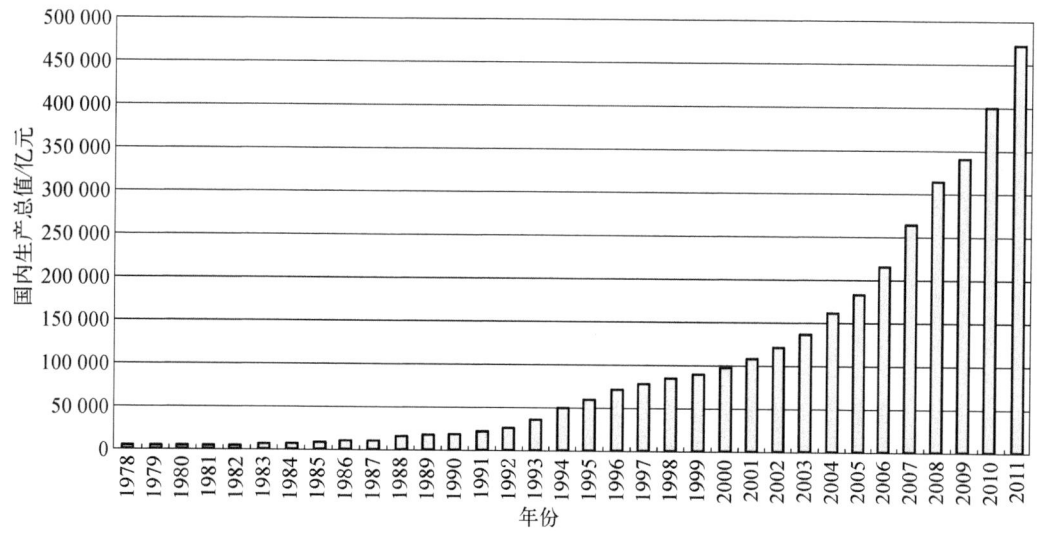

图7-2 1978~2011年中国国内生产总值变化图

目前，我国经济发展水平仍不高。我国的产业组织特别是工业组织呈现松散、小型化经营的落后状态，且长期沿用粗放式的经济增长方式，以高物质投入低技术组合为支撑，经济效益低下且缺乏提高潜力。高消耗，高污染，低产出的粗放增长方式已经成为我国经济持续增长的瓶颈。与发达国家相比，我国能源设备效率极低。中国的火力发电站能耗效率为28.5%，低于发达国家10个百分点；工业锅炉能耗效率为60%，低于发达国家20个百分点。工业窑炉、风机、泵的能耗效率也分别比世界发达国家低40、30、10个百分点（表

7-1)。

表7-1 中国与发达国家能源设备效率的比较

设备	中国能源设备效率/%	发达国家能源设备效率/%	差距/倍
火力发电站	28.5	36～38	6～10
工业锅炉	55～65	80～85	20～25
工业窑炉	5～37.5	40～60	40
风机	65～70	80～90	30
泵	65～80	78～90	10

资料来源：牛文元.2007.中国可持续发展总论.北京：科学出版社.

我国单位产值的能耗过高。如果仅就我国自身纵向进行对比，每万元国民收入消耗的能源以及每亿元基本建设投资平均消耗的钢材、木材、水泥量呈不断下降趋势。但与世界其他国家相比，我国在能耗与物耗上的差距是很大的。2006年，中国GDP约占世界的5.5%，但能耗占到15%、钢材占到30%、水泥占到54%；如图7-3所示，2002~2012年，中国每1000美元GDP所消耗的标准油平均是日本的5.12倍、美国的3.11倍、世界平均水平的2.69倍。2012年，我国单位国内生产总值能耗是世界平均水平的1.78倍。我国的能源产出效率不仅远远低于日欧美等发达国家和世界平均水平，而且还低于印度、泰国等发展中国家。同时我国电力、钢铁、有色、石化、建材、化工、轻工、纺织8个高耗能行业的单位产值能耗平均比世界先进水平高47%，而这8个行业的能源消费量占工业部门能源消费总量的73%。为此，我国工业部门每年多用能源约2.3亿吨标准煤。低效率、高消耗已经成为我国经济增长的显著特征，而对于有限的资源，这种高资源投入强度支撑的经济增长是不具有可持续性的。

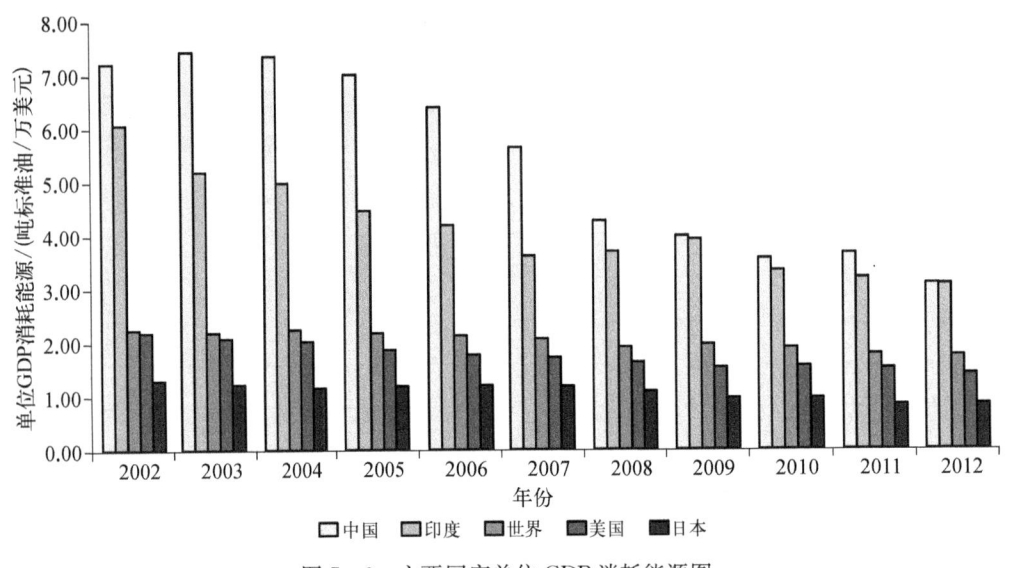

图7-3 主要国家单位GDP消耗能源图

(2)"二、三、一"型的产业结构不断优化，但产业层次较低

从产业角度来看，农业的贡献度在降低，中国经济主要靠第二产业的拉动，其次是服务业。而第二产业内部，主要又是来自重工业(图7-4)，中国经济呈现出明显的"二、三、一"型产业结构，而在工业内部又呈现出明显的"重型化"。

1952年时，我国第一产业增加值占国内生产总值的比重达51.0%，第二产业增加值占20.8%，第三产业增加值占28.2%。第一产业劳动力所占比重为83.5%，第二产业劳动力所占比重为7.4%，第三产业劳动力所占比重为9.1%，呈典型的"一、二、三"型产业结构。改革开放三十多年来，国家从重视调整农、轻、重比例关系，到大力促进第三产业发展，使我国产业结构不断向优化升级的方向发展。如图7-4所示，从三大产业在国民经济中所占比重来看，1985年，第三产业增加值所占比重开始超过第一产业，我国从"二、一、三"型产业结构转变为"二、三、一"型产业结构。综观1978~2011年，我国第一产业增加值占国民生产总值的比重处

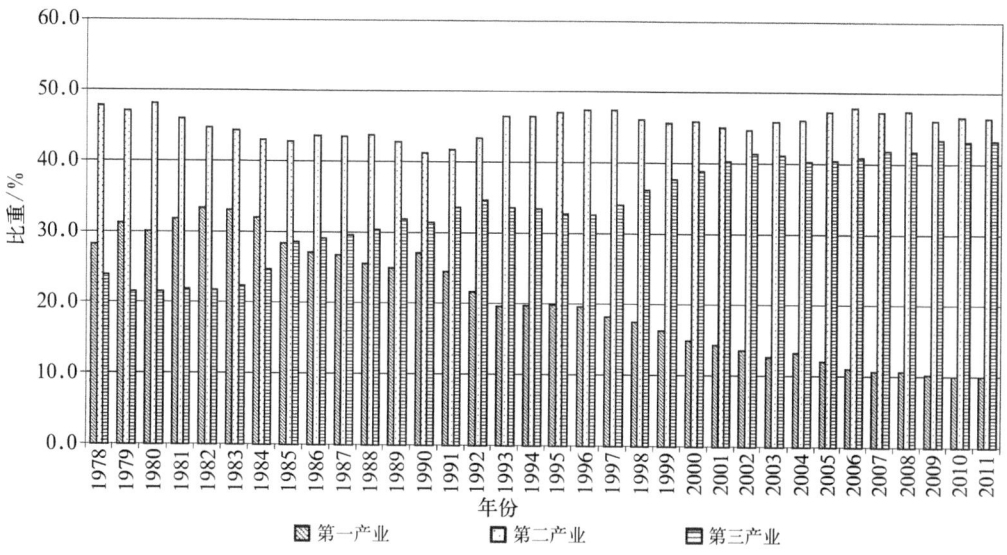

图 7-4 1978~2011年中国三次产业占国内生产总值比重图

在不断地下降之中,由28.2%大幅度下降至10.1%。第三产业增加值所持比重则呈上升趋势,由23.9%上升至43.1%,几乎翻了一番。而第二产业增加值所占的比重一直是三大产业中最高的,变化也比较平稳,一直在45%左右小幅波动。总体来看,中国产业结构在保持"二、三、一"型基础上不断地优化。

相对于"二、三、一"型的产业结构,我国的劳动力则呈现出"一、三、二"型结构,如图7-5所示。自改革开放以来,第一产业从业人数所持比重持续下降,从1978年的70.5%下降至2011年的34.8%,比重下降了一半。第二、三产业从业人数所持比重则不断提高,分别由1978年的17.3%和12.2%上升至2011年的29.5%和35.7%。其中在工业化初期(即改革开放初期),第二产业从业人数所占比重上升速度快于第三产业,而工业化中期以来(即进入21世纪以来),第三产业劳动力比重的上升速度快于第二产业。尽管如此,由于长期以来中国的大部分人口和劳动力在农村,到2011年我国的第一产业劳动力比重仍然是最大的,劳动力呈现出"一、三、二"型结构。

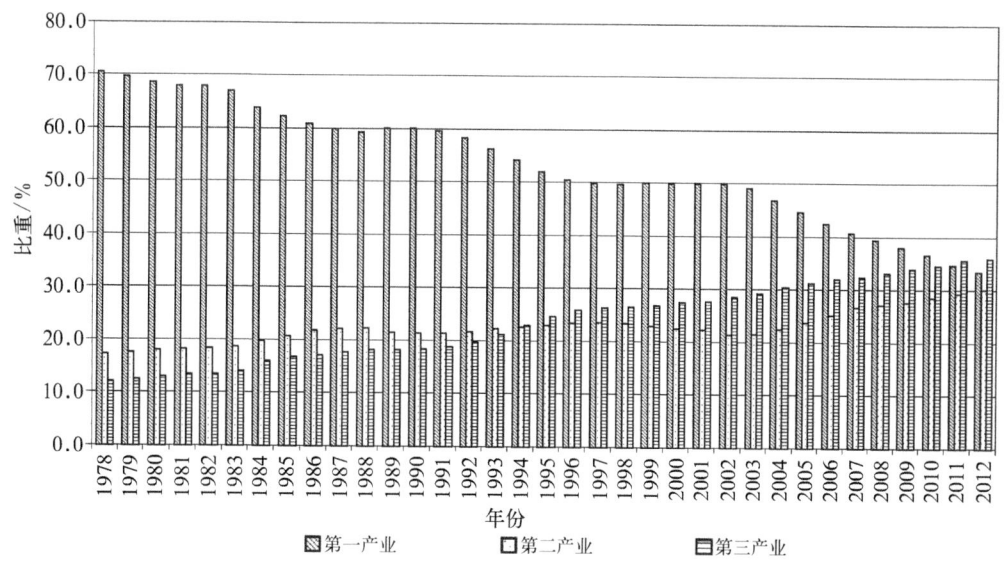

图 7-5 1978~2012年中国三次产业从业人数所占比重图

如图7-6所示,1985年以来,在我国工业内部,重工业占全部工业总产值的比重一直高于轻工业。尤其是自2000年开始,这一比重超过60%,并且呈现逐年稳定递增趋势。可以说,我国自2002年起的新一轮经济高增长周期表现出了显著的重化工业加速发展的特征。到2011年重工业产值比重达71.6%,与目前发达国家重工业化比率一般都在60%~65%的水平相对比,我国已经进入到工业化中后期阶段,即重化工业加速发展阶段。

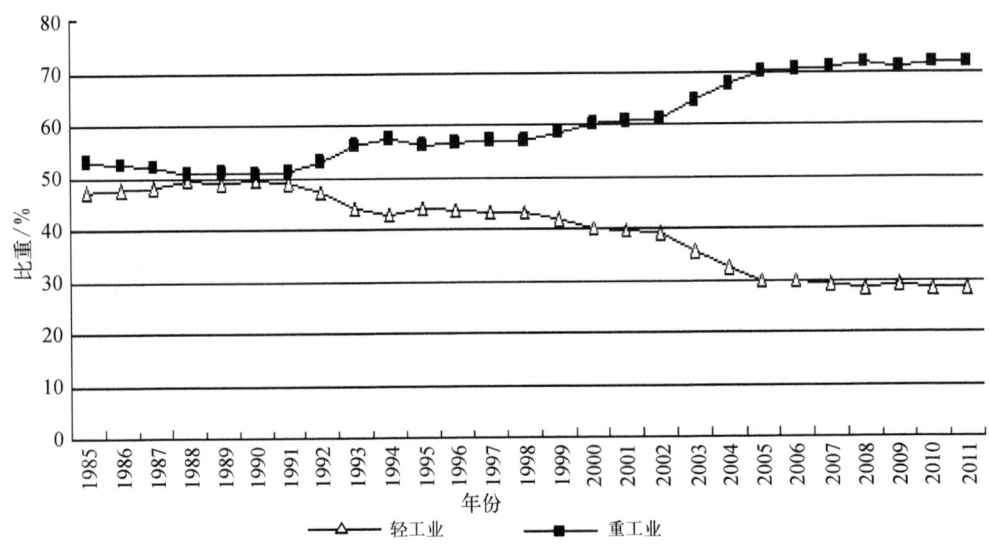

图7-6 1985~2011年中国工业内部轻、重工业比重图

自改革开放以来,我国的产业结构一直在优化升级,与1978年相比,2011年我国第一产业产值占GDP比重下降了18.2个百分点,而第三产业比重则上升了19.5个百分点。但由于新中国成立以来长期以工、农业总产值作为衡量经济发展的最重要指标,使工业比重不断增长,商业、服务业、金融等产业发展滞后,导致目前我国的产业层次与世界平均水平相比仍偏低。从世界范围来看,目前绝大多数发达国家第三产业占GDP的比重为70%~80%,实现了"经济服务化"。根据2010年世界银行公布的三次产业比重的数值,2009年世界高收入国家一、二、三次产业占GDP的比重分别为1.5%、25.6%和72.7%,世界中等收入国家一、二、三次产业依次为10%、36.4%和53.8%,而同年我国三次产业比重分别为10.3%、46.3%和43.4%,可以看出,无论是与高收入国家还是与中等收入国家相比,我国第三产业比重偏低而第二产业比重偏高。自2001年我国第三产业在国民经济中所持比重首次超过40%之后,我国产业结构升级的步伐有所放缓,近10年来第三产业的比重一直在41%左右徘徊,而这一比重在2009年的世界平均水平为69.4%。说明我国第三产业的发展还不充分,经济发展的贡献过分依赖于第二产业,产业结构不合理,层次偏低。而相对于第三产业而言,单位工业产值的耗能、耗水、占地和产生的交通量、排污量要大几倍乃至更多。

产业结构问题也同时存在于我国各产业内部。例如,农业中种植业比重过高、农产品加工多处在初级阶段,我国农产品加工业产值和农业产值比是0.43:1,而发达国家都在2:1以上,我国农业产品的加工程度过浅。在工业内部,虽然加工工业的比重有所上升,重工业向高加工度方向发展,但对于大多数工业来说,都是以劳动密集型为主,导致行业的竞争优势主要集中在低附加价值的非核心部件制造和劳动密集的装配环节中,产品的附加值难以提高。同时产业的研发投入严重匮乏,技术创新能力差。目前,中国制造业总量规模占全球的6%,而研发投入仅占0.3%。从第三产业的内部看,当前发达国家的第三产业主要以信息、咨询、科技、金融等新兴产业为主,服务水平先进。而我国的第三产业发展中除了交通运输业和部分社会服务业等传统产业市场化程度较高外,其他服务业的市场化程度都比较低。信息咨询、科研开发、邮电通信、金融保险等基础性服务业发展仍然滞后。

(3) 形成东、中、西、东北四大经济板块,但"板块"间差异较大

我国地域广袤、幅员辽阔,在不同的自然条件和社会历史条件的影响下,经济发展表现出区域不均衡性。目前,基本上形成了东、中、西、东北四大经济板块的格局和开发西部、振兴东北、中部崛起、东部率先发展的区域发展战略。其中,东部地区包括北京、天津、河北、山东、上海、江苏、浙江、福建、广东、海南10个省份;中部地区包括湖北、山西、河南、湖南、安徽、江西6个省份;西部地区包括广西、重庆、四川、贵州、云南、陕西、甘肃、宁夏、内蒙古、青海、新疆、西藏12个省份;东北包括辽宁、吉林和黑龙江3个省份。

如图7-7所示,从经济总量上而言,东部地区的地区生产总值远远高于其他三个区域,2010年东部地区的地区生产总值为23 203.07亿元,高于其他三个区域地区生产总值的总和,并分别是中部地区、西部地区、

东北地区生产总值的 2.6 倍、2.8 倍和 6.1 倍。2010 年,中部地区的地区生产总值为 86 109.38 亿元,西部为 81 408.49 亿元,也就是说中部 6 个省与西部 12 省的地区生产总值相当。从四大板块每省的平均地区生产总值来看(图 7-8),东北和中部旗鼓相当,2010 年,东北和中部的平均地区生产总值分别为 12 497.82 亿元和 14 351.56 亿元,略低于全国平均水平。2010 年西部各省平均地区生产总值为 6 784.04 亿元,远远低于其他各地区,并且差距也有逐年拉大的趋势,但这种趋势不是很明显。而 2010 年东部地区平均各省的地区生产总值为 23 203.07 亿元,约为全国的 2 倍,西部地区的 4 倍;从发展速度上而言,西部发展比较平稳,东部尤其是在 2002 年后出现了转折点,以更快的速度发展。

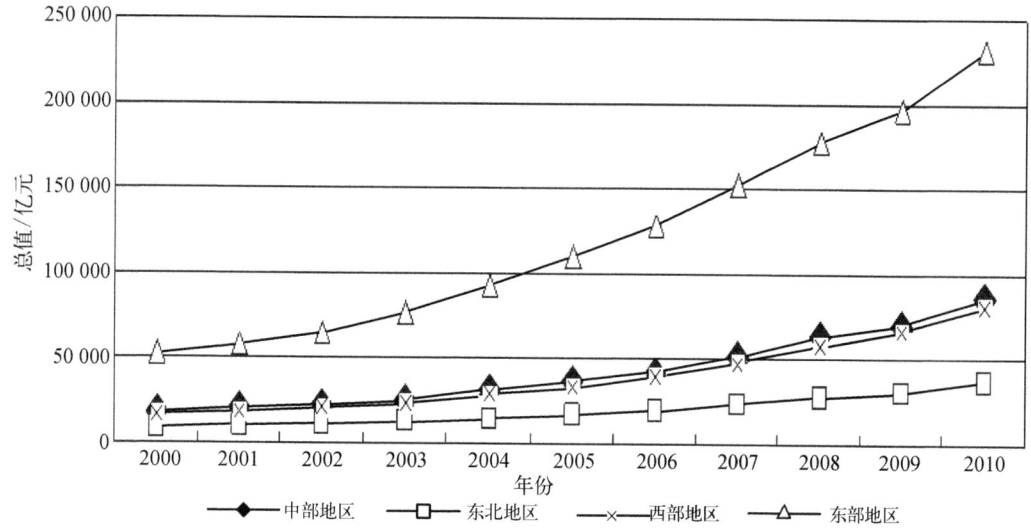

图 7-7 2000～2010 年中国四大区域地区生产总值总量图

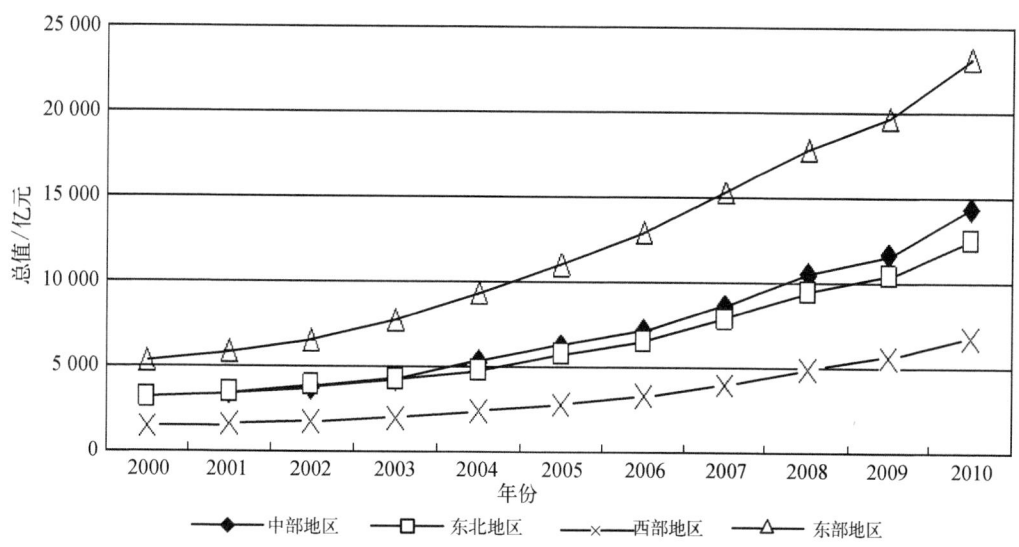

图 7-8 2000～2010 年中国四大区域省均地区生产总值图

经济布局不均衡,潜存引发社会矛盾的隐患。由于我国东西部区位条件的差异,加之改革开放以来,东部率先发展的区域政策,导致了我国区域经济发展不平衡。而随着地区差距的扩大,我国的这种经济资源的地域分布不均衡,潜存引发社会矛盾的隐患,成为阻碍经济可持续发展的一大因素。

改革开放前,国家采取了区域均衡发展战略,旧中国工业布局极不平衡的格局得到明显改观。改革开放之后,为尽快缩小与发达国家的发展差距,国家开始实施区域非均衡发展战略,而东部地区占改革开放之先机,经济迅猛发展,使我国经济布局东西差异显著,如前所述,我国东部地区无论是经济总量还是人均地区生产总值都远远高于其他三大地区。虽然 2008 年以来,中、西部和东北地区经济增速全面超过了东部地区,使地区间相对差距缩小,但地区间、省区间的绝对差距却依然存在且呈现出明显扩大的趋势。首先,从各地区人均地区生产总值来看,2000~2010年,东部与西部地区人均地区生产总值之比从2.46缩小到2.03,而绝对值差距从6 105元扩大到23 249元。其次,从各地区经济总量占全国比重看,虽然近年来总体上呈现出东降西升的趋势,而绝对差距却仍明显拉大。2000年,东部地区生产总值与中西部和东北地区合计地区生产总值相差4 833亿元,2009年差距扩大到27 109亿元。说明我国经济存在地域不平衡现象,并且这种不平衡正在加剧。

区域经济发展差距长期过大可能引发很多问题:如会加剧地区间产业结构的趋同。在传统的价格体系下,落后地区主要输出廉价的农矿资源等初级产品,为防止不合理的利润流失和税收转移,这些地区往往热衷于投资价高利大的加工类产品,从而导致与发达地区产业结构的趋同,进而造成地区间产业重构和过度竞争。而且区域差距过大必将导致低收入地区消费增长缓慢,影响整个社会消费需求总量的增加和消费结构的优化升级。同时经济发展的不平衡必然会导致区域之间包括教育、卫生、社会保障等一系列的社会事业发展的差距,处理不好甚至还可能引发政治和社会问题,是国民经济持续发展的一大隐患。

(二) 生态环境子系统

在我国区域可持续发展系统中,生态环境子系统处于基础地位,是我国可持续发展的关键。

1. 生态环境子系统特点

(1) 自然资源总量丰富,但人均占有和开发利用前景堪忧

我国自然资源具有两重性,既是资源富国又是资源贫国。按自然资源总量排序,我国在世界上居第4位,是"资源富国"。但由于人口众多,我国是世界上人均占有量很低的"资源贫国"。

土地资源:我国国土面积为960万km^2,宜农林牧面积为7.58亿hm^2,仅次于加拿大,但人均却不足0.67 hm^2,远低于世界人均的3.27 hm^2。农耕地约1.21亿hm^2,人均耕地只有不到0.1 hm^2,不到世界人均耕地0.37 hm^2的1/4。水资源:2011年,我国水资源总量为2.402 2亿m^3,居世界第6位。但人均只有1 816.2 m^3,仅为世界人均量的1/4,排世界第88位。人均径流量2 200 m^3/s,是世界人均的24.7%,早已被联合国确定为13个严重缺水的国家之一。能源资源:中国拥有较为丰富的化石能源资源,煤炭占主导地位。2006年,煤炭保有资源量10 345亿吨,剩余探明可采储量约占世界的13%,列世界第3位。但人均拥有量仅相当于世界平均水平的50%。石油可采储量仅占世界总量的2.4%,仅为世界人均的1/15左右,1993年已成为石油净进口国,每年需大量外汇进口5 000万~1亿吨。天然气人均资源量仅为世界平均水平的1/15。可开采储量不算多,浪费却很惊人,单位国民生产总值的能源消耗居世界之首,每增加一美元产值所需能源消耗为世界平均水平的3倍。生物资源:我国自然条件复杂,形成了丰富多样的森林类型,我国是世界上木本植物种类最多的国家之一。2009年,我国的森林覆盖率仅为20.36%,与世界森林覆盖率30.3%的平均水平相比差距很大。而2008年中国人均森林面积仅0.15 hm^2,约为世界人均森林面积的1/3,居世界第120位。草地面积居世界第2位,但仅为世界人均的1/2,且生产能力极低。

自然资源的过度开发和不合理利用。随着经济社会发展对自然资源需求的增加,其供求矛盾日渐突出,已成为我国经济发展的"瓶颈"。我国长期以来一直盛行自然资源没有价值的观点,使我国自然资源的价值,尤其是社会价值和生态价值长期被低估,从而导致我国自然资源的价格构成不完整。这严重影响自然资源的开发利用、造成自然资源的极大浪费、导致生态恶化和环境污染。其中最为突出的问题是不可再生资源的过度开发和可再生资源的不合理利用。

1) 不可再生资源的过度开发

不可再生资源(如石油、煤炭、天然气、金属矿石等)是社会、经济赖以生存和发展的物质基础之一,它是由大自然在亿万年的演化中形成的,具有有限性和不可再生性。但在世界经济剧烈竞争的格局下,以及当代人急功近利的索取欲驱使下,不可再生资源被过度开发,从而对社会和经济的可持续发展构成威胁。改革开放前,传统的计划经济体制、资源价值的严重扭曲造成了不可再生资源生产消费中的巨大浪费。改革开放以后,处在工业化中期的中国,为了进一步提高人民生活水平,必须继续保持较高的经济增长速度,需要大量的自然资源(包括不可再生资源)支撑,加上我国不可再生资源开发方式简单粗放,资源价值被严重低估,从而使资源浪费严重。技术含量低和传统经济发展方式对不可再生资源的过度依赖,造成了中国不可再生资源过度开发的结果。

以矿产资源为例。当前,中国主要支柱性矿产资源储量消耗速度明显超过了新增资源量速度,石油、富铁矿、铜、铬、钾盐等重要矿产资源国内供应严重不足,进口量逐年攀升。加之我国矿产资源开发管理水平

低,开发技术和设备落后,导致在开采环节中浪费严重,矿产资源总体回收率仅为30%～50%,大部分乡镇企业资源回收率不到30%。从2010年开始,我国将近2/3的主要矿种显露出短缺状态。同时,对不可再生资源的过度开发,已经导致许多资源枯竭型城市可持续发展难以维系,亟待转型。据初步统计,我国资源枯竭型矿业城市约占全国资源型城市总量的1/10,遍布于全国东、中、西各个地区。

专栏7-2 资源枯竭型城市

资源枯竭型城市是指矿产资源开发进入后期、晚期或末期阶段,其累计采出储量已达到可采储量的70%以上的城市。资源枯竭城市转型问题是世界各国经济和社会发展中都经历过或正在经历的突出问题。随着经济的不断发展以及资源的不断消耗,资源型城市开始受到影响。然而欧美等发达国家的许多资源型城市并没有随着矿业的消亡而衰落,而是通过政策引导和产业结构调整使资源枯竭城市顺利转型,摆脱了对矿产资源过度依赖,使传统的资源型城市再次复兴起来,这对我国具有一定的借鉴意义。

改革开放以来,工业化的快速发展以及经济发展模式的不合理使中国的资源型城市逐渐受到资源枯竭的威胁,为了扭转资源逐渐枯竭的现象,中国的资源枯竭型城市需要作出经济转型。2008年、2009年、2012年,国家分三批确定了69个资源枯竭型城市(县、区),见表7-2。同时,为支持资源枯竭城市转型,国家发改委设立了资源型城市吸纳就业、资源综合利用、发展接续替代产业和多元化产业体系培育中央预算内投资专项,中央财政给予69座城市财力性转移支付资金支持。中央财政累计下达财力性转移支付资金303亿元,其中2011年资金135亿元,为资源枯竭城市增强公共保障能力发挥了重要作用。

表7-2 资源枯竭型城市名单

所在省(市、自治区、直辖市)	首批12座	第二批32座	第三批25座	大小兴安岭林区参照享受政策城市9座
河北		下花园区	井陉矿区	
		鹰手营子矿区		
山西		孝义市	霍州市	
内蒙古			乌海市	牙克石市
			石拐区	额尔古纳市
		阿尔山市		根河市
				鄂伦春旗
				扎兰屯市
辽宁	阜新市	抚顺市		
	盘锦市	北票市		
		弓长岭区		
		杨家杖子		
		南票区		
吉林	辽源市	舒兰市	二道江区	
	白山市	九台市	汪清县	
		敦化市		
黑龙江	伊春市	七台河市	鹤岗市	逊克县
	大兴安岭地区	五大连池市	双鸭山市	璎辉区
				嘉荫县
				铁力市

续表

所在省(市、自治区、直辖市)	首批12座	第二批32座	第三批25座	大小兴安岭林区参照享受政策城市9座
江苏			贾汪区	
安徽		淮北市		
		铜陵市		
江西	萍乡市	景德镇市	新余市	
			大余县	
山东		枣庄市	新泰市	
			淄川区	
河南	焦作市	灵宝市	濮阳市	
湖北	大冶市	黄石市	松滋市	
		潜江市		
		钟祥市		
湖南		资兴市	涟源市	
		冷水江市	常宁市	
		耒阳市		
广东			韶关市	
广西		合山市	平桂管理区	
海南			昌江县	
重庆		万盛区	南川区	
四川		华蓥市	泸州市	
贵州		万山特区		
云南	个旧市	东川区	易门县	
陕西		铜川市	潼关县	
甘肃	白银市	玉门市	红古区	
宁夏	石嘴山市			

2) 可再生资源的不合理利用

可再生资源是指在短时期内可以再生或可以循环使用的自然资源,主要包括生物资源、土地资源、水资源、气候资源等。

可再生自然资源(如生物资源等)是自然资源的重要组成部分,是发展经济,改善和提高人们生活质量的重要物质基础。可再生资源不等于可持续供给,这类资源虽然可以再生,但也不是"取之不尽,用之不竭"的。生态平衡遭到破坏,动植物的生物环境遭到破坏,这些可再生资源可能不再生。因此,实现经济可持续发展,应在一定限度内合理利用可再生资源,防止生态的破坏和动物的灭绝,保障其永续性。近年来,我国可再生自然资源的利用强度不断增大,已经出现了资源枯竭、再生能力下降等现象。例如,我国的森林资源,因为滥砍过伐,每年消耗蓄积量2亿 m^3,超过生长量的1/4,导致全国相当数量的林区过伐现象严重。草原超载放牧等问题引起草地资源退化,退化面积占可利用草场的1/3。耕地重用轻养,有机质和营养元素含量普遍明显下降。水产资源方面由于酷渔滥捕,主要经济鱼类越捕越少,越捕越小;水资源方面浪费惊人,农业灌溉用水量常常是需要量的数倍。这种种问题的出现使可再生资源的合理利用成为经济社会持续发展必须重视的问题。

(2) 国土空间辽阔,但生态环境脆弱

我国国土面积960万 km^2,仅次于俄罗斯、加拿大和美国,居第四位,占世界国土总面积的7.16%。广袤的国土使中国自然资源非常丰富,环境资源多样,森林、湿地、草原、荒漠、海洋等生态系统均有分布。我国地域辽阔多山,地形和气候千变万化,自然条件复杂,因此适宜多种林木生长,形成了丰富多样的植物类型。我国植物资源非常丰富,全国种子植物约24 500多种,与世界上植物区系丰富的国家相比,仅次于马来西亚(约45 000种)和巴西(约40 000种),居世界第三位。中国是世界上动物资源最丰富的国家之一。中国陆地面积占全球陆地总面积的6.5%,而野生兽类却占全球兽类总数的1.2%(420多种);中国的鸟类占全世界鸟类种数的15.3%(1 166种);爬行类和两栖类动物占全世界总数的8%(510多种)。此外,由于我国幅员辽阔,空间水、热、光的组合各异,形成了多种类型的气候,气候资源十分丰富:全国地跨9个温度带,可划分为40个气候类型区。光照条件好,全国大部分地区年光照时数在1 800 h以上,全国年均太阳辐射总量在335.0～837.4 J/cm²。年植物的生理辐射为252.0 J/cm²。我国热量资源丰富,日均气温持续大于等于10℃的温暖期,大多数地区在180～250 d,在南部达330 d以上;大于等于10℃年积温在3 500～6 000 d·℃。

但我国同时是世界上生态脆弱区分布面积最大、脆弱生态类型最多、生态脆弱性表现最明显的国家之一。我国国土面积的65%是山地或丘陵、33%是干旱地区或荒漠地区、70%每年受到季风气候的强烈影响、55%不适宜人类的生活或生产、35%常年受到土壤侵蚀和荒漠化的影响。我国耕地面积的30%属于pH值小于5的酸性土壤、20%存在不同程度的盐渍化或次生盐渍化。我国17%的国土面积构成了全球的世界屋脊。我国生态脆弱区域面积广大,脆弱因素复杂。中度以上生态脆弱区域占全国陆地国土空间的55%,其中极度脆弱区域占9.7%,重度脆弱区域占19.8%,中度脆弱区域占25.5%。我国生态脆弱区每年因沙尘暴、泥石流、山体滑坡、洪涝灾害等各种自然灾害所造成的经济损失约两千多亿元人民币,自然灾害损失率年均递增9%,普遍高于生态脆弱区GDP增长率。全球气候变化以及一些地区不顾资源环境承载能力的肆意开发,使我国生态系统遭遇到严重的威胁,生态系统功能退化,比较突出的问题有:① 水土流失严重:年全国水土流失面积367万 km²,约占国土面积的38.2%,平均每年新增水土流失面积1万 km²。② 荒漠化土地面积不断扩大:据中国环境统计年鉴数据,2009年全国荒漠化土地面积已达到263.61万 km²,占土面积的27.3%,每年约以2 460 km²的速度扩展。③ 草地退化、沙化和碱化(三化)面积逐年增加:全国已有"三化"草地面积1.33亿 hm²,占总草地面积的1/3,并且每年以200万 hm²的速度增加,尤其是北方半干旱地区草场,由于过度放牧、毁草开荒等破坏,退化极严重。例如,内蒙古自1965年至今,草原退化面积达3 067万 hm²。④ 生物多样性遭到严重破坏:我国已有15%～20%的动植物种类受到威胁,高于世界10%～15%的平均水平。据统计,我国有398种脊椎动物濒危,占我国脊椎动物种数的7.7%左右;高等植物濒危或临近濒危的物种数约达4 000～5 000种,占我国高等植物总种数的15%～20%。⑤ 大面积的森林被砍伐,天然植被遭到破坏,毁林开垦、陡坡种植、围湖造田现象严重。2009年我国森林面积为1.96亿 hm²,其中人工林为6 168.84万 hm²,森林覆盖率为20.36%。据2008年环境保护部的统计资料显示,生态破坏(草原、湿地、森林、土壤侵蚀等)所造成的经济损失约占GDP的6%～7%。生态破坏、生态系统功能退化已经成为我国可持续发展面临的突出问题。

我国是世界上自然灾害最严重的少数几个国家之一。我国位于世界上两个典型灾害带(环太平洋灾害带和北半球中纬度灾害带)的交汇处,加上我国地貌多山、地壳运动强烈,又处于不稳定的季风环流控制下,使我国的自然灾害表现出种类多、频次高、强度大、影响面广等特点。20世纪全球54起重大自然灾害中,我国占了8起。除了现代火山活动外,几乎所有的自然灾害(主要包括气象灾害、地震地质灾害、海洋灾害、生物灾害和森林草原火灾五大类)都在我国出现,尤其是地震、干旱、洪涝、台风、风暴潮对我国的危害最为严重。我国自然灾害的地域表现为:黄淮海平原、东北平原是旱灾多发区;洪涝集中在长江中下游平原和黄淮海平原;地震多发生在台湾省以及华北、西北和西南地区;滑坡、泥石流等地质灾害集中在西南地区;东北地区低温冷害严重;台风主要发生在东南沿海地区。新中国成立以来,中国自然灾害造成的直接经济损失年均值约占GDP的3%～6%,高于发达国家几十倍。20世纪70年代至20世纪末,我国年均农业受灾面积4 000～4 700万 hm²,受灾害影响人口2亿人,其中300万人需要转移安置,死亡数千人。进入20世纪90年代以来,气象、地震、旱涝、海洋、地质、农业和林业等七大自然灾害日趋严重,灾害损失急剧上升。每年因各种自然灾害死亡上万人,年平均直接经济损失500多亿元。2008年的汶川8级强震,受灾同胞达46万,其中约7万人遇难,直接经济损失8 452亿元,造成的次生环境问题更是非常严重。2009年,中国发生地质、地震、海洋、森林灾害共计19 679次,直接经济损失达47.85亿元。2010年,中国又发生玉树大地震、舟曲特大泥石流,受灾人数达25万。

(3) 保护环境成绩斐然,但环境污染形势依然严峻

从1972年参加了联合国人类环境会议,我国开始有了"环境保护"的概念,经过30多年的不懈努力,我国的环保事业从小到大、蓬勃发展,在经济高速增长、人口不断增加的背景下,基本避免了环境质量急剧恶化的趋势,保护环境成绩斐然。2008年,我国工业废水排放达标率、工业二氧化碳排放达标率、工业烟尘排放达标率、工业粉尘排放达标率、工业固体废物综合利用率和工业固体废物处理率平均为75.13%,比2001年提高近20个百分点。到2008年年底,全国城市污水处理厂日处理能力达8 106万 m^3,是20世纪80年代初的96倍;城市污水处理率达到70.2%,比20世纪90年代初提高了53个百分点;集中供热面积349亿 m^2,是80年代初的299倍,是90年代初的12.6倍;建成区绿地率达到3.3%,比90年代中期提高14.2个百分点。我国环境保护事业经过几十年的不懈努力,虽然取得了积极进展,但主要污染物排放量超过环境承载能力,生态环境受到不同程度的破坏,环境污染事故时有发生,环境形势依然十分严峻。

据世界银行估计,每年中国环境污染和生态破坏造成的损失与GDP的比例高达10%。据环境保护部统计:2010年,我国发生环境污染事件420次,其中水污染135次、大气污染157次、海洋污染3次、固体废弃物污染35次、其他污染90次。2010年,我国七大水系的主要河流普遍受到有机物的污染,以辽河、海河污染最为严重。在辽河37个国控监测断面中,劣五类水质的断面比例占24.3%;海河62个国控检测断面中,一至三类水占37.1%,四类水质占11.3%,五类水质占51.6%。全国78%的淡水和50%的地下水受到不同程度的污染。我国的大气环境中,2010年,工业废气排放总量519 168亿 Nm^3。我国酸雨污染的分布区域广泛,酸雨区面积已达国土总面积的30%。据106个城市的降水PH值监测结果统计,降水年均PH值范围在4.3~7.47。由煤炭燃烧形成的酸雨造成的经济损失每年超过1 100亿元。世界银行的《世界发展指标2006》中,对110个人口超过百万的各国城市按悬浮微粒进行了排名,空气污染最严重的前20个城市中,中国占16个。2010年,符合大气环境质量一级标准的大中城市仅占3.3%。海洋污染中,2009年,全国污染海域面积7.61万 km^2,占全部检测海域面积的51.73%,其中轻度污染海域面积为7.10万 km^2,中度污染海域面积2.09万 km^2,严重污染海域面积2.97万 km^2。固体废弃物往往造成地区性土壤污染,2012年,全国工业废物产生量为32.9亿吨,约为2000年的4倍。这些工业废弃物中多数为有毒有害物质,对土壤危害严重。中国严重的环境污染现状正制约着社会经济的可持续发展。

(三) 社会子系统

我国区域可持续发展中社会子系统是根本目标,社会的可持续发展是我国可持续发展的根本出发点和落脚点。

1. 社会子系统特点

(1) 人口数量众多,但结构问题突出

中国是世界上人口最多的国家,根据2010年第六次全国人口普查结果显示我国大陆31个省区市和现役军人总人口为133 972万人(不含香港、澳门特别行政区和台湾省),将港、澳、台2010年年底人口数据计入在内的全国人口总数为137 053万人,约占世界总人口的20%。同第五次全国人口普查相比,10年增加7 390万人,增长5.84%,年均增长0.57%。进入21世纪后,中国的妇女总和生育率下降至1.8以下,明显低于国际上公认的"更替水平生育率(2.1)"。但由于人口增长的惯性作用,我国人口增长势头依然强劲,总人口每年净增800万~1000万人。人口众多始终是我国的基本国情,经济社会发展和资源环境仍面临较大压力(表7-3)。未来一个时期,人口数量问题仍然是制约我国经济社会发展的关键性问题之一。据估算我国总人口将在2033年达到15亿。据我国人口专家预测,中国未来10年,每年适龄劳动力资源都能稳定在9亿左右。劳动年龄人口基数大,高峰持续时间长,对人口就业和城市化发展带来了巨大压力;庞大的人口基数和人口数量的快速增长使我国人均资源相对不足,也导致每年高达1/5的新增国民生产总值被新增的人口所消耗掉,不能有效和较快地提高人民生活水平和更多地积累资金用于再发展。同时,我国的人口素质较低,同世界一些国家相比远远地落在他们之后。例如,受过高等教育的平均人数,在美国每万人中为1 500人,加拿大为1 198人,日本为637人,俄罗斯为450人,菲律宾为330人,中国仅为182人,不到美国的1/8,不到日本的1/3,约为菲律宾的1/2。众多的人口数量已经成为制约我国经济快速增长的重要瓶

颈之一。

表 7-3　1990～2010 年中国人口状况

项　目	1990 年	1995 年	2000 年	2005 年	2010 年
人口总量/万人	114 333	121 121	126 743	130 756	133 972
人口出生率/‰	21.06	17.12	14.03	12.4	11.9
死亡率/‰	6.67	6.57	6.45	6.51	7.11
自然增长率/‰	14.39	10.55	7.58	5.89	4.79

除人口总量庞大外,我国人口在结构上也有明显的特征,主要表现在年龄结构中老年人口比重偏高和性别结构中性别比偏高。面临着人口总量过多和人口老龄化的双重压力。中国早在 1999 年就已经进入老龄社会,第六次普查结果显示全国 60 岁及以上人口占总人口的 13.26%,比 2000 年上升 2.9 个百分点,其中 65 岁及以上人口占 8.87%,上升 1.91 个百分点,而国际上通常把 60 岁以上人口占总人口比例达到 10%,或 65 岁以上人口占总人口比重达到 7% 作为国家或地区进入老龄化社会的标准。我国已处于老龄化社会,并进入快速发展时期。2011 年末,我国 60 岁以上老年人口已达 1.85 亿,占总人口的 13.7%,其中 65 岁以上的老年人口为 1.23 亿,占总人口的 9.1%。2000～2010 年我国 65 岁以上的老年人口以年均 2.91% 的速度增加,是全球老龄化发展速度最快的国家。目前,我国已成为世界上唯一老年人口超过 1 亿的国家,也是发展中国家大国崛起过程中人口老龄化最严重的国家。2011 年,中国国民生产总值占世界的 10.48%,却负担着世界 21.22% 的老年人口。据预测到 2020 年,中国 60 岁以上人口将接近 20%。欧洲国家用 100 年时间、发展中国家用 60 年时间达到的老龄化程度,中国将只用 20 年。由于中国的人口老龄化发生在实行计划生育、独生子女等背景下,因此又具有特殊的复杂性。中国人口老龄化虽然在社会进步和经济发展的情况下出现,但主要是生育率急剧下降的结果,因而人口老龄化进程超前于经济发展,即"未富先老"。同时又伴随着独子高龄化、高龄病残化、老年空巢化的特点,使社会保障面临空前压力。人口老龄化已成为我国可持续发展所要面对的严峻问题。

(2) 公民基本需求有较大改善,但社会基本保障和基本公共服务体系尚不完善

新中国成立至今,我国发生了翻天覆地的变化,经济和社会建设取得了巨大成就,人民生活水平显著提高,实现了从温饱不足到总体小康的历史性跨越,公民基本需求有了较大改善。我国初步形成了以城镇职工社会保险、城镇居民最低生活保障和农村社会保障为主要内容的社会保障体系框架。现阶段我国社会保障体系具有低水平、广覆盖、多层次的特征。首先,我国还处于社会主义初级阶段,国民经济发展水平比较低、社会财富积累也不够多,且人口众多、就业压力大,人口老龄化速度快,特别是贫困群体的规模大、情况复杂。因此,在相当长的时期内,我国基本社会保障只能实行低水平,解决基本生活保障。其次,享受社会保障是每个公民的基本权利,作为国家的一项基本社会经济制度,要尽量覆盖到全体公民。过去社会保障主要在城镇推行,现在随着经济的不断发展,逐步将城镇灵活就业人员纳入社会保险,使基本养老保险覆盖到城镇所有从业人员,并适应城镇化和农村劳动力转移的大趋势,尽快解决失地农民、农民工、乡镇企业职工参保问题,逐步把农民覆盖进来。截至 2011 年年底,全国城镇基本养老保险参保人数已达到 2.84 亿人,其中在职职工 2.16 亿人,离退休人员 6 819 万人,分别是 2005 年参保人数的 1.63 倍、1.65 倍和 1.56 倍,新型农村社会养老保险试点参保人数已达 3 326 万人;基本医疗保障的覆盖人数全国已超过 12 亿人,其中城镇职工已达 2.52 亿人(比 2005 年年底的 1.38 亿人增加了 1.14 亿人),城镇居民达 2.21 亿人,新农合达 8.33 亿人;失业保险、工伤保险、生育保险参保人数分别达 1.43 亿人、1.77 亿人(其中农民工参保 6 837 万人)和 1.39 亿人,比 2005 年年底分别增加了 3 641 万人、9 228 万人和 8 444 万人,社会保障覆盖范围不断扩大。最后,由于社会经济发展不平衡,我国城镇居民收入有较大的差距,相应地出现了对社会保障不同层次的需求,各层次间的差距也要不断缩小和协调。

除此之外,我国基本公共服务非均等化的情况比较突出,且在区域间、城乡间和群体间的差距仍在扩大。首先,基本公共服务存在区域非均等,主要表现在东部和西部、沿海和内地间的非均等化,我国中西部地区基本公共服务各方面水平都明显低于东部地区和全国总体水平。这种差距的根源在于区域间的经济社会发展水平的过大差距使得区域间的财政收支能力差距过大,从而导致区域间的基本公共服务的供给能力差距过大,而这种基本公共服务的过大差距,又反过来造成各区域间经济社会发展水平差距的扩大。其次,长期存在的城乡二元分割体制使我国不断扩大的城乡差距不仅包括经济社会发展水平,如居民收入等方面,还包括政府所提供的基本公共服务。国家统计局数据显示,2011年我国城乡居民收入差距比例为3.12∶1,将教育、医疗、社会保障和住房等因素加进去,城乡实际收入差距达到5.6∶1,基本公共服务因素对城乡收入差距中的影响在30%~40%。最后,我国基本公共服务供给贫富差距突出。当前我国很多地区依然有相当多的低收入者难以享受到基本公共服务,最直接最突出的表现是"上学难"、"看病难"和"住房难"等社会热点问题。近年来,城镇家庭中收入最高的10%的家庭人均可支配收入是最低的10%家庭的9.2倍,收入差距的不断扩大成为一个备受瞩目的社会问题。由于公众个人承担基本公共服务的费用快速上涨,已大大超过贫困家庭可支配收入的增长速度,这也是导致贫富差距不断扩大的重要原因。可以说目前我国社会基本保障和基本公共服务不完善、不均等已经成为威胁社会经济可持续发展的一大忧患。

(3) 人均收入不断提高,但国民收入分配格局不合理

1949年,城镇居民人均现金年收入不足100元,2012年达到24 565元,扣除价格因素,实际增长21.5倍;1949年,农村居民人均年收入不足50元,2012年达到7 917元,我国人均年收入在不断提高。2011年,世界银行已经把中国列入"中上等收入国家"(人均国民年收入为3 856~11 905美元)。20世纪80年代中期前,中国一直属于低收入国家行列;其后开始步入中等收入国家之列;经过十多年的努力,又从低中等收入国家变成了中上等收入国家。但随着国民财富这块蛋糕越做越大,如何分配使之惠及最广大人民就变得更为重要。目前,我国的国民收入分配格局并不合理。国民收入初次分配是对国民生产成果在各生产主体之间分配的第一个微观分配环节,从表7-4中可以看出,在初次分配环节中各分配主体的收入分配趋势,从1996~2008年,我国居民分配比率呈下降趋势,由1996年的66.5%下降至2008年的57.2%;企业分配比率不断上升,由1996年的16.9%上升至2008年的25.3%;政府分配比率不断上升,由1996年的16.6%上升至2008年的17.5%。

在初次分配格局形成的基础上,政府将主动进行再分配,这是各经济主体利益格局的第二次调整,经过再分配之后,形成国民收入分配格局的最终格局,它反映国民收入各分配主体的资源最终占用状况。从表7-4可以看出在1996~2008年,政府最终分配比率一直处于上升趋势,由1996年的17.9%提高到2008年的21.3%;企业也一直处于上升趋势,由1996年的13.7%提高到2008年的21.6%;居民一直处于显著下降趋势,由1996年的68.4%下降到2008年的57.1%(表7-4)。

表7-4 1996~2008年我国国民收入分配格局

年份	各部门增加值比重			初次分配各部门收入比重			再分配后各部门可支配收入		
	企业	政府	居民	企业	政府	居民	企业	政府	居民
1996	0.629	0.073	0.298	0.169	0.166	0.665	0.137	0.179	0.684
1997	0.627	0.074	0.3	0.169	0.171	0.66	0.131	0.183	0.686
1998	0.612	0.08	0.308	0.162	0.177	0.661	0.135	0.181	0.684
1999	0.605	0.082	0.313	0.178	0.171	0.65	0.147	0.181	0.672
2000	0.6	0.079	0.322	0.19	0.177	0.634	0.166	0.192	0.642
2001	0.611	0.083	0.305	0.202	0.185	0.613	0.175	0.205	0.62
2002	0.62	0.095	0.286	0.203	0.19	0.605	0.19	0.21	0.61
2003	0.611	0.099	0.29	0.209	0.194	0.597	0.182	0.22	0.598
2004	0.63	0.091	0.279	0.235	0.169	0.596	0.209	0.193	0.598
2005	0.628	0.093	0.279	0.232	0.174	0.594	0.208	0.2	0.592
2006	0.63	0.092	0.278	0.232	0.179	0.59	0.199	0.214	0.587
2007	0.633	0.091	0.275	0.236	0.183	0.581	0.198	0.22	0.581
2008	0.639	0.095	0.266	0.253	0.175	0.572	0.216	0.213	0.571

根据以上结果可以看出:我国当前国民收入分配格局是"向政府和企业倾斜",居民最终分配比率不断下降。并导致了"两个比重"(即劳动报酬在初次分配中所占比重和居民收入在国民收入分配中所占比重)不断降低。对比一些有代表性的发达国家国民收入分配格局可知,我国居民的分配份额较低,政府和企业的

分配份额偏高：首先，美国人均GDP在1942年首次超过1000美元，在经历20年后，1962年人均GDP达到3144美元，这时期美国居民的最终分配比率大约为72%。20世纪90年代以来，美国的居民分配比率一直较为稳定，平均为73.4%，而政府和企业分配比率分别为13%。由此看来，美国的居民分配份额大大高于我国，政府和企业的分配份额低于我国；其次，日本人均GDP从1966年的1071美元，增长为1973年的3348美元，这时期日本居民的最终分配比率大约为75%。2005年日本政府和企业的最终分配份额为17.6%和9%，分别低于我国同类比重2.4和11.8个百分点，而同年居民最终分配份额为73.4%，高于我国同类比重14.2个百分点。

也就是说，我国国民收入分配格局不合理主要体现在居民收入在国民收入中的比重与政府、企业所占比重相比较低且下降，而政府和企业收入却呈快速发展趋势；劳动报酬在初次分配中与土地、资本、管理等要素相比较低，使得企业收入增长较快，政府次之，居民最少。居民收入占比低，从理论上看，是积累基金与消费基金比例不合理，积累率过高，反映在现实经济生活中主要是政府积累高，投资支出比例大，导致经济增长依赖投资；居民收入水平低，消费倾向和消费水平低及民间投资不足。劳动报酬占比低，从理论上看，是按劳分配与按要素分配关系处理不当，反映在现实经济生活中主要是劳动者的工资增长赶不上国民经济增长和企业利润增长。此外，随着市场经济的发展，居民收入分配差距不断扩大，企业之间、垄断行业收入过高等问题越来越突出。这些问题都导致国民财富增长的成果不能被广大人民平等分享，将严重威胁我国经济和社会的可持续发展。

(4) 劳动力资源丰富，但就业结构和需求错位

人口众多的国情，使我国劳动力资源十分丰富。实际上，我国从20世纪90年代中期开始，就出现了劳动力过剩的现象，而且劳动力过剩在不断加剧。从我国的城镇登记失业人口数这一数据来看，自1983年开始，我国的失业人口就一直处于增长态势。2003年城镇登记失业人口数突破800万人，2009年突破900万。造成我国劳动力总量供大于求的局面。首先，是因为我国新增劳动年龄人口进入了高峰期，达1000万人。根据国家发展和改革委员会提供的资料，2001年新增劳动年龄人口1100万人，2009年达到2400万人；按劳动参与率70%计算，2001年新增劳动力800万人，2009年近1680万人。"十一五"期间，中国新生劳动力供给总量升至峰值，达到2670万人，平均每年约增长530万人。其次，我国的就业弹性过低也加剧了劳动力的供需矛盾。改革开放以来，纵向比较，中国就业弹性由过去的0.3左右下降到0.1左右，和国际上比较，根据人力资源和社会保障部国际劳工研究所对经济合作与发展组织(Organization for Economic Co-operation and Development, OECD)数据库和各国GDP就业量的计算，一般发展中国家就业弹性平均在0.3～0.4。2007年，欧盟地区总就业弹性是0.78，OECD国家是0.48。中国的经济增长方式对带动就业的促进作用基本上是全世界最低的。

在总量上供大于求的同时，我国的劳动力还存在结构性矛盾。主要表现为以下四个方面。第一，就业的产业结构矛盾。第二产业，特别是制造业过早排斥就业，而第三产业是进入壁垒最多的行业，极大限制了第三产业的发展及其扩大就业作用的充分发挥，形成了突出的结构性矛盾。第二，就业的所有制结构矛盾。在由计划经济体制向市场经济体制转轨的过程中，公有制经济所占国家经济总体的比重逐步缩小，国有大中企业大规模减员，而非公有制经济成为国民经济增长和吸纳就业的一个新阵地。但非公有制经济、大量中小企业发展受多方面制度和政策方面约束，难以创造更多的就业机会，进一步加剧了就业的所有制矛盾。第三，就业的区域性矛盾。中国资源型产业、传统制造业及国有经济在地域上的集中，而跨行政区域的就业又受到许多限制，形成就业的区域性矛盾。第四，就业的素质矛盾。科技进步、技术更新、新兴产业兴起，特别是高新技术产业和现代服务业的快速发展，使素质和文化较低或技术单一的劳动者不适宜经济发展需要而失业或难以就业，与此同时，一些急需的专业技术人员和技术工人又不能满足甚至后继无人。

随着人口总量的增长，中国前所未有和持续增大的就业压力将愈加严峻。按现行女55岁和男60岁退休年龄来预测，2010～2030年将持续在9亿左右的劳动人口，比重约为64%，21世纪前50年，每年新增劳动力1100多万。就农村来看，21世纪前30年农村剩余劳动力约保持在2亿。目前就业问题还因大量下岗待业人员和潜在失业人口而更趋复杂，给经济社会发展带来沉重负担。

(5) 城乡二元结构协同发展有所改善，但脱贫任务依然艰巨

新中国成立后我国经济社会发展的一个重要特点就是工农差别、城乡分治。新中国成立后，政府主要通过农业税收、工农产品价格"剪刀差"以及税负转嫁的形式将大量的农村财富转移给城市，用于支持工业资本

积累和城市经济建设,以致我国的社会结构存在两种独立体系,一个是由市民组成的城市社会,另一个则是由农民构成的农村社会。这种二元社会结构以二元户籍制度为核心,包括二元就业制度、二元福利保障制度、二元教育制度、二元公共事业投入制度在内的一系列社会制度体系,呈现出典型的二元发展格局。一般来看,城乡关系从产生到和谐的变迁,需要经历城乡分化、城乡分离、城乡对立、城乡融合和城乡一体五个阶段。我国目前已经进入工业化的中期阶段,财政实力不断增强,工业反哺农业的能力和城市支持农村的能力明显增强,我国总体上已进入以工促农、以城带乡的发展阶段。城乡协调发展是构建和谐社会的基础已经成为共识。2004~2008年的中央"一号文件"都是围绕"三农问题"。2007年,一些省份已开始进行,统一城乡户口登记制度的试点与实践(指城市常驻人口)。党的十七大进一步提出:建立以工促农、以城带乡的长效机制,形成城乡经济社会一体化发展的新格局。我国城乡二元结构协同发展已经有所改善。

但我国的城乡二元结构短期内不会根本改变。这主要表现为城乡之间的不合理差距。我国城市化水平低,农村人口比重大。2011年,我国城市人口首次超过农村人口,城市化率达51.3%,但这也只相当于美国1920年的城市化水平;且农业与非农业的产值和就业结构偏差过大。2012年,我国第一产业所实现的国民生产总值只有全部国民生产总值的10.1%,但乡村就业人员却占全国就业人员的51.63%;城乡居民收入和消费水平差距过大。2012年,全国农村居民人均纯收入7 917元,只有城镇人均可支配收入24 565元的1/3;2010年,全国农村居民人均生活消费支出4 382元,不到城镇居民人均消费性支出的1/3;城乡居民基本公共服务和社会保障待遇差距大,我国卫生资源大约80%分布在占全国人口35%的城市,其余20%分布在占全国人口65%的农村,占全国人口2/3的农民享受的基础设施不及全国的1/5。中国是世界上人口最多的发展中国家,发展基础差、底子薄,不平衡现象突出。特别是农村贫困人口多,解决贫困问题的难度很大。中国的减贫,在很大程度上就是解决农村的贫困问题。而城乡之间这种不合理的差距,最直接的结果就是我国脱贫任务艰巨。2010年,按农村扶贫标准1 274元,我国共有2 688万农村贫困人口,占农村人口的比重为2.8%。2010年,592个国家扶贫开发工作重点县人均地区生产总值为11 170元,仅约为全国平均水平(29 992元)的1/3;人均地方财政收入559元,不足全国人均地方财政收入(6 197元)的1/10;农民人均纯收入1 276元,约是全国农村人均纯收入(5 919元)的1/5。2010年年底,国家扶贫开发工作重点县7至15岁学龄儿童入学率达到97.7%,低于全国平均水平;青壮年文盲率高达7%。同时,在我国现有贫困人口当中,有2/3属于返贫性质,十分脆弱,处于极不稳定的状态。市场冲击成为返贫的重要因素,经济波动对贫困地区影响很大。同时,中国现在的贫困人口,相当一部分分布在自然灾害相当严重、生态非常脆弱的地方,而且防灾抗灾能力相对不足,在气候变暖、极端气候事件频发的情况下,这些人很难脱贫。因此我国的脱贫任务还面临着扶贫对象规模依然庞大、特殊贫困矛盾突出、脱贫压力大等困难,脱贫任务依旧十分艰巨。

第二节 中国可持续发展系统空间格局

经济、社会、生态环境所构成的可持续发展系统,是一个因素众多且彼此相互关联的复杂系统。我国国土空间辽阔,经济和自然环境的区域差异很大。切实推进可持续发展战略,必然要求我们摸清家底,因地制宜。因此本节将在省域的尺度上,对中国各省的可持续发展水平进行定量提取,进而按各省的可持续发展系统协调情况进行分类,以反映中国可持续发展系统的空间格局。

一、各省可持续发展水平定量提取

(一) 可持续发展水平指标体系

中国可持续发展水平指标体系,针对中国的发展特点和评判需要,把可持续发展指标体系分成四个层次。第一层次为目标层:中国可持续发展水平;第二层次为系统层:包括三个子系统,分别为经济子系统、社会子系统和生态环境子系统;第三层次为要素层:是对每个子系统包含要素的分解;第四层次为指标层:根据每个子系统的每个要素筛选具体指标(表7-5)。

表 7-5 中国可持续发展水平指标体系

系统层 A	子系统层 B	要素层 C	指标层 D	属性	单位
中国可持续发展水平	经济子系统	经济总量	GDP(X_1)	+	亿元
		经济水平	人均 GDP(X_2)	+	万元
		经济结构	第三产业比重(X_3)	+	%
		经济实力	人均财政收入(X_4)	+	元
	社会子系统	生活水平	城镇可支配收入(X_5)	+	万元
			农村人均纯收入(X_6)	+	万元
		社会保障	社会保障占各地区财政支出的比例(X_7)	+	%
		交通发展	铁路通车里程密度(X_8)	+	万 km/km²
			公路通车里程密度(X_9)	+	万 km/km²
		医疗卫生	千人拥有医生数(X_{10})	+	人
		基本教育	文盲人口占 15 岁及以上比例(X_{11})	−	%
		就业保障	城镇人口登记失业率(X_{12})	−	%
	生态环境子系统	资源利用	单位 GDP 能耗(X_{13})	−	吨标准煤/万元
			人均水资源量(X_{14})	+	m³/人
			人均耕地面积(X_{15})	+	亩
		大气环境	万元 GDP 二氧化硫排放量(X_{16})	−	吨/万元
			万元 GDP 氮氧化物排放量(X_{17})	−	吨/万元
			万元 GDP 烟(粉)尘排放量(X_{18})	−	吨/万元
		水环境	万元 GDP COD 排放量(X_{19})	−	吨/万元
			万元 GDP 氨氮排放量(X_{20})	−	吨/万元
		固体废弃物	万元 GDP 工业固体废弃物排放量(X_{21})	−	吨/万元
			城镇生活垃圾无害化处理率(X_{22})	+	%
		生态保护	人均绿地面积(X_{23})	+	m²/人
			森林覆盖率(X_{24})	+	%
			湿地面积占辖区总面积比例(X_{25})	+	%
			水土流失面积占国土面积比例(X_{26})	−	%

(二)各省可持续发展水平聚类

根据 2011 年中国统计年鉴数据得到中国省域尺度上的可持续发展水平统计结果(表 7-6),运用统计产品与服务解决方案(Statistical Product and Service Solutions,SPSS)软件系统聚类对中国可持续发展系统省域尺度上的空间格局进行了划分,根据聚类结果,中国可持续发展系统在省域尺度上可以分为五大类。分别为第一类包括:北京、天津、上海。第二类:江苏、浙江、福建、山东、广东。第三类:河北、内蒙古、辽宁、吉林、安徽、河南、湖北、湖南、四川、陕西。第四类:江西、广西、海南、重庆、云南、西藏。第五类:贵州、山西、甘肃、青海、宁夏、新疆。

表 7-6 中国可持续发展水平统计结果

地区	经济发展指数		社会进步指数		生态环境指数		可持续发展指数	
	位次	得分	位次	得分	位次	得分	位次	得分
北京	1	0.774	1	0.811	5	0.543	1	0.709
天津	5	0.569	3	0.546	13	0.490	3	0.535

续 表

地 区	经济发展指数		社会进步指数		生态环境指数		可持续发展指数	
	位 次	得 分	位 次	得 分	位 次	得 分	位 次	得 分
河北	11	0.244	16	0.341	24	0.416	14	0.333
山西	20	0.175	11	0.362	27	0.298	25	0.278
内蒙古	9	0.339	21	0.305	14	0.482	10	0.375
辽宁	8	0.368	9	0.387	19	0.444	9	0.400
吉林	17	0.195	14	0.354	17	0.459	13	0.336
黑龙江	19	0.181	20	0.306	16	0.465	20	0.317
上海	2	0.712	2	0.664	11	0.505	2	0.627
江苏	3	0.604	6	0.446	7	0.529	5	0.526
浙江	6	0.490	4	0.498	1	0.577	6	0.522
安徽	23	0.147	23	0.297	18	0.450	23	0.298
福建	10	0.307	12	0.358	4	0.551	8	0.406
江西	25	0.131	15	0.348	10	0.514	15	0.331
山东	7	0.455	8	0.405	8	0.525	7	0.462
河南	15	0.205	10	0.373	25	0.406	16	0.328
湖北	12	0.231	18	0.317	23	0.422	18	0.323
湖南	13	0.213	19	0.317	21	0.434	19	0.321
广东	4	0.570	5	0.471	2	0.556	4	0.532
广西	26	0.126	24	0.289	12	0.494	21	0.303
海南	21	0.166	7	0.412	9	0.522	12	0.367
重庆	14	0.212	13	0.357	6	0.542	11	0.370
四川	18	0.187	27	0.260	20	0.440	24	0.296
贵州	28	0.119	31	0.221	26	0.312	30	0.217
云南	27	0.121	29	0.241	22	0.424	26	0.262
西藏	29	0.118	30	0.233	3	0.553	22	0.301
陕西	16	0.199	22	0.300	15	0.476	17	0.325
甘肃	31	0.080	26	0.284	29	0.278	31	0.214
青海	30	0.089	17	0.331	31	0.246	28	0.222
宁夏	22	0.156	28	0.255	30	0.249	29	0.220
新疆	24	0.135	25	0.289	28	0.288	27	0.238

二、中国可持续发展系统空间格局

根据聚类结果,按照中国各省、自治区、直辖市可持续发展系统的三个子系统：经济、社会和生态环境的发展水平与相互协调关系。在省域尺度上把中国分为经济高速增长、生态环境承载能力降低的区域；较高水平的协调发展区域；低水平的协调发展区域；生态环境承载力较强的欠发达区域；生态环境承载力较弱的欠发达区域五类。(图7-9)。

(一)经济高速增长、生态环境承载力降低区域

这类区域的经济子系统和社会子系统发展水平较高,而生态环境子系统的支持能力明显较低。区域经济发展水平、经济规模和经济增长速度都很高,在较高的经济水平下,各项社会事业随之配套发展,也达到了比较完善的水平。但同时区域内的国土开发密度已经较高、生态环境承载能力开始减弱,资源环境问题较为突出。根据聚类结果,这类区域主要包括北京、上海、天津三个直辖市(图7-10)。

表7-7中,这类区域所包括的北京、上海、天津三个地区经济子系统得分分别为1、2、5,是全国经济最发达的地区之一,是我国经济最发达的京津冀都市圈和沪宁杭都市圈的核心城市,是中国经济增长的极点地区。该区域面积仅占全国总面积的0.36%,却创造了全国国民生产总值的10.1%,实现了全国进出口总额的25.31%,吸引了外商直接投资中的28.70%。2010年,三市地均GDP位列全国前三名,区域人均GDP约

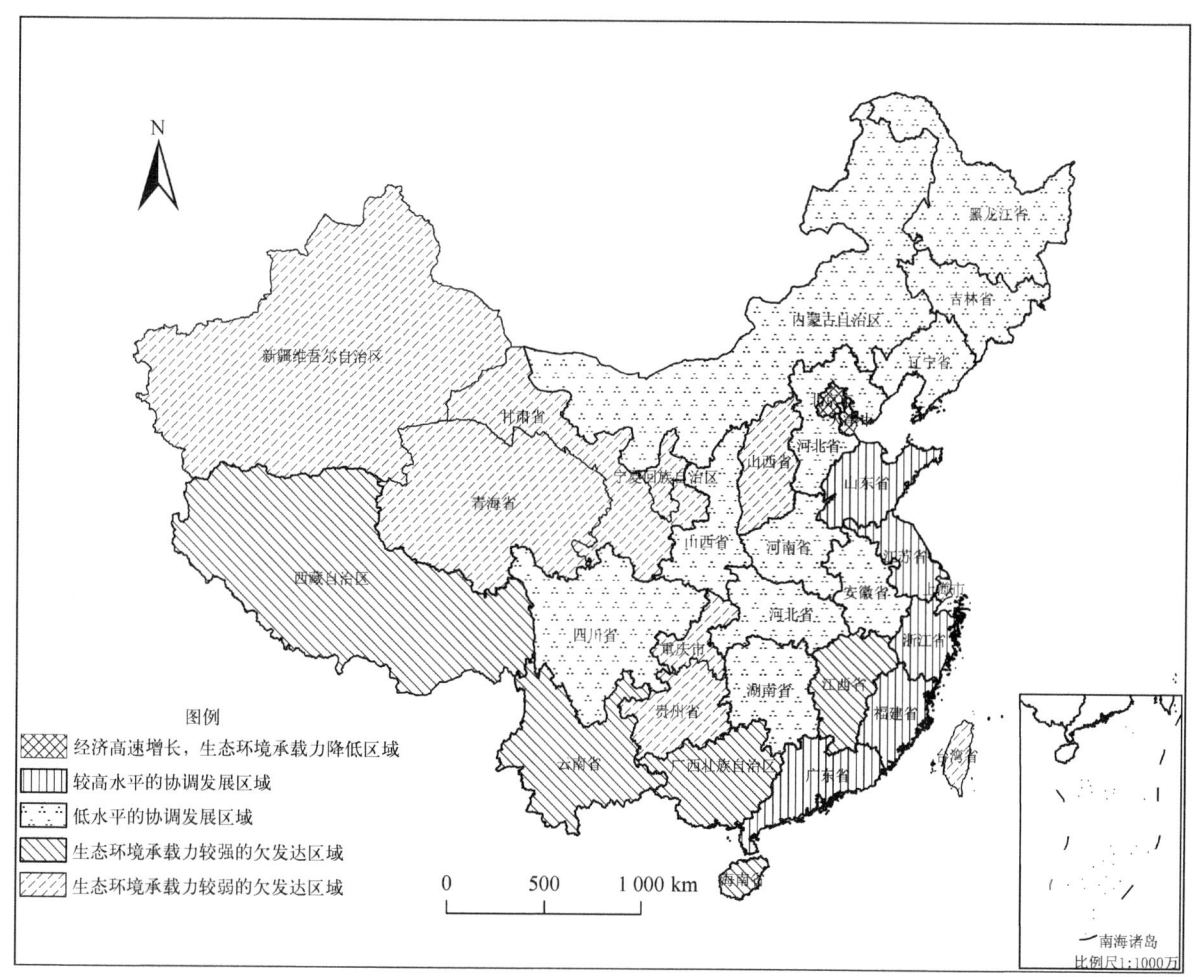

图 7-9 中国可持续发展系统空间格局分布图

为 7.5 万元,是全国人均 GDP 的 2.5 倍。同时,由于经济发展水平高,各项社会事业发展也很完善。三个地区的社会支持系统和智力支持系统均位列全国前三位,2011 年,城镇人均可支配收入为 30 554 元,比全国平均水平多出 11 444 元。2010 年的城镇居民生活保障最低标准 460 元/(人·月),约为全国平均水平的 1.32 倍;每千人拥有医生数为 10.14 人,是全国平均水平的 2.32 倍;每 10 万人拥有的大专以上学历人口数是全国平均水平的 7.92 倍。但由于长期以来比较粗放的经济增长模式,该区域的资源环境付出了很大代价。在可持续发展的三个子系统中,资源环境对区域持续发展的支撑能力明显偏低。2008 年,本区域土地利用开发强度为 27.42%,是《全国主体功能区规划》关于全国陆地国土空间开发强度控制目标 3.91% 的近 8 倍。2010 年,天津、北京、上海三市人均水资源量分列全国倒数第 1、2、4 位,人均水资源量为 120 m^3/人,仅为全国平均水平 2 310.4 m^3/人的 5%。其中北京、上海的人均土地资源也进入全国最后四位。森林覆盖率只有 16%,低于全国平均水平。突发环境事件 191 次,占全国突发环境事件发生总次数 420 次的近 1/2。

表 7-7 京津沪三地可持续发展总水平位序表

地 区	经济子系统		社会子系统		生态环境子系统	
	总得分	序位	总得分	序位	总得分	序位
北 京	0.774	1	0.774	1	0.543	5
天 津	0.712	2	0.712	2	0.505	11
上 海	0.569	5	0.569	3	0.490	13

可见,本区域可持续发展系统的三个子系统失衡,经济、社会快速发展并已达到较高水平,而资源开发强度过大、环境承载力降低。自然资源作为可持续发展的物质基础,已经成为区域未来持续发展的制约因素。

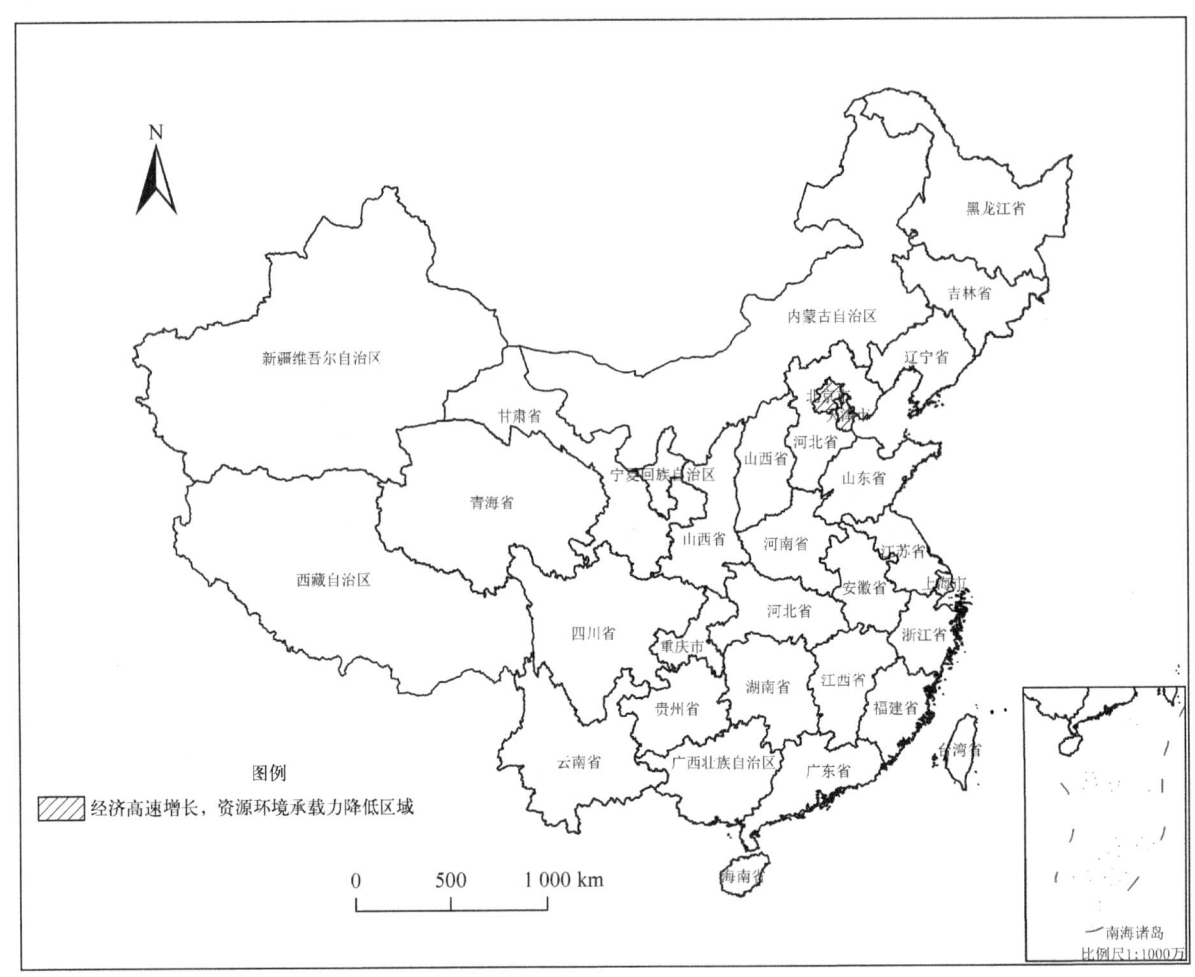

图 7-10 经济高速增长，生态环境承载力降低区域分布图

因此该类区域需要在现有发展的基础上加快转变经济发展方式，调整优化经济结构。

（二）较高水平的协调发展区域

根据聚类结果，这类区域主要包括山东、江苏、浙江、福建、广东 5 个省份（图 7-11）。

如图 7-11 所示，这类区域所包含的 5 个省份全部位于我国经济比较发达的东部地区，为我国三大都市圈环渤海地区、长三角地区、珠三角地区的直接腹地，是我国传统的经济优势地带。仅次于京津沪，是我国经济发展的第二梯度。本区域约占全国国土面积的 6.8%，2010 年，区域地区生产总值占全国 GDP 的 31.4%，进出口总额占全国的 60.6%。区域人均地区生产总值为 5.48 元，是全国人均 GDP 的 1.89 倍。同时，本区域的社会事业发展也相对完善，社会子系统得分仅次于京津沪地区。2010 年，本区域的城镇人均可支配收入为 20 364 元，略高于全国平均水平 19 109 元；每千人拥有医生数为 5.01 人，是全国平均水平的 1.15 倍；每 10 万人中有 9 542 人拥有大专以上学历，略高于全国平均水平 8 930 人。但与京津沪地区不同，在拥有较高经济和社会发展水平的同时，本区域的生态环境状况也比较乐观。在可持续发展总水平排序中，生态环境子系统的得分普遍较高。2010 年，森林覆盖率为 39.43%，比全国平均水平（20.36%）高出近 20 个百分点；单位 GDP 能耗不到全国平均水平的 2/3；万元 GDP 二氧化硫排放量、氮氧化物排放量、COD 排放量、烟尘排放量、固体废弃物排放量都低于全国水平的 1/2。因此本区域可持续发展系统的三个子系统处于较高水平的均衡状态。经济和社会子系统协调快速发展的同时，生态环境子系统也呈现出良好状态。

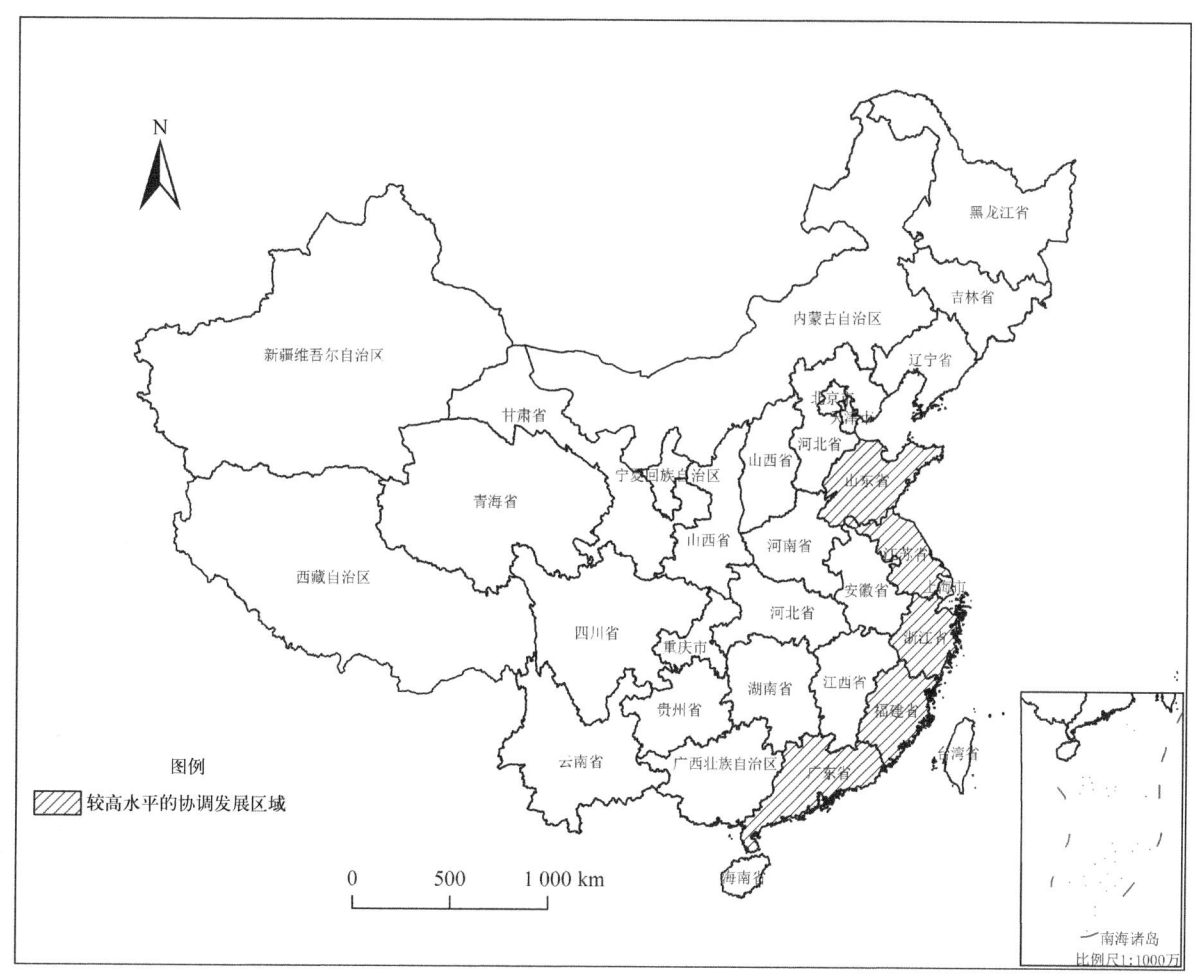

图 7-11 较高水平的协调发展区域分布图

（三）低水平的协调发展区域

这类区域的经济、社会和生态环境的三个子系统的发展水平都不高,但比较均衡,属于低水平的协调发展区域。区域经济并不发达,但具有较强的经济基础,经济增长平稳。社会事业也有一定的发展,但尚未完善,城镇体系初步形成。同时区域的环境承载能力较强,开发强度较低,发展潜力较大,需要在资源环境和社会协调发展的前提下,进一步加快经济发展。根据 SPSS 的聚类结果,本区域主要包括黑龙江、吉林、辽宁、内蒙古、湖北、湖南、河北、河南、安徽、陕西、四川 11 个省份。

如图 7-12 所示,本区 11 省中包括东北 3 省和 5 个位于我国中东部地区的省份,受东部沿海发达地区的辐射影响,具有较强的经济基础,是我国经济发展的第三梯度。表 7-6 中,本区 11 省的经济子系统得分也都位列全国的中上段。本区域约占全国国土面积的 36.15%。2010 年,地区生产总值约占全国生产总值的 38%,与面积比重大致相当;对外贸易额仅为全国进出口总额的 8%,区域经济的开放性较低;区域人均地区生产总值为 29 272 元,略低于全国平均水平 29 992 元。社会事业发展相对完善,社会子系统的序位都居全国中段。2010 年,城镇人均可支配收入为 15 951 元,低于全国平均水平三千多元;每千人拥有医生数为 4.09 人,与全国平均水平相当;每 10 万人中有 8 051 人拥有大专以上学历,略低于全国平均水平的 8 930 人。同发展水平一般的经济和社会系统一样,资源环境系统虽不存在突出问题,但也表现平平,11 省的生态环境子系统排序都位居全国中后段。2008 年,土地利用开发强度为 3.47%,在《全国主体功能区规划》关于全国陆地国土空间开发强度控制目标之内,开发强度合理。2010 年,本区域人均水资源量为 2 693.1 m³/人,略高于全国平均水平 2 310.4 m³/人;森林覆盖率约为 30.12%,高出全国森林覆盖率 10 个百分点;二氧化硫排放量占

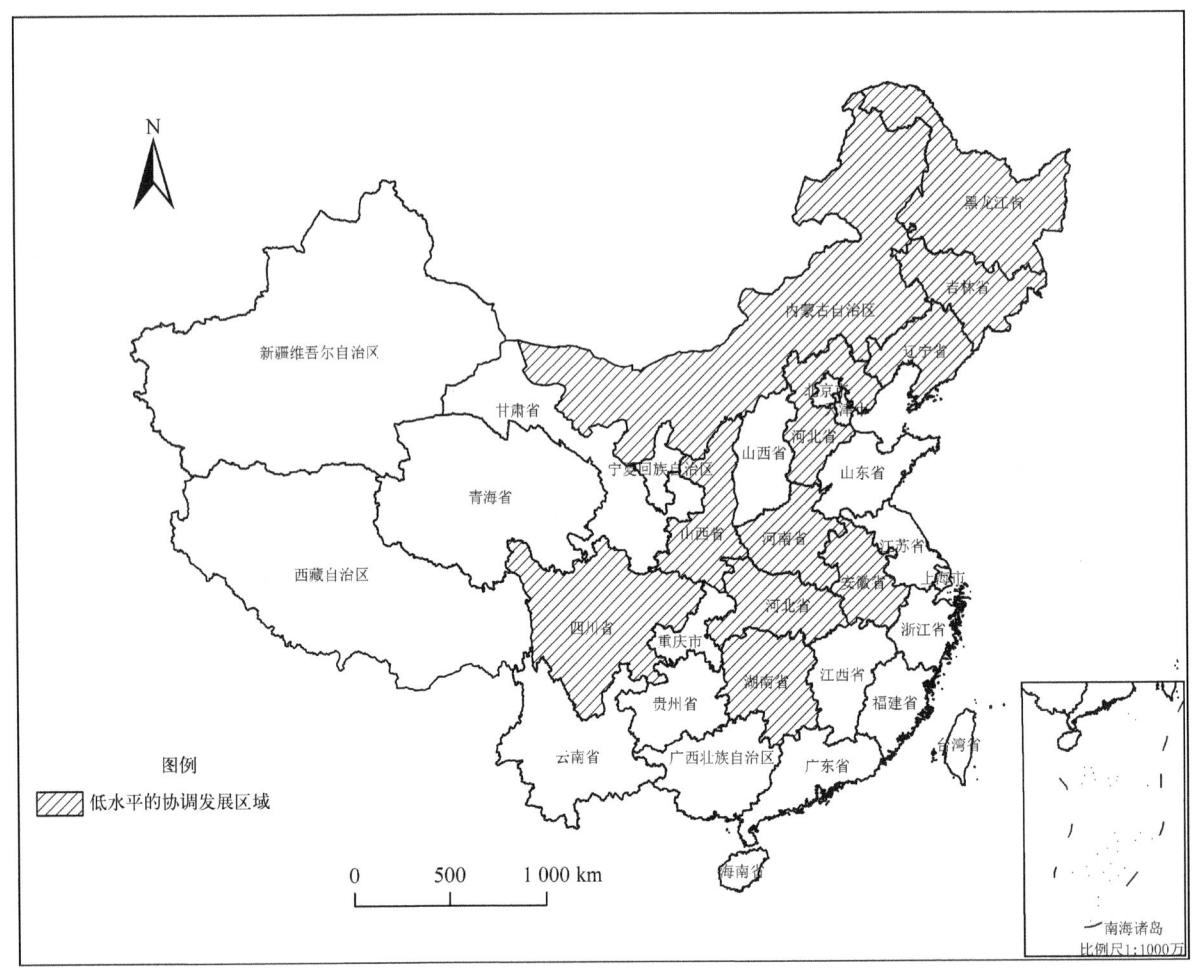

图 7-12 低水平的协调发展区域分布图

全国总排放量的1/5,略小于该区面积在全国的比重;工业固体废物产生量接近占全国总排放量的1/3。本区域可持续发展系统的三个子系统处于相对协调的状态,但这种协调是低水平的。经济基础较好,社会事业相对完善,但都只是达到了全国平均发展水平。区域应该在资源环境承载范围内,加速发展经济、大力发展社会事业。

(四)生态环境承载力较强的欠发达区域

这类区域可持续发展系统中经济和社会系统的发展状况都处于全国的中后段。具有一定的经济基础,但落后于全国平均水平;人口密度较低、城镇体系结构简单、各项社会事业发展水平较低;但本区的资源环境的支持能力较强、环境承载力高。根据SPSS聚类结果,本区域主要包括广西、重庆、江西、云南、西藏、海南6个省市。

如图7-13所示,本区域6个省市基本上位于我国西南部,具有一定的经济基础,但经济发展水平与东部发达地区相比,差距明显。经济发展指数得分位于全国中后段。本区域约占全国国土面积的25.93%。2010年,区域地区生产总值只占全国国民生产总值的12.19%,仅相当于面积比重的一半,地均生产力较低;第一产业增加值占地区生产总值的15.54%,高于全国平均水平5个百分点,产业结构发展滞后。对外贸易额仅为全国进出口总额的3.28%,区域经济的开放性低;区域人均地区生产总值为19 865.17元,比全国平均水平低1万元。区域的社会事业发展也尚未完善,在表中可以看到,6个省市的社会子系统在全国的排名都比较落后。2010年本区域的城镇人均可支配收入为15 823元,低于全国平均水平,仅为京津沪地区的1/2;每千人拥有医生数为3.55人,仅为京津沪地区的1/3;每十万人中有6 400人拥有大专以上学历,不到京津沪地区的1/10。本区域的经济、社会系统状况差强人意,相比较之下资源环境的状况良好,区域的生态环境子系统排名居于前列,其中西藏自治区生态环境指数居全国第3位。2008年本区域土地利用开发强度为

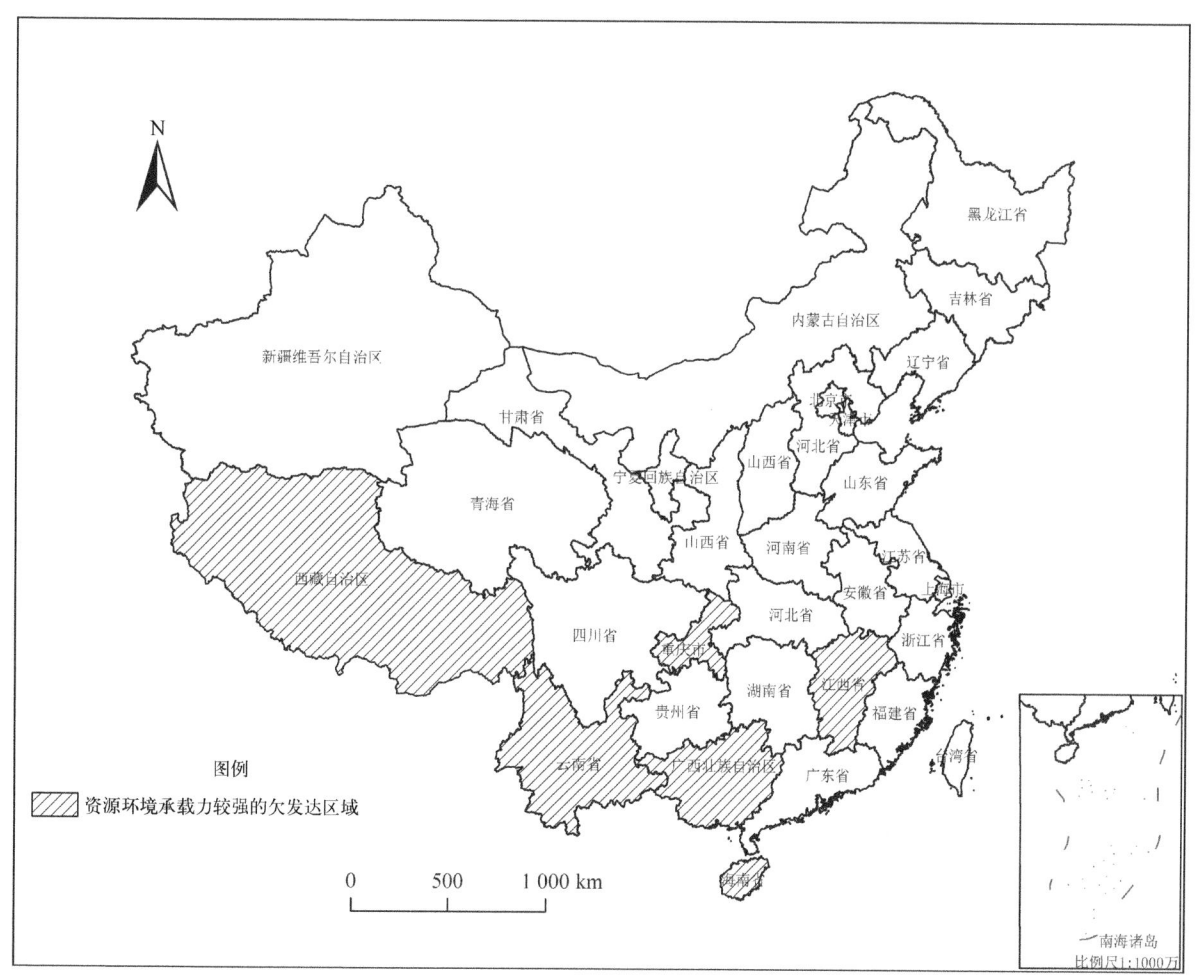

图 7-13 生态环境承载力较强的欠发达区域分布图

2.18%,比《全国主体功能区规划》关于全国陆地国土空间开发强度控制目标少一个百分点,土地开发潜力很大。2010 年,本区域人均水资源量为 2 866.8 m³/人,略高于全国平均水平 2 310.4 m³/人;森林覆盖率约为 37.41%,是全国森林覆盖率的近两倍;二氧化硫排放量和工业固体废物产生量都不到全国总排放量的 1/6,仅为东部沿海地区的一半。总体来说,本区域可持续发展系统的三个子系统也处在失衡状态。经济、社会系统的发展水平均落后于全国平均水平,而生态环境系统的状况略高于全国平均水平,有较大的开发潜力。

(五) 生态环境承载力较弱的欠发达区域

这类区域可持续发展系统中三个子系统的发展状况都处于全国的后段。经济基础比较薄弱;人口密度较低、城镇体系结构简单、各项社会事业发展水平较低;资源环境的支持能力弱、环境承载力低。根据聚类结果本区域包括贵州、山西、新疆、甘肃、青海、宁夏 6 个省区。

从图 7-14 中可以看出,本区的 6 个省区大部分位于我国的西北部,是我国经济发展的后进地带,经济基础比较薄弱,相对于全国平均发展水平有一定差距,本区 6 省的经济子系统得分居于全国末段。本区域约占全国国土面积的 31.79%。2010 年,区域地区生产总值只占全国国民生产总值的 15.18%,还不到国土面积比重的一半,地均生产力较低;第一产业增加值占地区生产总值的 9.55%,对外贸易额仅为全国进出口总额的 2.03%,区域经济的开放性是全国最低的;人均地区生产总值为 26 071 元,略低于全国平均水平。社会事业发展也尚未完善,6 省的社会子系统在全国的排名都比较落后。2010 年,城镇人均可支配收入为 15 388 元,低于全国平均水平,仅为京津沪地区的 1/2;每千人拥有医生数为 4.26 人、每 10 万人中有 8 588 人拥有大专

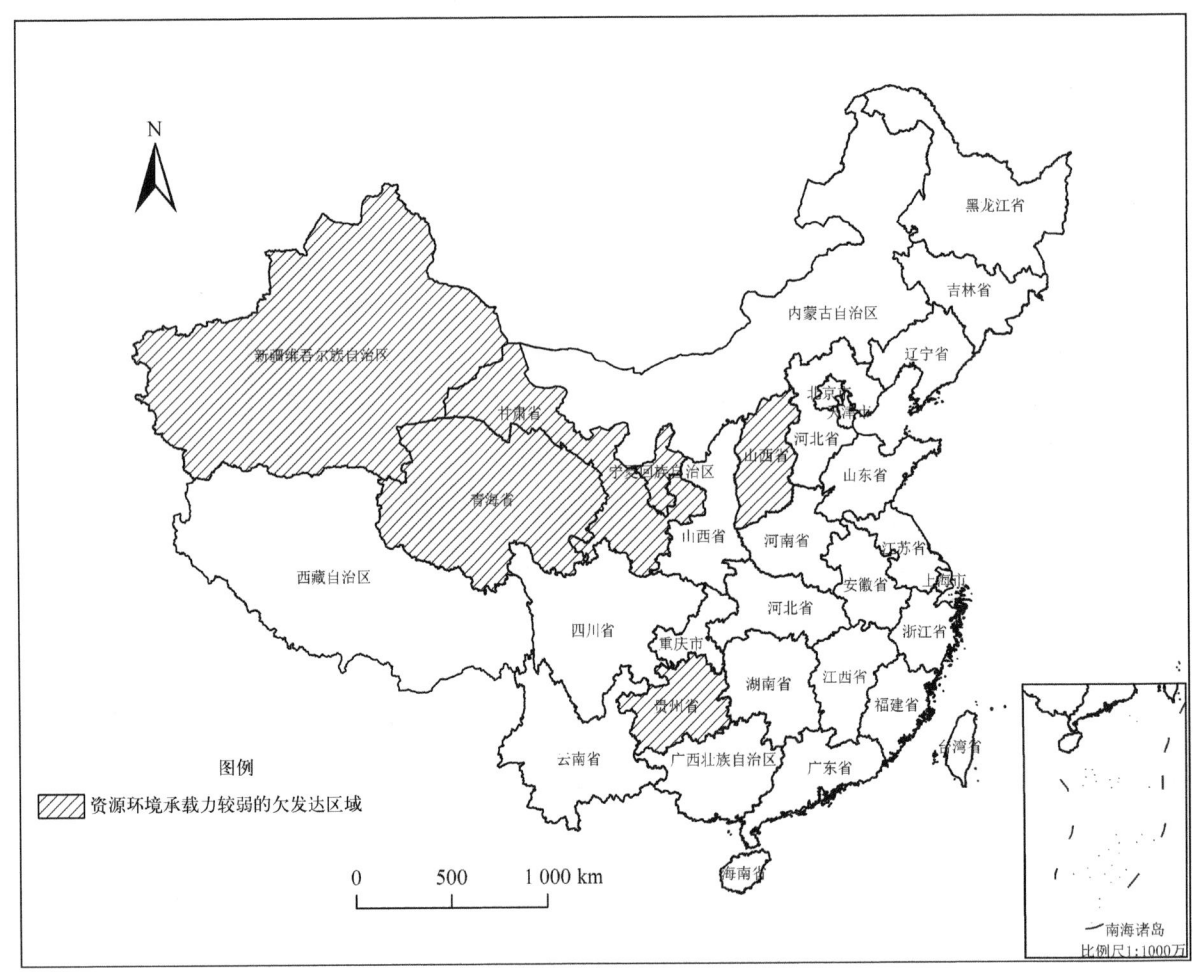

图 7-14 生态环境承载力较弱的欠发达区域分布图

以上学历,分别仅为京津沪地区的 1/2 和 1/8。本区域不仅经济、社会系统发展水平较低,资源环境承载力也较弱。2010 年水资源总量仅为全国水资源总量的 1/10;森林覆盖率约为 20.33%,与全国森林覆盖率相当;人均二氧化硫 0.033 吨/人,是全国人均二氧化硫排放量的 2 倍;人均工业固体废物产生量为 3.21 吨/人,是全国人均工业固体废物产生量的 1.79 倍。总体来说,本区域的可持续发展系统情况十分不乐观,经济、社会发展水平较低,资源环境承载力较弱,可持续发展面临巨大挑战。

第三节 中国可持续发展系统问题诊断及展望

一、中国可持续发展系统问题诊断

中国可持续发展系统存在的问题,根本上说,是新中国成立以来片面追求经济高速增长所积累下来的。经济子系统的高速发展伴随着资源环境的破坏和社会发展的滞后,导致经济、生态环境、社会子系统发展的严重不均衡。而三个子系统的内在制约关系,必然导致整个发展系统的低效性和不可持续性。

(一) 现有经济的高速增长,后劲不足

自从 1978 年改革开放以来,中国经济始终保持超过 8% 的年均增长速度,世界上没有哪个国家可以和中国经济的长期持续高速增长相比。改革开放 30 年来,中国经济始终持续高速增长,远远高于同期的美国、日本、德国和韩国等国。成为位列美国之后的世界第二大经济体。但快速增长的中国经济背后却存在经济发

展的严重失衡。首先在国民经济的"三驾马车"中拉动中国经济增长的主要是固定资产投资和出口,这两项占到中国GDP总值的大约70%,而且每年以25%~30%的速度增长,而个人消费却只占到GDP的30%多。然而实际上,国民消费需求相对于出口拉动、政府投资增长对国民经济的增长拉动而言,才是最有效、最持久地保证经济稳定发展的最有效因素和原动力,过分依赖出口和投资的增长模式是不具有可持续性的。

从外部经济来看,中国巨额的贸易顺差和外汇储备的不断增加,产生了巨大的本币升值压力和贸易摩擦,与此同时,可供中国商品自由进入的国际市场却相对变小了,特别是在2008年发生全球性金融危机之后,情况更是如此。因此外部需求疲软和来自西方贸易保护主义的反弹,使中国进一步扩大出口缺乏动力。而且中国还面临着国家竞争力和企业竞争力极不对称的情况。中国已经成为全球吸引外资最多的国家,但是中国的企业在国际市场中的销售份额却极为有限,大部分中国生产制造的产品主要是通过加工贸易的渠道进入国际市场的。虽然曾经得到一些国家和公众"世界工厂"的赞誉,但至多只是世界的加工厂,中国几乎没有具备国际竞争力的企业。然而,在开放经济环境下,只要中国的企业缺乏国际竞争力,那么要想实现可持续的经济增长几乎是不可能的,因为中国目前这种依靠外资和加工贸易来推动经济高速增长是不可持续的。

从内部经济来看,内需严重不足,经济增长过分依赖固定资产投资也使得现有经济的高速增长后劲不足。首先,我国居民消费表现长期疲软,令人担忧。居民最终消费占GDP的比重自1990年以来持续下降,2012年已经下降到30.18%的历史最低水平。甚至显著低于改革开放以前计划经济时期最差的三年困难阶段。简单说来,我国的内需不足主要是由收入分配差距扩大、存量失业压制工资率提高以及居民资产性收入太少导致。虽然内需不足是发展中国家普遍存在的问题,今天的发达工业化国家,它们在工业化发展的早期阶段也都经历过内需不足的时代。但是我国内需长期不足,已经导致了我国经济结构失衡的严重后果。一是上述提到的外部经济中巨大的出口压力,是产生在国内内需不足的助力之下。二是居民消费长期疲软,更加剧了经济增长对于投资拉动的依赖。然而没有大众消费的相应增长,出口和投资的孤军奋战必将难以持久,从而使整个经济增长失去持续发展的动力。其次,投资部门也不可能持续增长,因为目前投资部门已经占到了GDP的40%。在"六五"、"七五"、"八五"、"九五"和"十五"期间,每增加亿元GDP需要的固定资产分别是:1.8亿元、2.15亿元、1.6亿元、4.49亿元和4.99亿元。我国资本形成占GDP的比重:1980年为34.9%,1995年为40.8%,2000年为36.4%,2010年为48.6%,大大高于美、德、法、印度等一般为20%左右的水平。而且随着后工业化时期的到来,投资极度倚重的制造业也不能再继续创造大量的就业,同时却带来大量的资源消耗,在推高资源价格的同时还带来污染问题。我国百万美元工业产值的能源消耗量是日本的9倍多,欧美国家的6倍多,甚至高于印度。而在经历30多年高资源消耗的发展之后,再继续维系高资源投入强度也出现了困难,自2003年以来,中国经济中出现了明显的资源供给不足现象。能源、水资源、土地资源短缺在中国经济较发达的地区广泛存在,即便是以往被公认的可以"无限供给"的劳动力,也出现了大面积的"民工荒"。

持续了30多年的"中国奇迹"式的经济增长站在了一个十字路口,以往的高资本消耗+低技术进步的生产方式成为中国经济发展的陷阱。毫无疑问,这种高速度、低效率的增长是很难长期持续的,特别是在中国这样一个资源紧缺的国家。如吴敬琏先生所指出的,我国经济增长质量太低。经济增长质量低的一个重要原因就是我国的科学技术水平依然处在较为落后的状态,许多产业的核心技术依然被国外大企业所掌握和垄断。而我国经济可持续发展的关键在于技术的进步和创新,必须摒弃旧的增长模式,通过创新延续中国的经济增长。我国必须转变发展观念,大力实施科教兴国战略、人才强国战略和可持续发展战略,以实现我国经济的可持续发展。

(二)"投入式"经济增长,资源环境付出的代价太大

大规模投资是驱动中国经济高速增长的主要引擎,然而作为这种"投入式"经济高速增长的代价,使我国资源环境的矛盾日趋尖锐。过去30多年,我国经济成长的GDP中,至少有18%是依靠资源和生态环境的"透支"获得的。可以说,我国的经济增长是建立在对资源、能源的过度消耗和对生态环境的严重破坏的基础之上的。高速经济增长首先意味着资源和能源消耗大量增加。统计资料表明,30年来中国能源消耗年均增长5.5%,能耗的绝对数量从1978年的5.7亿吨增加到2012年的36.2亿吨,增加了接近6倍,其中在2000

年以后的10年间就翻了一番还多。在30年的时间内能源消耗如此迅猛的增加,在世界史上也是前所未有的。这种快速增加首先建立在对国内能源、资源的无节制开采上,加上我国资源开采粗放和利用低效,使物质资源消耗惊人。我国资源产出效率大大低于国际先进水平,每吨标准煤的产出效率相当于美国的28.6%,欧盟的16.8%,日本的10.3%。土地、水、森林等人均拥有量都大大低于国际水平,但单位产出的能耗和资源消耗却明显高于国际平均水平,如火电煤耗高21%、吨钢可比能耗高21%、水泥综合能耗高45%、乙烯综合能耗高31%。我国农业灌溉用水的利用系数只是国际平均水平的一半左右,万元工业产值用水量是国际平均水平的10倍。矿产资源的消耗强度也比世界平均水平高出许多。据2013年国际统计年鉴计算,2011年,中国创造出了全球GDP的10.5%,却消耗了全球48%、11%、30%、27%和40%的原煤、石油、铁矿石、钢材、水泥。

在国内资源能源被快速消耗的情况下,我国在20世纪90年代之后则越来越多地依赖于进口。在中国的第二波工业化浪潮开始的1992年,中国能源消费量已经开始超过其能源生产量,当年能源产量为10.73亿吨,而消费量达到10.92亿吨,消费超过生产1914万吨。2003年,中国能源赤字超过1亿吨。到2009年,中国能源赤字高达32 261亿吨。超过的部分当然主要依赖进口,纯进口量在2000年相当于4 700万吨标准煤,到2009年则达到46 578万吨标准煤。而经济的急剧扩张导致了除煤炭之外的几乎所有的重要矿产资源越来越多地依赖于进口,尤其是石油、铁矿石等大宗短缺矿产品的对外依存度不断攀升。到2009年,中国消耗的35%的铁矿石、53.4%的原油(加上成品油则达到66%)、46%的氧化铝和60%的铜依赖进口。以能源焦点——石油为例,1993年中国变成石油纯进口国,石油对外依存度从1995年的5.3%上升到2000年的30.7%再到2009年的66.8%。2009年石油消费达3.84亿吨,是仅次于美国的世界石油消费大国。到2009年,中国石油进口量超过2.5亿吨,进口来源国家共有20多个。根据国际能源署(IEA)预测,到2030年中国的石油进口比例将高达84%。也因此才会有人提出了全世界的资源能否支持中国的经济增长的疑问。

除了资源能源的消耗承受空前压力之外,中国环境与发展国际合作委员会和世界自然基金会(WWF)于2010年6月共同发布的《中国生态足迹报告》显示,中国从20世纪70年代中期就已经出现了生态赤字,每年需要的生物承载力都大于其自身生态系统的供给能力。2007年,中国消耗的资源超过了其自身生态系统所能提供资源的2倍以上,换句话说,今日的中国需要"两个"中国才能供应其消费并吸纳其制造的废物。这种种数据都表明,我国若沿着现有的工业化道路继续走下去,我们的经济增长与资源、环境和生态的矛盾会变得更加突出。

因此,我们不能再一味追求经济增长的速度,而是应转而追求经济增长和资源环境相协调的可持续发展。切实把握发展规律,转变发展方式,从粗放型增长转变为集约型增长,建立起节约能源、保护环境、维持生态的新型经济结构,提高发展质量和效益,以推动国民经济又好又快的发展。

(三)社会发展滞后于经济发展,社会发展欠账多

中国可持续发展系统中还存在的一个问题就是,社会发展滞后于经济发展,改革开放以来的30多年,我国创造了巨大的物质财富,大幅度提高了人民的生活水平。然而,这种以政绩为支撑的传统发展方式使得经济与社会领域的发展越来越不平衡,社会发展严重滞后于经济发展,引发了一系列社会问题,特别是民生问题突出,社会的差距甚至是"鸿沟"日益拉大。收入分配差距过大和公共产品供给不足成为当前社会普遍关注的两大焦点问题。这些问题解决不好,就可能出现一种"有增长无发展"、多数人分享不到改革发展成果的局面。

目前中国经济体制还不完善,经济发展与社会发展不同步,公共产品和社会保障供给滞后于经济发展。在某种程度上,政府将社会福利支出转嫁到了普通家庭的身上,部分经济的增长是用人民福利的下降换来的。2012年,中国教育的投入占GDP的比重为5.05%,只有国际平均水平的一半;医疗卫生支出只有5.36%,而美国、德国、英国、法国全都高于15%。而我国包括社会保险、社会福利、社会救济和社会优抚等制度在内的社会保障体系更是存在保障覆盖面过窄、缺乏法制保障、市场化程度低等种种问题,并给经济和社会的发展带来了一系列复杂的问题。现在越来越多的人对中国经济的增长感到疑惑和不解,经济发展势头越来越好,人们感到的经济压力却越来越大,买不起房,读不起书,看不起病。其实中国经济的高增长是一个怪诞的组合,即高污染、高消耗、高剥夺,而它的另一面则是低工资、低福利、低消费以及急速扩大的贫富差距。在中国经济增长一路凯歌的表象之下,还有一个比环境的破坏、资源的消耗隐匿得更深的成本,那就是

社会分化的成本。据2011年《中国居民收入分配年度报告》显示,我国城镇居民年收入分配差距继续扩大,10%收入最高的一组是10%收入最低一组收入的9.2倍,相差25 638元,而农村居民人均纯收入只有城镇居民的1/3。中国在以全球"第一高速"批量创造"富裕一极"的同时,也以全球"第一高速"批量创造"贫困一极"。既患寡又患不均,虽患贫更患不安。尽管贫富分化现象在世界各国都有存在,但以中国短短二十几年发展时间就形成如此强烈的贫富分化是很少见的。贫富差距问题是影响社会秩序稳定的经济根源。国务院总理温家宝也曾坦承,中国社会存在深层次的矛盾,且日趋尖锐化。

二、中国未来可持续发展展望

1992年以来,中国有效实施了可持续发展战略,在经济、社会全面发展和人民生活水平不断提高的同时,人口过快增长的势头得到了控制,自然资源保护与管理得到加强,生态保护与生态建设步伐加快,部分城市和地区环境质量有所改善。2012年是《21世纪议程》颁布的20周年,20年来的实践经验表明,实施可持续发展战略适合于中国人口众多、人均资源少、生态环境脆弱的国情。

展望未来,中国将在"可持续发展"的道路上长期地、坚定不移地走下去。并努力实现:到2020年全面建成小康社会和全面深化改革开放的目标:经济持续健康发展,人民民主不断扩大,文化软实力显著增强,全面落实经济建设、政治建设、文化建设、社会建设、生态文明建设五位一体的总体布局,不断开拓生产发展、生活富裕、生态良好的文明发展道路。

(一) 中国经济子系统发展展望

1. 深化经济体制改革和加快转变经济发展方式

全面深化经济体制改革。健全现代市场体系,加强宏观调控目标和政策手段机制化建设。加快改革财税体制,健全中央和地方财力与事权相匹配的体制,完善促进基本公共服务均等化和主体功能区建设的公共财政体系,构建地方税体系,形成有利于结构优化、社会公平的税收制度。建立公共资源出让收益合理共享机制。深化金融体制改革,健全促进宏观经济稳定、支持实体经济发展的现代金融体系,发展多层次资本市场,稳步推进利率和汇率市场化改革,逐步实现人民币资本项目可兑换。加快发展民营金融机构。完善金融监管,推进金融创新,维护金融稳定。

2. 实施创新驱动发展战略

以改善需求结构、优化产业结构、促进区域协调发展、推进城镇化为重点,着力解决制约经济持续健康发展的重大结构性问题。要牢牢把握扩大内需这一战略基点,加快建立扩大消费需求长效机制,释放居民消费潜力,保持投资合理增长,扩大国内市场规模。牢牢把握发展实体经济这一坚实基础,实行更加有利于实体经济发展的政策措施,强化需求导向,推动战略性新兴产业、先进制造业健康发展,加快传统产业转型升级,推动服务业特别是现代服务业发展壮大,合理布局建设基础设施和基础产业。推进经济结构战略性调整。

3. 全面提高开放型经济水平

完善互利共赢、多元平衡、安全高效的开放型经济体系。要加快转变对外经济发展方式,推动开放朝着优化结构、拓展深度、提高效益方向转变。创新开放模式,促进沿海内陆沿边开放,优势互补,形成引领国际经济合作和竞争的开放区域,培育带动区域发展的开放高地。坚持出口和进口并重,强化贸易政策和产业政策协调,形成以技术、品牌、质量、服务为核心的出口竞争优势,促进加工贸易转型升级,发展服务贸易,推动对外贸易平衡发展。提高利用外资综合优势和总体效益,推动引资、引技、引智有机结合。加快走出去步伐,增强企业国际化经营能力,培育一批世界水平的跨国公司。统筹双边、多边、区域次区域开放合作,加快实施自由贸易区战略,推动同周边国家互联互通。提高抵御国际经济风险能力。

(二) 中国生态环境子系统发展展望

1. 大力推进生态文明建设

努力建设资源节约型、环境友好型社会。主体功能区布局基本形成,资源循环利用体系初步建立。单位国内生产总值能源消耗和二氧化碳排放大幅下降,主要污染物排放总量显著减少。森林覆盖率提高,生态系统稳定性增强,人居环境明显改善。

2. 优化国土空间开发格局

加快实施主体功能区战略,推动各地区严格按照主体功能定位发展,构建科学合理的城市化格局、农业发展格局、生态安全格局。全面促进资源节约。节约集约利用资源,推动资源利用方式根本转变,加强全过程节约管理,大幅降低能源、水、土地消耗强度,提高利用效率和效益。推动能源生产和消费革命,控制能源消费总量,加强节能降耗,支持节能低碳产业和新能源、可再生能源发展,确保国家能源安全。加强水源地保护和用水总量管理,推进水循环利用,建设节水型社会。严守耕地保护红线,严格土地用途管制。加强矿产资源勘查、保护、合理开发。发展循环经济,促进生产、流通、消费过程的减量化、再利用、资源化。

3. 加大自然生态系统和环境保护力度

要实施重大生态修复工程,增强生态产品生产能力,推进荒漠化、石漠化、水土流失综合治理,扩大森林、湖泊、湿地面积,保护生物多样性。加强生态文明制度建设。建立国土空间开发保护制度,完善最严格的耕地保护制度、水资源管理制度、环境保护制度。深化资源性产品价格和税费改革,建立反映市场供求和资源稀缺程度、体现生态价值和代际补偿的资源有偿使用制度和生态补偿制度。

(三) 中国社会子系统发展展望

1. 在改善民生和创新社会管理中加强社会建设

努力办好人民满意的教育。全面实施素质教育,深化教育领域综合改革,着力提高教育质量,培养学生创新精神。办好学前教育,均衡发展九年义务教育,完善终身教育体系,建设学习型社会。大力促进教育公平,合理配置教育资源,重点向农村、边远、贫困、民族地区倾斜,支持特殊教育,提高家庭经济困难学生资助水平,积极推动农民工子女平等接受教育,让每个孩子都能成为有用之才。

2. 推动实现更高质量的就业

引导劳动者转变就业观念,鼓励多渠道多形式就业,促进创业带动就业,做好以高校毕业生为重点的青年就业工作和农村转移劳动力、城镇困难人员、退役军人就业工作。加强职业技能培训,提升劳动者就业创业能力,增强就业稳定性。健全人力资源市场,完善就业服务体系,增强失业保险对促进就业的作用。健全劳动标准体系和劳动关系协调机制,加强劳动保障监察和争议调解仲裁,构建和谐劳动关系。

3. 千方百计增加居民收入

实现居民收入增长和经济发展同步、劳动报酬增长和劳动生产率提高同步,提高居民收入在国民收入分配中的比重,提高劳动报酬在初次分配中的比重。初次分配和再分配都要兼顾效率和公平,再分配更加注重公平。完善劳动、资本、技术、管理等要素按贡献参与分配的初次分配机制,加快健全以税收、社会保障、转移支付为主要手段的再分配调节机制。深化企业和机关事业单位工资制度改革,推行企业工资集体协商制度,保护劳动所得。多渠道增加居民财产性收入。规范收入分配秩序,保护合法收入,增加低收入者收入,调节过高收入,取缔非法收入。

4. 统筹推进城乡社会保障体系建设

坚持全覆盖、保基本、多层次、可持续方针,以增强公平性、适应流动性、保证可持续性为重点,全面建成覆盖城乡居民的社会保障体系。改革和完善企业和机关事业单位社会保险制度,整合城乡居民基本养老保险和基本医疗保险制度,逐步做实养老保险个人账户,实现基础养老金全国统筹,建立兼顾各类人员的社会保障待遇确定机制和正常调整机制。

5. 提高人民健康水平

为群众提供安全、有效、方便、价廉的公共卫生和基本医疗服务。健全全民医保体系,建立重特大疾病保障和救助机制,完善突发公共卫生事件应急和重大疾病防控机制。巩固基本药物制度。健全农村三级医疗卫生服务网络和城市社区卫生服务体系,深化公立医院改革,鼓励社会办医。扶持中医药和民族医药事业发展。

在21世纪的百年进程中,我们必须清醒地认识到,地球将负载着约90亿人口,在过去200余年的工业化进程中,许多宝贵的资源已被过度地消耗,排放了大量的污染物,人类赖以生存的基本生境受到了严重的威胁。21世纪我们正处于一个关键的时刻：挽救地球、保护自然，已经成为每一个人的责任。中国作为一个占世界人口20%的大国，又是一个快速发展中的大国，可持续发展战略的实施与实现，不仅是我们自身发展的唯一正确选择，而且将是对整个人类的巨大贡献。勤劳智慧的中华民族，既然曾在人类文明发展史上写下过辉煌的篇章，也一定能够在实现可持续发展的现代文明进程中，作出更加辉煌的贡献。

扩展阅读：

1）自1999年以来的中国可持续发展战略报告。

2）自1995年以来我国可持续发展大事记。

3）我国国情特点。

思考题：

1）中国可持续发展系统现状特点。

2）我国未来可持续发展展望。

参 考 文 献

曹小曙,闫小培.2003.经济发达地区交通网络演化对通达性空间格局的影响——以广东省东莞市为例.地理研究,22(3).
曾贤刚,周海林.2012.全球可持续发展面临的挑战与对策.中国人口·资源与环境,(5).
陈国阶.1994.中国资源利用与产业结构的调整.中国人口·资源与环境,4(1).
陈静生,蔡运龙,王学军.2007.人类-环境系统及其可持续性.北京:商务印书馆.
陈修颖,陆林.2004.长江经济带空间结构形成基础及优化研究.经济地理,(3).
陈修颖.2004.转型时期中国区域空间结构重组探论.经济经纬,(6).
程承坪.2013.中国经济可持续发展的优势与挑战.学习与探索,(9).
樊杰.2008."人地关系地域系统"学术思想与经济地理学.经济地理,(2).
方时姣.2011.以生态文明为基点转变经济发展方式.经济学动态,(8).
高爽,魏也华,陈雯,等.2011.发达地区制造业集聚和水污染的空间关联——以无锡市区为例.地理研究,30(5).
顾朝林,甄峰,黄朝永.2001.江苏省地级市可持续发展能力综合评价研究.南京大学学报,(3).
郭存芝,凌亢,白先春,等.2010.城市可持续发展能力及其影响因素的实证.中国人口·资源与环境,20(3).
郭腾云,徐勇,马国霞,等.2009.区域经济空间结构理论与方法的回顾.地理科学进展,28(1).
韩明谟.2002.社会系统协调论——关于社会发展机理的研究.天津:天津人民出版.
韩英.2007.可持续发展的理论与测度方法.北京:中国建筑工业出版社.
郝翠,李洪远,孟伟庆.2010.国内外可持续发展评价方法对比分析.中国人口·资源与环境,(1).
胡贵平,龙志和,李敏,等.2010.广州市生态环境可持续发展能力分析.华南师范大学学报(自然科学版).
胡启武,尧波,刘影,等.2010.鄱阳湖区人地关系转变及其驱动力分析.长江流域资源与环境,(6).
贾若祥,刘毅.2003.中国区域可持续发展状态及类型划分.地理研究,(5).
柯丽娜,王权明,宫国伟.2011.海岛可持续发展理论及其评价研究.资源科学,33(7).
李博,韩增林.2010.沿海城市人地关系地域系统脆弱性研究——以大连市为例.经济地理,(10).
李国平,王志宝.2013.中国区域空间结构演化态势研究.北京大学学报(哲学社会科学版),(3).
李嘉岩.2004.人口可持续发展与农村反贫困研究.长沙:湖南人民出版社.
李强.2011.可持续发展概念的演变及其内涵.生态经济,(7).
廖红.2002.循环经济理论:对可持续发展的环境管理的新思考.中国发展,(2).
陆大道,郭来喜.1998.地理学的研究核心——人地关系地域系统——论吴传钧院士的地理学思想与学术贡献.地理学报,(2).
陆大道.1995.区域发展及其空间结构.北京:科学出版社.
陆大道.2002.关于地理学的"人-地系统"理论研究.地理研究,21(2).
吕拉昌,黄茹.2013.人地关系认知路线图.经济地理,(8).
吕森伟,丁枫华,吕耀平.2011.丽水市生态可持续发展能力的定量评价与趋势分析.环境污染与防治,33(6).
满洪等.2002.经济可持续发展的科技创新.北京:中国环境科学出版社.
满洪等.2005.绿色制度创新论.北京:中国环境科学出版社.
毛汉英.1998.山东省跨世纪可持续发展的综合调控研究.地理学报,(5).
年猛,孙久文.2012.中国区域经济空间结构变化研究.经济理论与经济管理,(2).
牛文元.2006.可持续发展的能力建设.战略决策研究,(1).

牛文元.2011.中国科学发展报告2011.北京：科学出版社.
牛文元.2007.中国可持续发展总论.北京：科学出版社.
潘家华.1997.持续发展途径的经济学分析.北京：中国人民大学出版社.
潘一萍.2013.可持续发展的度量方法：生态足迹分析.经济问题,(6).
钱易,唐孝炎.2000.环境保护与可持续发展.北京：高等教育出版社.
秦伟山,张义丰,袁境.2013.生态文明城市评价指标体系与水平测度.资源科学,(8).
任建兰.1998.区域可持续发展理论与方法.济南：山东省地图出版社.
任力.2009.低碳经济与中国经济可持续发展.社会科学家,(2).
任启平.2007.人地系统结构要素及结构研究.北京：中国财政经济出版社.
邵建平,何晓琦.2008.区域可持续发展能力的"三阶段增长模型"解析.科技进步与对策,(5).
申玉铭,方创琳,毛汉英.2007.区域可持续发展的理论与实践.北京：中国环境科学出版社.
申玉铭,毛汉英.1999.区域可持续发展的若干理论问题研究.地理科学进展,(4).
水常青,肖云富.2004.国内外评价可持续发展能力的指标体系研究述评.问题研究,(12).
孙卫东,William J. Lawrence.2011.区域经济可持续发展的路径优化研究.经济纵横,(7).
覃成林,刘迎霞.2005.河南区域可持续发展能力实证分析.地域研究与开发,(3).
覃成林,张华,毛超.2011.区域经济协调发展：概念辨析、判断标准与评价方法.经济体制改革,(4).
谭成文.2002.北京市可持续发展能力研究.北京市可持续发展能力建设探索与实践.北京：气象出版社.
汤进华,钟儒刚.2010.武汉市产业结构变动的生态环境效应研究.水土保持研究,(4).
唐成伟,陈亮.2012.资源开发、产业结构演进与地区经济增长——基于中介传导模型的实证分析.经济问题探索,(3).
陶斯文,杨风.2006.循环经济：中国人口资源环境可持续发展的必然选择.特区经济,(11).
童玉芬.2001.人口与可持续发展理论、方法与抉择.北京：中国人口出版社.
万劲波.2005.地方政府推进区域可持续发展能力建设的思考.中国软科学,(5).
万永坤,董锁成.2012.产业结构与环境质量交互耦合机理研究——以甘肃省为例.地域研究与开发,(5).
王海飞.2013.双核结构视角下的区域空间联动模式研究——以兰州-西宁经济区为例.城市发展研究,(3).
王军,耿建.2012.资源枯竭型城市可持续发展能力的实证研究.经济问题,(1).
王奇,叶文虎.2002.可持续发展与产业结构创新.中国人口·资源与环境,12(1).
王学定,范宪伟,韩金雨,等.2012.生态足迹视角下经济增长与环境关系的实证检验.统计与决策,(22).
王毅,赵景柱.2011.探索新时期中国特色的可持续发展道路.环境与可持续发展,36(3).
魏伟,黄亚玲.2007.当代中国经济社会协调发展研究综述.经济学研究,(11).
肖前兰.2009.珠江三角地区经济增长与环境污染之间的关系.生态经济,(8).
谢高地,曹淑艳,冷允法,等.2012.中国可持续发展功能分区.资源科学,(9).
徐强,郭本海.2005.区域可持续发展与区域形象设计.南京：东南大学出版社.
徐彤.2011.经济增长、环境质量与产业结构的关系研究——以陕西为例.经济问题,(4).
许丽忆,陈燕武,王晨旭.2013.产业结构、生态环境与经济增长的长期均衡关系研究——以河南省为例.生产力研究,(8).
薛进军.2003.中国的经济发展与环境问题.大连：东北财经大学出版社.
闫绪娴,苗敬毅.2013.中国省域经济可持续发展的统计测评.统计与决策,(9).
杨丹辉,李红莉.2011.地方经济增长与环境质量——以山东省域为例的库兹涅茨曲线分析.经济管理,(3).
杨君,郝晋珉,匡远配,等.2010.基于和谐思想的人地关系研究述评.生态经济,(1).
杨青山,徐效坡.2009.人地关系思想与区域经济地理研究——李振泉教授学术生涯评述.经济地理,(2).
姚晓东,曲福田,肖屹.2008.江苏区域可持续发展能力综合评价及协调性研究.江苏社会科学,(6).

叶文虎,陈国谦.1997.三种生产理论:可持续发展基本理论.中国人口·资源与环境,(7).
叶文虎.2008.可持续发展的新进展.北京:科学出版社.
张鹏,杨青山,马延吉,等.2013.长吉一体化区域产业空间结构的重组动力和优化.经济地理,(4).
张秦,李笑春.2013.区域可持续发展能力形成的动力机制研究.科学管理研究,(3).
张唯实,胡坚.2011.产业结构优化与中国经济可持续发展研究.理论探讨,(1).
张伟,段学军,张维阳.2013.长三角地区可持续发展测度与演化分析.长江流域资源与环境,10.
张协奎,安晓明.2011.北海市城市可持续发展能力分析.中国人口·资源与环境,6.
赵清.2013.生态文明视域下的两型社区建设研究.生态经济,(3).
赵新宇,范欣.2013.区域发展战略、自然资源与经济增长——基于中国省际面板数据的实证研究.武汉大学学报(哲学社会科学版),(5).
中国可持续发展研究会.2010.可持续发展的回顾与展望.北京:社会科学文献出版社.
钟茂初,张学刚.2010.环境库兹涅茨曲线理论及研究的批评综论.中国人口·资源与环境,(2).
钟水映,简新华.2005.人口、资源与环境经济学.北京:科学出版社.
周国强.2005.环境保护与可持续发展概论.北京:中国环境科学出版社.
朱玉林,李莎,陈洪.2010.湖南省区域可持续发展能力实证分析.经济问题,(10).
陈传康,牛文元.1988.人地系统优化原理及区域发展模式的研究.地球科学信息,(6).
程道平,刘伟.1995.人口压力评估及其应用研究.中国人口.资源与环境,5(1).
冯年华,王飞.2004.区域可持续发展的制度创新研究南京晓庄学院学报,20(4).
郭宝华,覃成林.2006.对外开放对河南经济增长的影响.地域研究与开发,24(6).
胡焕庸,严正元.1992.人口发展和生存环境.上海:华东师范大学出版社.
胡兆量.1996.人地关系发展规律.四川师范大学学报(自然科学版),19(1).
莱斯特·R·布朗.2002.生态经济:有利于地球的经济构想.新华文摘,5.
李文震.2004.长江三峡库区协调与可持续发展中的制度建设.长江论坛,(3).
李志刚,郭丰恺.2008.基于DEA方法的区域可持续发展能力评价研究.生态经济,(12).
陆宏芳,蓝盛芳,彭少麟.2003.系统可持续发展的能值评价指标的新拓展.环境科学,24(3).
罗守贵,曾尊固.1999.可持续发展指标体系研究述评.人文地理,14(4).
钱学森.1991.谈地理科学的内容及研究方法.地理学报,46(3).
邱俊娟,梅琳.2007.基于GIS和AHP的安徽省区域可持续发展能力评析.国土资源科技管理,24(4).
舒基元,姜学民.1996.代际财富均衡模型研究.中国人口.资源与环境,9(3).
王铮.1995.论人地关系的现代意义.人文地理,10(2).
吴传钧.2008.人地关系地域系统的理论研究及调控.云南师范大学学报(哲学社会科学版),40(2).
郑重,于光,周永章,等.2009.区域可持续发展机制响应:资源环境一体化中的京津冀产业转移研究.资源与产业,11(2).
周洲,朱俊,陈兴龙.2007.基于生态足迹供给模型的区域可持续发展能力评价.上海船舶运输科学研究所学报,30(1).
朱庚申.1995.环境资源的量化模型及估算指标体系.中国人口.资源与环境,5(1).

Costanza R. 2012. Ecosystem health and ecological engineering. Ecological Engineering, 45.
Brown M T, Ulgiati S. 1997. Emergy-based indices and ratios to evaluate sustainability: monitoring economies and technology toward environmentally sound innovation. Ecological engineering, 9(1).
Lubchenco J, Palumbi S R, Gaines S D, et al. 2003. Plugging a hole in the ocean: the emerging science of marine reserves 1. Ecological applications, 13(sp1).
Pearce D W, Turner R K. 1990. Economics of natural resources and the environment. JHU Press.